I like

일러두기
- 이 책은 《섬김으로 세우는 나라》(2013)의 개정판입니다.
- 이 책에서는 개역개정판 성경을 인용하였습니다.

박영선의
누가복음 I

2024년 6월 26일 초판 1쇄 인쇄
2024년 7월 10일 초판 1쇄 발행

지은이 박영선
펴낸이 최태준
펴낸곳 무근검
주소 서울특별시 송파구 올림픽로 4길 17 A동 301호
홈페이지 lampbooks.com **전화** 02-420-3155 **팩스** 02-419-8997
등록 2014. 2. 21. 제2014-000020호
ISBN 979-11-87506-61-4 (03230)

무근검은 '하나님의 영광은 무겁고 오래된 칼과 같다'라는 뜻입니다.

박영선의
누가복음

박영선 지음

I

복음서는 참으로 경이로운 책입니다. 예수의 신비하고 불가사의한 영광과 고난에 관하여 기록하고 있기 때문입니다. 예수는 기독교 신앙의 주인입니다. 그것은 곧 예수가 우주와 역사의 주인이라는 뜻입니다. 기독교는 창조와 섭리 그리고 종말의 주인을 말하고 있기 때문입니다.

그 주인이 누구시며 무엇을 어떻게 하려 하시며 거기서 우리는 누구이며 무엇을 해야 하는지가 예수 안에서 구체적으로, 우리가 이해할 수 있는 체험의 현장으로 처음 공개됩니다.

예수는 우리가 종교적, 존재적 모범으로 따라야 할 표준이기보다 하나님이 목적한 인간의 아름다움과 깊이와 그 위대함의 전시입니다. 내가 누구인가는 아버지에 대한 예수의 신뢰와 아들에 대한 아버지의 사랑으로, 내가 무엇인가는 아버지에 대한 예수의 기쁨과 아들에 대한 아버지의 영광으로 설명됩니다.

예수의 말씀은 우리를 지은 아버지의 애정과 성의요, 그의 삶은 우리를 사랑하시는 아버지의 맡기심과 붙드심입니다. 그렇게 하여 하나님은 자신의 뜻을 이루시되 우리의 영광으로만 자신의 영광을 증거하시며 우리의 헌신과 순종을 우리 자신의 복이라 하시고 기뻐하십니다.

우리의 삶이란 어떤 개념이나 명분으로 축소되거나 대체되지 않으며 하나님이 누구신가를 우리의 것으로 절절히 알게 하시는 하나님의 축복입니다. 육체는 결코 장애나 한계가 아니라 악기와 화폭 같은 것으로 인간이 갖는 고유한 특혜인 셈입니다. 그것으로 느끼고 감각하고 겪고 생각하며 선택하고 누리며 실패하고 깨닫기 때문입니다.

그 모든 실체, 시간과 장소로 구체화된 정황에서 각 개인이 가지는 자유와 책임은 진정 우리 자신이며 그런 실존의 자리에서라야 하나님의 진정성을 담을 수 있습니다. 자, 그러니 예수의 생애를 따라가 봅시다.

박 영선

차
례

1
역사 속에서 일하시는 하나님

5 유대 왕 헤롯 때에 아비야 반열에 제사장 한 사람이 있었으니 이름은
사가랴요 그의 아내는 아론의 자손이니 이름은 엘리사벳이라 6 이 두
사람이 하나님 앞에 의인이니 주의 모든 계명과 규례대로 흠이 없이 행
하더라 7 엘리사벳이 잉태를 못하므로 그들에게 자식이 없고 두 사람
의 나이가 많더라 8 마침 사가랴가 그 반열의 차례대로 하나님 앞에서
제사장의 직무를 행할새 9 제사장의 전례를 따라 제비를 뽑아 주의 성
전에 들어가 분향하고 10 모든 백성은 그 분향하는 시간에 밖에서 기도
하더니 11 주의 사자가 그에게 나타나 향단 우편에 선지라 12 사가랴가
보고 놀라며 무서워하니 13 천사가 그에게 이르되 사가랴여 무서워하
지 말라 너의 간구함이 들린지라 네 아내 엘리사벳이 네게 아들을 낳아
주리니 그 이름을 요한이라 하라 14 너도 기뻐하고 즐거워할 것이요 많

은 사람도 그의 태어남을 기뻐하리니 15 이는 그가 주 앞에 큰 자가 되
며 포도주나 독한 술을 마시지 아니하며 모태로부터 성령의 충만함을
받아 16 이스라엘 자손을 주 곧 그들의 하나님께로 많이 돌아오게 하겠
음이라 17 그가 또 엘리야의 심령과 능력으로 주 앞에 먼저 와서 아버지
의 마음을 자식에게, 거스르는 자를 의인의 슬기에 돌아오게 하고 주를
위하여 세운 백성을 준비하리라 18 사가랴가 천사에게 이르되 내가 이
것을 어떻게 알리요 내가 늙고 아내도 나이가 많으니이다 19 천사가 대
답하여 이르되 나는 하나님 앞에 서 있는 가브리엘이라 이 좋은 소식을
전하여 네게 말하라고 보내심을 받았노라 20 보라 이 일이 되는 날까
지 네가 말 못하는 자가 되어 능히 말을 못하리니 이는 네가 내 말을 믿
지 아니함이거니와 때가 이르면 내 말이 이루어지리라 하더라 21 백성
들이 사가랴를 기다리며 그가 성전 안에서 지체함을 이상히 여기더라
22 그가 나와서 그들에게 말을 못하니 백성들이 그가 성전 안에서 환상
을 본 줄 알았더라 그가 몸짓으로 뜻을 표시하며 그냥 말 못하는 대로
있더니 23 그 직무의 날이 다 되매 집으로 돌아가니라 (눅 1:5-23)

구약과 신약의 연속성

예수 그리스도의 등장은 당시 유대 사회에서는 놀라운 사건이었을
것입니다. 예수 그리스도는 아브라함과 다윗의 자손이며, 예언되고
약속된 하나님의 종입니다. 그럼에도 불구하고 그는 오셔서 유대 사
회가 가지고 있던 전통을 무참히 공격하셨습니다. 그리고 오직 유대

인에게만 허락되었던 하나님의 선민이라는 정체성을 빼앗아 온 인류에게 나누어 주시고, 오히려 그들의 잘못된 신앙이 그들 자신에게 올무가 될 것이라고 공격하셨습니다. 그런 면에서 보자면 예수 그리스도로부터 시작하는 신약 시대는 구약의 실패와 잘못을 닫고 새로운 시대, 새로운 내용을 여는 것으로 보입니다. 그러나 우리가 성경을 구약과 신약으로 함께 가지고 있는 것같이, 누가복음에서도 예수 그리스도의 등장은 구약의 신앙과 역사와 전통과 연속선에 있다고 소개합니다. 바로 이런 이유 때문에 구약의 전통 속에서 예수 그리스도를 증언하고 그 길을 준비하는 세례 요한이 탄생하는 것입니다. 어느 복음서를 봐도, 복음서는 예수 그리스도로부터 시작하지 않고 항상 그의 길을 예비하러 오는 세례 요한으로부터 시작된다는 것은 기억할 만합니다.

그러나 여기에는 우리가 꼭 이해하고 확인하고 넘어가야 할 부분이 있는데, 그것은 구약이 신약을 낳았느냐 하는 질문입니다. 그것은 복잡하고 깊은 문제입니다. 이렇게 한번 이야기해 봅시다. 구세대가 신세대를 낳았습니까? 뭐라고 답하겠습니까? 낳아 준 점은 인정하지만 연속성은 거부할 수 있습니다. 현실적으로 생각해 봅시다. 저도 어느 틈에 기성세대가 됐는데 젊은 세대가 반발하는 것은 어른들이 우리에게 해 준 것이 뭐가 있냐는 것입니다. 어른들은 이런 이야기를 들으면 분노하기 일쑤입니다. 우리가 먹고 싶은 거 안 먹고 입고 싶은 거 안 입고 먹여 주고 입혀 주고 공부시켜 놨더니 이런 배신을 하냐는 것입니다. 이것이 중요한 싸움거리가 되고 말았는데 이 문제가 성경에도 등장하고 있습니다.

사실 유대인들에게는 예수님이 오신 이 시점이 대단히 어려운 때였습니다. 이스라엘은 애굽에서 400년간 종살이하다가 하나님이 모세를 보내어 구원하여 약속한 땅, 젖과 꿀이 흐르는 땅으로 인도하여 살게 한 나라입니다. 여러 기적이 있었습니다. 열 가지 재앙, 홍해를 가르고 건넌 사건, 만나와 메추라기, 불기둥과 구름 기둥, 또 이런 여러 기적을 거쳐 젖과 꿀이 흐르는 땅에 도착하여 원주민을 몰아내고 성전을 짓고 신정 국가를 이뤘었습니다. 그러나 결국 그들은 신앙적으로 실패하고 정치적으로 쇠락하여 바벨론의 포로가 되고 맙니다. 아마 첫 포로가 된 것은 기원전 608년 어간에 일어난 것 같습니다. 그리고 포로로 있다가 하나님의 약속대로 70년의 포로 생활을 마치고 기원전 538년 어간에 페르시아 왕 고레스에 의하여 칙령으로 첫 귀환 허가가 선포되자 1차 귀환을 하게 됩니다. 돌아와 맨 처음에 하게 된 것이 성전 재건입니다. 기원전 515년 무렵에 성전을 다 재건합니다.

그러나 뜻밖에 종교적, 사회적 재건은 지지부진합니다. 성전을 재건하고 해방과 귀환을 기뻐하고 다시는 예전 같은 신앙적인 실패를 하지 아니하리라 다짐하고 시작했지만, 귀환한 이스라엘 백성은 자신들이 기대했던 것만큼의 성과가 나지 않자 전부 침체에 빠집니다. 그래서 기원전 400년 무렵, 느헤미야 총독 때쯤 해서 이스라엘은 정체된 상태로 예수님이 오실 때까지 400년 동안을 침체기로 지냅니다. 마지막 선지자인 말라기가 기원전 400년쯤에 활동한 것을 끝으로 하여 하나님의 어떤 사자도 등장하지 않다가 세례 요한이 태어나고 예수님이 나실 때까지 기간을 보내게 됩니다. 그 사이에 그들은 처음에 바벨론의 포로가 되었다가 그 뒤를 이은 페르시아의 영향권 아래에 있었고 그다음에는 알렉산더 제국의 영향 아래에 있게 됩니다. 알렉산더가 죽자, 그 큰 영토를 네 부장이 나누어서 팔레스타인을 지배하는 제국의 속국이 되어 여러 어려움을 겪다가 독립 전쟁으로 많은 피를 흘리고 잠깐 자유를 얻기도 했지만, 결국 기원전 63년부터 로마의 통치 아래에 들어가게 되고 여기 복음서 시대까지 오게 된 것입니다.

역사는 하나님이 일하시는 공간

본문 말씀에서 보는 바와 같이 사가랴는 아비야 반열의 제사장으로 자기 순서를 따라 제사장의 직무를 지키기 위해 지금 성전에 올라와 있습니다. 이 제사 제도가 지켜지고 있고 율법이 가르쳐지고 있지만, 사실 이 당시의 이스라엘 백성에게 있어서 그들의 역사와 전통이라는 것은 참으로 불만스러운 역사와 전통이었을 것입니다. 또한 현실적으로 이 전통들은 대접을 받지 못하고 있을 때입니다. 그러나 하나님은 거기서 싹을 내십니다. 여기서 하나님의 일하심에 대한 역사적 이해가 필요합니다. 역사가 무엇인지 물을 때, 세상에서는 아직 답을 찾지 못하고 있습니다. 가장 긍정적인 사관이 역사는 자체의 정신을 갖고서 발전해 나간다고 믿는 사관입니다. 어떤 세계정신, 역사 정신이 있을 것이라고 막연히 낙관을 주장하고 있는 견해입니다. 그 외에는 다 순환 논리로 보거나, 그저 자연적인 것이라고 보거나 혹은 의지나 목적이 없다는 식으로, 뭐라고 정의를 내릴 수 없는 것으로 보는 까닭에 역사를 체념적으로 이해하고 있다고 할 수 있습니다. 우리 기

독교 역사관은 다릅니다. 하나님이 시작하시고 끝내시는 시간, 이것
이 역사입니다. 하나님의 뜻이 있고, 그 뜻을 이루시기 위한 기간, 그
것이 우리가 가지는 기독교 역사관입니다.

　그러나 이렇게 말하기는 쉽지만, 우리가 경험해 보면 이 역사는 도
무지 이해가 되지 않습니다. 흔히 묻는 것처럼, 그럼 기독교가 들어오
기 전까지의 선조는 어떻게 되는 겁니까, 하는 경우만 보더라도 우리
는 역사가 하나님의 주도 아래, 하나님의 뜻으로 펼쳐진다는 것에 대
하여 답을 낼 수 없는 경우가 많음을 알 수 있습니다. 우리 뿐만 아니
라 처음부터 신정 국가로 특별히 선별된, 하나님의 백성으로 부름을
받은 이스라엘 백성도 이 복음서가 시작하는 시점에서 자기네 나라
의 역사를 이해할 수 없습니다. 하나님이 우리의 창조주이시고, 하나
님이 우리 백성을 특별히 부르셨고 그 큰 기적과 애정으로 간섭하셨
다면, 역사가 어떻게 이 모양 이 꼴이 되어 이런 현실에 이르렀는가,
하는 질문이 있을 수밖에 없습니다. 요한복음 16장을 보면 예수님이
하나의 힌트를 주십니다.

내가 이것을 너희에게 이름은 너희로 실족하지 않게 하려 함이니 사
람들이 너희를 출교할 뿐 아니라 때가 이르면 무릇 너희를 죽이는 자
가 생각하기를 이것이 하나님을 섬기는 일이라 하리라 그들이 이런
일을 할 것은 아버지와 나를 알지 못함이라 오직 너희에게 이 말을
한 것은 너희로 그 때를 당하면 내가 너희에게 말한 이것을 기억나게
하려 함이요 처음부터 이 말을 하지 아니한 것은 내가 너희와 함께
있었음이라 지금 내가 나를 보내신 이에게로 가는데 너희 중에서 나

더러 어디로 가는지 묻는 자가 없고 도리어 내가 이 말을 하므로 너
희 마음에 근심이 가득하였도다 그러나 내가 너희에게 실상을 말하
노니 내가 떠나가는 것이 너희에게 유익이라 내가 떠나가지 아니하
면 보혜사가 너희에게로 오시지 아니할 것이요 가면 내가 그를 너희
에게로 보내리니 그가 와서 죄에 대하여, 의에 대하여, 심판에 대하
여 세상을 책망하시리라 죄에 대하여라 함은 그들이 나를 믿지 아니
함이요 의에 대하여라 함은 내가 아버지께로 가니 너희가 다시 나를
보지 못함이요 심판에 대하여라 함은 이 세상 임금이 심판을 받았
음이라 내가 아직도 너희에게 이를 것이 많으나 지금은 너희가 감당
하지 못하리라 그러나 진리의 성령이 오시면 그가 너희를 모든 진리
가운데로 인도하시리니 그가 스스로 말하지 않고 오직 들은 것을 말
하며 장래 일을 너희에게 알리시리라 (요 16 : 1-13)

예수님은 당신이 누구시며 당신이 한 일이 무엇인가를 제자들에게 다
설명할 수 없다고 하십니다. 보혜사 성령이 오시면 그때 알게 될 것이
라고 이야기합니다. 우리는 한 사람을 이해하는 데에 그 사람을 만나
는 것보다 더 좋은 방법이 없다는 것을 압니다. 만나면 많은 것을 압니
다. 오죽하면 '백문불여일견(百聞不如一見)'이라는 말이 있겠습니까.

그렇다고, 보아서 아는 것이 전부는 아닙니다. 시간이 필요하다는
말입니다. 예수님이 복음서에 기록된 그의 공생애를 사시고 죽음과
부활로 끝나는 생애 속에서 가장 가까이에서 함께한 제자들이야말로
예수님을 가장 잘 아는 사람들이었을 겁니다. 그럼에도 불구하고 그
들은 예수님에게 헛된 기대를 하고, 그래서 절망하고 배신하고 도망

갔던 사실을 우리는 압니다. 그의 부활 소식을 듣고 반신반의하고 돌아와 사실을 확인하고 놀라워합니다. 그동안 자기들이 만난 분이 자기들의 이해와 다르다는 사실에 놀랍니다. 그리고 성령이 임하시고 그 후에 비로소 우리가 아는 그런 제자들이 됩니다. 그런 의미에서 예수님과 함께 있었던 제자들보다 함께 있지 않았던 사도 바울이 예수 그리스도와 그의 일하신 내용에 대하여 더 많이 안다고 볼 수 있습니다. 여기에 무슨 차이가 있습니까? 시간이라는 차이입니다.

시간이라는 것은 우리가 어떤 진리를, 어떤 내용을 한번 보면 아는 존재가 아니라는 것을 의미합니다. 우리는 그것을 내가 이해하고 내가 선택한 것으로 다 소유하는 것이 아니라 겪어 봐야 한다는 것입니다. 상대방을 여러 경우에서 겪어 봐야 하는 것뿐 아니라 내가 이해하고 기대하고 믿는 것을 내가 겪게 되는 여러 현실 속에서도 확보해야만 비로소 상대방을 제대로 알게 됩니다. 그러니까 우리가 메시아를 기다리고 있고 하나님의 백성이라는 불변하는 약속을 가지고 있는데, 바로 그러한 것을 위협하고 시험하는 현실 속에서 겪는 우리의 연약함, 불신, 조급함, 과격한 요구 같은 것들이 그것과 맞물려서 결실되는 것이 바로 예수 그리스도의 오심이 가지는 의미입니다.

우리는 이스라엘 백성이 예수 그리스도를 그토록 오랫동안 기다리면서 어떤 심정에 있었을까, 어떤 현실 속에 있었을까 하는 것을 우리의 짧은 인생 속에서 비슷하게 경험합니다. 어느 날 어떤 신비한 방법으로 예수를 만나고 예수를 믿게 되었을 것입니다. 그리고 그 믿음 속에는 기대와 하나님의 약속에 대한 소망이 우리 인생의 방향을 잡도록 했을 것입니다. 그럼에도 불구하고 신앙 현실이 우리 마음에 들지 않는 이유는 무엇입니까? 우리가 가지는 믿음과 소망이 짧은 인생 속에서 경험하게 되는 현실을 완벽하게 극복하기에는 내 믿음과 기대와 이해와 하나님의 일하심이 너무도 다르더라는 사실 때문입니다. 우리의 기대대로라면 우리가 한숨 쉬고 걱정할 것 없도록 인도하시는 것이 하나님의 하나님 되시는, 가장 우선하는 책임이 아니겠는가 싶은데, 하나님은 우리가 거부하고 외면하고 자폭하고 도망가고 분노하는 것까지도 놔두신다는 사실에 대하여 우리는 놀랍니다. 그러나 우리가 하나님을 향하여 정성을 바치고 믿음을 바치고 목숨을 바치는 것 속에서 세례 요한이 태어나고 예수가 결실하는 것이 아니라, 예수의 오심은 우리의 절망과 포기와 체념과 무력 속에서 하나님이 일하신다는 것을 말하고 있습니다.

우리가 예수를 만들어 내는 것도, 우리가 싹을 내는 것도 아니라면, 결코 아무런 가치도 추출해 낼 수 없는 이 긴 시간과 경우들이 왜 필요하다는 말인가, 하는 질문 앞에 서게 됩니다. 이사야 43장을 보면 하나님이 이런 위로의 말씀을 하십니다.

야곱아 너를 창조하신 여호와께서 지금 말씀하시느니라 이스라엘아 너를 지으신 이가 말씀하시느니라 너는 두려워 하지 말라 내가 너를 구속하였고 내가 너를 지명하여 불렀나니 너는 내 것이라 네가 물 가운데로 지날 때에 내가 너와 함께 할 것이라 강을 건널 때에 물이 너를 침몰하지 못할 것이며 네가 불 가운데로 지날 때에 타지도 아니할 것이요 불꽃이 너를 사르지도 못하리니 대저 나는 여호와 네 하나님이요 이스라엘의 거룩한 이요 네 구원자임이라 내가 애굽을 너의 속량물로, 구스와 스바를 너를 대신하여 주었노라 네가 내 눈에 보배롭고 존귀하며 내가 너를 사랑하였은즉 내가 네 대신 사람들을 내어 주며 백성들이 네 생명을 대신하리니 두려워하지 말라 내가 너와 함께 하여 네 자손을 동쪽에서부터 오게 하며 서쪽에서부터 너를 모을 것이며 내가 북쪽에게 이르기를 내놓으라 남쪽에게 이르기를 가두어 두지 말라 내 아들들을 먼 곳에서 이끌며 내 딸들을 땅 끝에서 오게 하며 내 이름으로 불려지는 모든 자 곧 내가 내 영광을 위하여 창조한 자를 오게 하라 그를 내가 지었고 그를 내가 만들었느니라 (사 43 : 1-7)

포로가 된 이스라엘에게 주는 위로의 말씀입니다. 걱정하지 마라, 내가 너희를 해방하여 줄 것이라, 너희를 다시 모을 것이라, 내가 너희를 내 사랑으로 불렀고 너희를 내 사랑의 대상으로 삼았기 때문에 나는 결코 너희를 포기하지 않는다, 너희를 다시 회복시키고 영광스럽게 하는 이 일에는 내가 무슨 대가든지 다 치를 것이다, 어떤 장애도 내 사랑과 내 약속을 방해할 수 없다, 이런 말씀입니다. 우리는 이 말씀을 우리의 신앙 인생 속에서 자주 반복해서 확인합니다. 유명한 장입니다. 신자들의 위기, 낙망과 어려움 속에서 힘을 주는 말씀입니다.

그러나 이 말씀에서 중요한 부분은 이것입니다. '나는 이 일을 이루기 위하여 어떤 대가도 치를 것이다!' 이것이 구속한다는 말이 가지는 뜻입니다. '너를 구원하기 위하여 그 구원에 필요한 어떤 대가도 치를 것이다.' 우리는 그것이 하나님의 사랑일 것이라고 크게 묶어서 이해합니다. 하나님이 이 일을 위하여 눈물도 흘리실 것이며 애도 탈

것이며, 그러기 위하여 가만히 앉아서 이 일을 하시는 것이 아니라 벌떡 일어나 버선발로 걸어 나오실 것이다, 흙탕물에 손도 담그실 것이다, 이렇게 이해하고 있습니다. 그것을 조금 더 확장하면, 하나님이 우리를 하나님의 자녀로 부르시고 허락하신 사랑을 이루기 위하여 우리의 항복을 받아 내시는 일을 감수하실 것이라는 뜻입니다. 우리의 항복을 받아 내기 위하여 하나님은, 우리가 이해하기 쉽게 이야기하자면, 우리와 보폭을 맞추시고 눈높이를 낮추어 하나님의 하나님 되시는 그 모든 권세와 영광을 접으시고 우리의 길을 감내하신다는 뜻이 그 속에 있습니다. 그것이 역사입니다.

우리와 다음 세대들

서두에서도 잠시 기성세대와 신세대 간의 갈등을 언급했는데, 우리의 이해와 실천을 위해 여기서 잠깐 이 문제의 결론을 정리할 필요가 있습니다. 우리 시대는 배고픈 시대였기 때문에 배고픔을 면하는 것을 최우선으로 삼았습니다. 그래서 우리는 자녀를 굶지 않게 하고 마음껏 공부하게 했습니다. 다 그런 것은 아니지만 대체로 그랬습니다. 그러나 자녀 입장에서는 배부르게 되고 공부하는 것이 한 인간을 행복하게 하는 절대 조건이 아니더라는 것입니다. 배고프지 않게 하고 무식하지 않게 해 주자, 사람은 인간성이 좋아지는 것이 아니라 훨씬 더 악질이 되더라는 사실입니다. 세상은 더 살기 어려워졌습니다. 부가 편중되고 식자들이 잘난 체만 하는 세상이 됐습니다. 도대체 부모가 해 준 게 뭡니까, 이것이 자녀의 불만입니다. 부모는 배고픈 시대를 살았으니까 당연히 "너 밥 먹이고 좋은 거 입혀 줬잖아" 이게 답입니다. 이렇게 자녀는 끊임없이 아무것도 받지 않았다고 하고, 부모들은 다 해 줬다고 합니다. 서로 다른 이야기를 하는 것입니다. 여기서 발견하는 것은 우리가 해 준 것이 한 인간의 절대적 충족 요건이 아니라는 사실입니다. 또 그것은 부모가 자식에게 해 줄 수 있는 일이 아니라는 것입니다. 그것은 하나님밖에 해 줄 수 없는 것 즉, 인간 영혼의 문제입니다. 이것을 두루뭉술하게 넘어가자는 이야기가 아닙니다. 역사가 증명한다는 것입니다.

　서구 역사입니다만, 기독교 신앙을 가진 안목으로 보면 중세를 이렇게 요약할 수 있습니다. 신앙을 강요해서라도 요구해야 한다고 생각했는데, 힘으로 강요한다고 해서 사람들이 항복하지는 않더라는 것입니다. 이것을 중세 시대를 통하여 배웁니다. 신앙은 강요될 수 없다는 겁니다. 인간이 힘에 굴복하지는 않더라, 신앙에 문제가 있었던 게 아니라, 옳은 것은 강요할 수 있다고 믿었는데 인간은 강요되지 않더라는 것입니다. 그다음에 문명사회가 왔습니다. 근대가 왔습니다. 많은 지식의 진보와 발전이 있었습니다. 물질적으로 풍요로운 시대가 왔습니다. 그러나 그것으로 답이 안 된다는 사실을 확인하는 것이 다원주의입니다. 다원주의란 무엇입니까? 인간은 어떤 것으로도 절대성이라는 것으로 강요되는 존재가 아니다, 내가 확인하기까지 시간을 달라, 다른 곳으로 나를 밀지 마라, 내 인생을 내가 생각하고 책임지게 좀 놔둬라, 이것이 다원주의입니다. 이것이 역사를 통하여 확인된 것입니다.

열심히 믿고 확실하게 안다고 해도 우리가 자녀를 붙들고, 너 예수
믿으면 밥 주고 안 믿으면 안 준다 하는 식으로는 그들을 항복시킬 수
없습니다. 그러니까 개인의 신앙이 얼마나 좋은가는 자녀를 보면 안
다, 이렇게 말하는 것은 무식한 이야기입니다. 자녀의 신앙은 자녀 스
스로 확인하고 항복하고 결정해야 하는 문제더라, 하는 것입니다. 우
리의 반발, 거부, 분노, 배신, 방황 속에서 하나님은 우리와 밀고 당기
고 하시는 것입니다. 우리의 실패로, 우리가 할 수 없다는 결론으로,
우리의 역사와 인생을 돌아보아 겸손히 주 앞에 엎드리게 하는 것입
니다. 이것이 예수 그리스도의 등장에 필요한 서막입니다.

우리 교회는 이미 고령 교회가 되고 있습니다. 세대 간의 신앙 전승
에서 걸림돌이 무엇입니까? 나이 많은 사람은 많은 나이가 잘못이 아
니고, 젊은 사람은 적은 나이가 문제가 아닙니다. 이런 것은 하나님의
부르심과 하나님이 누구신가를 아는 일에 조건이 아니라, 하나님이
우리에게 주신 자유와 시간이라는 것으로 우리가 만들어 내는 부작용
이라고 이해해야 합니다. 우리는 그것을 어떻게 해서든지 꿰맞추려고
합니다. 우리가 조작할 수 있다고 생각합니다. 그것이 양쪽으로 하여
금 서로 대화가 되지 않게 하는 고집을, 표정을, 눈총을 만듭니다.

그렇지 않습니다. 우리는 사가랴입니다. 나이 많고 낙이 없고, 저게
제사장이래, 하는 손가락질을 받으면서 믿음을 지키고 있는 자입니
다. 아무런 실력이 없고 증거할 힘이 없습니다. 오늘 천사가 나타나서
'네가 아들을 낳을 것이다'라고 하니까 '그럴 리가요'라고 합니다. 그
래서 벙어리가 된 자들입니다. 우리는 사람들 앞에 큰소리칠 만한 것
이 없습니다. 우리는 하나님이 하나님이신 것을 알 뿐입니다. 그러나

우리는 벙어리입니다. 우리에게서 열매가 나타나기까지 우리는 할 말이 없습니다.

　부디 세례 요한을 만나고 예수를 만나십시오. 그래서 우리가 함께 입을 열어 하나님이 우리와 그동안 함께하셨다, 너에게 나타난 그 하나님이 우리 하나님이셨다고 함께 고백하는 그날이 있도록, 이제 복음서를 열고 예수를 만날 준비를 합시다. 우리가 하나님의 사랑과 약속을 기다리는 자로 동일한 형편에 있다는 것을 이해하여, 세대차 같은 것으로 싸우지 말고 눈에 힘주지 말고 도망가지 말고 못마땅해하지 말고, 하나님의 자비로우심과 기다리심 앞에 무릎 꿇기로 합시다.

기도

하나님 아버지, 은혜를 감사합니다. 천지를 창조하시고 역사를 주관하시고 이 세상을 심판하여 영원한 나라를 주실 우리 아버지 하나님, 우리 선조의 하나님이셨고 우리의 하나님이시며 우리 자녀의 하나님이실 영원하시고 신실하신 예수 그리스도를 보내신 우리 아버지 하나님, 우리를 이 자리에 세우고 우리 자녀에게 신앙을 고백하게 하고 증거하게 하신 그 큰 은혜와 기적으로 우리 자녀와 그의 영혼과 인생을 지켜 주시옵소서. 그들과 함께 하나님을 찬양할 복을 우리에게 허락하여 주시옵소서. 예수님 이름으로 기도합니다. 아멘.

2
세상 속에서 하나님의 자녀로
빚어내는 초월

---

8 그 지역에 목자들이 밤에 밖에서 자기 양 떼를 지키더니 9 주의 사자가 곁에 서고 주의 영광이 그들을 두루 비추매 크게 무서워하는지라 10 천사가 이르되 무서워하지 말라 보라 내가 온 백성에게 미칠 큰 기쁨의 좋은 소식을 너희에게 전하노라 11 오늘 다윗의 동네에 너희를 위하여 구주가 나셨으니 곧 그리스도 주시니라 12 너희가 가서 강보에 싸여 구유에 뉘어 있는 아기를 보리니 이것이 너희에게 표적이니라 하더니 13 홀연히 수많은 천군이 그 천사와 함께 하나님을 찬송하여 이르되 14 지극히 높은 곳에서는 하나님께 영광이요 땅에서는 하나님이 기뻐하신 사람들 중에 평화로다 하니라 (눅 2:8-14)

자연을 품은 초월

본문 말씀은 주님의 탄생 기록입니다. 베들레헴 외양간에서 예수님이
태어나십니다. 예수님은 처녀의 몸에서 나시고, 그의 나심은 무한하
신 하나님이 인간이 되어 유한 속으로 들어오시는 기적의 사건입니
다. 들에 있던 목자들에게 천사들이 나타나 예수의 오심을 전하고, 천
군이 함께 하나님을 찬양합니다. 목자들이 베들레헴 외양간에 달려와
예수를 만나고, 요셉과 마리아에게 천사들이 전하여 준 소식과 기쁜
찬송을 전합니다. 전체적으로 기적적인 사건인 것을 금방 알 수 있습
니다. 그럼에도 이 사건은 초월이 어떤 것인가에 대하여 우리에게 성
경적인 시각을 제공합니다. 초월은 자연과 이분화되거나 서로 적대적
이거나 배타적이지 않고, 조화로우며 연속성을 가진다고 가르칩니다.
초월은 자연을 그의 품 안에 품고 있다고 가르칩니다.

처녀의 몸에서 예수님이 아기로 태어납니다. 어른으로 하늘에서
강림하시지 않고, 인간 본래의 출생 모습과 과정을 밟으십니다. 그러
나 기적입니다. 천사들이 이 놀라운 사실을 증언하기 위하여 목자들
에게 오고 외양간에는 오지 않습니다. 천군 천사들이 외양간에 나타
나 불을 밝히고 큰 합창을 하는 것이 아니라, 들에 있던 목자들에게
알리고 그들이 와서 이 소식을 마리아에게 전합니다. 외양간은 이 놀
라운 사건에도 불구하고 누추함 그대로입니다. 그러나 우리가 읽는
대로 이 이야기 전체에는 하나님의 영광이 충만합니다. 예수님이 인
간이 되시고 인생을 걷기로 하심으로써, 우리는 예수를 믿고 하나님
의 자녀가 된다는 것이 초월에 속한 것이면서 자연이라는 배경을 가

진다는 것을 비로소 이해하게 됩니다.

자칫 잘못하면 기독교 신앙이 초월적인 힘에 너무 치중하여 현실과 자연의 과정을 과소평가할 수 있습니다. 우리의 기도와 기대가 그렇습니다. 좋은 믿음, 간절한 기도를 올리면 이 한계와 장애, 그리고 지체되고 침체된 이 현실에서 우리가 승리와 확신과 만족으로 응답받을 수 있다고 쉽게 기대합니다. 그 기대는 옳은 것이지만, 거기에 시간과 장소, 과정이라는 것이 배제되면 하나님이 그의 사랑하는 백성을 위하여 일하시는 방법, 그리고 자연 속에 개입하시되 자연을 풍성하게 하시고 생명과 승리를 주시는 하나님의 신비를 놓치게 됩니다. 그렇게 되면 우리는 인간이라는 존재와 인생이라는 삶을 하나님의 방식대로 이해할 수 없게 됩니다. 에베소서 4장을 봅시다.

그러므로 내가 이것을 말하며 주 안에서 증언하노니 이제부터 너희는 이방인이 그 마음의 허망한 것으로 행함 같이 행하지 말라 그들의 총명이 어두워지고 그들 가운데 있는 무지함과 그들의 마음이 굳어짐으로 말미암아 하나님의 생명에서 떠나 있도다 그들이 감각 없는 자가 되어 자신을 방탕에 방임하여 모든 더러운 것을 욕심으로 행하되 오직 너희는 그리스도를 그같이 배우지 아니하였느니라 진리가 예수 안에 있는 것 같이 너희가 참으로 그에게서 듣고 또한 그 안에서 가르침을 받았을진대 너희는 유혹의 욕심을 따라 썩어져 가는 구습을 따르는 옛 사람을 벗어 버리고 오직 너희의 심령이 새롭게 되어 하나님을 따라 의와 진리의 거룩함으로 지으심을 받은 새 사람을 입으라 (엡 4:17-24)

'옛 사람'과 '새 사람'의 대조는 우리에게 너무나 분명합니다. 그것은
도덕성과 종교성에서의 분명한 대비입니다. 방탕에 방임한, 그저 시
간을 허비한, 아무런 목표와 내용이 없는 허망한 '옛 사람'으로부터
거룩함이라는 분명한 목표와 내용과 가치를 가진 '새 사람'으로 부름
을 받고 있습니다. 이 일은 도덕적이며 종교적이며 또한 노력해야 하
는 일들입니다. 그러나 이 대조에서 중요한 점은 우리가 예수를 믿지
않고 자연인으로 태어났을 때 인생에는 정작 목표로 삼을 것이 없다
는 사실을 알게 된 것입니다. 죽어 버릴 짧은 생애고, 성취할 덕목이
없습니다. 이 세상의 삶을 치열하게 만드는 오직 하나의 내용은 승부
뿐입니다. 이길 것이냐 질 것이냐 뿐인데, 그 승부는 적극적인 목적을
갖고서 이기는 싸움이 아니라, 경쟁자를 제거함으로써 살아남는 가
장 부정적인 것에 불과합니다. 그러나 '거룩함으로의 부르심'이라는
것은 누구를 죽여서 채울 수 있는 것이 아닙니다. 우리가 우리 자신을
채워 나가야 하는 문제이지 경쟁자를 제거하는 문제와는 거리가 멉
니다. 여기에 기독교 신앙의 아주 놀라운 정체성이 있습니다.

　이런 예를 들어 봅시다. 테니스 역사에서 여자 테니스를 혁명적으로
바꿔 놓은 대표적인 인물이 있는데, 나브라틸로바(Martina Navratilova)라
는 선수입니다. 그 전까지 여자 테니스는 기술과 우아함의 문제였습
니다. 당시 고전적인 테니스계를 대표했던 가장 위대한 선수는 크리
스 에버트(Christine Marie Evert)라는 선수인데, 참으로 실력이 있고 우
아하고 냉정한 사람이었습니다. 승부처에서도 마음의 평정을 유지할
줄 아는 사람이어서 '아이스 우먼'(ice woman)이라는 별명이 붙기도
했습니다. '냉혈한'으로 들리기도 하지만, 감정을 다스릴 줄 아는 선

수라는 의미였습니다. 그녀에게는 적수가 없었는데, 어느 날 나브라틸로바가 나타난 겁니다. 나브라틸로바는 터미네이터 같은 여자였습니다. 그 시대에는 여자가 그럴 수 있다고 상상할 수 없었던 힘을 보여 준 사람이었습니다. 에버트는 그의 서브를 받을 수가 없었고, 그의 힘에 당할 수가 없었습니다. 에버트는 자신의 패배와 자신의 한계를 넘어서는 나브라틸로바에 분노해서, 시합을 마치고 나서 늘 했던 승자와 패자가 악수하고 축하하고 격려하는 일을 하지 않았습니다. 그래서 둘은 경기를 마치면 서로 외면한 채 헤어지곤 했던 아주 불편한 사이였습니다. 그러다 에버트가 상대와의 싸움에서 이기기 위해서는 결국 상대를 이기기 위한 자기 훈련밖에는 다른 방법이 없다는 것을 확인하고 더 많은 훈련과 노력으로 결국 나브라틸로바와 대등한 경지까지 자신을 올려놓습니다. 그래서 후반기에는 매우 멋진 경기들을 펼치게 됩니다. 둘은 거의 대등한 경기를 펼치다가 에버트가 은퇴를 하게 됩니다. 에버트가 은퇴를 선언하자 제일 섭섭해하는 이는 나브라틸로바였습니다. 나브라틸로바는 에버트가 은퇴하면 나도 테니스를 하지 않겠다고 했습니다. 어떤 의미였다고 생각합니까? 둘은 승부를 가르는 사이를 넘어서 테니스를 예술로 만들 수 있는 동반자였음을 깨닫습니다. 말년에 둘은 그 이상 친할 수 없는 절친한 사이가 되었다고 합니다.

현실을 살아 내는 초월의 진정한 힘

세상이 요구하는 승부에는 다만 이기는 것 말고는 아무런 내용이 들어 있지 않기 때문에 우리가 실패하면 그것 자체로도 패배자로서 망할 뿐 아니라, 승리한다 해도 정작 인격과 영혼에 남길 것을 얻지 못합니다. 그러나 기독교 신앙 속에서는 거룩함이 요구되는데, 바로 그것이 하나님의 의로우심과 자비하심과 선하심과 놀라우심으로의 초대이기 때문에 이 일은 승리와 패배라는 것을 넘어서는 내용을 우리에게 열매 맺게 합니다. 그리고 그 일을 위해서 하나님이 우리에게 상대방을 놓아두시는 겁니다. 그 상대방은 쳐부수어야 할 적이 아니라, 나의 실력을 키우기 위한 상대입니다. 우리가 볼 때에는 그 상대가 장애이며 한계로 보입니다. 시간과 공간의 제약, 체력과 환경의 부족함과 같은 것들이 다 방해물과 장애물로 생각됩니다. 그러나 예수께서 인간이 되시고 인생을 살기로 작정하고 이 땅에 오셔서 실제로 인생을 사심으로써 성경이 우리에게 증언하는 것은 '인간됨과 인생이 얼마나 신비로운 것인가'입니다.

예수님이 인간이 되어 제한 속에 당신을 가두시고 현실의 모든 위협과 공격과 왜곡과 비겁함에 직면하셨다고 해서 예수님의 예수님 되심에 흠이나 부족함이나 아쉬움을 가지지는 않습니다. 예수님의 위대함은 초월로 현실을 외면하여 자신의 능력을 증언한 것이 아니라, 초월자가 현실을 살아 냄으로써 초월의 진정한 힘을 보이셨다는 사실에 있습니다. 우리는 인생에서 싫어하는 여러 요소를 갖고 있습니다. 우리는 이런 불평들을 할 수 있습니다. 부모님이 나를 좀 더 지원

해 줄 수 있었다면, 부모님이 좀 더 좋은 체력적 인자를 갖고 있었더라면, 부모님이 나를 좀 더 따뜻하게 대했더라면, 하는 아쉬움을 이야기할 수 있습니다. 한 걸음 더 나아가서 내 현실이 이것보다 조금 더 여유가 있다면, 내가 먹고 사는 데 목을 매지 않아도 된다면, 내가 조금 더 배울 수 있는 머리를 가졌다면, 형편이 되었더라면, 자식이 말을 조금만 더 잘 들어줬더라면 등과 같이 현실 속에서 끝없이 우리의 발목을 잡는 모든 문제에 대하여 아쉬워할 수 있습니다. 그러나 성경은 그런 아쉬움에 대하여 정면으로 그렇지 않다고 이야기합니다. 우리에게 장애와 방해와 약점인 요소들이 우리를 하나님의 자녀로 빚어내는 하나님의 초월이라고 이야기합니다.

우리가 인생을 살아 보면 승리했을 때 깨닫게 되는 내용보다 실패했을 때 깨닫게 되는 내용이 더 많습니다. 실패하고 좌절했을 때 더 많이 생각할 수밖에 없습니다. 실패하게 되면 처음으로 하는 반응이 상대방이나 세상에 대하여 불평을 털어놓는 것이지만, 결국은 그것들이 자신에게 돌아올 수밖에 없다는 것을 경험을 통하여 배웁니다. 상대가 너무 세다, 심판이 불공평했다, 하는 것이 첫 반응이지만, 결국 그 모든 것을 이길 만큼 내가 더 세었어야만 했다는 결론으로 돌아올 수밖에 없습니다. 왜 그렇습니까? 나는 내가 책임질 수밖에 없기 때문입니다. 환경과 조건이 아무리 열악해도 결국 그것을 어떻게 감수할 것이냐 하는 것으로밖에는 이 문제를 풀 수 없다는 사실을 발견합니다. 그리고 그 속에서 승부를 뛰어넘는 내용에 대하여 눈을 뜹니다.

테니스 이야기를 하나 더 하겠습니다. 아서 애시(Arthur Ashe)라는 흑인 테니스 선수가 있었습니다. 제 기억으로 흑인 선수로는 최초로

윔블던에서 우승한 선수입니다. 위대한 선수이고 당시 있었던 인종 차별과 모욕적인 공격들에 대하여 참으로 신사답게 대응한 멋진 인격의 소유자로 유명합니다. 어느 대회였던가, 그가 결승에서 일리에 너스타세(Ilie Nastase)라는 선수와 경기를 하게 되었는데, 이 사람은 테니스계의 악동이라는 별명을 만들어 낸 장본인입니다. 그 뒤를 이어서 지미 코너스(James Scott Connors)나 존 매켄로(John Patrick McEnroe) 같은 악동들이 출현합니다. 악동이란 매너가 나쁜 사람들이라는 뜻입니다. 심판 판정에 항의하고 험한 말을 하고 무례하게 굽니다. 그렇게 하는 이유는 상대방의 마음을 흔들기 위해서입니다. 이기기 위한 점잖지 못한 행위들이었습니다. 일리에 너스타세는 그 정도가 심했던 선수입니다. 결승 경기를 진행하는 동안에도 매너 없이 굴고 자꾸만 역겹게 행동하자, 아서 애시가 중간에 타임을 걸고 심판에게 찾아와서 말했습니다. "내가 기권하겠습니다." 심판이 이유를 물었습니다. 그러자 유명한 말을 했습니다. "내가 이 경기를 계속하면 저 못 볼 꼴을 계속 연장해야 하니, 그 꼴을 관중에게 보여 주는 데 내가 한몫해서는 안 될 일이라고 생각합니다." 심판이 이 말을 듣고 일리가 있다고 여겨 경기 위원들을 소집해서 이 문제를 상의했습니다. 그 위원들이 어떻게 결정했겠습니까? 일리에 너스타세에게 실격을 선언하고 아서 애시에게 우승컵을 줬습니다. 이런 이야기를 들으면 참 멋있습니다.

인간은 비록 승부를 결정하는 일에 직면해서도 다만 이기는 것이 전부일 수는 없는, 그보다 더 큰 속성을 가지고 있습니다. 인간성이라는 가장 중요한 본질입니다. 승리하려고 인간성을 내어 줄 수는 없다는 것입니다. 인간성의 깊고 높은 경지가 어디서 발휘되고 만들어지는가를 보십시오. 바로 인간성을 포기해야만 얻을 수 있는 도전과 시험 앞에서 만들어지고 발휘된다는 것을 보아야 합니다. 그가 그저 이겨 버린 것으로는 얼마나 멋있는 사람인지 모르고 그 멋을 진정한 덕목으로 만든 그 과정이 드러나지 않습니다. 그러나 도전을 받고 시험을 받자 자신도 분명한 선택을 해야 했고, 그 선택을 위하여 희생을 감수하게 되었고, 본인에게나 제삼자에게나 커다란 증언을 하게 된 것입니다.

세상을 이기는 기독교 신앙의 위대함

우리가 인생 속에서 바로 이런 일을 만납니다. 우리는 현실이라는 무시무시한 도전 앞에 있습니다. 인생을 살게 되면, 매 현실이 반복되어 이렇게 나타납니다. 세상의 위협입니다. 이길 것이냐 질 것이냐, 이기기 위해서는 네 모든 것을 포기하라는 위협과 시험 앞에 서야 합니다. 우리가 기껏 신앙을 지키기 위하여, 더 큰 덕목을 위하여 도덕성과 인격을 유지하려고 하면, 세상은 여지없이 그것으로 우리에게 상처를 주고 아무런 보상도 해 주지 않습니다. 우리는 우리가 지켜야 하는 것에 대해 왜 그래야 하는지 알 수가 없게 됩니다. 결국은 무서운 현실만 깨닫습니다. 지면 끝이야! 이것 외에는 다른 진리가 없습니다. 우리는 더 비정해지고 더 악랄해지고 더 메마를 수밖에 없습니다. 그러나 여기에 답이 있습니다. 기독교 신앙이 그렇지 않다고 말할 수 있는 유일한 진리이기 때문입니다. 요한복음 15장으로 갑시다.

> 아버지께서 나를 사랑하신 것 같이 나도 너희를 사랑하였으니 나의
> 사랑 안에 거하라 내가 아버지의 계명을 지켜 그의 사랑 안에 거하
> 는 것 같이 너희도 내 계명을 지키면 내 사랑 안에 거하리라 내가 이
> 것을 너희에게 이름은 내 기쁨이 너희 안에 있어 너희 기쁨을 충만하
> 게 하려 함이라 내 계명은 곧 내가 너희를 사랑한 것 같이 너희도 서
> 로 사랑하라 하는 이것이니라 사람이 친구를 위하여 자기 목숨을 버
> 리면 이보다 더 큰 사랑이 없나니 너희는 내가 명하는 대로 행하면
> 곧 나의 친구라 (요 15:9-14)

기독교에서 신앙의 가장 중요한 본질을 사랑으로 제시하는 것은 놀
랍습니다. 세상은 자기 자신을 위하여 모든 것을 배척하고 모든 것을
파괴하라고 명령하는 데 대하여 성경은 우리에게 상대방을 위하여
죽으라고 요구합니다. 그리고 하나님도 우리를 위하여 죽으실 수 있
는 분이라고 이야기합니다. 세상은 반대로 이야기합니다. 세상이 유
지되고 보전되기 위해서는 너희를 다 죽일 수밖에 없다고 이야기합
니다. 그것이 세상입니다. 우리는 선택해야 합니다. 우리 안의 저 깊은
곳에서 물어 오는 질문에 답해야 합니다. 나는 인간을 어떤 존재로 여
길 것인가에 대한 답을 정해야 합니다. 다 죽이고 살아남는 존재가 될
것이냐, 남을 위하여 내가 죽는 존재가 될 것이냐, 이 문제입니다. 우
리 영혼의 질문이며 우리 인격의 질문입니다. 내가 세상을 버리고 선
택할 수 있는 것이 무엇이란 말입니까, 하고 물을 수밖에 없는 것이

현실의 도전입니다. 세상은 이것이 전부다, 현실이 전부다, 여기서 도태되고 패하면 끝이라고 말합니다.

그러나 하나님이 세상으로 우리를 쫓아 보내는 것이 아니라고 말씀하시는 것이 예수 그리스도의 성육신입니다. 왜 그렇습니까? 그도 죽으시기 때문입니다. 세상이 그를 죽인 것이 끝이 아니다, 더 있다, 세상은 그 큰 하나님의 통치와 복 주심의 한 부분일 뿐이다, 그 속에서 너희가 큰다, 만들어 진다, 복이 된다는 것은 내 뜻이며, 나의 나 됨이 하나님의 하나님 되심이 요구하는 것들이다, 그러니 걱정하지 마라, 세상에 지지 마라, 나는 너희를 다만 세상의 한 생물적 존재로서, 물질로서 만들지 않았다, 내 아들도 너희 인생을 살게 할 수 있다, 그렇게 귀한 것이다, 내가 사랑하는 대상이다, 이것이 우리 주 예수 그리스도의 오심입니다. 우리가 믿는 신앙 고백의 가장 핵심이 되는 선언입니다. '예수를 믿습니다!'라는 말이 가지는 큰 의미입니다. 삶의 곤고함과 불안함과 위기 때문에 이 세상에 지지 말고, 예수를 믿는다는 말이 갖는 의미를 확보하여 이겨 내는, 죽음으로 맞서는 복된 인생이 되기를 바랍니다.

기도

하나님 아버지, 은혜를 감사합니다. 하나님을 아버지라 부른다는 것은 얼마나 놀라운지요. 세상은 우리의 아버지가 아니며 우리의 주인이 아닙니다. 이 세상 속에 살고 있지만 우리는 하나님의 인도하심 속에 있습니다. 우리를 이 세상의 것으로 만족하지 못하게 하셨습니다. 감사함으로 우리의 신앙 고백

과 믿음을 지키게 하사 우리가 당하는 하루하루의 고단한 삶 속에서 빚어지
는 하나님의 손길과 기적을 깨우치게 하시고 경험하게 하시고 결실하게 하
사, 고단할 때나 눈물 흘릴 때나 한숨지을 때나 고통스러울 때나 결국은 모
든 것이 협력하여 선을 이루게 하시는 하나님의 위대하신 비밀과 신비를 고
백하는 우리의 인생이 되게 하여 주시옵소서. 예수님 이름으로 기도합니다.
아멘.

3
신앙이 설 자리는 현실

1 디베료 황제가 통치한 지 열다섯 해 곧 본디오 빌라도가 유대의 총독으로, 헤롯이 갈릴리의 분봉 왕으로, 그 동생 빌립이 이두래와 드라고닛 지방의 분봉 왕으로, 루사니아가 아빌레네의 분봉 왕으로, 2 안나스와 가야바가 대제사장으로 있을 때에 하나님의 말씀이 빈 들에서 사가랴의 아들 요한에게 임한지라 3 요한이 요단강 부근 각처에 와서 죄사함을 받게 하는 회개의 세례를 전파하니 4 선지자 이사야의 책에 쓴바 광야에서 외치는 자의 소리가 있어 이르되 너희는 주의 길을 준비하라 그의 오실 길을 곧게 하라 5 모든 골짜기가 메워지고 모든 산과작은 산이 낮아지고 굽은 것이 곧아지고 험한 길이 평탄하여질 것이요 6 모든 육체가 하나님의 구원하심을 보리라 함과 같으니라 7 요한이 세례 받으러 나아오는 무리에게 이르되 독사의 자식들아 누가 너

희에게 일러 장차 올 진노를 피하라 하더냐 8 그러므로 회개에 합당한
열매를 맺고 속으로 아브라함이 우리 조상이라 말하지 말라 내가 너희
에게 이르노니 하나님이 능히 이 돌들로도 아브라함의 자손이 되게 하
시리라 (눅 3:1-8)

요한의 세계가 등장하는 이유

본문 말씀은 예수님의 공생애가 시작되기에 앞서서 세례 요한이 먼
저 등장하는 장면입니다. 세례 요한은 사람들에게 회개의 세례를 베
풀고 주를 만날 준비를 시킵니다. 그런데 요한의 세례 즉 회개의 세례
가 누가복음에서는 독특하게 나타납니다. 왜 독특하다고 하는지 생각
해 봅시다. 우리가 복음서를 읽을 때에는 이미 기독교에 대하여, 유대
전통에 대하여 최소한의 지식을 가지고 접근하는 것이 보통입니다.
아무런 이해 없이 복음서를 대하는 사람들도 물론 있겠지만 대개 복
음서를 읽겠다고 작정할 때에는 예수는 누구인가, 신약과 구약이 무
엇에 대한 기록인가에 관하여 최소한의 이해를 하고서 자세히 보려
고 하는 법입니다. 복음서를 기록한 기자들도 그러한 독자들을 예상
했습니다.

　누가복음은 서두에도 밝히고 있듯이 데오빌로 각하에게 보내는 편
지입니다. 그 사람이 누군지는 확인되지 않았습니다. '데오빌로 각하
에게'라는 표현에서 보듯이 그는 당시 로마의 고관이었을 것으로 추
측됩니다. 현직이든 전직이든 로마 정권의 최상층에 속하는 지위에

있었던 사람으로 상상이 됩니다. 그러니까 누가는 유대 기독교 전통
에 대한 이해가 충분하지 않은 사람에게 예수를 설명하고 그 의미를
전하려고 이 복음서를 쓰고 있는 것으로 보입니다. 또한 누가복음은
예수님이 나시던 때의 상황을 말해 주고 있습니다. 성경 표현으로 아
구스도, 우리가 아는 아우구스투스 황제(Gaius Julius Caesar Octavianus,
BC 63-AD 14) 때 예수님이 태어나셨다고 기록했고(2:1, 7), 또 세례
요한의 등장도 디베리오 황제 때, 즉 티베리우스 황제(Tiberius Caesar
Augustus, BC 42-AD 37) 때라고 역사적 배경을 분명하게 언급하고 있
습니다.

세례 요한의 세례는 일차적으로 유대인을 향한 것입니다. 약속된
메시아를 준비해야 하는 회개로서 그가 세례를 베풀었습니다. 그런 면
에서 보자면 세례 요한의 회개는 데오빌로 각하 같은 사람에게는 무
슨 이야기인지 이해가 쉽지 않은 내용일 수 있습니다. 그런데 바로 여
기에 누가복음이 쓰인 진정한 목적이 있습니다. 누가는 지금 데오빌로
각하에게 요한의 회개 즉, 요한이 요구하는 회개를 소개함으로써 기독
교 신앙의 핵심은 신앙이나 종교 내에서 그 위치를 가지는 것이 아니
라 인류와 역사와 세계라는 큰 틀에서 의미가 있는 것이라고 가르치고
있습니다. 그래서 누가복음 식으로 이야기하자면 세례 요한의 등장과
회개를 촉구하는 그의 선포를 통해 예수를 믿는다는 것의 의미에 대한
이해와 관점이 등장하는 것이고, 이것은 예수 없이 사는 인생이 가지
는 세상과, 인간에 대한 이해와 관점과 대비되고 있습니다. 이 후자에
대하여 기독교 신앙이 도전하고 있다고 이해해야 합니다. 그것의 핵심
이 되는 관점을 기독교 세계관이라고 이야기할 수 있습니다.

세상에 도전하는 기독교 세계관

세계관에 대한 좋은 정의가 있습니다. "세계관이란 … 우리가 살고 움직이고 몸담을 수 있는 토대를 제공해 주는 이해나 지식이나 결단"*이라고 합니다. 여기서 '이해'나 '지식'이 나란히 놓인 것은 이해가 가지만, 왜 '결단'이라는 말이 이 단어들과 나란히 놓여 있나 하는 생각이 듭니다. 그런데 우리가 살면서 세계관을 구체적이고 분명하고 종합적으로 정리하고 있지는 않을지라도, 또는 세계관 자체를 의식하고 있지 않을지라도 우리가 평가하고 선택하고 결정하는 근거에는 세계관이 있을 수밖에 없다는 것을 압니다. 부모가 자녀에게 늘 하는 이야기는 이것입니다. "너 그렇게 해서는 이 세상 못 산다." 이런 말에도 이미 세계관이 담겨 있습니다. 이겨야 한다, 강해야 한다, 살아남아야 한다는 내용이 들어 있는 것입니다. 세계관이 없이 우리는 결정할 수 없습니다. 방향을 잡을 수도 없습니다. 어느 쪽이 동쪽인지 서쪽인지를 알아야 가든지 말든지 할 것 아닙니까? 그런데 방향을 정하지 않은 채 달린다면 그저 달리는 것일 뿐입니다. 그것은 스피드를 즐기는 것에만 의미가 있지, 어디를, 왜 가느냐는 질문에는 답할 수 없는 것입니다.

이러한 세계관을 더 잘 이해하기 위해서 세계관의 일곱 가지 요소를 소개하고자 합니다. 이 요소들은 세계관을 정의한 제임스 사이어(James W. Sire)가 제안한 내용입니다. 첫째, 무엇이 궁극적 실재이고 권

---

* 제임스 사이어, 《기독교 세계관과 현대사상》, IVP, 2007.

위인가? 둘째, 우리를 둘러싼 세계의 본질은 무엇인가? 셋째, 인간은
무엇인가? 넷째, 인간은 죽으면 어떻게 되는가? 다섯째, 지식이 가능
한 까닭은 무엇인가? 여섯째, 옳고 그름을 어떻게 구별할 수 있는가?
일곱째, 인간 역사의 의미는 무엇인가? 제정신으로 이것을 다 생각하
고 연구할 사람은 없습니다. 그러나 가만히 보면 이것들은 우리에게
결코 낯선 것이 아닙니다. 이것은 우리가 의식하든 의식하지 않든 우
리 삶의 모든 판단과 방향 설정에서 생각하지 않을 수 없는 중요한 요
소라는 것에 공감할 것입니다. 그런 의미에서 기독교는 바로 이 세계
관을 본질로 가질 수밖에 없습니다.

  기독교라는 것은 단지 세상 속에서 행하는 하나의 종교 행위 또는
각자가 가진 신념의 문제가 아닙니다. 기독교인이 된다는 것은 세계
관에서 세상과 전혀 다른 요소들을 가지는 것을 말합니다. 기독교 신
앙은 단순한 믿음과 행동을 뛰어넘어 세계관의 철저한 기독교화가
필요합니다. 세계관의 철저한 기독교화란 모든 것을 기독교적으로 생
각하는 것을 말합니다. 기독교 신앙은 우리가 누구이고 역사가 무엇
이고 세계가 무엇이고 궁극적인 실재와 최종 권위가 누구인가에 관
해서 이야기하는 것입니다. 이 큰 틀에 동의하지 않고, 이 큰 틀을 정
리하지 않고 기독교 신앙을 논하게 되면, 그것은 다만 하나의 기호나
취미나 사적 영역의 일부로 제한되는 그저 어느 한 사람의 작은 선택
에 불과하게 됩니다.

  기독교 신앙에서 가장 중요한 것은 예수와의 인격적 관계라는 표
현입니다. 우리는 이 말을 즐겨 사용합니다. 그 표현을 쓸 때에는 다
음과 같은 긍정적인 이유가 있습니다. 기독교 신앙은 법칙이나 이념

이나 관념의 문제가 아니라 예수와의 인격적 교제라는 것입니다. 그래서 하나님이 우리를 한 인격으로 대접하시고 우리가 하나님 앞에 나아갈 때에는 하나님이 인격이시라는 것 즉, 그가 지정의를 가지고 계시다는 사실을 기억하고 나갑니다. 우리의 기도는 다만 주문이 아니며 필요한 물품을 나열하는 것이 아닙니다. 인격과 인격이 밀고 당기고 호소하고 설득하고 합의하는 그런 전제들이 있다는 것입니다.

그러나 이것이 부정적으로 잘못 쓰이면, 인격적 관계라는 것이 두 존재 간의 내밀한 사적 관계 외에는 아무것도 아닌 것으로 사용될 수도 있습니다. 그러니까 예수를 믿는다는 문제가 한 개인이 취하는 선택이나 개인이 가지는 취미에 지나지 않게 됩니다. 자신이 살아가는 삶의 전 실존 영역과 시대와 사회적인 관계에서 갖는 책임과는 전혀 무관한 것이 되고 맙니다. 이것은 성경이 거부하는 방향입니다. 사도행전 17장에 가면, 이 문제에 대한 사도 바울의 탁월한 증언이 나옵니다. 22절부터 보겠습니다.

바울이 아레오바고 가운데 서서 말하되 아덴 사람들아 너희를 보니 범사에 종교심이 많도다 내가 두루 다니며 너희가 위하는 것들을 보다가 알지 못하는 신에게라고 새긴 단도 보았으니 그런즉 너희가 알지 못하고 위하는 그것을 내가 너희에게 알게 하리라 우주와 그 가운데 있는 만물을 지으신 하나님께서는 천지의 주재시니 손으로 지은 전에 계시지 아니하시고 또 무엇이 부족한 것처럼 사람의 손으로 섬김을 받으시는 것이 아니니 이는 만민에게 생명과 호흡과 만물을 친히 주시는 이심이라 인류의 모든 족속을 한 혈통으로 만드사 온

땅에 살게 하시고 그들의 연대를 정하시며 거주의 경계를 한정하셨
으니 이는 사람으로 혹 하나님을 더듬어 찾아 발견하게 하려 하심이
로되 그는 우리 각 사람에게서 멀리 계시지 아니하도다 우리가 그를
힘입어 살며 기동하며 존재하느니라 너희 시인 중 어떤 사람들의 말
과 같이 우리가 그의 소생이라 하니 이와 같이 하나님의 소생이 되었
은즉 하나님을 금이나 은이나 돌에다 사람의 기술과 고안으로 새긴
것들과 같이 여길 것이 아니니라 알지 못하던 시대에는 하나님이 간
과하셨거니와 이제는 어디든지 사람에게 다 명하사 회개하라 하셨으
니 이는 정하신 사람으로 하여금 천하를 공의로 심판할 날을 작정하
시고 이에 그를 죽은 자 가운데서 다시 살리신 것으로 모든 사람에
게 믿을 만한 증거를 주셨음이니라 하니라 (행 17:22-31)

이 말씀은 아덴에 도착한 바울이 그리스가 가지고 있는 많은 우상을
보며 마음에 안타까움이 가득해서 복음을 전하는 장면입니다. 그런
데 바울이 복음을 전하는 모습을 보면 아주 중요한 문제로 그들과 논
쟁을 펼치고 있는데, 바로 세계관 문제입니다. 너희가 많은 신을 둔
것을 보았다, 그중에 알지 못하는 신까지 세운 것을 보았다고 합니다.
이 말은 너희가 알지 못하는 신까지 둔 것을 보면 너희는 인간의 한계
를 이해하고 인간에게는 자신보다 훨씬 위대한 신이 필요하다는 것
을 인정하는 것이다, 그런데 인간을 초월하는 신이 필요하다고 해서
그 신을 너희 손으로 만들어 놓고 경배하는 것이 말이 되느냐, 하는
것입니다. 신이 있다면 신이 우리에게 필요를 공급해 줘야지, 왜 너희
가 신을 만들고 신에게 필요한 것을 공급하면서 신이 필요하다고 하

느냐? 이제 보라, 내가 전하려는 복음의 핵심에 따르면 우리가 믿는
하나님은 우리를 지으셨고 우리의 필요를 채워 주실 뿐 아니라 예수
그리스도를 죽음에서 부활시킴으로써 그분이 창조의 하나님이고 부
활의 하나님인 것을 증명하셨다, 무슨 증거가 더 필요하겠느냐, 너희
는 너희가 가진 세계관을 내려놓고 진정한 주인이신 하나님 앞으로
돌아오라, 하는 것입니다. 이것이 사도 바울의 복음 증거입니다. 그것
이 누가복음 3장에서 보는 바와 같이 어느 날 누가가 데오빌로 각하
에게 세례 요한의 회개를 들이대는 이유입니다.

세상의 법칙이 아닌 하나님의 통치

우리가 살면서 가장 크게 부딪히는 문제는 세상이 무섭다는 것입니
다. 세상은 우리의 현실입니다. 그리고 세상은 세상의 법칙을 갖고 있
습니다. 세상이 가지고 있는 법칙은 '경쟁의 법칙'입니다. 살기 위해
서 타인을 죽여야 하는 경쟁의 법칙이며, 그러기 위해서 수단과 방법
을 가리지 않습니다. 우리는 하나님을 믿고 예수 안에서 삽니다. 예수
를 믿고 하나님을 주인으로 섬기고 산다는 말의 의미는 경쟁의 법칙
이 최종적 권위가 아니라 예수로 보여 준 하나님이 완성하시는 통치
를 섬기고 받아들이는 것을 최종 권위로 믿는다는 것입니다. 그러면
어떤 일이 일어납니까? 세상이 가진 세계관과 다른 세계관을 가진다
면 우리는 세상 속에서 세상의 법칙과 우리의 법칙이 공존할 수 없다
는 도전과 시련을 경험할 수밖에 없습니다. 이 문제 앞에서 신앙인들

이 가지는 위험은 기독교 세계관을 포기하고 사적인 영역으로 신앙
을 축소하여 개인적인 영역에 국한해 버린다는 사실입니다. 이 문제
에 대하여 구약은 이렇게 꾸짖고 있습니다. 이사야 1장입니다.

너희 소돔의 관원들아 여호와의 말씀을 들을지어다 너희 고모라의
백성아 우리 하나님의 법에 귀를 기울일지어다 여호와께서 말씀하시
되 너희의 무수한 제물이 내게 무엇이 유익하뇨 나는 숫양의 번제와
살진 짐승의 기름에 배불렀고 나는 수송아지나 어린 양이나 숫염소
의 피를 기뻐하지 아니하노라 너희가 내 앞에 보이러 오니 이것을 누
가 너희에게 요구하였느냐 내 마당만 밟을 뿐이니라 헛된 제물을 다
시 가져오지 말라 분향은 내가 가증히 여기는 바요 월삭과 안식일과
대회로 모이는 것도 그러하니 성회와 아울러 악을 행하는 것을 내가
견디지 못하겠노라 내 마음이 너희의 월삭과 정한 절기를 싫어하나
니 그것이 내게 무거운 짐이라 내가 지기에 곤비하였느니라 너희가
손을 펼 때에 내가 내 눈을 너희에게서 가리고 너희가 많이 기도할지
라도 내가 듣지 아니하리니 이는 너희의 손에 피가 가득함이라 너희
는 스스로 씻으며 스스로 깨끗하게 하여 내 목전에서 너희 악한 행
실을 버리며 행악을 그치고 선행을 배우며 정의를 구하며 학대 받는
자를 도와 주며 고아를 위하여 신원하며 과부를 위하여 변호하라
하셨느니라 (사 1:10-17)

구약에서 이스라엘 역사의 끝부분을 보면 그들이 멸망할 즈음이 돼
서는 종교의 부패가 심각하게 일어나는 것을 볼 수 있습니다. 종교적

열심과 그 원색성이 훨씬 강화되면서 종교적 부패가 동시에 일어났습니다. 그 부패의 핵심은 그들이 하나님을 사적인 영역에 가두었다는 것입니다. 자신의 소원을 들어주시는 분으로 격하하고 실제 삶의 중심에 있었던 궁극적 실재는 세상이었다는 것입니다. 정치적 평화와 물질적 풍요를 실제 인생의 낙이며 중요한 것이라고 생각했고, 하나님은 그것을 이루어 주시는 힘에 불과한 처지로 여겨 밀어냈다는 것입니다. 그러니까 여기에서 이렇게 말씀하십니다. 나는 너희가 나한테 와서 제사 드리는 것 싫다, 그만 나와라, 꼴도 보기 싫다, 왜냐하면 너희는 나를 진정한 나로서 이해하지 못하고 있기 때문이다, 내가 너희에게 요구하는 신앙이 무엇인지를 모르고 있다, 하십니다. 더 열심히 더 치열하게 더 자주 찾아와서 내 속만 썩이고 간다고 말입니다.

그럼 어찌해야 합니까? 이사야 1장 17절에서 본 대로, '선행을 배우며 정의를 구하며 학대 받는 자를 도와 주며 고아를 위하여 신원하며 과부를 위하여 변호하라'고 한 것입니다. 그런데 이 구절을 '사회 정의를 실현하라'로 읽으면 안 됩니다. '사회 정의를 실현하라. 선행과 구제를 베풀어라'라는 그런 말이 아닙니다. 여기에 나오는 말은 '네 삶의 원리와 네가 가진 세계관이 하나님의 통치를 근거로 하고 있다면 세상이 추구하는 이해관계와 경쟁과 보상의 원리에서 벗어나 하나님의 통치, 자비와 긍휼과 의로움과 신실하신 통치에 네 삶을 바치라'는 것입니다. 그것이 무엇입니까? 선행이란 투자가 아닙니다. 보상을 위하여 하는 행위가 아닙니다. 고아와 과부를 돌아본다는 것이 무엇입니까? 하나님이 통치하시는 삶을 살라는 것입니다. 보상받기 위한 결정을 넘어서야 합니다. 하나님의 통치 속에서 산다는 것은 세상의 위협과 시험 앞에서 하나님 뜻대로 사는 것입니다. 세상의 위협이란 무엇입니까? '너 그러면 죽어!'와 같은 것들입니다. 하나님 앞에와서 제사 지내고 예배드릴 때가 아니라, 현실에서 하나님의 통치대로 살 수 있느냐고 묻는 것입니다. 그러기 위해서는 우리의 세계관이바뀌어야 합니다. 보이는 세상은 궁극적인 실재가 아니다, 역사란 정치의 논리나 승자의 논리로 연결되거나 우연히 끌고 가는 것이 아니다, 이것을 믿지 못한다면 우리는 세상을 이길 수가 없습니다.

이것은 강요할 문제가 아닐 것입니다. 한 개인이, 내가 세상 외에는더 큰 진리나 더 큰 법칙을 확인한 것이 없습니다, 라고 한다면 그 사람에게 뭐라고 할 수 없습니다. 그러나 만일 우리가 예수를 믿는다고고백한다면, 그 말이 가지는 의미를 알아야 합니다. 그 말은 다만 주일 하루 예배드리러 오는 것과 열심을 내어 일터에서 신우회를 만드는 정도로는 안 된다는 것입니다. 삶의 관점과 방법이 바뀌어야 합니다. 그러면 이런 질문이 나올 것입니다. '그렇게 살면 죽지 않겠습니까?' 네, 그렇습니다. 신앙은 고민스러운 것입니다. 내가 예수를 믿는다고 고백하고 확신했다고 해서 단숨에 세상을 이기지는 못합니다. 많은 신자들이 이 문제를 외면합니다. 세상에서는 세상식으로 살고믿음은 일부 영역에서만 지킵니다. 예배드릴 때, 헌금할 때, 자녀에게훈계할 때 지킵니다. 식사 기도와 결혼만은 믿는 집안 사람과 해야 한다는 것만 틀림없고, 나머지는 그렇지 않습니다. 최소한의 너그러움과 이해조차 부족합니다. 특별한 경우나 특별한 영역으로 들어가야만신앙이 표현됩니다. 현실 속에서, 세상이라는 환경과 배경과 조건 속에서 하나님이 실재의 유일하고 궁극적 주인이시며 통치자이시며, 그

분이 법이라는 것을 지켜 내는 일에 우리는 실력이 없습니다.

주어진 현실에서 믿음을 보이라

누가복음 3장에는 뜻밖의 족보가 나오는 것을 볼 수 있습니다. 이 족보는 예수로부터 쭉 거슬러 올라가서 최종적 기원이 하나님이신 것을 드러내고 있습니다. 왜 이런 족보를 기록했을까요? 하나님이 전 인류, 세상, 우주, 역사의 기원이시다, 하는 것을 드러내기 위함입니다. 그러니까 예수를 믿는다고 고백하면 우리는 우리의 존재와 삶을 어떻게 이해해야 하는가, 라는 근본적인 문제와 직면하게 됩니다. 순서상 맨 처음 이 질문이 오지는 않습니다. 예수를 믿을까 말까 혹은 죽은 다음에는 어떻게 되는가 하는 것이 우선적인 질문일 것입니다. 그 질문의 답을 알고서 죽은 다음에 내세가 있다는 것을 믿게 되었다면, 하나님의 나라 곧 영생이라는 것을 믿는다면, 그것이 세상과는 어떻게 다른지를 알고 또 이 세상을 사는 동안에는 그 나라를 준비하는 자로 사는 것입니다. 현실을 외면하고 도피하자는 것이 아닙니다. 주어진 환경과 조건 속에서 사는 것이 그 나라의 사람으로 훈련되고 준비되는 과정임을 기억해야 합니다.

정치가에게 권력을 주는 것은 그 권력을 누리라고 주는 것이 아니라 그 책임의 중대함 때문에 주는 것입니다. 그러므로 자격이 준비되지 않고 훈련되지 않은 채 권력을 가지는 것처럼 무서운 것은 없습니다. 이와 마찬가지로 하나님이 자기 백성을 불러 천국을 주시고자 할 때에 하나님이 우리를 당신의 백성답게 만드는 일을 하시는 것은 당연하다고 성경은 가르칩니다. 신약 성경에 있는 서신들을 읽어 보면 전부 우리가 해야 하는 일들로 가득합니다. 당연한 일들입니다. 그 일들을 어디서 해야 합니까? 실험실에서 하는 것도 아니고 머릿속에서 하는 것도 아니고 우리에게 주어진 조건 속에서 해야 합니다. 그 조건이란 무엇입니까? 현실이 전부인 것 같고 보이는 것이 전부인 것 같고 이기기 위해서는 다 죽여야 하는 것 같은 세상의 위협과 공갈입니다. 그 속에서 해야 하는 훈련들입니다. 우리의 신앙을 이런 식으로 이해하지 못한다면 평생 우리는 하나님 앞에 보상받는 것으로 전전긍긍하고 말 것입니다. 신자로서의 인생을 모험과 자랑과 기적으로 가질 수 없습니다.

"데오빌로 각하 여러분, 저의 이 말이 사실인 줄 아시고 예수가 오신 이 신비와 권위와 진리를 알아들으사, 참 믿음의 인생을 걷기를 바라나이다."

기도

하나님 아버지, 은혜를 감사합니다. 하나님을 알게 하셨고 이 세상이 하나님의 창조물이고 하나님의 뜻을 이루는 곳이고 하나님이 우리를 부활시키고 치유하시고 온전케 하시고 자랑케 하시는 자리요, 과정인 것을 믿습니다. 우리가 당하는 위협과 유혹 앞에 지지 말게 하옵소서. 우리는 하나님의 자녀이기 때문입니다. 힘을 다하여 목숨을 걸고 우리의 생애와 현실을 바치는 자 되게 하여 주시옵소서. 예수님 이름으로 기도합니다. 아멘.

4
하나님의 인격적 통치

1 예수께서 성령의 충만함을 입어 요단 강에서 돌아오사 광야에서 사십 일 동안 성령에게 이끌리시며 2 마귀에게 시험을 받으시더라 이 모든 날에 아무 것도 잡수시지 아니하시니 날 수가 다하매 주리신지라 3 마귀가 이르되 네가 만일 하나님의 아들이어든 이 돌들에게 명하여 떡이 되게 하라 4 예수께서 대답하시되 기록된 바 사람이 떡으로만 살 것이 아니라 하였느니라 5 마귀가 또 예수를 이끌고 올라가서 순식간에 천하 만국을 보이며 6 이르되 이 모든 권위와 그 영광을 내가 네게 주리라 이것은 내게 넘겨 준 것이므로 내가 원하는 자에게 주노라 7 그러므로 네가 만일 내게 절하면 다 네 것이 되리라 8 예수께서 대답하여 이르시되 기록된 바 주 너의 하나님께 경배하고 다만 그를 섬기라 하였느니라 9 또 이끌고 예루살렘으로 가서 성전 꼭대기에 세우고 이르되

네가 만일 하나님의 아들이어든 여기서 뛰어내리라 10 기록되었으되
하나님이 너를 위하여 그 사자들을 명하사 너를 지키게 하시리라 하였
고 11 또한 그들이 손으로 너를 받들어 네 발이 돌에 부딪치지 않게 하
시리라 하였느니라 12 예수께서 대답하여 이르시되 주 너의 하나님을
시험하지 말라 하였느니라 13 마귀가 모든 시험을 다 한 후에 얼마 동
안 떠나니라 (눅 4:1-13)

보이는 세계와 보이지 않는 세계

본문 말씀은 예수님이 공생애를 시작하시기 전에 광야에 나가 기도
하시고 주리시고 마귀에게 시험받는 장면을 소개하고 있습니다. 이
말씀에서는 그가 무슨 시험을 받았고, 또 어떻게 대답하셨는지를 기
록하고 있습니다. 그런데 누가복음이 시작될 때 드러난 것처럼 이 기
록은 전부 데오빌로 각하에게 보낸 것입니다. 데오빌로가 누구인지
정확히는 알 수 없으나, 어쨌든 유대인이 아닌 로마 제국의 고위 관리
이거나 고위 관리를 지낸 사람으로 추정됩니다. 당시 로마 제국은 거
대한 제국이며 거대한 현실이었습니다. 그런데 누가는 지금 그에게
예수님의 생애를 기록하여 보냄으로써 보이는 세계가 전부가 아님을
말하고 있습니다. 로마 제국 자체나 그 정치가 갖는 힘, 현실로 경험
하는 인생이 전부가 아니라고 말합니다.

　예수님이 받은 시험이 말해 주는 가장 놀라운 사실은 예수님에게
능력이 있다는 것입니다. 돌을 떡으로 만들 수 있는 능력, 세상의 권

위와 영광을 줄 수 있는 권세, 높은 곳에서 뛰어내려도 천사들을 불러 안전하게 할 수 있는 힘 등은 데오빌로에게 충분히 충격적이었을 것입니다. 이 충격은 예수를 믿는 모든 사람이 의식하든 의식하지 않든 간에 겪어 온 경험입니다. 보이는 것이 전부라고 알고 있다면 기독교 신앙은 성립하지 않기 때문입니다. 보이지 않는 세상이 존재하고, 보이는 세상을 포함하여 모든 세상의 통치자가 하나님이시라는 것을 알며, 하나님이 예수 안에서 당신이 어떤 분이신가를 보이는 것으로 우리를 항복시켜 고백하게 한 신앙으로 우리가 이 자리에 앉아 있는 것입니다. 그러나 당시 데오빌로가 겪었을 충격, 우리도 분명하게 정리하지 않은 이 문제, 곧 보이는 세상과 보이지 않는 세상의 연관성, 대비, 이해 같은 것들을 본문 말씀을 통하여 좀 더 확실하게 정리해 둘 필요가 있습니다.

자연주의와 실존주의

세상과 인간을 어떻게 보는지의 문제가 세계관에 있어서 중요한 질문이라고 앞에서 잠깐 살펴보았습니다. 그 세계관 중에 가장 큰 공감과 위력을 가진 것이 자연주의입니다. 자연주의란 물질이 전부라고 믿고, 보이는 물질 이외에 다른 것은 세상에 없다고 믿는 주의입니다. 그리고 이 물질계에는 영적이고 초월적인 존재나 영역은 없다는 것입니다. 또한 물질계인 세상은 폐쇄된 체계이며 원인과 결과의 법칙으로 유지되는 체계라고 주장합니다. 이들은 인간도 하나의 물질이며 복잡한 기계에 불과하다고 생각하며 죽으면 소멸한다고 믿습니다. 역사는 인과 법칙의 연속이며 의미나 목적은 없다고 주장합니다. 이것이 자연주의 세계관이자 자연주의 사상입니다.

사실 자연주의는 모든 자연인에게 막강한 위력을 가지고 있습니다. 인간의 이해와 경험의 범주는 제한되어 있기 때문에 우리는 자연주의를 싫든 좋든 수긍할 수밖에 없습니다. 특별히 믿고 특별히 고집하는 것이 아니라 현실이 그렇기 때문입니다. 우리가 자녀를 가르칠 때 많이 하는 이야기가 "너 그렇게 살아서 어떻게 하려고 그래"인데, 이런 말을 하는 배경에는 노력해야 하고 애써야 하고 세상이 원하는 방법으로만 원하는 것을 얻을 수 있다는 인과 법칙이 강하게 작용하고 있는 것입니다.

그러나 자연주의는 그 자체에 중대한 결함을 가지고 있습니다. 이는 기독교가 공격하는 것이 아니라 자연주의자들 자신이 확인하고 있는 것입니다. 그것은 바로 인간이 아무런 가치가 없다는 결함입니다. 인간도 자연의 일부로서 인과 법칙에 묶여 있고, 인간으로서의 가치와 의미를 창출할 수 없다는 한계입니다. 소멸하면 그만이고 인과 법칙을 깰 능력이 없다는 것입니다. 그래서 결국 자연주의는 언제나 허무주의로 귀결되고 맙니다. 그래서 이 자연주의가 허무주의로 가는 것에 크게 반발하여 나타난 것이 바로 실존주의입니다.

실존이라는 말은 관념과 사유와 대비되는 실제적 현실이라는 차원에서 쓰이고, 실존주의라는 말은 다만 인과 법칙에 묶여 있는 존재가 아니라 인간된 인격성을 발휘하는 존재, 결단과 선택, 감정적 반응을 할 수 있는 존재를 증명하는 차원에서 쓰입니다. 생각하고 결정하는 존재로서 자신의 존재를 확인하려는 사상이 실존주의이며, 대표적 사상가는 사르트르(Jean Paul Sartre, 1905-1980)입니다. 그런데 실존주의에서는 어떤 해결책을 제시하며 어떤 반발을 하는지에 대한 깊은 이해가 필요합니다. 그들이 반발하는 내용은, 인간은 다만 법칙에 묶여 있는 것을 참을 수 없다는 것입니다. 인간은 법칙보다 큰 인격적 존재라는 것입니다. 타당한 반발입니다. 기계의 부속품이 아니라 생각하고 선택할 수 있는 존재라는 것입니다. 그래서 자유로운 존재라는 말이 크게 주목받았습니다. 인격에는 자유가 있다, 법칙에 얽매이지 않는 자유가 있다, 그 법칙에 얽매이지 않는 것은 법칙에 거부할 자유가 있기 때문입니다. 나쁜 예지만 이런 거부권 중에 가장 크게 나타나는 것이 자살입니다. 사는 내내 나는 법칙에 묶여 있지 않겠다, 내가 그것을 거부해서 인과 법칙이 나를 끌고 갈 그 자리로 그냥 순순히 붙잡혀 가지 않고, 내 인생에 대해서 내가 결정을 내리겠다고 하는 것입니다.

그러나 이 실존주의의 반발에는 중요한 문제가 또 하나 있습니다. 그것은 자유, 선택이 결정에 아무런 근거가 없다는 사실입니다. 결정이나 선택과 같은 이런 말들 자체는 힘을 가진 개념이 아니기 때문입니다. 예를 들어 내가 공부할 것인가 말 것인가를 선택하겠다, 나는 공부 안 하고 놀기로 했다, 하는 것이 내가 결정을 했다는 것 때문에 가치를 가질 수는 없습니다. 그러나 이런 종류의 말은 많이 쓰여서 할리우드 영화에도 자주 등장하곤 합니다. "내가 약속할게"와 같은 말입니다. "내가 결정한 일이니까 나는 후회 안 해." 이런 말들이 매우 모호한 근거 위에서 가치가 있는 것처럼 쓰입니다. 조금 전에 예를 든 것같이 "난 내가 놀아서 못살게 되었지만 후회 안 해"라고 하는데, 이것은 말이 안 되는 것입니다. 그것은 맞아도 싸고 욕먹어도 싼 것입니다. 이는 어리석은 것이지 대단한 것이 아닙니다. 실존주의가 부르짖은 이 반발은 인간이란 다만 기계적 법칙에 속할 수 없다는 인간성에 대한 자각은 깨우쳤지만 그것을 해결할 능력은 없다는 것을 드러냈습니다.

법칙을 초월한 인격적 통치

자유란 아무 때나 내가 하고 싶은 대로 하는 결정권이 아니고 권위 위에 서야 한다는 것을 예수님은 성경에서 이렇게 증언하셨습니다. "진리를 알지니 진리가 너희를 자유롭게 하리라"(요 8:32). 진리란 인류 역사 속에서 살펴보면 처음에는 권위였고 그다음에는 지식이었습니다. 지금에 와서는 권위와 지식, 이 둘을 모두 거부하는 다원주의 시대에 우리가 살고 있습니다. 진리란 권력도 아니고 지식도 아니었습니다. 예수님의 말씀을 더 따라가 보면 진리란 '내가 곧 길이요 진리요 생명이니'(요 14:6), 예수님이 길이고 진리고 생명이라는 것입니다. 여기에 기독교 신앙이 가지는 가장 중요한 본질적 힘이 있습니다. 예수를 믿는다는 것은 예수에게만 있는 진리 위에 서는 것, 그때 비로소 자유가 있으며 비로소 정당한 선택이 가능하게 된다는 것입니다. 우리의 믿음은 이런 진리와 권위, 생명 위에 서 있는 것입니다. 누가복음 1장에 가면 바로 이 문제에 대해 마리아가 자신이 구세주를 잉태한 사실에 대하여 하나님 앞에 드리는 찬송 속에서 이렇게 증언합니다. 누가복음 1장 46절입니다.

마리아가 이르되 내 영혼이 주를 찬양하며 내 마음이 하나님 내 구주를 기뻐하였음은 그의 여종의 비천함을 돌보셨음이라 보라 이제 후로는 만세에 나를 복이 있다 일컬으리로다 능하신 이가 큰 일을 내게 행하셨으니 그 이름이 거룩하시며 긍휼하심이 두려워하는 자에게 대대로 이르는도다 그의 팔로 힘을 보이사 마음의 생각이 교만한 자들을 흩으셨고 권세 있는 자를 그 위에서 내리치셨으며 비천한 자를 높이셨고 주리는 자를 좋은 것으로 배불리셨으며 부자는 빈 손으로 보내셨도다 그 종 이스라엘을 도우사 긍휼히 여기시고 기억하시되 우리 조상에게 말씀하신 것과 같이 아브라함과 그 자손에게 영원히 하시리로다 하니라 (눅 1 : 46-55)

마리아의 찬송의 핵심은 무엇입니까? 이 온 우주 만물과 역사의 주인이신 하나님, 그 통치자이신 하나님이 인격을 가지고 계시다는 것입니다. 통치자가 인격을 가지신다는 것은 그의 통치와 다스리심이 피조물들에게 다만 하나의 법칙으로 적용된다는 것이 아니라, 지정의를 가지고 다스리신다는 말입니다. 이 찬송에 나오듯이 비천한 자에게 비천한 원인에 따른 결과를 주지 아니하시고 비천한 자에게 일어날 수 없는 은혜를 베푸시며, 가난한 자와 불쌍한 자를 행복하게 만드실 수 있는 통치자라는 것입니다. 세상이 가진 것으로 결과되는 것이 전부가 아니며, 그래서 교만한 자와 부자들이 가지는 것보다 크다는 것입니다. 여기 표현으로 하자면 부자와 교만한 자를 낮추신다는 데에서 나온 바와 같이 그들이 가진 것과 비교할 수 없는, 마치 아무것도 못 받은 것 같고 실패한 것 같은 자격이 없는 자들에게 더 크게 보상하시는 통치자라는 것입니다. 이것이 이 찬송의 가장 중요한 내용입니다.

이 세상은 하나님이 지으셨는데, 하나님이 세상에 가장 중요한 기본 질서로 주신 것이 인과율입니다. 원인과 결과의 법칙입니다. 그래서 이 원칙은 영원히 통용될 것입니다. 심은 대로 거둡니다. 그러나 하나님은 그 법칙 속에 갇혀 계시는 것이 아니라 그 법칙을 만드신 분으로서 그 법칙을 생명과 부요함과 영광으로 채우십니다. 기독교에서의 초월은 자연과 충돌하거나 이런 인과율을 깨뜨리는 것이 아니라 그것을 넘어서는 것입니다. 자녀를 가르칠 때도 당연히 인과율을 가르치게 됩니다. 그렇지만 부모와 자식의 관계란 인과율보다 큽니다. 인과율은 중요한 법칙이지만 부모는 인과율보다 몇 배의 사랑과 의지와 용서와 기다림을 가지고 자녀를 불쌍히 여기며 구하지 않은 것까지 줍니다. 자녀가 공부를 못하면 혼내지만 눈물이 마르기 전에 데리고 나가서 맛있는 것을 사 주는 것이 부모입니다. 아무래도 좋다고 껄껄껄 웃는 것은 부모가 아닙니다. 때려서 죽이는 것도 물론 부모가 아닙니다.

구원은 인격자에 의한 전인적인 항복

에베소서 1장에 가면 구원을 이런 차원에서 소개하고 있습니다. 우리가 가진 기독교 신앙 고백이 얼마나 큰 것인가를 알아야 합니다. 에베소서 1장 3절입니다.

> 찬송하리로다 하나님 곧 우리 주 예수 그리스도의 아버지께서 그리스도 안에서 하늘에 속한 모든 신령한 복을 우리에게 주시되 곧 창세 전에 그리스도 안에서 우리를 택하사 우리로 사랑 안에서 그 앞에 거룩하고 흠이 없게 하시려고 그 기쁘신 뜻대로 우리를 예정하사 예수 그리스도로 말미암아 자기의 아들들이 되게 하셨으니 이는 그가 사랑하시는 자 안에서 우리에게 거저 주시는 바 그의 은혜의 영광을 찬송하게 하려는 것이라 우리는 그리스도 안에서 그의 은혜의 풍성함을 따라 그의 피로 말미암아 속량 곧 죄 사함을 받았느니라 이는 그가 모든 지혜와 총명을 우리에게 넘치게 하사 그 뜻의 비밀을 우리에게 알리신 것이요 그의 기뻐하심을 따라 그리스도 안에서 때가 찬 경륜을 위하여 예정하신 것이니 하늘에 있는 것이나 땅에 있는 것이 다 그리스도 안에서 통일되게 하려 하심이라 모든 일을 그의 뜻의 결정대로 일하시는 이의 계획을 따라 우리가 예정을 입어 그 안에서 기업이 되었으니 이는 우리가 그리스도 안에서 전부터 바라던 그의 영광의 찬송이 되게 하려 하심이라 (엡 1:3-12)

여기서는 어떤 시각으로 구원을 다루고 있습니까? 하나님의 뜻, 하나님의 의지라는 차원에서 구원을 다루고 있습니다. 구원은 믿음의 결과라고 이야기하지 않고 하나님의 뜻의 결과라고 합니다. 구원에 관한 내용은 여러 관점에 따라 살필 때 그 내용이 더 풍성해집니다. 구원을 하나의 관점으로 본다면 제대로 이해하기에 부족합니다. 여기에서는 특별히 하나님의 뜻과 성실하심이라는 차원에서 구원을 다루고자 합니다. 하나님은 우리의 구원을 뜻하시고 목적하셨기 때문에 그것을 이루시고야 말 것입니다. 이것이 자연주의에 있는 인과 법칙과 얼마나 다른지 생각해 보십시오. 우리가 비인격적 법칙에 묶여 있는 존재가 아니라 눈물이 있고 피가 있고 용서가 있는 인격 앞에 서 있다는 것입니다. 용서하시고 이해하시고 넘어가시고 복 주시는 하나님의 통치 아래에 있습니다. 이것이 구원입니다.

오직 이기심과 규칙밖에 없던 인류에게 하나님이 우리의 통치자가 되셔서 용서와 자비를, 사랑과 믿음을 약속하십니다. 믿음이란 인과 법칙과 얼마나 다른 것입니까? 인간 사이에서도 우정이나 신의라는 것은 인과 법칙을 벗어나는 것입니다. 우리가 하는 신앙 고백은 그것을 증언하는 것입니다. 그리고 하나님은 우리를 항복시키기 위하여 하나님의 인격성을 동원한다고 이야기합니다. 6절을 보면, "이는 그가 사랑하시는 자 안에서 우리에게 거저 주시는 바 그의 은혜의 영광을 찬송하게 하려는 것이라"(엡 1:6)라고 합니다. 우리로 항복하게 하시지만 힘으로는 찾아오지 않으십니다.

예수님이 당하신 시험에서 보듯이 마귀가 그를 데려가 온 천하 만물을 보이고, 내게 절하면 주겠다고 하는 식의 간단한 거래가 아닙니다. 하나님은 인격적 항복을 목적하고 있습니다. 그가 사랑하시는 자 안에서 사랑하는 그 아들을 보내어 우리를 사랑하심을 증명하시고, 그 사랑하는 자 안에서 그 사랑하심을 우리 모두의 것이 되게 하시는 것으로 자기의 뜻을 이루실 것입니다. 12절에 있는 바와 같이, '이는 우리가 그리스도 안에서 전부터 바라던 그의 영광의 찬송이 되게 하려 하심'(엡 1:12)입니다. 그의 영광은 두려운 것이거나 힘이거나 법칙이지 않습니다. 그의 영광은 우리로 말미암아 증거될 것입니다. 인격자인 우리 인간의 전인격적인 항복으로 하나님이 영광을 받겠다고 하십니다. 이것이 우리를 이 자리에 있게 한, 우리가 가진 신앙 고백의 놀라움입니다. 우리는 이런 신앙 고백과 이런 약속과 대접을 받고 있습니다.

우리는 세상 앞에 설 때마다 현실 속에서 눈에 보이는 것을 포함하여 더 큰 성실한 법칙, 공정한 법칙을 요구하시는 하나님이 바로 인격자라는 사실을 이해하고 있기 때문에 현실을 이길 수 있습니다. 현실을 다만 법칙으로 살지 않고 기도할 수 있기 때문입니다. 기도란 무엇입니까? 떼를 쓰는 것이 통한다는 것입니다. 조건 없이 결과를 요청할 수 있다는 것 아닙니까. 우리의 기도가 어떤 식으로 이루어지는가는 하나님의 뜻과 결부하여 확인해야 합니다. 그러나 우리는 마음껏 기도할 수 있습니다. 원하는 바를 누구나 언제든지 말할 수 있습니다. 우리가 아멘으로 응답하는 "나는 예수를 믿습니다"라는 고백이 가진 진정한 힘을 이해함으로써 우리의 인간 된 존재와 우리가 사는 인생의 가치를 기독교 신앙으로 확인하기 바랍니다. 그리하여 인격자이신 하나님의 통치 아래에 사는 인격의 위대함으로 삶을 지켜 내고, 그것을 우리의 내용으로 삼아서 비록 삶은 고통스럽고 만만치 않을지라도 인간 된, 하나님의 사랑을 받는 기독교 신자 된 영광과 자랑을 빼앗길 수 없다는 것을 확인하는 인생이 되기를 바랍니다.

기도

하나님 아버지, 은혜를 감사합니다. 하나님을 아버지라 부르고 산다는 것은 놀라운 일입니다. 하나님은 우리를 사랑하시는 우리의 아버지시고 우리는 우리의 지정의를 동원하여 하나님을 만날 수 있습니다. 기도할 수 있고 믿고 사랑하며 순종하고 묻고 반문하며 살 수 있습니다. 우리의 삶이 하나님의 통치 아래에 있는 것을 기억하고 우리 삶의 어떤 정황, 어떤 형편에서든지 하나님의 사람으로 사는 기쁨, 주께서 마귀에게 대답하신 것같이 하나님을 경배하고 섬기고 사는 일에 영광을 누리는 우리 되게 하여 주시옵소서. 예수님 이름으로 기도합니다. 아멘.

5
예수를 소유한 자의 넉넉함

16 예수께서 그 자라나신 곳 나사렛에 이르사 안식일에 늘 하시던 대로 회당에 들어가사 성경을 읽으려고 서시매 17 선지자 이사야의 글을 드리거늘 책을 펴서 이렇게 기록된 데를 찾으시니 곧 18 주의 성령이 내게 임하셨으니 이는 가난한 자에게 복음을 전하게 하시려고 내게 기름을 부으시고 나를 보내사 포로 된 자에게 자유를, 눈 먼 자에게 다시 보게 함을 전파하며 눌린 자를 자유롭게 하고 19 주의 은혜의 해를 전파하게 하려 하심이라 하였더라 20 책을 덮어 그 맡은 자에게 주시고 앉으시니 회당에 있는 자들이 다 주목하여 보더라 21 이에 예수께서 그들에게 말씀하시되 이 글이 오늘 너희 귀에 응하였느니라 하시니 22 그들이 다 그를 증언하고 그 입으로 나오는 바 은혜로운 말을 놀랍게 여겨 이르되 이 사람이 요셉의 아들이 아니냐 23 예수께서 그들에게 이르

시되 너희가 반드시 의사야 너 자신을 고치라 하는 속담을 인용하여 내
게 말하기를 우리가 들은 바 가버나움에서 행한 일을 네 고향 여기서
도 행하라 하리라 **24** 또 이르시되 내가 진실로 너희에게 이르노니 선지
자가 고향에서는 환영을 받는 자가 없느니라 **25** 내가 참으로 너희에게
이르노니 엘리야 시대에 하늘이 삼 년 육 개월간 닫히어 온 땅에 큰 흉
년이 들었을 때에 이스라엘에 많은 과부가 있었으되 **26** 엘리야가 그 중
한 사람에게도 보내심을 받지 않고 오직 시돈 땅에 있는 사렙다의 한
과부에게 뿐이었으며 **27** 또 선지자 엘리사 때에 이스라엘에 많은 나병
환자가 있었으되 그 중의 한 사람도 깨끗함을 얻지 못하고 오직 수리아
사람 나아만뿐이었느니라 **28** 회당에 있는 자들이 이것을 듣고 다 크게
화가 나서 **29** 일어나 동네 밖으로 쫓아내어 그 동네가 건설된 산 낭떠
러지까지 끌고 가서 밀쳐 떨어뜨리고자 하되 **30** 예수께서 그들 가운데
로 지나서 가시니라 (눅 4:16-30)

고향에서 환영받지 못하는 메시아

본문 말씀은 예수님이 오랫동안 자라 온 나사렛에 돌아와서 일어난
일을 기록하고 있습니다. 예수님은 안식일에 늘 하시던 대로 회당에
들어가서 성경을 읽으십니다. 이사야 61장에 나온 이사야 선지자의
예언을 읽고서, 이것이 오늘 너희 귀에 응했다, 이 예언이 나를 위한
것이고 하나님이 약속한 것을 오늘 나로 말미암아 성취했다고 말씀
하시는 대목입니다.

여기서 말한 회당이란 이런 것입니다. 이스라엘 백성이 애굽에서 나와 약속의 땅에 들어와 솔로몬 때에 가서야 성전을 짓습니다. 성전을 짓기 전에는 이동할 수 있는 성막에서 제사를 드렸는데, 성전을 짓고 나서는 그 성전에서 제사를 드리게 됩니다. 아름답고 큰 성전을 짓고 제사를 지냄으로써 이스라엘의 종교는 제사 의식이 중심이 된 형태를 띠게 됩니다. 제사장의 책임이 커지고 모든 이스라엘 백성이 가지는 종교적인 표현과 증언과 열심이 제사 제도로 집중됩니다. 그러나 이스라엘은 멸망하고 성전은 다 파괴됩니다. 또한 자유롭게 하나님을 섬길 수 없는 바벨론이라는 나라의 포로가 됩니다. 그때 이스라엘 백성이 자신들의 민족성과 종교를 유지하기 위하여 만든 것이 회당입니다. 그러니까 공회당 같은 것을 만든 것입니다.

성전이 없어지고 제사 제도를 제대로 유지할 정치적, 사회적 여건이 되지 않으니까 주로 율법을 가르치고 지키는 일 즉, 율법을 중심으로 하는 것이 그들의 종교 행위와 신앙 행위에서 중요한 것이 되고 맙니다. 또한 그것을 확인하고 가르치는, 즉 종교와 교육의 중심지로서 회당이 여러 곳에 생기게 됩니다. 자세한 통계는 알 수 없으나 몇 백 명만 모여 살면 회당을 하나씩 짓곤 했을 만큼, 그 이후로는 이스라엘 백성의 신앙의 중심적인 표현과 내용이 제사 제도에서 율법으로 바뀌게 됩니다. 그래서 신약 시대에 오면 복음서에 율법사, 바리새인, 서기관 같은 직책의 사람들이 등장하는데, 이 사람들은 다 율법사들입니다. 이 시기는 회당에 가서 성경을 읽고 그 뜻이 무엇인가를 나누는 것이 중요한 예배 행위이자 종교적인 헌신이 된 때입니다.

그런데 예수님이 그 회당에서 이사야 61장을 펴서 하나님의 종, 구원자, 메시아가 나타나 자유를 주실 것이고 이스라엘에게 해방을 허락할 것이라는 예언을 읽고, 누가복음 4장 21절에 있는 바와 같이 '이에 예수께서 그들에게 말씀하시되 이 글이 오늘 너희 귀에 응하였느니라'라고 하십니다. 그다음에 싸움을 거십니다. 이 말씀이 응했지만 너희는 틀림없이 이 말씀을 오해하여 나에게 싸우자고 대들 것이라는 이야기입니다.

'가버나움에서 행한 일을 네 고향 여기서도 행하라 하리라'(23절). 당시에 나사렛은 아주 한적한 시골 동네이고, 가버나움은 좀 더 크고 번화한 도시였는데, 예수님이 가버나움에서 여러 가지 기적을 이루셔서 그 소문이 온 이스라엘에 퍼진 때입니다. 그들은 기대했습니다. 그가 메시아고 하나님의 종이라면 보다 큰일, 우리가 여태껏 기다렸던 이스라엘 민족의 소원을 이루어 주시리라고 생각했습니다. 그런데 예수님이 그만 찬물을 끼었습니다. 너희는 틀림없이 '의사야, 네 병이나 고쳐라' 하는 말로 나에게 메시아인 것을 증명하라고 할 것이다, 그러나 선지자가 고향에서는 환영을 받지 못한다고 이야기합니다.

선지자가 고향에서 환영을 받지 못한다는 것은 이런 역사적 배경에서 나온 것입니다. 서두에 말씀드린 대로 제사 의식이 종교의 중심이었던 성전 시대에는 제사장과 제사 제도에 의해서 이스라엘의 신앙이 지켜졌습니다. 그러나 결국 신앙은 타락하고 맙니다. 제사장들도 타락하고 제사 제도도 부패하고 여러 곳에 성전을 모방한 산당들이 생기고 우상 앞에 제사를 드리는 일들이 병행하여 일어나게 됩니다. 그리하여 유일신이신 하나님을 섬긴다는 것보다 제사만 드리면 자기들이 할 예는 다한 것같이 여기는 그런 부패가 만연함으로써, 하나님이 이스라엘 역사의 후반기에 선지자들을 세워 그들의 잘못을 꾸짖습니다. 우리가 잘 아는 선지자들은 다 이런 제사 제도에 의한 종교의 타락상과 부패상에 대하여 하나님의 꾸짖음을 보이는 책임을 가지고 세움을 받은 자들입니다.

이 선지자들이 일어나 자기가 부름받은 곳에서 주된 메시지로 "너희 잘못하고 있다"고 하니까 누가 반가워했겠습니까? 같은 동네에 살던 사람이 하루아침에 선지자로 부름을 받아서 여태껏 습관적이고 그저 가식적인 형태로만 유지되는 신앙을 보면서, 하나님이 그러시는데 너희 잘못하고 있단다, 너희 벌 받는단다, 너희 이러면 안 된단다, 하고 덤비니까 고향에서마저도 배척을 받게 된 것입니다. 예수님은 그 예를 들면서, 나는 메시아다, 내가 너희에게 주려는 해방과 자유는 너희의 기대와 다른 것이라고 말씀하십니다.

사람의 기대와 다른 모습으로 오신 메시아

이 내용은 복음서 어디에서나 반복적으로 강조되는 예수님의 사역을 이해하는 데 있어 아주 큰 실마리가 됩니다. 예수님은 병자를 고치시며 귀신을 내어 쫓으십니다. 또 죽은 자도 살리십니다. 이 일들이 다 무엇을 의미하는가에 대하여 이해를 돕는 아주 중요한 사건이 본문 말씀에 나옵니다. 이런 의미에서 그렇습니다. 지금 우리는 예수님이 누구시며 예수님의 사역이 갖는 의미가 무엇인가 하는 의미에 대해, 당시 유대인들의 오해에 맞불을 놓으시며 그들의 생각이 틀렸다고 정면으로 도전하시는 예수를 만나고 있는 것입니다. 너희가 기대하는 메시아와 나의 사역은 다르다, 하나님이 주시려는 구원은 너희가 기대하는 것과 다르다고 하는 것입니다.

어떤 의미에서 다르다는 것입니까? 예수님은 이스라엘이라는 한 민족과 국가의 구원자로 와 있는 것이 아니라고 하십니다. 그것은 누가복음의 독자인 데오빌로 각하에게 주는 예수와 그의 사역에 대한 중요한 설명이기도 합니다. '데오빌로 각하여, 당신은 로마 사람이요 로마의 지배층이요 고급 관리요 한 인생을 승리로 산 사람일 것입니다. 예수는 다만 이스라엘의 정치적, 사회적, 민족적 해방을 주기 위하여 온 해방자가 아니라 인류의 공통되고 근본적인 문제를 해결하러 온 구원자입니다. 그것은 그가 못 고칠 병을 고치고 악한 세력을 쫓아내는 데에서 나타납니다. 질병과 악한 세력이라는 것은 인종과 국가를 넘어서는 모든 인간에게 공통되는 근본적인 문제를 말합니다. 예수를 다만 이스라엘을 위하여 일어난 민족 해방자로 보지 마십시오.' 여기에서 중요한 지적이 바로 이것입니다.

이스라엘 백성인 그들에 대해서도, 나는 이스라엘이라는 국가를 로마에서 해방하여 다른 나라 위에 우뚝 세우는 일에 목적이 있지 않다, 나는 인류를 죄에서 해방하러 왔다고 말하는 것입니다. 그래서 결국은 예수 그리스도께서 자기 민족의 고소로 당시 세상의 권력인 로마법에 따라 십자가에서 죽는 것입니다. 자기 민족인 이스라엘이 고소하고 당시 세상의 평화를 주도한다는 정치적 권력인 로마가 그를 십자가에 죽입니다. 예수 그리스도는 로마를 위해서도 이스라엘을 위해서도 있지 않습니다. 결국 그들은 예수가 필요 없다며 그를 죽였습니다. 결국 예수는 모든 인류를 죄에서 구원하기 위하여 당신의 진정한 사역을 감수하신 분이라는 사실이 성경의 기록으로 판명되는 것입니다. 로마서 6장 6절부터 보겠습니다.

> 우리가 알거니와 우리의 옛 사람이 예수와 함께 십자가에 못 박힌 것은 죄의 몸이 죽어 다시는 우리가 죄에게 종 노릇 하지 아니하려 함이니 이는 죽은 자가 죄에서 벗어나 의롭다 하심을 얻었음이라 만일 우리가 그리스도와 함께 죽었으면 또한 그와 함께 살 줄을 믿노니 이는 그리스도께서 죽은 자 가운데서 살아나셨으매 다시 죽지 아니하시고 사망이 다시 그를 주장하지 못할 줄을 앎이로라 그가 죽으심은 죄에 대하여 단번에 죽으심이요 그가 살아 계심은 하나님께 대하여 살아 계심이니 이와 같이 너희도 너희 자신을 죄에 대하여는 죽은 자요 그리스도 예수 안에서 하나님께 대하여는 살아 있는 자로 여길지어다 (롬 6:6-11)

예수 그리스도는 우리를 민족적, 국가적, 정치적으로 해방하기 위하여 오시는 것이 아니라 죄와 사망에서 구원하기 위하여 오십니다. 그는 번영과 정치적 승리와 자랑과 욕심을 위하여 오시는 것이 아니라 우리를 참다운 인간으로 해방하기 위하여 죄로부터 자유를, 의를 위한 자유를 위하여 오십니다. 이것이 기독교 신앙입니다. 그래서 우리는 예수로 말미암아 죄에서 해방되고 의를 위하여 자유를 얻습니다. 우리의 자유가 의를 위하여 허락되었다는 것을 놓쳐서는 안 됩니다.

1960년대에 미국에서 큰 인종 차별 사건이 벌어졌습니다. 당시 흑

인과 백인은 구별된 버스를 타게 되어 있었는데, 남부에 있던 흑인들이 이 제도를 거부하기 시작했습니다. 이것이 사회 문제가 되고, 미국 전역이 인종 차별 문제로 뜨거운 싸움에 말려듭니다. 마틴 루터 킹 주니어(Martin Luther King Jr., 1929-1968) 목사가 그 문제를 해결하기 위하여 등장합니다. 그는 흑인이지만 그 문제를 인종 차별 문제로 다루지 않고 인간성의 문제로 다루었습니다. '흑백 차별이라는 것으로 인간성을 확인하는 부정적이고 소극적인 정체성에서 벗어나자. 인간이 자신의 인간성과 정체성을 확인하는 것은 그것보다 고급한 것이어야 한다.' 이것이 미국 국민을 사로잡았던 것입니다. 존엄성은 피부 색깔에 있지 않고 그의 인격에 있는 것입니다.

사실 우리는 지금도 이 문제를 우리의 현실 속에서 늘 접하면서 삽니다. 우리는 근래에 정치적, 군사적 긴장 속에서 살고 있습니다. 우리는 누구나 부강한 나라가 되고 싶어 합니다. 힘이 없어서 억울한 일을 당하는 것을 거부하는 게 우리의 권리이며, 이 권리에는 책임이 따르는 법입니다. 그러나 기독교 신앙은 그것보다 더한 것입니다. 우리는 세계 일류 국가가 되고 강대국이 되고, 그렇게 해서 우리의 정체성을 확인하는 식으로 기독교 신앙을 갖게 되지 않습니다. 이것이 지금 예수와 유대인들 간에 생긴 갈등입니다. 기독교를 동원하여 정치적, 사회적, 경제적으로 어떤 근거를 확보하는 것을 성경은 허락한 적이 없습니다. 예수 그리스도로 말미암아 우리는 가졌든 못 가졌든, 배웠든 못 배웠든, 강자이든 약자이든, 예수를 벗어나서는 우리의 필요를 채울 수 없음을 확인하는 것입니다. 우리의 필요에 대한 모든 답이 예수 안에만 있음을 확인합니다. 예수를 벗어나면 우리는 자신의 평화를 위하여 누군가의 고난을 요구해야 합니다. 이것이 역사 속에서 배우는 교훈입니다. 예수님 당시에는 로마에 의한 평화 시대였지만, 로마의 평화는 지배 계급의 평화일 뿐입니다. 이스라엘만 해도 로마의 속국으로서 고난과 수치 속에 있었습니다. 지배 계급만의 평화입니다. 거기에 대하여 예수님의 관심은 인간을 죄에서 꺼내는 것이었습니다.

참다운 인간성의 회복

신앙의 문제는 지금 누가가 데오빌로 각하에게 이 편지를 쓰듯이, 당신은 이제 인생을 다 살아 보셨습니다, 세상이 당신에게 제시했던 것을 얻었습니다, 그래서 진정한 평화와 만족이 있습니까, 라고 묻는 것입니다. 이스라엘은 억울한 사람들입니다. 그러나 예수는 이스라엘의 억울함을 풀어 주러 오시지 않았습니다. 그것은 가장 근본적인 문제가 아니었기 때문입니다. 질병을 고치고 귀신을 쫓아내고 인간의 죄를 쫓아내는 것이 그분의 목적이었으며, 그 안에서만 인간은 참다운 인간성을 회복합니다. '각하, 각하는 이분이 필요하지 않다고 자신 있게 말할 수 있습니까?' 이것이 이 편지의 핵심 질문입니다. 빌립보서 4장 4절을 봅시다.

주 안에서 항상 기뻐하라 내가 다시 말하노니 기뻐하라 너희 관용을 모든 사람에게 알게 하라 주께서 가까우시니라 아무 것도 염려하지 말고 다만 모든 일에 기도와 간구로, 너희 구할 것을 감사함으로 하나님께 아뢰라 그리하면 모든 지각에 뛰어난 하나님의 평강이 그리스도 예수 안에서 너희 마음과 생각을 지키시리라 (빌 4:4-7)

이 구절들에서 중요한 단어가 몇 가지 나옵니다. '평강', '감사', '관용'입니다. 이런 단어들이 지금 예수 안에서 허락되고 예수로 말미암아 성립하는, 예수 없이는 성립하지 않는 내용으로 소개되고 있습니다. 그런데 예수는, 이스라엘 사람이 볼 때나 로마 사람이 볼 때나 별볼일 없는 사람입니다. 이스라엘 사람들이 기대했던 정치적 메시아도 아니었고 로마 사람들 입장에서 로마 권력의 거침돌이 될 사람도 아니었습니다. 그러나 유일하게 이 사람으로만 평강과 감사와 관용이 성립됩니다. 우리는 어떻습니까? 이것이 본문에 담긴 질문입니다. 데오빌로 각하에게 묻는 것입니다. '각하는 모든 것을 얻으셨습니다. 그래서 당신에게는 관용과 감사와 평강이 있습니까?'

우리는 끊임없이 신앙의 진정한 힘을 놓칩니다. 예수 안에서 허락된 것이 무엇인지를 놓칩니다. 우리는 끊임없이 사회적이고 정치적이고 경제적이고 교육적입니다. 그것이 우리 현실의 도전입니다. 네가 가진 힘을 보여라, 네가 이 현실에 답할 수 없다면 내가 답을 주마, 더 배워라, 더 가져라, 더 비정해져라, 매일의 현실이 우리 마음의 문을 두드려 이 도전을 합니다. '이 질문에 답하라.' 우리는 세상의 도전을 그대로 가지고 하나님 앞에 옵니다. '오늘도 세상이 나에게 와서 더 성공하라고 했습니다. 더 가지라고 했습니다. 더 능력 있으라고 했습니다. 하나님, 하나님은 주실 수 있는 줄 압니다. 나에게 이것을 주셔서 세상 앞에 큰소리치게 해 주십시오.' 이것은 기독교가 아닙니다.

'나는 이미 너에게 다 줬다, 내 아들을 줬을 때 인간과 인생이 하나님의 통치 안에서 넉넉하다는 것을 보여 줬다, 내 아들이 그 인생을, 그 오해와 괄시와 고통을 받으며 말없이 넉넉히 그리고 십자가를 지는 길을 담담히 걸어갔단다, 아무것도 부족하지 않았단다, 거기에 모든 것이 다 있었단다, 내가 내 아들 안에서 다 보여 줬는데, 너는 오늘 무엇을 더 달라고 하느냐?' 이 물음 앞에 서야 합니다. 우리가 신앙을 가졌다고 해서 아무런 고통도 불안도 갈등도 없다는 이야기가 아닙니다. 고통스럽기 때문에 비명을 지를 수 있습니다. 이 고통 때문에 우리가 가진 믿음이 결국 우리의 것이 되는 그 기간을 견뎌 내기가 힘들어서 비명을 지를 수 있습니다. 그러나 고통스러운 것과 의심하고 혼란과 타협에 빠지는 것은 다릅니다. 우리는 우리 삶에 대해서 성경이 이야기하는 바로 이 문제 앞에 서야 합니다.

우리는 끊임없이 이 이야기를 합니다. '원하는 것을 이루어 주십시오!' 예수님이 오셨고 우리를 위하여 죽으셨고 부활하셔서 인류와 예수 믿는 모든 자에게 확보해 준 것으로 부족하여 원하는 것을 달라고 부탁합니다. 신앙이라는 이름을 걸고 자꾸 이리 삐져 나갑니다. 그렇게 요구하는 것은 신앙의 권리가 아닙니다. 혼동하지 마십시오. 더 배워야 한다는 것은 물론 맞습니다. 그러나 못 배워도 괜찮습니다. 누가 괄시하면 감수하면 됩니다. 그런 괄시는 좀 배웠다는 사람이 가지는 우월감에 불과합니다. 반응하지 않으면 됩니다. "당신 참 똑똑하시네요." 그렇게 말하면 됩니다. 그리고 다시는 보지 마십시오. 똑똑한 사람을 만나서 유익을 보는 경우는 거의 없습니다.

우리 신앙이 어디에 근거하고 있으며 그 내용이 어디에 있는지를 놓치지 마십시오. 하나님 아버지, 이 나라를 살려 주십시오, 그렇게 말하기보다 믿음을 주십시오, 라고 기도하십시오. 하나님, 믿음을 주십시오, 제 마음에 평강이 없습니다, 알고 있는데도 흔들립니다, 믿음이 약합니다, 이 기도를 해야 합니다. 북한이 회개하고 중국이 용서를 구하게 해 달라는 그런 꿈을 제발 꾸지 마십시오. 우리는 불안하고 억울하고 무력한 현실과 환경 속에 살아야 하지만 넉넉한 자들입니다.

우리의 궁극적인 승리와 영광을 방해할 것은 없습니다. 우리를 괴롭힐 수는 있어도 우리를 실패하게 할 수는 없습니다. 그것은 하나님이 그 아들을, 우리와 같은 몸으로 우리와 동일한 인생을 살게 하심으로 증명하신 것입니다. 그 아들은 고통스럽고 억울한 인생을 사셨습니다. 그것이 다 괜찮다는 것입니다. 하나님의 뜻을 이루는 데 최적의 길이었다고 선언하시는 것입니다. 따지고 보면 제 개인적인 고백이 훌륭해질 수 있었던 이유 중 가장 중요한 내용은 못난 것들에서 비롯되었습니다. 사람이 잘난 것들로 잘나게 되지 않고 못난 것들로 훌륭해진다는 것은 참으로 하나님의 신비입니다. 골로새서 3장에 가면 성경이 같은 문제를 얼마나 자주 반복하여 우리에게 권면하고 있는지를 확인해 볼 수 있습니다. 골로새서 3장 12절부터 봅시다.

그러므로 너희는 하나님이 택하사 거룩하고 사랑 받는 자처럼 긍휼과 자비와 겸손과 온유와 오래 참음을 옷 입고 누가 누구에게 불만이 있거든 서로 용납하여 피차 용서하되 주께서 너희를 용서하신 것 같이 너희도 그리하고 이 모든 것 위에 사랑을 더하라 이는 온전하게 매는 띠니라 그리스도의 평강이 너희 마음을 주장하게 하라 너희는

평강을 위하여 한 몸으로 부르심을 받았나니 너희는 또한 감사하는
자가 되라 (골 3 : 12-15)

여기도 동일하게 '용서', '평강', '감사'가 나옵니다. 이것은 가진 자만
이 할 수 있습니다. 무엇을 가진 자입니까? 예수를 가진 자입니다. 예
수를 가진 자만이 할 수 있는 것입니다. 우리는 현실 도피자도 아니고
꿈을 꾸는 자들도 아닙니다. 우리는 현실 속에 있는 자들입니다. 우리
는 금방 망할 것 같고 손해 볼 것 같은 현실의 도전 속에서, 그 유혹과
위협 앞에서, 진정한 약속, 진정한 내용, 진정한 힘으로 무장한 자들입
니다. 이 삶을 살아 내는 것이 신자 된 특권입니다.

보십시오. 예수 없는 세상, 예수를 소유하지 못한 세상은 가진 것이
없습니다. 다만 누구를 비난할 뿐입니다. 다만 누구를 괄시할 뿐입니
다. 다만 누구를 욕해서 자신을 확인하는 방법밖에 가진 것이 없지만,
우리는 관용, 용서, 감사, 평강으로 나누는 자입니다. 우리는 누구에게
서 빼앗고 누구를 무너뜨림으로 서는 자가 아닙니다. 우리는 가진 것
이 넉넉하여 다른 이들과 공존할 수 있는 자들입니다. 예수 안에서만
이것이 가능합니다.

"데오빌로 각하여, 당신의 인생을 돌아보시고 당신이 가진 것이 아
무것도 아니라는 것을 아셨을테니 이제 진정한 답을 선택하십시오."

기도

하나님 아버지, 은혜를 감사합니다. 예수는 우리에게 모든 것입니다. 하나님
의 은혜요 사랑이요 능력이요 약속입니다. 현실의 도전 앞에서 우리가 가진
믿음을 지켜 내게 하옵소서. 그 힘을 누리게 하옵소서. 세상은 우리에게 줄
것도 없고 빼앗아 갈 것도 없는 줄 알게 하옵소서. 그리고 우리 신앙을 현실
속에서 증거하게 하시옵소서. 기적을 체험하게 하시옵소서. 예수님 이름으로
기도합니다. 아멘.

6
찾아오심

1 무리가 몰려와서 하나님의 말씀을 들을새 예수는 게네사렛 호숫가에 서서 2 호숫가에 배 두 척이 있는 것을 보시니 어부들은 배에서 나와서 그물을 씻는지라 3 예수께서 한 배에 오르시니 그 배는 시몬의 배라 육지에서 조금 떼기를 청하시고 앉으사 배에서 무리를 가르치시더니 4 말씀을 마치시고 시몬에게 이르시되 깊은 데로 가서 그물을 내려 고기를 잡으라 5 시몬이 대답하여 이르되 선생님 우리들이 밤이 새도록 수고하였으되 잡은 것이 없지마는 말씀에 의지하여 내가 그물을 내리리이다 하고 6 그렇게 하니 고기를 잡은 것이 심히 많아 그물이 찢어지는지라 7 이에 다른 배에 있는 동무들에게 손짓하여 와서 도와 달라 하니 그들이 와서 두 배에 채우매 잠기게 되었더라 8 시몬 베드로가 이를 보고 예수의 무릎 아래에 엎드려 이르되 주여 나를 떠나소서 나는 죄인

이로소이다 하니 9 이는 자기 및 자기와 함께 있는 모든 사람이 고기 잡
힌 것으로 말미암아 놀라고 10 세베대의 아들로서 시몬의 동업자인 야
고보와 요한도 놀랐음이라 예수께서 시몬에게 이르시되 무서워하지
말라 이제 후로는 네가 사람을 취하리라 하시니 11 그들이 배들을 육지
에 대고 모든 것을 버려 두고 예수를 따르니라 (눅 5:1-11)

예수님의 찾아오심

본문 말씀은 베드로가 부름을 받는 장면입니다. 베드로는 어부였습니
다. 본문에서 소개되는 게네사렛호수는 갈릴리호수의 다른 별명입니
다. 갈릴리호수는 큰 호수인데, 베드로는 여기서 고기를 잡아 생계를
꾸려 가는 사람이었습니다. 어느 날 베드로는 밤이 새도록 일을 했는
데도 고기를 잡지 못하여, 본문 말씀에 있는 것과 같이 야고보와 요한
과 함께 물고기 잡는 것을 포기하고 그물을 씻고 있었습니다. 그런데
예수님이 오셔서 배에 타시고 물가에서 조금 간격을 두라고 명하신
다음에 자기를 따라온 무리에게 가르침을 주셨습니다. 베드로와 야고
보와 요한은 꼼짝없이 본인들이 의도하지 않은 가르침을 옆에서 듣
게 된 셈입니다. 예수님은 말씀을 마치시고 베드로에게 깊은 곳으로
가서 그물을 던지라고 하십니다. 베드로도 가르침을 들으면서 범상치
않은 분이라는 것을 아마 느꼈을 겁니다. 그래서 본문 5절에 나오는
대로 '시몬이 대답하여 이르되 선생님 우리들이 밤이 새도록 수고하
였으되 잡은 것이 없지마는 말씀에 의지하여 내가 그물을 내리리이

다'라고 답한 후 가서 그물을 내렸더니 그물이 찢어지도록 고기가 잡혔고 배에 올리자 두 배가 잠기게 되었다고 합니다.

그러자 베드로가 예수님 무릎 아래 엎드려 '주여 나를 떠나소서 나는 죄인이로소이다'(8절)라고 고백합니다. 그러자 주께서 내가 이제 후로는 너로 사람을 낚는 어부가 되게 하겠다고 해서 베드로가 다 버려두고 주를 좇았다는 내용입니다.

구제가 아닌 대접

이 부분은 유명한 말씀입니다. 예수 믿는 사람이면 모두가 알고 공감하는 복음의 내용을 담고 있습니다. 우리 모두가 예수를 인격적으로 만나 항복하고, 예수의 부름으로 인해 오늘 우리의 신앙 고백과 신자된 결과가 있다는 사실을 압니다. 많은 성도가 신앙을 간증할 때에 기가 막힌 경우를 통하여 살아 계신 하나님을 만나게 되었다고 이야기합니다. 이러한 종류의 이야기에 있어서 본문의 사건은 성경이 말하는 하나의 전범입니다. 그러나 이런 간증의 내용은 감동과 고백이라는 결과, 구원과 영접 같은 것들에 가려져서, 아주 중요한 부분이 늘 외면당하는 것으로 보입니다.

본문에서 아주 중요한 부분은 이것입니다. 하나님이 그 아들 예수를 보내어 자신의 백성을 구원하는 일에 있어서 결정적인 결과를 만들어 내는 요소가 무엇이냐 할 때 그것은 '찾아오심'이라는 것입니다. 그런데 이것이 감동이라는 말에 묻혀 버렸습니다. 무엇이 감동을

주는 것입니까? '찾아오심'입니다. 이것이 성육신입니다. 성육신이라
는 것은 우리가 알아볼 수 있게, 이해할 수 있게 하나님이 자기 자신
을 시간과 공간 속에 구체화하신 것으로만 그치지 않고 시간과 공간
속에 있는, 현실 속에 있는 인생을 그 자리까지 방문하셨다는 뜻입니
다. 이게 무슨 뜻일까요?

　　테레사 수녀는 인도에서 가장 어려운 사람들을 돕는 '사랑의 선교
수녀회(Missionaries of Charity)'를 만듭니다. 그녀는 사회적으로 최하층
에 속하여 멸시를 받고, 또 육체적으로나 경제적으로나 가장 열악한
환경 속에서 고통 받고 신음하는 자들을 찾아갑니다. 그 찾아감에서
중요한 초점은 이것입니다. 가난을 구제하러 가는 것이 아니라 인간
을 대접하러 간다는 사실입니다. 그들이 천민 지역에 들어가 가장 열
악한 집을 방문하여 집 안에 굶고 병들어 누워 있는 환자들에게 인간
으로서 받아야 하는 대접을 해 준다는 것입니다. 그 사람의 병을 치료
해 주고 배고픔을 채워 주는 것과 같은 행위가 어떤 결과를 목적하거
나 환경을 개선해 주는 것이 아니라, '당신은 한 인간으로서 대접받을
만한 사람입니다'라는 것을 보여 준다는 사실입니다.

　　조금 더 이해하기 쉽게 이야기해 보겠습니다. 이태석(1962-2010)
신부의 일대기를 다룬 〈울지마 톤즈〉라는 영화가 있습니다. 오랫동안
내전으로 피폐해진 남수단의 어려운 농촌 마을에서 봉사하다가 돌아
가신 신부님 이야기입니다. 이태석 신부님은 48세에 돌아가셨습니다.
훌륭한 사람들은 다 일찍 죽습니다. 모두 안타까워하고 있습니다. 이
영화를 보면 알겠지만, 그 마을은 내전 때문에 전쟁의 피해를 크게 입
었습니다. 총상 환자들이 많고 전쟁으로 삶의 터전을 전부 유린당하

고 부모와 남편과 자식을 잃기도 하고 불구가 되기도 했습니다. 또 한센병 환자들이 있습니다. 거기에 찾아가서 그들을 위하여 병원을 짓고 학교를 짓고 밴드를 만들어 줍니다. 참 대단한 일을 해냈는데, 그의 기록 중에 중요한 말이 나옵니다. 그는 처음에 그곳이 너무 가난해서 사람들을 가난에서 구제해야겠다고 생각했다고 합니다. 그런데 나중에는 그들과 함께 있어 주는 것이 가장 큰 구제라는 것을 알게 되었답니다. 함께 있어 준다는 게 뭐죠? 상대방의 열악한 환경을 개선해 주는 것이 아니라 상대가 열악한 환경 속에 있어도 그는 존중받을 인격이라는 것을 증명해 보이는 것입니다.

함께하시는 하나님

우리는 기독교 신앙 공동체 속에서 많은 간증거리를 가지고 있습니다. 아마 신자 대부분이 가지고 있을 것입니다. 하나님이 내 기도에 어떻게 응답하셨는지, 어떻게 나를 찾아오셨는지 등에 대한 많은 간증이 있을 것입니다. 그런데 그 간증들을 가만히 분석해 보면, 내가 이러이러한 곤란에 있을 때에 하나님이 찾아오셔서 해결해 주셨다, 내가 이렇게 마지막 소원을 놓고 엎드려 금식하며 기도하자 응답하셨다와 같은 식으로 이해되고 표현되는 것을 봅니다. 그럴 때에 하나님은 마치 저 멀리 천상에서 우리가 어떻게 하나 보자 하시며, 모든 답을 주실 수 있는 분이시되 멀리 계시는 분으로 표현됩니다. 이렇게 되면 성육신은 외면당하는 법입니다.

성경이 하고 싶은 이야기는, 우리가 아직 하나님을 알지 못하고 예수를 믿을 마음이 없고 자기 의욕과 자기 성질에 못 이겨 방황하고 분노하는 그 자리에 하나님이 말없이 찾아오셨다는 것입니다. 아무도 예수를 오라고 하지 않았습니다. 아무도 예수가 필요하다고 이야기하지 않았고 마지막에 성질을 부릴 때에도 나는 최선을 다했는데 왜 하늘은 무심합니까 하고 아우성쳤지, 나라는 존재가 무엇입니까, 라고 하나님 앞에 묻자 하나님이 응답하신 것이 아닙니다. 그것보다 더 먼저 하나님이 우리를 찾아오신 것입니다. 우리의 무지와 방황과 거부와 불순종에 말없이 찾아오셔서 우리를 귀한 존재라고 인정하고 계셨다는 사실입니다. 내가 폐병으로 죽게 되어 또는 먹을 것이 없어 굶고 있다가 기도원에 가서 기도했는데 하나님이 나타나셨다는 게 아닙니다. 울면서 마지막으로 기도하는 자리에까지 하나님이 오셔서 그때 하늘로부터 내려와 만나 주신 것이 아닙니다. 이미 이천 년 전 베들레헴 말구유에 오셔서 모든 인생과 삶의 현장 속에서 하나님이 우리를 대접하고 계십니다.

베드로는 밤이 새도록 고기를 잡으려고 했으나 하나도 잡지 못합니다. 예수님이 거기에 찾아오신 것입니다. 그 허탈과 분노와 고통과 체념 속에 예수님이 함께하고 계십니다. 함께하신다는 말을 이해하십니까? 우리가 살면서 가장 많이 하는 실수가 무엇일까요? 상대방을 내 마음에 들게 하려는 것입니다. 우리가 화를 내는 이유가 무엇입니까? 상대방이 내 말을 듣지 않기 때문입니다. '너 이렇게 해 봐.' 왜 그런 충고를 합니까? 그 말 속에는 나를 귀찮게 하지 마, 라는 말이 생략되어 있습니다. 너 왜 바보같이 살아, 넌 왜 게을러, 넌 왜 무식해, 하는 말들은 너 내 앞에서 굶고 다니지 마, 나 그 꼴 못 보겠어, 라는 이 말이 생략된 것입니다. 내가 너를 만나면 서로 유쾌하게 있을 사람으로 있어, 너 왜 인상 쓰고 있어서 내가 여기 가도 우거지상을 보고 저기 가도 찌그러진 얼굴을 보게 만들어? 왜 너까지 그래? 이것이 우리입니다. 그러나 예수님이 여기에 오시는 것입니다. 우리의 우거지상 옆에 계시는 것입니다. 그게 성육신입니다.

상대방이 마음에 들지 않고 도대체 이해가 되지 않고 때로는 너무 징징거리고 매달리는 것까지 감싸 안아, 그를 하나의 인격으로 존중할 수 있습니까? 이것이 성육신입니다. 우리 예수님이 이것을 하러 오신 것입니다. 테레사 수녀가 한 것처럼, 이태석 신부가 한 것처럼 말입니다. 동일한 일을 했다는 것이 아닙니다. 그들이 예수 그리스도의 성육신에 참여하여 그들이 찾아가고 그들이 대접한 이들은 그들을 통하여 예수가 온 것을 아는 것입니다. 이것이 기독교 신앙이며 복음의 정체입니다.

그런데 이 사건은 뜻밖의 일을 낳습니다. 현실을 해결하는 데에 목적이 있는 것이 아닙니다. 원래 베드로와 야고보와 요한은 고기를 잡아야 하는 사람들이었습니다. 그러나 그들은 고기를 못 잡았습니다. 예수님이 오셔서 배가 잠기도록 고기를 잡게 하셔서 그들은 놀라지만, 다 버려두고 "나를 따르라"고 하신 예수님을 좇아갑니다. 그 고기를 팔아서 돈을 벌지 않고 다 버려두고 예수를 따라갑니다. 여기에 현실이 무엇인가에 대한 중요한 이야기가 있습니다. 우리는 기독교 신앙마저도 현실을 해결하는 하나의 방법이 되기를 원하고 있습니다. 나의 선행, 나의 신심, 나의 헌신, 나의 정직함 같은 것들이 현실을 개선하여 나를 행복하게 하고, 내가 누구를 도울 수 있는 자로 만드는 정도로 신앙을 이해하고 있습니다.

그러나 지금 베드로를 부르신 이 사건에서 보다시피 예수님은 그러지 않으십니다. 하나님은 병력과 천둥으로 찾아오시지 않습니다. 놀라움과 광채로 찾아오시는 것이 아니라 우리를 받기 위하여 우리의 처지, 우리의 못난 자리에 동참하시고 거기에 들어오심으로, 우리로 이 고백을 하게 만듭니다. "주님, 여기는 못 들어오십니다." 이게 무슨 뜻입니까? 당신 같은 분을 맞이할 장소가 되지 못합니다, 라는 뜻입니다. 그런데 주님은 "괜찮다" 하고 들어오십니다. 그렇게 들어오심으로 우리의 비참함을 바꾸십니다. 인테리어가 바뀌고 가전제품이 바뀌는 것이 아니라, 우리가 볼 때에 가장 비참하고 열악한 환경 속에 있는 존재일지라도 주께서 들어와 만나 주시고 주께서 동행하사 함께 사는 인생으로 대접함으로 말미암아 우리가 격상되는 것입니다. 비유가 적당하지 않지만 벌거벗은 몸에 옷핀으로 훈장 하나 꽂고 사는 것과 같이 되는 겁니다. 비유가 적당하지 않아서 속상한데, 아무튼 너무나 큰 훈장이 쇄골 밑에 대못으로 박혀 있고 너무 번쩍번쩍해서 누가 벌거벗었다고 놀릴 틈이 없습니다. '아니, 저 훈장을 받은 사람이란 말인가?' 우리가 그런 존재가 됐다는 걸 알게 되는 것입니다.

우리 모두를 이렇게 찾아오시고 우리를 이렇게 살게 하심으로 환경을 개선하고 문제를 해결하여 현실에서 면제받게 하는 것이 아니라, 내가 만든 인생, 내 힘으로 사는 현실에 예수 그리스도께서 찾아오셔서 예수 그리스도와 함께하는 인생과 현실로 우리 삶을 바꾸어 주십니다. 현실은 그대로 연속합니다. 이것이 우리 모두가 당황하는 점입니다. 예수 믿기 전에도 힘들던 인생이 예수 믿고 나니까 더 힘들더라, 이것이 현실입니다. 그러면 어떤 차이가 있습니까. 예수 없이 살 때에는 절망으로, 분노로 치닫던 현실이 이제는 중요한 현실이 됩니다. 성육신의 연장이 되는 것입니다.

대접하는 인생

빌립보서 1장 20절 이하에 이런 말씀이 나옵니다.

> 나의 간절한 기대와 소망을 따라 아무 일에든지 부끄러워하지 아니하고 지금도 전과 같이 온전히 담대하여 살든지 죽든지 내 몸에서 그리스도가 존귀하게 되게 하려 하나니 이는 내게 사는 것이 그리스도니 죽는 것도 유익함이라 그러나 만일 육신으로 사는 이것이 내 일의 열매일진대 무엇을 택해야 할는지 나는 알지 못하노라 내가 그 둘 사이에 끼었으니 차라리 세상을 떠나서 그리스도와 함께 있는 것이 훨씬 더 좋은 일이라 그렇게 하고 싶으나 내가 육신으로 있는 것이 너희를 위하여 더 유익하리라 (빌 1:20-24)

이것이 무엇일까요? 도대체 바울이 하는 말이 무슨 뜻일까요? 그는 감옥에 갇혀 있고 언제 죽을지 모르는 현실 속에 있습니다. 성도들은 그의 석방을 위하여 기도하고 있습니다. 그런데 바울은 빌립보교회

교인들에게 이렇게 이야기합니다. 나는 사나 죽으나 차이가 없는 인생을 살고 있다, 살아도 그리스도를 위한 것이고, 죽어도 그리스도를 위해 유익한 일이다, 그 둘 사이에 내가 끼어 있는데 사실은 죽는 게 좋다, 왜냐하면 주와 함께 살 것이고 고통이 끝나기 때문이다, 그러나 내가 살기를 원하는 것은 살아서 너희에게 유익이 되고 싶기 때문이다, 라는 것입니다. 무슨 유익이 됩니까? 우리가 처음에 말했던 테레사 수녀나 이태석 신부가 그 생애로 증언했던 것같이 찾아가는 것이 유익입니다. 가난을 구제하러 가는 것이 아니라 가난한 영혼을 대접하러 가는 것입니다.

기독교 신자가 해야 하는 신앙의 가장 큰 책임, 존재의 의무가 무엇입니까? 예수 안에서 나를 사랑하신 하나님의 사랑으로 이웃을 대접하는 것입니다. 이웃이란 늘 만나는 사람들을 말합니다. 늘 만나는 사람들 앞에서 우리는 성육신의 길을 걸어야 합니다. '내가 하나님 앞에 가치 있는 자다, 하나님이 나를 존중하신다'를 우리가 증거해야 합니다. 말로 하면 안 됩니다. 삶으로 해야 합니다. 상대방의 답답함을 풀어 주려고 하지 마십시오. 이것 때문에 얼마나 많은 부작용이 있었나를 생각해 보십시오. '기도 안해서 그래, 너 죄짓고 살았지?' 당구 치다가 벌금만 내도 지적합니다. '너 큰 죄졌지?' 당구 치다가 벌금 내는데, 무슨 큰 죄를 지었다고 그럽니까? 피박 쓰면, 그게 천벌을 받을 짓을 해서 피박을 썼다고 그럽니다. 그건 게임에 불과한데 말입니다.

우리의 신앙관은 온통 이렇습니다. 하나님은 저 멀리서 큰 권세를 가지고 우리가 잘하나 못하나 보시는 심사 위원이며 포상해 주는 존재에 불과하다고 생각합니다. 아닙니다. 하나님은 찾아오십니다. 우리를 변화시키러 찾아오기 이전에 우리를 대접하러 찾아오시는 것입니다. 우리는 믿지 않는 자나 나와 다른 종교를 가진 자에 대하여 언성을 높일 이유가 없습니다. 우리는 구원을 기준으로 하여 이야기하기 이전에 하나님이 세상을 사랑하신다는 사실 앞에 서야 합니다. 달라야 합니다. 예수 믿는 사람들은 다르다, 그들은 인간을 세상 조건으로 대접하지 않는다, 저들의 삶과 저들의 가치는 우리와 다르다, 예수가 그러셨습니다. 힘을 가지기를 원하는 제자들에게 이렇게 답하셨습니다. '나는 섬김을 받으러 온 자가 아니다. 나는 모든 사람을 위하여 내 목숨을 주러 온 자다.' 그렇게 하면 상대방이 항복하니까 이 공식을 만들자는 것이 아닙니다. 예수님이 오셔서 십자가를 지시고 죽어 가신 그의 생애로 증거한, 결과와 무관한 하나님의 진심입니다. 예수 안 믿고 죽어 가는 자들을 향하여 너는 지옥 가도 마땅하다고 하는 것은 하나님의 심중에 없습니다. 이는 성육신을 모르고 하는 소리입니다. 빌립보서 3장에 가면 사도 바울은 이 주제를 확장하고 있습니다. 5절부터 보겠습니다.

나는 팔일 만에 할례를 받고 이스라엘 족속이요 베냐민 지파요 히브리인 중의 히브리인이요 율법으로는 바리새인이요 열심으로는 교회를 박해하고 율법의 의로는 흠이 없는 자라 그러나 무엇이든지 내게 유익하던 것을 내가 그리스도를 위하여 다 해로 여길뿐더러 또한 모든 것을 해로 여김은 내 주 그리스도 예수를 아는 지식이 가장 고상하기 때문이라 내가 그를 위하여 모든 것을 잃어버리고 배설물로 여김은 그리스도를 얻고 그 안에서 발견되려 함이니 내가 가진 의는 율

법에서 난 것이 아니요 오직 그리스도를 믿음으로 말미암은 것이니
곧 믿음으로 하나님께로부터 난 의라 내가 그리스도와 그 부활의 권
능과 그 고난에 참여함을 알고자 하여 그의 죽으심을 본받아 어떻게
해서든지 죽은 자 가운데서 부활에 이르려 하노니 (빌 3:5-11)

그리스도의 부활 권능과 그 고난에 참여하겠다는 것입니다. 예수를
믿으면 모든 답을 얻는다고 생각하는 것을 승리주의라고 합니다. 보
이는 보상을 얻어 기독교 신앙의 우월함을 증거하고자 하는 것이 바
로 승리주의입니다. 성경은 그렇게 이야기하지 않습니다. 그의 고난
과 부활에 참여하라고 합니다. 우리가 예수 믿기 전에 우리 인생이 내
손에 있고 세상의 잣대 아래에 있을 때 우리는 경쟁하고 싸우고 이기
려고 했습니다. 그때 우리가 만났던 것은 냉혹한 현실이고 무정한 현
실이었을 것입니다. 그리고 무력한 자신이었을 것입니다. 예수를 믿
고 나면 이 현실에서 이기는 싸움을 하게 된다는 것이 아닙니다. 예수
안에서 하나님이 우리를 어떻게 대접하느냐를 보이기 위해 이 현실
이 필요해집니다. 이 현실 속에서야 우리는 이웃을 만날 수 있고, 그
런 경우나 기회가 생깁니다. 삶의 모든 여정 속에 우리의 자리, 하나
님이 그를 찾아갈 시간과 공간과 현실이 생기는 것입니다.

　인간이 하나님 앞에 얼마나 귀한 존재인가, 얼마나 존중받아 마땅
한 존재인가를 보이기 위하여 꼭 좋은 환경과 조건이 필요한 것은 아
닙니다. 우리가 살면서 경험하다시피 참다운 친구가 되는 것은 어려
울 때입니다. 어려워 보면 누가 친구인지 압니다. 내가 고통 받을 때
나한테 와서 삿대질하고 가는지 감싸안고 가는지 그때 알 수 있는 것

입니다. 감싸안고 편들고 하라는 것입니다. 설명할 필요가 없습니다. '나, 네 마음 이해해. 너 억울한 거 알아' 이런 말 다 필요 없고 그냥 옆에 가 있으면 됩니다. 우는 것 기다려 주고 분내는 것 기다려 주고 말도 안 되는 억지 들어 주고 '야, 너는 목청도 좋다'고 하는 것입니다. '매미 동무'라는 동요같이 말입니다. '매미 동무는 목청도 좋다. 날마다 배나무에 와서 울어도 꼭대기 배 하나 안 따 먹는다.'

예수 믿고 산다는 게 무엇입니까? 우리가 무엇에 항복해서 여기까지 와 있는지 아십니까? 누가가 데오빌로 각하에게 묻는 것은 이것입니다. '우리가 믿는 신은 이런 신이다. 너희가 믿는 신은 어떤 신이냐? 너희가 믿는 신들도 이렇게 우리의 처지에 찾아오고 우리의 무력과 무지에도 불구하고 존중해 주는 신이냐?' 우리가 알듯이 그리스 로마의 신들은 참으로 부도덕하고 변덕스럽고 인간보다 더 치졸합니다. 하나님과 상대가 안 됩니다. 우리가 어떠한 구원을 얻었는지, 우리가 믿는 기독교 신앙이 무엇인지, 우리가 나의 하나님이라고 부르는 나의 아버지가 어떤 분인지 확인하는 본문 말씀이기를 바랍니다.

기도

하나님 아버지, 은혜를 감사합니다. 하나님이 그 아들 예수를 보내 우리를 사랑하시고 우리를 위하여 모든 것을 내어 주시고 찾아오신 아버지라는 사실에 감사합니다. 감격합니다. 우리가 하나님의 지극한 사랑과 관심과 모든 능력을 동원한 자녀가 되었으니, 이제 넉넉하게 하옵소서. 세상의 유혹과 시험 앞에 우리의 자랑을 빼앗기지 말게 하옵소서. 신자답게 하옵소서. 넉넉함으로 우리의 십자가를 지고 이웃을 만나러 기꺼이 웃음 띤 얼굴로 찾아갈 수 있게 하여 주옵소서. 나의 삶을 살고 내 자리를 지킬 수 있게 하여 주시옵소서. 예수님 이름으로 기도합니다. 아멘.

7
네 죄 사함을 받았느니라

---

17 하루는 가르치실 때에 갈릴리의 각 마을과 유대와 예루살렘에서 온 바리새인과 율법교사들이 앉았는데 병을 고치는 주의 능력이 예수와 함께 하더라 18 한 중풍병자를 사람들이 침상에 메고 와서 예수 앞에 들여놓고자 하였으나 19 무리 때문에 메고 들어갈 길을 얻지 못한지라 지붕에 올라가 기와를 벗기고 병자를 침상째 무리 가운데로 예수 앞에 달아 내리니 20 예수께서 그들의 믿음을 보시고 이르시되 이 사람아 네 죄 사함을 받았느니라 하시니 21 서기관과 바리새인들이 생각하여 이르되 이 신성모독 하는 자가 누구냐 오직 하나님 외에 누가 능히 죄를 사하겠느냐 22 예수께서 그 생각을 아시고 대답하여 이르시되 너희 마음에 무슨 생각을 하느냐 23 네 죄 사함을 받았느니라 하는 말과 일어나 걸어가라 하는 말이 어느 것이 쉽겠느냐 24 그러나 인자가 땅에서

죄를 사하는 권세가 있는 줄을 너희로 알게 하리라 하시고 중풍병자에
게 말씀하시되 내가 네게 이르노니 일어나 네 침상을 가지고 집으로 가
라 하시매 25 그 사람이 그들 앞에서 곧 일어나 그 누웠던 것을 가지고
하나님께 영광을 돌리며 자기 집으로 돌아가니 26 모든 사람이 놀라 하
나님께 영광을 돌리며 심히 두려워하여 이르되 오늘 우리가 놀라운 일
을 보았다 하니라 (눅 5:17-26)

인과 법칙보다 더 큰 세계를 아는 것

본문의 내용은 복음서에서 유명한 사건 중 하나입니다. 중풍병에 걸
린 사람을 그 친구들이 메고 오는데, 사람들 때문에 예수님에게 접근
할 수 없자 지붕 기와를 벗기고 침상째 달아 예수님 앞에 내려 보내어
그 병을 낫게 한 복음서의 유명한 기록입니다. 이 사건에서 우리가 기
억해야 할 중요한 표현들이 있습니다. 20절에 나오는 '예수께서 그들
의 믿음을 보시고'와 '이르시되 이 사람아 네 죄 사함을 받았느니라'
라는 두 가지 말씀입니다. 이 부분이 자주 쉽게 설명되곤 해서 이 사
건이 갖는 보다 깊은 의미가 종종 감춰지는데, 그 내용을 좀 자세히
살펴보려고 합니다.

　우리는 기독교 신앙에서 가장 중요한 내용 중 하나를 '믿음'으로
여깁니다. 예수를 믿는다, '믿음 생활' 한다, 믿음으로 응답을 받는다
는 말에서 보듯이 믿음이라는 것은 기독교 신앙의 중요한 본질이고
특징입니다. 그러나 지금 이 사건에서 믿음은 우리가 통상적으로 사

용하는 것과는 거리가 멉니다. 중풍병자를 데려온 친구들의 믿음은, 어디선가 예수라는 사람이 나타나서 많은 기적을 이루시고 여러 가지 난치병과 불치병을 고친다는 소문을 듣자 이제는 다른 희망이 없으니까 마지막 기대로 이 친구를 예수 앞에 데려온 정도로 추측하는 것이 가장 적합해 보입니다.

그런데 뜻밖에도 예수님은 병을 고쳐 주시기 전에 '네 죄 사함을 받았느니라'라고 이야기함으로써 이 병을 고쳐 주는 것이 굉장히 깊은 내용에 속한 것임을 우리에게 암시하고 있습니다. 이 사건에서 주변에 앉아 있던 서기관과 바리새인들이, 이 사람은 신성 모독자다, 하나님만이 하실 수 있는 일을 왜 자기가 입 밖에 낸단 말이냐, 하고 마음에 의문을 갖습니다. 예수께서 그것을 아시고 이렇게 말합니다. "너희 생각에는 병을 고쳐 주는 것과 사람을 고쳐 주는 것 중에 뭐가 쉽겠느냐? 병을 고쳐 주는 게 쉽다. 그러나 나는 사람을 고치러 왔노라." 그런 의미에서 예수님은 죄를 사하는 권세가 있다고 하여 그들에게 이 사건의 중요성을 설명하십니다. 그런 측면에서 볼 때 이 사건은 다만, 어떻게 기독교 신앙을 가지면 응답을 받느냐는 예수 믿는 신자들의 공통적이고 상식적인 수준의 이야기가 아니라, 그 믿음의 세계로 들어오는 이야기에 속하는 것입니다. 그리고 그 답도 '죄를 사하는 권세'라고 말씀하심으로써 우리의 간구에 일일이 구체적으로 답하시는 것보다 더 큰 틀과 더 큰 차원에서 이 사건을 다루신다는 것을 알 수 있습니다. 예레미야 9장 23절에 이런 말씀이 나옵니다.

여호와께서 이와 같이 말씀하시되 지혜로운 자는 그의 지혜를 자랑

하지 말라 용사는 그의 용맹을 자랑하지 말라 부자는 그의 부함을
자랑하지 말라 자랑하는 자는 이것으로 자랑할지니 곧 명철하여
나를 아는 것과 나 여호와는 사랑과 정의와 공의를 땅에 행하는 자
인 줄 깨닫는 것이라 나는 이 일을 기뻐하노라 여호와의 말씀이니
라 (렘 9:23-24)

얼핏 보면 지혜와 하나님을 아는 것이, 용맹과 하나님을 아는 것이,
부한 것과 하나님을 아는 것이 서로 대척점에 있는 것처럼 보입니다.
그것이 적대 관계에 있고 같은 차원에서는 공존할 수 없는 것처럼 보
입니다. 이는 마치 우리가 기독교 신앙을 가질 때 맹신하고 맹종해야
하는 것으로 오해하는 것과 맥을 같이 하고 있습니다. 세상을 의지하
지 않고 하나님을 의지한다는 말을, 현실을 외면하고 보이는 것을 거
부하고 안 보이는 것과 모르는 것에 올인하는 것으로 오해하는 것과
같습니다. 다른 표현으로는 이런 것이 있습니다. 지적 자살, 모든 상식
과 이해를 접어 버리는 것, 신앙인으로서 저지르는 실수는 복음의 살
육이라고도 합니다.

그러나 이 말씀은 신앙이라는 이름으로 모든 이해와 논리와 상식
과 생각을 다 덮어 버리는 것을 이야기하는 것이 아닙니다. 여기서 하
나님을 안다는 것은 지혜나 용맹이나 부로 상징된 것같이 자연 속에
서의 인과 법칙을 벗어나 더 큰 세계를 아는 것입니다. 두 세계 중 하
나를 선택하라는 뜻이 아니라 우리가 사는 현실 세계인 자연이 초월
의 품에 안겨 있음을 알라는 것입니다. 하나님은 자연을 만들어 주시
고 자연법칙을 그의 통치의 중요한 방법으로 사용하시는, 자연을 품

고 계시는 초월자시니, 눈에 보이는 인과 법칙의 세계에 매여 있는 자리에서 그것을 품고 계시고 만드시고 통치하시는 인격자 하나님이심을 알라는 뜻입니다.

우리는 이 세계 속에 살면서 믿음의 세계와 보이는 세계가 서로 대적하고 있는 것처럼 생각합니다. 그래서 이 둘 중 하나만 선택해야 하는 것으로 오해한 나머지, 물질적이고 육체적인 것은 다 부정하고 말도 안 되는 것으로 여기는 것이 마치 신앙인의 자세인 것처럼 오해하곤 합니다. 또 반대의 경우에는 보이는 것이 전부라고 우기는 자연주의에 빠질 수 있습니다. 이미 누가복음을 시작하는 초기에 잠깐 살펴본 바와 같이 자연주의란 보이는 세계가 전부라고 믿는 이념이라고 했습니다. 그 보이는 세계는 인과 법칙이 유일한 법칙입니다. 인과 법칙의 무서움은 인간성을 배제하는 데 있습니다. 그것은 오직 원인과 결과의 법칙에 닫혀 있어서 인간이 인간성을 발휘할 여지를 허락하지 않습니다.

우리가 살면서 가장 뼈저리게 경험하는 것은 이 세상을 살려면 비정해져야 한다는 사실입니다. 우리는 인간성으로 용납하고 양보하는 순간 밀려난다는 사실을 배우기 때문에 "너 그렇게 해서 어떻게 살려고 그래?"라는 표현을 자주 쓰게 됩니다. 이것이 우리도 모르게 습관처럼 붙어 버린 자연 세계의 냉혹한 법칙들입니다. 우리가 이 세상 속에 갇혀서 인간성을 회복하거나 인간으로서 충만하게 되는 일을 자연 법칙 속에서 허락받을 수 없다는 절망에 빠지는 것을 허무주의라고 합니다. 그것을 극복하기 위하여 인류가 만들어 낸 대안이 실존주의였습니다. 실존주의란 법칙을 숙명으로 받아들이지 않고 거부하겠다는 것입니다. '나에게 닥치는 냉혹한 현실을 거부하고 내 인생은 내가 결정하겠다.' 그것이 옳은가 그른가를 떠나 기계적 법칙에 저항하는 한 인간의 자유로운 의지와 선택을 찬양하는 것이 실존주의입니다. 그러나 중요한 것은 실존주의는 자연법칙을 극복한 것도 아니고 인간에게 새로운 답을 주지도 않았다는 사실입니다. 실존주의자들은 결국 모두 인간성을 상실하고 원칙이 없는 행보를 보였습니다.

인격적 통치자의 임재 선언

이것이 바로 이 사건에서 예수님이 왜 오셨는지, 그리고 그분을 통하여 우리에게 허락하시는 복음에 대한 설명입니다. 이 닫힌 세계, 냉혹한 법칙의 세계에 이제 하나님이 찾아오셔서 우리를 구원하시려고 한다, 그렇다면 구원한다는 것은 무엇이냐? 자연법칙 속에 인간을 묶어 두는 것을 깨고, 하나님이 인격적 통치를 하려 하신다, 이것이 예수 그리스도의 오심입니다. 이것이 왜 중요합니까? 하나님의 통치라는 것이 왜 그리 중요합니까?

로마서 1장에 가면 복음을 설명한 정의에서 이 문제의 중요성을 이렇게 가르칩니다. "내가 복음을 부끄러워 하지 아니하노니 이 복음은 모든 믿는 자에게 구원을 주시는 하나님의 능력이 됨이라 먼저는 유대인에게요 그리고 헬라인에게로다"(롬 1:16). 복음을 부끄러워하지 않는다는 표현은 수사학적인 표현입니다. 음악에서 아주 강조하고 싶으면 포르티시모(fortissimo, 매우 세게)로 연주합니다. 그런데 그것보다

더 강조하고 싶으면 피아니시모(pianissimo, 매우 여리게)로 합니다. 세
잔(Paul Cezanne, 1839-1906)의 그림 중에 자기 아내를 그린 그림이 여
러 점 있는데, 이상하게 그려 놨다고 합니다.《세잔의 사과》(한길아트,
2008)라는 책을 보니까 세잔은 아내를 몹시 사랑한 사람이랍니다. 평
생을 사랑한 아내의 초상화를 여러 개 그렸는데, 못생기게 그려 놓기
도 하고 자세를 어색하게 그려 놓기도 했습니다. 그 그림을 해설하는
사람은, 사실적인 묘사로 그 아름다움을 다 표현할 수 없으면 거꾸로
표현한다고 평해 놨습니다.

우리 언어가 그렇습니다. 언어로 표상할 수 없으면 그냥 신음하거
나 침묵할 수밖에 없습니다. 그게 그 한계를 넘어서는 방법입니다.
'내가 복음을 부끄러워하지 않는다'는 것은 '내가 복음을 정말 진정
으로 자랑한다'의 수사학적 표현입니다. 왜 그렇습니까. 그것은 구원
을 주시는 하나님의 능력이기 때문입니다. 구원이라는 것은 법칙에
묶여 있는 인간, 인간성을 회복할 수 없고 인간성을 발휘할 수 없는
법칙 속에 묶인 기계적 존재에 불과한, 부품에 불과한 인간을 인간으
로 회복하시는 하나님의 능력이라고, 인과 법칙과는 다른 인격자의
통치라고 이야기하는 것입니다. 인격자란 무엇입니까? 지정의가 있
는 존재입니다. 그래서 이해하고 사랑하고 용서하고 고쳐 주고 포기
하지 않는 지정의의 하나님이라고 소개하는 것입니다. 복음은 그런
것입니다.

우리가 복음을 만났을 때 깨닫게 되는 맨 처음의 감정은 무엇입니
까? 내가 구원을 얻었다는 것이 가장 대표적으로는 '하나님을 만났
다'로 표현되지만, 내면으로 들어가면 '드디어 내가 참 인간이 되었

다'고 깨닫는 것입니다. 예수를 만나 하나님의 자녀가 되어야 비로소 진정한 인간이 될 수 있다는 것을 느끼는 것입니다. 다른 표현도 많이 씁니다. 평안을 얻었다, 감격했다, 새로워졌다, 힘을 얻었다 등등입니다. 무엇으로든 다양하게 표현할 수 있지만 본질적인 내용은 비로소 사람이 되었다는 것입니다. 나는 그동안 하나의 부속품이었다, 하나의 원칙이었다, 하나의 감각에 불과했다, 그러나 이제 비로소 인격이 되었다고 깨우치는 것이 복음이 하는 선언이며, 구원이 주는 놀라운 참모습입니다.

이어지는 말씀을 봅시다. "복음에는 하나님의 의가 나타나서 믿음으로 믿음에 이르게 하나니 기록된 바 오직 의인은 믿음으로 말미암아 살리라 함과 같으니라"(롬 1:17). 의인은 믿음으로 산다는 말이 무슨 뜻입니까? 믿음으로 산다는 것은 본문에 나온 예수님이 중풍병자를 고치신 기적 사건에서 처음에 언급했다시피, 그들이 찾아온 것을 그들의 믿음으로 보시고, 그들이 인과 법칙으로는 자신들의 문제를 풀 수 없음을 인정하고 그 법칙을 넘어서는 일을 구했다는 뜻입니다. 그리고 예수님이 거기에 응답하심으로 그분이 인과 법칙을 벗어나는 인격적 통치자의 임재라는 것을 선언하시는 겁니다. 이것을 죄를 사한다고 표현합니다. 죄란 인간이 인간답기를 포기하는 것입니다. 인간다울 수 있는 모든 은혜를 하나님에게서만 얻을 수 있음에도 불구하고, 스스로 하나님에게서, 생명에서 자신을 끊어 물건이 되고 마는 것입니다. 한 법칙에 묶인 존재가 되고 마는 것입니다. 성경은 그것을 죽었다고 하고 죄라고 합니다. 하나님의 형상으로 만든 존재가 되기를 거부하여 스스로가 법칙 아래 묶인 노예의 자리로 갔기 때문입니다.

우리의 처지에 동참하러 오심

로마서 3장 19절 이하에 있는 말씀은 복음에 대한 설명으로 많이 들
은 말씀이지만 이런 시각으로 다시 한번 보기 바랍니다.

> 우리가 알거니와 무릇 율법이 말하는 바는 율법 아래에 있는 자들에
> 게 말하는 것이니 이는 모든 입을 막고 온 세상으로 하나님의 심판
> 아래에 있게 하려 함이라 그러므로 율법의 행위로 그의 앞에 의롭
> 다 하심을 얻을 육체가 없나니 율법으로는 죄를 깨달음이니라 이제
> 는 율법 외에 하나님의 한 의가 나타났으니 율법과 선지자들에게 증
> 거를 받은 것이라 곧 예수 그리스도를 믿음으로 말미암아 모든 믿는
> 자에게 미치는 하나님의 의니 차별이 없느니라 (롬 3 : 19-22)

중풍병자 사건과 연결되는, 중요한 큰 틀로서 이해해야 할 구원에 관
한 설명이 나옵니다. 하나님이 예수 안에서 허락한 구원, 기독교의 복
음은 율법과 다른 것입니다. 인과 법칙을 넘어서는 것입니다. 인과 법
칙을 외면하는 것이 아니라 그것보다 큰 것입니다. 우리가 인과 법칙
안에 묶였을 때 어땠는지 생각해 보십시오. 그것은 우리 모두를 사망
으로밖에 끌고 가지 못했습니다.

사실 우리는 신념이나 이념이라는 것이 얼마나 무시무시한 것인
가를 20세기에 많이 경험했습니다. 20세기에 있었던 인류의 가장 중
요한 경험이 무엇입니까? 이념이 무엇인지를 아는 것이었습니다. 20
세기 내내 나치 정권이나 공산주의 정권이나 캄보디아의 폴 포트(Pol

Pot, 1925-1998) 정권이 이념을 실험했는데, 발견한 것은 하나님 없는 인간의 손에 의해서 그것이 추진되자 희한하게도 인간성이 상실되더라는 것입니다. 혈육의 관계가 깨지는 일이 자행되었습니다. 이념이 인간을 인간 되게 하지 않고 더 비정하게 만들더라는 것입니다. 인간성이 무엇입니까? 인격을 갖는 것입니다. 인격에서 가장 중요한 것은 지정의라고 성경이 여러 번 강조하고 있습니다.

신앙도 그렇습니다. 서두에서 이야기한 것과 같이 맹신하는 것은 조심해야 합니다. 그와 비슷하게 진심이나 헌신이라는 것도 그것 자체가 하나의 신앙이 되고 유일한 잣대가 되면 하나님이 예수 안에서 우리에게 요구하시는 참다운 인간성을 만들기보다 무서운 사람이 됩니다. 이런 것을 얼마든지 봅니다.

우리가 성경에서 보는 예수 그리스도로 말미암은 하나님의 통치의 놀라움은, 하나님이 우리를 이해하러 오시고 우리의 처지에 동참하러 오신다는 사실입니다. 그것이 성육신입니다. 예수를 쉽게 만난 사람들도 얼마든지 있지만, 어렵게 만나는 사람들이 더 많을 것입니다. 현실의 어려움이나 자기 자신의 절망으로 말미암아 예수를 만나는 것이 통상적입니다. 제 경우도 방황과 절망의 끝에서 예수를 만났습니다. 그 끝까지 갔더니 거기에 예수가 계셨기 때문이 아니라, 내가 어디까지 가든지 예수님이 좇아오셨다는 사실에 항복해 버렸습니다. 내가 못난 짓을 하고 방황하고 잘못 간 길의 어떠한 자리까지라도 예수님이 좇아오시는 사실 앞에 항복하게 됩니다. 그러니까 신앙이란 우리의 치열함이나 진지함이나 간절함이 만드는 것이 아니라, 우리를 받아 주시는 분이라는 사실에 우리가 항복하는 것입니다. 진정한 인간성이, 우리를 대접하시는 하나님의 인격이 우리를 만족하게 하기 때문입니다.

그래서 우리는 예수 그리스도께서 오셔서 중풍병자를 고치시는 장면들이 가지는 그의 성육신의 놀라움을 이해해야 합니다. 우리의 지금 형편에 대하여 하나님이 저 하늘 위에서 어떻게 하나, 하면서 쳐다만 보고 계신다고 생각하면, 성육신을 이해하지 못하는 것입니다. 그는 이 땅에 오셔서 우리가 묶여 있는 현실, 인과 법칙의 결과까지 같이 경험하십니다. 결국 자연을 만드시고 자연 안에 하나님의 좋은 통치, 노력하는 통치, 노력하여 결과를 얻는 이 원칙과 윤리와 도덕을 주었음에도, 그 법칙이 인간성을 말살하는 이 죄악 된 세상 속에 하나님이 찾아오셔서 그것이 다 우리를 풍성하게 하기 위한 하나님의 통치이며 그 법칙을 만드신 분은 인격자라는 것을 우리에게 증언하십니다. 어떻게 증언하십니까? 예수님이 인과 법칙에 묶여 죽으심으로 세상이 지금 무엇을 못 갖고 있는가, 어떤 비극 속에 있는가를 보이시고, 하나님이 그를 죽은 자 가운데서 살려 냄으로 세상이 가지는 법칙이 최종적 권위가 아니라는 것을 온 세상과 역사에 증언하십니다. "이 사람아, 네 죄 사함을 받았느니라." 얼마나 놀라운 선언입니까.

우리는 하나님이 우리의 성실함과 성숙을 위하여 인과 법칙을 쓰시는 하나님인 동시에 그 법칙에 묶여 있지 않은 하나님이라는 것을 예수로 말미암아 확인한 사람들입니다. 그래서 우리는 기도할 수 있습니다. 우리만이 가지는 유일하고도 큰 특권입니다. 기도할 수 있다는 것은 '내가 한 대로 주십시오'가 아닙니다. '내가 하지 못한 것을 주십시오.' 이게 기도 아닙니까. 하나님이 거기에 응답하신다는 것입니다. 기도할 수 있다면 우리 인생은 겁날 것이 없습니다. 성실히 살아야 합니다. 하지만 그것보다 더 주시려는 하나님이 그 아들을 보내어 우리를 부르셨고 우리를 하나님의 자녀로 구원하셨다는 것을 기억하시는 신자 된 현실과 인생이기를 바랍니다.

기도

하나님 아버지, 은혜를 감사합니다. 하나님, 우리는 성실히 살아야 합니다만, 성실에 붙잡히지 않고 믿음에 서야 한다는 것을 배웁니다. 하나님, 우리로 이 세상을 진실하게 살게 하옵소서. 열심히 살게 하옵소서. 통치하시는 하나님을 닮아서 이 세상의 법칙을 이기는 자로 살게 하옵소서. 세상 앞에 손가락질당하는 참으로 부끄러운 현실이 되었는데, 그것을 누구의 책임으로 돌리겠습니까. 우리 모두가 우리를 찾아오시고 구원하신 하나님을 각자의 삶과 믿음으로 보여 주는 일, 책임과 또 큰 감사로 감당하게 하여 주시옵소서. 예수님 이름으로 기도합니다. 아멘.

8
인자는 안식일의 주인

1 안식일에 예수께서 밀밭 사이로 지나가실새 제자들이 이삭을 잘라 손으로 비비어 먹으니 2 어떤 바리새인들이 말하되 어찌하여 안식일에 하지 못할 일을 하느냐 3 예수께서 대답하여 이르시되 다윗이 자기 및 자기와 함께 한 자들이 시장할 때에 한 일을 읽지 못하였느냐 4 그가 하나님의 전에 들어가서 다만 제사장 외에는 먹어서는 안 되는 진설병을 먹고 함께 한 자들에게도 주지 아니하였느냐 5 또 이르시되 인자는 안식일의 주인이니라 하시더라 6 또 다른 안식일에 예수께서 회당에 들어가사 가르치실새 거기 오른손 마른 사람이 있는지라 7 서기관과 바리새인들이 예수를 고발할 증거를 찾으려 하여 안식일에 병을 고치시는가 엿보니 8 예수께서 그들의 생각을 아시고 손 마른 사람에게 이르시되 일어나 한가운데 서라 하시니 그가 일어나 서거늘 9 예수께서 그

들에게 이르시되 내가 너희에게 묻노니 안식일에 선을 행하는 것과 악을 행하는 것, 생명을 구하는 것과 죽이는 것, 어느 것이 옳으냐 하시며 10 무리를 둘러보시고 그 사람에게 이르시되 네 손을 내밀라 하시니 그가 그리하매 그 손이 회복된지라 11 그들은 노기가 가득하여 예수를 어떻게 할까 하고 서로 의논하니라 (눅 6:1-11)

안식일 논쟁

본문에는 안식일 논쟁이 두 가지 사건으로 기록되어 있습니다. 이스라엘 백성에게 있어서 안식일을 지키는 것은 매우 중요한 계명이었고, 그것은 십계명에서도 분명하게 요구되는 것입니다. 안식일에는 아무 일도 하지 않고 쉬어야 했는데, 성경은 그 이유를 출애굽기 20장에서 다음과 같이 설명합니다. 8절부터 보겠습니다.

안식일을 기억하여 거룩하게 지키라 엿새 동안은 힘써 네 모든 일을 행할 것이나 일곱째 날은 네 하나님 여호와의 안식일인즉 너나 네 아들이나 네 딸이나 네 남종이나 네 여종이나 네 가축이나 네 문안에 머무는 객이라도 아무 일도 하지 말라 이는 엿새 동안에 나 여호와가 하늘과 땅과 바다와 그 가운데 모든 것을 만들고 일곱째 날에 쉬었음이라 그러므로 나 여호와가 안식일을 복되게 하여 그 날을 거룩하게 하였느니라 (출 20:8-11)

창조를 기억한 것입니다. 안식일은 삶에서 한 날을 구별하여 하나님이 창조주 되심을 신앙으로 고백하는 날이므로 지켜야 했습니다. 신명기 5장에 가면 내용이 조금 풍부해집니다. 12절부터 봅시다.

> 네 하나님 여호와가 네게 명령한 대로 안식일을 지켜 거룩하게 하라 엿새 동안은 힘써 네 모든 일을 행할 것이나 일곱째 날은 네 하나님 여호와의 안식일인즉 너나 네 아들이나 네 딸이나 네 남종이나 네 여종이나 네 소나 네 나귀나 네 모든 가축이나 네 문 안에 유하는 객이라도 아무 일도 하지 못하게 하고 네 남종이나 네 여종에게 너 같이 안식하게 할지니라 너는 기억하라 네가 애굽 땅에서 종이 되었더니 네 하나님 여호와가 강한 손과 편 팔로 거기서 너를 인도하여 내었나니 그러므로 네 하나님 여호와가 네게 명령하여 안식일을 지키라 하느니라 (신 5 : 12-15)

안식일은 구원을 주시는 하나님을 기념하는 날로 그 내용이 더 크고 깊어집니다. 한편 신약 시대에 지키는 주일은 안식 후 첫날입니다. 개념으로는 구약의 안식일을 잇고 있지만, 내용은 훨씬 더 풍부해져서 예수께서 부활하신 날, 곧 안식 후 첫날이 되었습니다. 그래서 자연스럽게 신약 시대 성도들은 성일을 안식일이 아닌 주의 날로 지킵니다. 이전의 안식일이 창조와 구원의 하나님을 신앙적으로 기억하고 삶으로 보이는 날이었다면, 신약 시대에 주일은 부활의 승리까지 함께 기억함으로써 하나님의 하나님 되심이 더 무한하고 풍성하게 우리에게 허락된 날입니다.

구약적 안식일 개념이든 오늘날 신약 시대의 더 풍성해진 주일 개념이든 우리가 이 계명을 지키거나 혹은 신앙을 지킨다고 할 때에, 그 본래의 정신을 놓친 채 하나의 규칙이나 법을 준수하는 식으로 지키면 안 된다는 것이 본문의 안식일 논쟁입니다.

본문으로 돌아오면 안식일 논쟁에서 아주 중요한 답 두 가지를 제시하는 것을 볼 수 있습니다. 첫 번째는 누가복음 6장 5절에 있는 바와 같이 인자는 안식일의 주인이라는 것이고, 두 번째는 9절에서 보듯이 선을 행하고 생명을 구하는 것이어야 한다고 하면서 안식일의 개념과 안식일을 이해하는 근본적인 해석을 보입니다.

한때 우리 한국 사회에서 가장 화두가 되었던 것은 아마 '정의란 무엇인가'에 대한 문제였을 것입니다. 마이클 샌델(Michael J. Sandel)이라는 하버드대 교수가 쓴《정의란 무엇인가》는 재밌는 책이었고 모든 정치가와 사회 지도자들이 읽어야 하는 책이라고 소문이 났습니다. 그러나 시원한 답은 없습니다. 일반 학문과 일반적 연구에서 답을 찾을 수 없는 이유는 '정의란 공평한 권리인가'라는 문제 때문입니다. 공평한 권리가 정의라는 말은 맞지만 공평한 권리끼리 만나면 충돌하더라는 것입니다. 정의를 위하여 선을 그어야 할 때 법이라는 것으로 정의를 유지하는 것이 세상에서는 최선의 방법인데, 법은 결국 강제력이고 누군가 자신의 자유로운 권리를 침해당하면 정의가 시행되지 않는다고 다 불평할 수밖에 없다는 것이 그 책의 요약입니다. 그래서 결국 정의가 실현되려면 도덕성이 필요할 수밖에 없습니다. 누군가는 양보해야 합니다. 자신의 권리를 누군가 유보하지 않는 한 정의가 공공질서 속에서 유지될 수 없습니다. 그런데 도덕은 강요할 수 없다는 것이 문제입니다. 법은 강요할 수 있는데 도덕은 강요할 수 없습니다. 도덕은 결국 그 개인이 양심과 인격을 사용하여 스스로 양보하지 않고 스스로 실천하지 않는 한, 외부에서 강요할 수 없습니다.

여기에 안식일 논쟁을 이해하기 위한 실마리가 있습니다. '안식일에 어떻게 해야 하느냐? 안식일을 어떻게 지켜야 하느냐? 좀 더 폭넓게 기독교 신앙의 본질적인 문제, 즉 신앙을 어떻게 지키고, 노력해야 할 것이 무엇이냐?' 이렇게 물을 때에 예수님이 이런 답을 주십니다. 칼이 누구 손에 있느냐를 생각해 보라는 것입니다.

칼은 칼 자체가 의지를 갖거나 선택하는 것이 아니라 그 칼을 잡은 사람이 선택하고 사용하는 것입니다. 다 같은 칼이지만 그것이 살인자의 손에 있으면 살해용으로 쓰일 것이고 요리하는 사람의 손에 있으면 음식을 만드는 데 쓰일 것입니다. 그러니까 성경이 주는 답은 내가 안식일의 주인이라는 선언에서 드러나듯이, 안식일 자체가 목적과 내용을 가지는 것이 아니라 안식일을 누가 주었고 누구를 위하여 주었는가를 기억하라는 것입니다. 안식일만 가지고서 논쟁을 벌이는 것은 칼 하나를 놓고서 이 칼이 왜 음식을 못 만드냐고 묻는 것과 같은 우를 범하는 것입니다. 그런 차원에서 기독교 신앙에서 요구하는 것들을 살펴보면, 법과 규칙과 방법으로 요구되는 것이 아니라 신앙이라는 것이 누구를 대상으로 하는 것이며 그것을 가지는 자의 인격이 어떻게 항복하느냐의 문제로 연결됩니다. 물론 방법으로 쓰일 수 있지만, 하루에 성경을 몇 장 보느냐, 기도를 몇 시간 하느냐 하는 질문은 상당히 위험한 것이라는 뜻입니다.

우리가 신앙에 대해 잘잘못을 논하는 것은 굉장히 어려운 문제임을 기억해야 합니다. 칼에 녹이 슬었다는 것은 중대한 문제입니다. 칼은 늘 잘 갈아 놓아야 합니다. 그러나 이 칼로 무엇을 할 것인가를 먼저 물어야 하고 누가 사용할 것인가를 먼저 물어야 합니다. 그러니까 우리 신앙 공동체 속에서도 칼날이 시퍼런데 그 칼을 선무당이 잡으면 아주 난감해지는 것입니다. 성도들이 신앙의 책임자로서 자기도 모르게 하는 실수가 있습니다. 자기가 깨우치고 감동한 것을 다른 이들에게도 가르쳐 달라고 요구하는 것입니다. 가장 골치 아픈 일입니다. 한 개인, 한 학자, 하나의 글, 하나의 경험에서 각자 감동한 것을 전부에게 가르쳐 달라고 요구하곤 합니다. 비유컨대 '쌍둥이 칼'이 답이 아니라 누가 무엇을 위하여 그 칼을 들었는가가 신앙의 핵심입니다. "목사님, 이 칼이에요, 이 칼"하고 전부 쳐들어와서 골치 아프게 합니다. 신앙의 현장에서 스스로를 점검해야 합니다. 칼이 무슨 칼이냐, 날이 얼마나 섰느냐, 어느 숫돌에 갈았느냐가 아니라, 그 칼을 써야 하는 내가 어느 수준까지 왔느냐는 것입니다. 그래서 이 안식일 문제는 마가복음 2장에 가면 무시무시하게 표현됩니다. 놀랍습니다.

섬김으로 하나님의 하나님 되심을 증명함

마가복음 2장 23절부터 보겠습니다.

안식일에 예수께서 밀밭 사이로 지나가실새 그의 제자들이 길을 열며 이삭을 자르니 바리새인들이 예수께 말하되 보시오 저들이 어찌

하여 안식일에 하지 못할 일을 하나이까 예수께서 이르시되 다윗이
자기와 및 함께 한 자들이 먹을 것이 없어 시장할 때에 한 일을 읽지
못하였느냐 그가 아비아달 대제사장 때에 하나님의 전에 들어가서
제사장 외에는 먹어서는 안 되는 진설병을 먹고 함께 한 자들에게도
주지 아니하였느냐 (막 2:23-26)

본문에도 나온 이야기입니다. 진설병이라는 것은 성전의 상 위에 진
열해 놓는 떡인데 이 떡은 제사장만 먹을 수 있었습니다. 그런데 당시
다윗이 피난길에 너무 고단하고 배가 고파서 그 진설병을 자기도 먹
고 부하들에게도 먹였습니다. 그러니까 안식일을 지키기 위하여 굶어
죽지 말고, 인간의 필요 앞에 성경의 계명들이 오히려 섬길 수 있다고
이야기하는 것입니다. 아주 놀라운 내용입니다.

　우리는 명분과 법을 지키기 위하여 죽어야 한다고 생각합니다. '악
법도 법이다'와 같이 말입니다. 그러나 기독교는 그렇지 않습니다. 기
독교는 사람을 살리기 위해서 법을 세우신 이가 죽는 종교입니다. 종
교와 법을 만드신 이가 인간을 위해서 그 법을 만드신 분이기 때문에
그 법에 저촉된 자를 죽이지 않고 살리기 위해서라면 법을 만드신 이
가 죽을 수 있는 종교가 기독교입니다. 놀라운 하나님입니다. 창조, 구
원, 부활이 무엇입니까. 죄인을 살리기 위하여 하나님이 그의 전능하
심과 거룩하심을 동원하여 지고 또 지고 또 질 수 있는 종교라는 것입
니다. 여기서 항복하지 않으면 답이 없습니다.

　그래서 이 말씀은 다음과 같은 결론을 냅니다. 27절을 봅시다. "또
이르시되 안식일이 사람을 위하여 있는 것이요 사람이 안식일을 위

하여 있는 것이 아니니 이러므로 인자는 안식일에도 주인이니라"(막 2:27-28). 하나님이 신적 자존심과 권위를 세우기 위하여 안식일을 거룩히 지키라고 강요하는 것이 아니라는 것입니다. 인간들이 만든 잘못된 종교를 생각해 봅시다. 대표적으로 잉카 문명의 마추픽추(Machu Picchu)에 아직 남아 있는 의식인 태양신에게 하는 제사를 보면, 산 사람의 심장을 꺼내 바칩니다. 진지함의 극치입니다. 인간이 스스로 자해하고 죽는 것 이상의 진정성은 없기 때문입니다. 그렇게 해서 신을 만족시켜야 한다고 생각하는 것이 인간이 가지는 진정성이요, 신에 대한 이해입니다.

기독교는 그 반대입니다. 안식일의 주인, 창조와 구원과 부활의 주인이신 하나님이, 당신이 하나님 되시는 권세와 항복을 받는 일에서 어떻게 당신이 우리에게 와서 섬김으로써 그것을 증명하셨는가 하는 것으로 안식일을 해석할 것을 요구합니다. 예수님이 인간으로 오사 자기를 반대하고 하나님 앞에 감히 옳고 그름을 도전하는 자들을 힘으로 항복시키지 않고 그들을 처벌하지 않고 그들에게 분노하시지 않고 담담히 답하십니다. 내가 안식일의 주인이다, 내가 그것을 만든 하나님이다, 내가 너희를 위하여 이 땅에 왔느니라, 인간의 가장 중요한 필요, 인간의 가장 급박한 요구에 대해서 나는 늘 귀를 기울이고 너희를 위할 준비가 되어 있는 하나님이다, 그렇게 답하시는 것입니다.

요한복음 10장 10절에 나오는 유명한 구절이 있습니다. '내가 온 것은 양으로 생명을 얻게 하고 더 풍성히 얻게 하려는 것이라.' 생명을 주는 것으로 끝이 아니고 더 풍성해집니다. 우리가 흔히 보듯이 부모와 자녀가 다툴 때 부모가 자녀에게 마지막으로 꺼내는 카드는 "너

낳아 줬잖아. 너 입혀 줬잖아. 너 먹여 줬잖아"입니다. 그러면 자녀가 마지막으로 하는 반항은 "누가 낳아 달랬어요"입니다. 하나님이 이 문제를 넘어가시는 것입니다. "누가 낳아 달랬어요"를 넘어가십니다. 답이 되지 않습니까? '너를 낳았을 뿐 아니라 네 존재와 삶을 풍성하고 영광스럽게 만들려고 온 것'이라고 답하시는 것입니다. 이것이 기독교가 증언하는 하나님입니다.

우리는 이 문제에서 신앙생활을 참 재미없는 것으로 자주 오해하곤 합니다. 우리가 희생하고 심장을 꺼내 바쳐야 하는, 〈인디아나 존스〉에 나오는 그런 식의 무서운 하나님, 무서운 신앙생활이 되었습니다. 간절함을 표현하는 거라면 나무랄 데 없지만 그렇지 않다면 예수를 믿는 것이 너무 비참해 보입니다. 이 하나님을 믿는데, 이런 하나님을 믿는데, 왜 우리는 여유가 없을까요? 왜 그럴까요? 우리가 가진 죄의 본성 때문입니다. 하나님이 그런 분일 거라고 상상하지 못합니다. 자기 같을 거라고 생각하는 것입니다. 나 같을 거라고 말입니다. 그렇다면 나는 어떻습니까? 못났습니다. 우리는 싸우는 데에 익숙하고 들이받는 데에 익숙할 뿐이지 웃고 화해하는 일에는 익숙하지 않습니다. 집집마다 가훈이 있을 텐데 이대원 목사님의 가훈이 최고입니다. 그 따님이 학교에서 상 받은 가훈입니다. "따뜻한 사람이 되자." 특히 겨울에는 꼭 필요한 것 같습니다. '올해 너무 추우니까 따뜻한 겨울이 되자.' 이런 것이 '정의 사회 구현'보다 훨씬 마음에 와닿습니다.

하나님의 성품에 참여시킴

호세아 6장에 가면 하나님이 호세아 선지자를 통해 이스라엘 백성에게 계속 이런 식으로 그들의 신앙의 실패를 꾸짖고 안타까워하시는 장면이 나옵니다. 호세아 6장 4절입니다.

에브라임아 내가 네게 어떻게 하랴 유다야 내가 네게 어떻게 하랴 너희의 인애가 아침 구름이나 쉬 없어지는 이슬 같도다 그러므로 내가 선지자들로 그들을 치고 내 입의 말로 그들을 죽였노니 내 심판은 빛처럼 나오느니라 나는 인애를 원하고 제사를 원하지 아니하며 번제보다 하나님을 아는 것을 원하노라 (호 6:4-6)

우리가 이해하는 대로 풀어 봅시다. 제사를 드림으로써 즉 기계적인 인과 법칙으로 하나님을 조장하려고 하지 마라, 나도 물론 너희에게 그런 원인과 결과의 법칙으로 보상하는 하나님이 아니다, 라고 하시는 것입니다. 잘하면 복을 주고 잘못하면 벌주는 정도의 하나님이 아니다, 나는 제사보다 인애를 원한다, 하십니다. 이 말은 제사가 필요 없다는 것이 아닙니다. '내가 요구한 제사는 바로 내가 누구인가를 나타내는 것이다. 내가 자비로운 하나님이라는 것을 나타낸 것이다.' 그러나 그들이 자비에는 못 좇아왔고 이것이 하나의 방법이 되고 말았다는 것입니다.

오늘날 우리 식으로 이야기해 봅시다. 우리가 가지는 기독교 신앙이 무엇을 낳았습니까? 우리는 자꾸만 유능해지려고 합니다. 인정받

으려고 합니다. 그래서 하나님이 인격자시고 성품이 자비롭고 은혜로
우시다는 것을 놓칩니다. 우리의 신앙도 그렇습니다. 신앙이 좋으면
좋을수록 기도도 참으로 커집니다. 가정에서 이웃으로 사회로 국가로
세계로까지 갑니다. 그렇게 함으로써 자기 신앙이 좋다는 것은 증명
될지언정 기도를 드리는 하나님과의 관계에서 인격자로서 대화하는
부분들은 자꾸 놓치고 맙니다. 이것이 안식일 논쟁의 핵심입니다. 사
도 바울은 이 문제에 대해 고린도교회 교인들에게 이렇게 가르쳤습
니다. 고린도후서 3장 1절부터 봅시다.

> 우리가 다시 자천하기를 시작하겠느냐 우리가 어찌 어떤 사람처럼 추
> 천서를 너희에게 부치거나 혹은 너희에게 받거나 할 필요가 있느냐
> 너희는 우리의 편지라 우리 마음에 썼고 뭇 사람이 알고 읽는 바라 너
> 희는 우리로 말미암아 나타난 그리스도의 편지니 이는 먹으로 쓴 것
> 이 아니요 오직 살아 계신 하나님의 영으로 쓴 것이며 또 돌판에 쓴
> 것이 아니요 오직 육의 마음판에 쓴 것이라 우리가 그리스도로 말미
> 암아 하나님을 향하여 이같은 확신이 있으니 우리가 무슨 일이든지
> 우리에게서 난 것 같이 스스로 만족할 것이 아니니 우리의 만족은 오
> 직 하나님으로부터 나느니라 그가 또한 우리를 새 언약의 일꾼 되기
> 에 만족하게 하셨으니 율법 조문으로 하지 아니하고 오직 영으로 함
> 이니 율법 조문은 죽이는 것이요 영은 살리는 것이니라 (고후 3:1-6)

여기 '돌판에 쓴 것이 아니요 오직 육의 마음 판에 쓴 것이라' 하는 이
야기들이 다 그것입니다. 하나님은 우리에게 규칙과 계명을 요구하시

고 그것으로 당신이 만족하시려는 것도 아니며 우리가 법과 도덕을 지키는 것을 목적하시는 것도 아닙니다. 하나님은 그것보다 크십니다. 인격적 차원에서 그를 하나님의 성품에 참여시키고 있습니다. 계명과 율법들 혹은 신앙의 규칙들을 지키는 것은 거기에 하나님의 성품과 인격이 담겨 있기 때문입니다. 그것을 지킴으로 우리의 인격이 하나님을 닮아 간다고 믿고 목적하는 차원에서 유용한 것입니다.

여기서 이야기한 대로 고린도교회 교인들은 사도 바울에게 당신은 하나님의 사자인데 왜 그렇게 볼품이 없습니까, 라고 도전했습니다. 신의 사자라면 그래도 자기 주인의 영광과 넉넉함을 가지고 있어야 하는데 사도 바울은 전 생애에 걸쳐서 그저 목숨을 부지하기에 바쁘고 남루하고 쩔쩔매는 과정에서 그의 사역을 감당했습니다. 이상합니다. 거기에 대한 사도 바울의 대답은 이것입니다. '나나 내가 전한 복음으로 하나님의 자녀가 된 너희나, 결과는 보이는 것에 있지 않고 우리의 영혼과 인격이 변했다는 것에 있다.' 2절에 있듯이 "너희는 우리의 편지라 우리 마음에 썼고 뭇 사람이 알고 읽는 바라"입니다. '너희는 나의 편지라, 내가 너희에게 무엇을 전했는지 너희를 보는 사람들이 알고 있는데, 우리는 인격이 변한 자라. 우리는 생각이 변한 자라.' 편지가 무슨 값을 하겠습니까? 내용이 전달될 뿐이지 편지가 무슨 도구가 될 수 있겠습니까? 사도 바울이 하는 이야기입니다.

오늘날 우리가 가진 신앙의 핵심을 들여다보면 우리도 동일합니다. 부활하신 예수 그리스도로 말미암아 하나님의 자녀가 된 우리 모든 이들에게 어떤 결과와 어떤 변화가 있습니까? 우리가 달라졌습니다. 우리는 칼을 주면 그 칼로 봉사할 것이고 고난이 오면 그 고난을 감수할 것이고, 그 고난을 견디는 방법에서 우리는 다를 것입니다. 우리에게 넉넉함이 주어지면 그 넉넉함을 자신의 자랑을 위하여 쓰지 않고 더 많이 섬기는 데에 쓸 것입니다. 우리의 넉넉함이 다른 이들의 넉넉함을 위하여 사용될 것입니다. 우리의 어려움은 우리의 인내와 우리의 위로가 더 높고 더 영원한 것임을 증거하는 일에 쓰일 것입니다. 요즘 동료 목사들을 만난 자리에서 모두 어려운 자기 형편들을 이야기했는데 저는 아픈 게 제일 큰 어려움이라서 얼마나 아픈지를 한 시간에 걸쳐 이야기했습니다. 그랬더니 한 시간이나 이야기할 기력이 있으면 됐다고 판정을 받아서 저도 위로를 받았습니다. 우리가 누구인지 알겠습니까?

마태복음 22장에서 예수님이 율법사들의 질문에 답하십니다. 가장 큰 계명이 무엇입니까? '주 너의 하나님을 사랑하고 네 이웃을 네 자신 같이 사랑하라'는 것이 율법과 선지자의 강령이라고 합니다. 왜 그럴까요? 여호와 외에 다른 신을 두지 말라, 도적질하지 마라, 이것이 왜 하나님 사랑, 이웃 사랑일까요? 하나님이 누구신가를 보여 주는 것이 계명이기 때문입니다. 우리에게 주어진 것, 유형무형의 모든 것들이 우리에게 주어졌기 때문에 예수를 믿는 자로서 어떻게 쓸 것인가, 어떻게 감내할 것인가를 생각하는 본문 말씀이기를 바랍니다. 어려움 속에서도 나는 기도했다, 어려움 속에서도 나는 성경을 읽었다, 하면 성경책에 날이 생깁니다. 손이 베입니다. 성경책은 베개로 사용하면 잠이 잘 오는데 그렇게 쓰는 것이 따뜻한 용도입니다. 예수님의 가르침이 우리의 삶을 이해하고, 우리의 존재가 이웃들 앞에 어떻게 다른지에 대해 증언하는 말씀이기를 바랍니다.

기도

하나님 아버지, 은혜를 감사합니다. 하나님이 우리를 고쳤습니다. 우리를 하나님의 자녀로 부르셨습니다. 하나님의 성품을 우리에게 주셨습니다. 예수 안에서 그렇게 하셨습니다. 이제는 내가 사는 것이 아니고 그리스도께서 우리 안에 살며 믿음으로 그리스도 안에 우리가 삽니다. 우리의 넉넉함으로 이웃을 위하여 살고 더 많은 사랑과 위로와 감사를 나누는 우리의 인생인 것을 기억하여 이기는 저희들 되게 하옵소서. 순종하는 저희들 되게 하옵소서. 우리가 있음으로 우리의 이웃들이 따뜻해지고 그 따뜻함의 진원지가 예수인 것을 아는 복된 구원도 허락하여 주시옵소서. 예수님 이름으로 기도합니다. 아멘.

9
권력과 하나님 나라

20 예수께서 눈을 들어 제자들을 보시고 이르시되 너희 가난한 자는 복이 있나니 하나님의 나라가 너희 것임이요 21 지금 주린 자는 복이 있나니 너희가 배부름을 얻을 것임이요 지금 우는 자는 복이 있나니 너희가 웃을 것임이요 22 인자로 말미암아 사람들이 너희를 미워하며 멀리하고 욕하고 너희 이름을 악하다 하여 버릴 때에는 너희에게 복이 있도다 23 그 날에 기뻐하고 뛰놀라 하늘에서 너희 상이 큼이라 그들의 조상들이 선지자들에게 이와 같이 하였느니라 24 그러나 화 있을진저 너희 부요한 자여 너희는 너희의 위로를 이미 받았도다 25 화 있을진저 너희 지금 배부른 자여 너희는 주리리로다 화 있을진저 너희 지금 웃는 자여 너희가 애통하며 울리로다 26 모든 사람이 너희를 칭찬하면 화가 있도다 그들의 조상들이 거짓 선지자들에게 이와 같이 하였느니라

27 그러나 너희 듣는 자에게 내가 이르노니 너희 원수를 사랑하며 너희를 미워하는 자를 선대하며 28너희를 저주하는 자를 위하여 축복하며 너희를 모욕하는 자를 위하여 기도하라 29 너의 이 뺨을 치는 자에게 저 뺨도 돌려대며 네 겉옷을 빼앗는 자에게 속옷도 거절하지 말라 30 네게 구하는 자에게 주며 네 것을 가져가는 자에게 다시 달라 하지 말며 31 남에게 대접을 받고자 하는 대로 너희도 남을 대접하라 32 너희가 만일 너희를 사랑하는 자만을 사랑하면 칭찬 받을 것이 무엇이냐 죄인들도 사랑하는 자는 사랑하느니라 33 너희가 만일 선대하는 자만을 선대하면 칭찬 받을 것이 무엇이냐 죄인들도 이렇게 하느니라 34 너희가 받기를 바라고 사람들에게 꾸어 주면 칭찬 받을 것이 무엇이냐 죄인들도 그만큼 받고자 하여 죄인에게 꾸어 주느니라 35 오직 너희는 원수를 사랑하고 선대하며 아무 것도 바라지 말고 꾸어 주라 그리하면 너희 상이 클 것이요 또 지극히 높으신 이의 아들이 되리니 그는 은혜를 모르는 자와 악한 자에게도 인자하시니라 36 너희 아버지의 자비로우심 같이 너희도 자비로운 자가 되라 (눅 6:20-36)

예수의 오심은 하나님의 통치의 구체화

예수님은 죄를 사하는 권세가 있고 불치병을 고치시며 죽은 자를 살리십니다. 그는 누구일까요? 그의 정체성은 무엇일까요? 그는 왜 오셨을까요? 무엇을 하시려고 하는 걸까요? 이런 물음에 대한 답이 누가복음 6장 20절부터 펼쳐집니다. 예수 그리스도는 하나님의 통치의

구체적 실현이라고 말씀합니다. 예수라는 인격이 하나님의 통치를 이
현실 속에 구체화한 것이라고 말씀하는 것입니다. 성경에서 하나님의
나라라고 할 때에 그 나라의 첫 번째 특징은 영역적인 것이 아니라,
통치입니다. 하나님의 통치는 예수 안에서 구체화되었다고 선포하는
것이 예수님이 오신 목적이며 내용입니다.

　본문 말씀으로 이야기하면, 하나님의 나라는 가난한 자들의 것이
며 우는 자들의 것입니다. 하나님의 나라가 부자와 웃는 자의 것이 아
니라 가난한 자와 우는 자의 나라라는 것은 무슨 뜻일까요? 웃는 자
와 가진 자는 세상 통치의 특징을 잘 대변하는 자들입니다. 세상 통치
의 속성은 강제력입니다. 통제력입니다. 자신의 안전을 지키기 위해
서는 이웃을 물리쳐야 합니다. 그들의 안전은 이웃을 힘으로 밀어야
얻는 것입니다. 예수님이 가르치시는 하나님의 나라는 이웃을 끌어
안는 통치력이지 이웃을 물리쳐서 확보하는 통치력이 아니라고 말씀
하는 것으로, 가난한 자와 부자가 대비되고 있습니다. 그것은 다만 가
진 자와 가지지 못한 자, 성공한 자와 실패한 자의 갈등이 아니며 물
론 전쟁도 아닙니다. 그러나 세상에서는 그것이 안전을 보장받기 위
한 유일한 방법입니다.

　우리의 현실 속에서도 사회 정의를 원하거나 복지 사회를 구하면
언제나 평등과 분배의 문제가 등장합니다. 그러나 성경은 이 문제를
세상이 이야기하는 식으로 하지 않습니다. 세상에서는 그것이 평등이
든 분배든 간에 힘과 강제로밖에는 실행할 수가 없습니다. 그러나 성
경은 그렇게 말하지 않습니다. 누가복음 22장 24절 이하에 이런 말씀
이 나옵니다. 예수님은 잡히시기 전날 제자들과 마지막 만찬을 하는

자리에서 다음과 같이 말씀하십니다.

> 또 그들 사이에 그 중 누가 크냐 하는 다툼이 난지라 예수께서 이르
> 시되 이방인의 임금들은 그들을 주관하며 그 집권자들은 은인이라
> 칭함을 받으나 너희는 그렇지 않을지니 너희 중에 큰 자는 젊은 자와
> 같고 다스리는 자는 섬기는 자와 같을지니라 앉아서 먹는 자가 크냐
> 섬기는 자가 크냐 앉아서 먹는 자가 아니냐 그러나 나는 섬기는 자
> 로 너희 중에 있노라 너희는 나의 모든 시험 중에 항상 나와 함께 한
> 자들인즉 내 아버지께서 나라를 내게 맡기신 것 같이 나도 너희에게
> 맡겨 너희로 내 나라에 있어 내 상에서 먹고 마시며 또는 보좌에 앉
> 아 이스라엘 열두 지파를 다스리게 하려 하노라 (눅 22:24-30)

제자들은 예수님이 공생애의 마지막 절정기에 예루살렘으로 입성하
심으로 대단원의 막을 내릴 것이라고 기대하고 있습니다. 예루살렘
입성을 통해 그가 제자들과 함께 보낸 3년여의 공생애 속에서 보여
준 놀라운 기적과 능력으로 이제 이스라엘을 해방하기 위한 정치적
이고 물리적인 힘으로 마지막에 그 반전을, 승리를 이끌어 낼 것이라
고 기대하고 있습니다. 그래서 이 밤에 제자들은 누구의 공이 더 큰가
를 두고 다투게 되었습니다. 그러자 예수님이 '이방인의 임금들은 그
들을 주관'한다는 아주 중요한 표현을 합니다. 즉 25절에 있는 대로
그들은 힘으로 통제합니다. 그러나 26절에 보듯이 예수님은 "너희는
그렇지 않을지니 너희 중에 큰 자는 젊은 자와 같고 다스리는 자는 섬
기는 자와 같을지니라"라고 말씀하십니다. 예수님이 오셔서 선포하

시고 구체화하시고 약속하시고 이루실 나라는 섬기는 나라인 것으로, 권력과 대비되고 있습니다.

강제력과 예수 그리스도

예수님을 통하여 하나님이 이루시고자 하는 나라는 섬기는 나라인데 우리에게는 그것이 얼른 이해되지 않습니다. 우리가 아는 현실은 평등과 정의를 위해서는 보다 더 큰 힘이 필요하다는 것을 현실 속에서 모두가 경험하고 있기 때문입니다. 그러나 성경이 가르치듯이 이 문제는 매우 중요한 자체 결함을 갖고 있습니다. 우리가 정의와 평화를 위하여 누구를 강제해야 한다는 것은 그 정의와 평화가 진리 위에 서 있지 못하다는 것을 반증하고 있습니다. 기독교 신앙의 가장 놀라운 점은 그 정의와 평화가 압제나 강제력에 의하지 않고, 예수 그리스도 안에서 실현된다고 선언하는 데에 있습니다.

이 세상 속에서 우리의 안전은 늘 힘에 의한 것입니다. 우리는 늘 이웃과 경쟁하고, 이 세상을 살아 내기 위해서 더 많은 안전을 보장할 만한 힘을 가져야 한다는 현실에 물들어 있습니다. 그러나 예수님은 그렇게 가르치지 않습니다. 진정한 자유란 힘에 의한 자기 보호가 아니라 진리 위에 있는 것이라고 요한복음 8장에서 선언하십니다. "진리를 알지니 진리가 너희를 자유롭게 하리라." 그때 자유는 자기 하나만을 보호하기 위하여 남을 강제하고 압제해야 하는 그런 자유가 아닙니다. 그것이 진리입니다. 세상에서 말하는 안전 보장이란 우리의 승리와 행복이 타인의 불행과 타인의 빼앗김 위에 서 있는 것입니다. 이것이 세상 통치의 한계입니다.

기독교는 세상의 통치와 다릅니다. 우리가 기독교 신앙을 갖게 되는 가장 큰 이유는 인간이 진리, 자유, 평화, 정의를 스스로 만들어 낼 수 없다는 것을 영혼 깊이 깨닫기 때문입니다. 예수 안에만 그것이 있다고 합니다. 우리는 진정한 자유가 필요한데 그 자유는 더 이상 싸울 필요가 없는 자유, 더 이상 누구를 압제하고 이웃을 두려워할 필요가 없는 자유를 말합니다. 그 자유는 진리 위에 서 있다고 했는데, 진리가 무엇인가에 대해 성경은 이렇게 답합니다. '내가 곧 길이요 진리요 생명이니'(요 14:6). 예수 그리스도가 진리입니다. 그것은 이론이나 개념이나 상상이나 이상이 아닙니다. 예수라는 인격 속에서만 허락되는 것인데, 그분만이 하나님이시기 때문입니다. 그분은 이 세상을 만들어 내고 우리가 아는 과학 법칙이나 도덕이나 상식이나 아름다움이나 깨우침을 만드신 창조주로서 그것을 다 하나로 묶으실 수 있는 진리와 능력의 하나님이시기 때문입니다. 이것이 기독교 신앙의 가장 중요한 본질입니다.

그래서 성경이 우리에게 가르치는 것은 요한복음 13장 33절과 34절에 나오듯이 서로 사랑하라는 것입니다. 이것이 새 계명입니다. 예수님이 제자들에게 마지막 부탁을 하시면서 이렇게 말씀하십니다. "새 계명을 너희에게 주노니 서로 사랑하라 내가 너희를 사랑한 것 같이 너희도 서로 사랑하라 너희가 서로 사랑하면 이로써 모든 사람이 너희가 내 제자인 줄 알리라"(요 13:34-35). 그것은 무엇일까요? 예수를 믿는다는 뜻은 예수 안에만 진리가 있고 자유가 있고 정의가 있고 평화가 있다는 것을 선언하는 것입니다.

이 문제를 오해하면 우리는 기독교 신앙이 또 다른 하나의 힘이라고 여기게 됩니다. 마태복음 5-7장에 있는 산상 설교를 다룰 때 이 부분을 서기관과 바리새인의 의와 대비하여 보았습니다. 예수님이 산상 설교 속에서 이 말씀을 하나님의 의로 소개하시면서 '너희 의가 서기관과 바리새인보다 더 낫지 못하면 결코 천국에 들어가지 못하리라'(마 5:20)라고 선언하십니다. 하나님의 통치에 들어갈 수 없습니다. 서기관과 바리새인의 의란 옳은 것이지만 아직도 이웃을 압제하는 의인 것입니다. 사랑한다는 것은 무엇입니까? 상대방이 경쟁 대상이 아닌 것입니다. 그러기에 상대방을 압제할 필요가 없습니다. 고린도전서 13장에 나오는 사랑에 대한 모든 정의를 보십시오. 사랑은 능력도 열정도 아닙니다. 사랑은 오래 참는 것이고 사랑은 무례히 행하지 않는 것이고 사랑은 성내지 않는 것이고 사랑은 믿고 바라고 견디는 것입니다. 이것이 하나님 나라의 통치입니다.

신앙을 힘으로 증명하기 원함

그러나 사실 우리는 어느 시대나 그랬던 것같이 기독교 신앙의 핵심을, 기독교 신앙인이 된 정체성을, 믿음이라는 말로, 또 다른 하나의 권세로 갖고 싶어 합니다. 누구나 그렇게 시작합니다. '예수를 믿었으니 이 문제를 해결해 주십시오. 예수를 믿었으니 나를 이 고통에서 구해 주십시오. 예수를 믿었으니 나로 머리가 되게 하고 꼬리가 되지 말

게 하옵소서.' 거기에는 어쨌든 하나님이 유일한 통치권자라는 고백
이 묻어 있기 때문에 전혀 무가치한 것만은 아닙니다. 그러나 그 고
백 속에서 우리는 나도 모르게 현실을 살면서 배우는 유혹과 위협, 세
상의 시험 앞에 타협하곤 합니다. 우리는 우리의 신자 된 증거가 힘으
로 증명되기를 바랍니다. 이웃에게도 증거하고 싶고 자신에게도 증거
하고 싶습니다. 내가 예수를 믿었으니 나를 만족하게 해 주십시오, 하
고 자기도 모르게 하나님 앞에 강요하고, 세상 앞에서도 예수 믿는 것
이 십자가와 상관없이 공감을 불러일으키기를 원합니다. 따라서 교회
는, 구제나 봉사가 예수 그리스도를 믿는 사랑이라는 본질적 근거에
서 흘러나올 수도 있는 것만큼이나, 십자가 없이 기독교가 유익한 존
재라는 세상의 소개를 받고 싶어 합니다.

그러나 오늘 우리가 다루는 이 내용 속에서 강조하는 것같이 우리
는 이것이 세상 권력과 다르다는 것을 알아야 합니다. 하지만 우리는
세상 권력적입니다. 나라를 위하여 기도하고 남북통일을 위하여 기
도하고 세계 평화를 위하여 기도합니다. 그 기도를 한번 조심스럽게
반문해 보십시오. 우리는 왜 남북통일이 되기를 소원할까요? 그게 더
살기 편해질 거라는 기대 때문일 수 있습니다. 북의 위협은 늘 신경이
쓰입니다. 이제는 어느 나라든 다 평화롭지 않으면 시끄러운 짐으로
자기가 속한 현실에 파급 효과를 미친다는 것을 압니다. 우리는 진정
한 하나님의 통치 아래에 있는 자들로서 우리의 신앙 고백이 갖는 힘
으로 봉사하고 구제해야 합니다. 그런데 사회 앞에 시대 앞에 기독교
가 반대할 모임이 아니라는 식으로 구걸하고 호소한다면 어떻게 되
겠습니까? 그 두 가지는 혼용될 우려가 있습니다. 다시 말해 우리의

신앙이 누구나 이해할 수 있는 것으로 소개되어야 한다는 것과 그것
과는 근본적으로 다른 본질적 차원에서 이해되어야 한다는 것이 서
로 혼용될 수 있습니다. 그렇게 되면 우리의 신앙생활은 정체성을 제
대로 드러낼 수가 없습니다. 로마서 12장 14절 이하를 봅시다.

> 너희를 박해하는 자를 축복하라 축복하고 저주하지 말라 즐거워하
> 는 자들과 함께 즐거워하고 우는 자들과 함께 울라 서로 마음을 같
> 이하며 높은 데 마음을 두지 말고 도리어 낮은 데 처하며 스스로 지
> 혜 있는 체 하지 말라 아무에게도 악을 악으로 갚지 말고 모든 사람
> 앞에서 선한 일을 도모하라 할 수 있거든 너희로서는 모든 사람과 더
> 불어 화목하라 내 사랑하는 자들아 너희가 친히 원수를 갚지 말고
> 하나님의 진노하심에 맡기라 기록되었으되 원수 갚는 것이 내게 있
> 으니 내가 갚으리라고 주께서 말씀하시니라 네 원수가 주리거든 먹
> 이고 목마르거든 마시게 하라 그리함으로 네가 숯불을 그 머리에 쌓
> 아 놓으리라 악에게 지지 말고 선으로 악을 이기라 (롬 12:14-21)

15절에서 보듯이 "즐거워하는 자들과 함께 즐거워하고 우는 자들과
함께 울라"고 합니다. 가난한 자들을 위한다는 것이 있는 자의 것을
빼어 오는 싸움이 아니라는 것입니다. 저 부자는 왜 남을 안 돕고 자
기 혼자 좋은 거 먹고 좋은 거 입느냐, 라고 해서는 안 됩니다. 성경이
가르치는 대로 하자면, 옷 참 멋있습니다, 보기에 좋습니다, 좋은 차
타시는군요, 차 참 멋있습니다, 라고 말하는 것이 신앙입니다. '당신
은 그 많은 돈을 갖고서 뭐 하고 있어?' 이것은 기독교 신앙이 아닙니

다. 그 사람의 것을 뺏어서 나눠 주어야 할 만큼 하나님은 가난하지 않습니다. 당신은 그만큼 배웠는데 왜 그 모양이야? 그런 말하지 마십시오. 많이 배우셨군요, 얼굴에 광채가 납니다. 이것을 하라는 것입니다.

우리는 그 어느 것도 우리가 가졌기 때문에 이웃에게 강요할 수 없듯이 우리가 못 가졌다는 이유로 이웃에게 강요할 수도 없습니다. 우리의 답은 모두 예수 안에만 있습니다. 만일 그것에 항복하지 못한다면 우리의 신앙은 아직 먼 것입니다. 억울해서 예수님을 만난 것은 다행한 일이지만 예수님은 그 억울함을 그런 식으로 풀어 주는 분이 아니라는 것을 성경에서 분명히 확인해야 합니다. 이 문제는 이미 예수님이 자신의 공생애를 시작하는 서두에 선언하신 말씀입니다. 누가복음 4장에 가 봅시다. 4장 16절부터 보겠습니다.

예수께서 그 자라나신 곳 나사렛에 이르사 안식일에 늘 하시던 대로 회당에 들어가사 성경을 읽으려고 서시매 선지자 이사야의 글을 드리거늘 책을 펴서 이렇게 기록된 데를 찾으시니 곧 주의 성령이 내게 임하셨으니 이는 가난한 자에게 복음을 전하게 하시려고 내게 기름을 부으시고 나를 보내사 포로 된 자에게 자유를, 눈 먼 자에게 다시 보게 함을 전파하며 눌린 자를 자유롭게 하고 주의 은혜의 해를 전파하게 하려 하심이라 하였더라 책을 덮어 그 맡은 자에게 주시고 앉으시니 회당에 있는 자들이 다 주목하여 보더라 이에 예수께서 그들에게 말씀하시되 이 글이 오늘 너희 귀에 응하였느니라 하시니 (눅 4:16-21)

예수님이 오심으로 하나님의 통치가 이 땅에서 시작되었습니다. 그러니까 예수를 믿는 모든 사람은 자신의 생애에서 예수를 믿는 믿음과 함께 하나님의 통치 안으로 부름을 받은 것입니다. 우리는 더 이상 권력의 통치 아래에 있지 않습니다. 예수 안에서 하나님의 통치 아래에 있습니다. 그 통치는 진리와 생명 위에 서 있으며 진정한 자유로움을 우리에게 허락합니다. 우리는 더 이상 원수를 만들 필요가 없습니다. 본문 말씀이 그것입니다. 가난한 자와 부자로 대비된 이 통치는 결국 '너희 원수를 위하여 기도하라'로 이어집니다. 우리는 원수를 만들 필요가 없습니다. 우리 이웃은 우리의 필요를 생산해 내지 못하고 우리를 도와줄 수도 없고 우리에게서 빼앗아 갈 수도 없는 존재들입니다. 우리의 필요는 다 예수 안에만 있습니다.

정체성과 책임

제게는 여러 교우들이 이런 호의로 와서 다음과 같은 고백을 하는 것을 들은 경험이 있습니다. '제가 성공했을 때 목사님을 만났더라면 좋았을 텐데요.' 그게 무슨 뜻일까요? 가졌을 때 만났으면 저를 팍팍 도와줬을 거라는 뜻입니다. 그러나 그런 분들이 저를 도울 방법은 없습니다. 각자 자신의 신자된 인생을 사는 것이 이웃을 돕는 것이고 이 세상에서 빛과 소금의 역할을 하는 것입니다. 세상을 빛으로 바꾸고 세상을 소금으로 바꾸라는 것이 아닙니다. 우리만이 빛이고 소금이라는 것은, 세상은 늘 어둡고 늘 부패하기 때문입니다. 우리만이 해야 하는 일입니다. 우리만이 가지는 정체성이고 우리만이 가진 힘입니다. 그 힘은 강제력이 아닙니다. 우리가 살면서 늘 배우는 것입니다.

그러니까 신앙의 깊은 자리로 가는 데는 당연히 시간이 필요합니다. 세상의 위협과 시험에 응해야 하고 타협을 해야 할 때도 있을 것입니다. 그때 세상이 약속한 것의 진정한 실체를 보아야 합니다. 세상에 답이 없다는 것을 보아야 합니다. 그리고 예수 안에 있다는 것이 얼마나 큰 것인가를 알아야 합니다. 성경식으로 이야기해서 "내 인생과 운명이 예수를 믿는 것 때문에 다 손해를 봐도 좋다"라는 자리로 우리를 확인하지 않는 한, 이 신앙은 온전하게 힘을 발휘하지 못합니다. 우리가 끊임없이 예수를 믿는 것과 이 세상을 사는 것을 둘 다 공유하려고 하는 한, 우리는 어느 곳에서도 제자리를 찾을 수가 없습니다. 그것을 확인하는 데 시간이 걸립니다.

저는 성급히 강요할 마음이 전혀 없습니다. 그러나 혹시 마음 속에 이 문제에 대해 자기도 모르게 적당히 타협하고 살고 있다면, 그런 마음으로는 끝까지 갈 수 없습니다. 그리고 이런 문제에 늘 분노하게 됩니다. 현실에 대해서 분노하게 되고 하나님에 대해서 분노하게 되고 예수를 믿는데도 몰라주는 세상에 섭섭하고 승리를 주시지 않는 하나님에게도 섭섭합니다. 예수 안에서 주어진 신자의 진실한 정체성과 특권이 무엇인지를 이해해야 합니다. 즉 예수 안에서 구체화한 하나님의 통치의 내용을 자신의 존재와 삶에서 제대로 이해하지 못하면 그것을 대신할 다른 방법이 없습니다. 그것이 본문 말씀의 증언입니다.

아까 보았던 로마서 12장의 결론과 같이 악에게 지지 말고 선으로 악을 이기라는 것은 힘으로 악을 갚을 수 없다는 뜻입니다. 우리의 억울함을 힘으로 보복하거나 힘으로 보상받을 수 없습니다. 예수님이 기꺼이 십자가를 지신 것과 같이, 우리는 그 뒤를 따르는 것으로 즉 원수를 만들지 않고 원수에 보복하지 않는 것으로 평화를 누리며 진정한 인생을 산다는 것을 알아야 합니다. 여기에 진정한 인생과 인간성이 있습니다. 그것보다 현실이 더 급하면 신앙을 잠깐 유보하는 수밖에 없습니다.

그러나 나이가 들어서도 이 문제를 제대로 이해하지 못한다면 자신의 책임입니다. 하나님이 우리의 기도에 응답하지 않은 것도 아니고 충분히 복을 주지 않은 것도 아닙니다. 우리가 아직도 자기 자신을 확보하기 위하여 이웃을 죽여야 하는 세상의 통치에서 벗어나지 못하고 있기 때문입니다. 하나님 앞에 핑계 댈 수는 없습니다. 성경은 분명하게 이야기하고 있습니다. 예수님은 섬기려 오시고 희생 제물로 오시고 우리 죄를 위하여 십자가에 죽으십니다. 그것은 하나님의 통치에서 가장 중요한 증언입니다. 그 이상 다른 것으로는 표현할 수 없는 구체적이고 역사적인 하나님의 증언입니다. 우리의 신앙 고백이 이 세상을 이기는 힘으로 우리의 신앙과 인생과 존재의 가장 중요한 믿음과 힘이 되기를 바랍니다.

기도

하나님 아버지, 우리가 오늘 예수님 안에서의 하나님의 통치를 확인하였습니다. 우리를 죄와 사망에서 구원하시고 이웃과의 불화에서 구원하시고 원수 맺는 것과 보복하는 것에서 구원하심으로 우리에게 허락된 하나님의 진정한 자유와 평화와 정의 그리고 생명을 우리가 확인하였습니다. 우리가 예수를 믿는다는 것은 우리 인간이 다만 자기를 위하여 살거나 자기가 이기기 위하여 남을 잡아먹을 수는 없다는 저 영혼의 깊은 곳에서의 갈증에서 비롯된 것입니다. 이것을 채울 이는 하나님밖에 없습니다. 예수 안에서 하나님의 사랑, 하나님의 자유를 우리가 만났습니다. 십자가를 지신 예수 안에서 진정한 평화와 정의를 봅니다. 우리로 그렇게 살게 하시옵소서. 악에게 지지 말고 악으로 악을 갚지 말고 선으로 악을 이기고 우리의 삶을 그리스도 예수 안에서 하나님의 자녀로 승리하게 하시옵소서. 매일의 삶을 믿음으로 승리하게 하시옵소서. 예수님 이름으로 기도합니다. 아멘.

10
세상과 비교할 수 없는 하나님의 나라

37 비판하지 말라 그리하면 너희가 비판을 받지 않을 것이요 정죄하지 말라 그리하면 너희가 정죄를 받지 않을 것이요 용서하라 그리하면 너희가 용서를 받을 것이요 38 주라 그리하면 너희에게 줄 것이니 곧 후히 되어 누르고 흔들어 넘치도록 하여 너희에게 안겨 주리라 너희가 헤아리는 그 헤아림으로 너희도 헤아림을 도로 받을 것이니라 39 또 비유로 말씀하시되 맹인이 맹인을 인도할 수 있느냐 둘이 다 구덩이에 빠지지 아니하겠느냐 40 제자가 그 선생보다 높지 못하나 무릇 온전하게 된 자는 그 선생과 같으리라 41 어찌하여 형제의 눈 속에 있는 티는 보고 네 눈 속에 있는 들보는 깨닫지 못하느냐 42 너는 네 눈 속에 있는 들보를 보지 못하면서 어찌하여 형제에게 말하기를 형제여 나로 네 눈 속에 있는 티를 빼게 하라 할 수 있느냐 외식하는 자여 먼저 네 눈 속에서

들보를 빼라 그 후에야 네가 밝히 보고 형제의 눈 속에 있는 티를 빼리
라 43 못된 열매 맺는 좋은 나무가 없고 또 좋은 열매 맺는 못된 나무가
없느니라 44 나무는 각각 그 열매로 아나니 가시나무에서 무화과를, 또
는 찔레에서 포도를 따지 못하느니라 45 선한 사람은 마음에 쌓은 선에
서 선을 내고 악한 자는 그 쌓은 악에서 악을 내나니 이는 마음에 가득
한 것을 입으로 말함이니라 46 너희는 나를 불러 주여 주여 하면서도
어찌하여 내가 말하는 것을 행하지 아니하느냐 47 내게 나아와 내 말을
듣고 행하는 자마다 누구와 같은 것을 너희에게 보이리라 48 집을 짓
되 깊이 파고 주추를 반석 위에 놓은 사람과 같으니 큰 물이 나서 탁류
가 그 집에 부딪치되 잘 지었기 때문에 능히 요동하지 못하게 하였거
니와 49 듣고 행하지 아니하는 자는 주추 없이 흙 위에 집 지은 사람과
같으니 탁류가 부딪치매 집이 곧 무너져 파괴됨이 심하니라 하시니라

(눅 6:37-49)

은혜와 진리의 나라

본문 말씀에는 비판하지 말라, 열매를 보라, 나의 말대로 좇아오라, 이
렇게 세 가지 내용이 들어 있습니다. 앞에서 살펴본 바와 같이 예수님
이 오셔서 구체적으로 무엇을 하시려는가, 그의 오심이 어떤 의미와
목적을 가지는가, 하고 물을 때 그것은 하나님 나라를 증거하시는 것
이며 하나님 나라를 시작하시는 것이라고 했습니다. 하나님 나라는
세상과 근본적으로 어떤 차이가 있느냐고 할 때 세상은 결국 통제력

에 불과하고 하나님 나라만이 하나님의 통치의 의와 신실하심과 복
됨이 허락되는 나라다, 이렇게 말했습니다.

계속 이어지는 말씀에서 드러나듯이 본문 말씀에서도 비판이라는
것은 남을 비난하거나 정죄하여 자신의 자리를 확보하는 것입니다.
이것은 참으로 부정적인 방법입니다. 누구를 흉보거나 누구의 잘못을
지적하여 자기를 증명하는 것은 매우 가난한 자기 증명입니다. 긍정
적이고 적극적이려면 남이 못 만드는 것을 만들어서 증거해야 할 것
아닙니까. 그러니까 이어서 나오는, 좋은 열매를 맺는 좋은 나무라는
내용에서 보듯이, 하나님의 나라는 그 통치자가 그 통치 아래에 불러
모으는 당신의 백성을 좋은 나무로 만들어 좋은 열매를 주시는 나라
다, 이렇게 되는 것입니다.

요한복음 1장에 가면 예수님의 오심에서 드러나는 하나님 나라에
대한 증언과 그 하나님 나라의 임재와 실현이 이렇게 구체적인 말로
표현되어 있습니다. 요한복음 1장 14절입니다. "말씀이 육신이 되어
우리 가운데 거하시매 우리가 그의 영광을 보니 아버지의 독생자의
영광이요 은혜와 진리가 충만하더라." 이 말씀은 우리가 자주 외우고
인용하는 유명한 구절인데, 너무 큰 내용을 한 구절에 담고 있어서 대
부분 그 풍성한 내용의 일부분만 붙잡고 이 구절을 외우고 있을 가능
성이 큽니다. 예수 그리스도야말로 하나님이 누구신가를 보이는 분인
데, 하나님이 누구신가에 관한 문제에서 가장 대표적인 것은 하나님
의 영광입니다. 그리고 그 영광은 은혜와 진리라는 특징으로 드러난
다고 이야기합니다.

세상의 권력은 힘과 공포 아닙니까. 말을 듣지 않으면 해를 입도록

강제하는 힘에 불과한데, 하나님의 영광은 은혜와 진리랍니다. 멋있는 나라입니다. 감탄스러운 나라입니다. 그래서 하나님은 그 통치를, 보이는 힘이나 무서운 무기로 증거하시지 않고 성육신으로 구체화하고 있다는 것입니다. 마구간에 태어나는 한 어린 아기로, 나사렛 동네의 목수의 아들로, 한 인생을 십자가에서 비극으로 마치는 삶으로, 하나님의 영광이 은혜와 진리인 것을 역사와 현실 속에서 증언하고 있다고 합니다. 이것이 하나님의 나라입니다.

좀 더 살펴보겠지만 우선 확인할 수 있는 것이 있습니다. 우리는 예수 믿는 것이 권력이 될 때가 많습니다. 산에 올라가다가 절에 돌 던지는 것이 신앙 행위인 때가 있었습니다. 그런 행위들은 하나님의 통치와 전혀 맞지 않습니다. 이 나라는 경이로운 나라, 탄복하게 되는 나라입니다. 그런데 이 나라는 어떤 원칙이나 명분 때문에 멋있는 것이 아닙니다. 이것은 인격으로서 그렇습니다. 로마서 1장에 가면 사도 바울이 복음을 이렇게 정의하고 있습니다. 로마서 1장 16절입니다.

내가 복음을 부끄러워하지 아니하노니 이 복음은 모든 믿는 자에게 구원을 주시는 하나님의 능력이 됨이라 먼저는 유대인에게요 그리고 헬라인에게로다 복음에는 하나님의 의가 나타나서 믿음으로 믿음에 이르게 하나니 기록된 바 오직 의인은 믿음으로 말미암아 살리라 함과 같으니라 (롬 1:16-17)

복음을 자랑하는 이유, 바울이 마음 깊이 복음에 항복한 이유는 복음이 하나님의 능력이기 때문입니다. 그 능력은 예수 그리스도의 성육신에서 보다시피 권력이 아닙니다. 그것은 은혜와 진리입니다. 그것이 하나님 나라의 능력, 우리가 잘 아는 세상의 권력과는 다른, 그것과는 비교할 수 없는 힘이라고 이야기합니다. 그래서 이 나라는 믿음으로 사는 나라입니다. 여기서는 '오직 의인은 믿음으로 말미암아 살리라'는 하박국 선지자의 고백을 인용하고 있습니다. 하박국 선지자는 이스라엘 말기에 바벨론의 침략이 눈앞에 닥쳐온 현실 역사 속에서 어지러워진 자기네 나라에 대하여 통탄합니다. '하나님, 어찌하여 하나님의 백성이 불의하게 살고 권력으로 살고 그래서 의인들이 불의한 자들에게 억압받고 고난을 겪고 있는데 두고만 보십니까?' 하나님은 지금 일어나는 일보다 더 큰일이 일어날 텐데, 너희 나라가 멸망을 당하여 갈대아 사람들의 포로가 될 거라고 하십니다. 그러자 하박국이 다시 항변합니다. '하나님, 그런 일은 있을 수 없습니다. 우리는 하나님의 백성이고 그들은 다른 우상을 섬기는 나라인데, 어떻게 하나님의 백성이 우상을 섬기는 나라의 포로가 될 수 있습니까?' 그러자 하나님이 주신 말씀이 "의인은 믿음으로 산다"입니다. 하나님 나라는 정치권력으로 사는 나라가 아니라는 것입니다.

거룩한 인격으로 다스리는 나라

예수를 믿음으로 말미암아 세상이 가진 권력을 확보하려는 것은 기독교 신앙이 갖는 궁극적 목적과 다릅니다. 현실 속에서 어떤 한계에 부딪혀 하나님을 만날 수는 있습니다. 불치병에 걸린다든가, 현실에

기가 막힌 일이 생긴다든가, 다른 방법으로 넘어설 수 없는 위기에서 하나님에게 기도하여 이 세상의 조건과 능력보다 큰 진정한 주인이신 하나님을 만날 수 있습니다. 그러나 그 후에 인도되는 것은 하나님이 이런 정치 권력을 우리에게 더함으로써 우리를 보호하시는 것이 아니라, 이 나라는 가장 큰 힘이 하나님이 우리를 다스림에 있어서 당신의 거룩한 인격으로 다스리시며 우리를 그 거룩한 인격으로 부르고 있는 나라임을 배우는 것입니다.

　예수를 믿는데 왜 이렇게 어렵냐 하는 것은 현실적 문제 때문입니다. 그러나 그 현실의 문제, 정치, 사회, 경제, 또는 교육 문제로 말미암아 해결해야 하는 문제들을 그것보다 더 큰 힘으로 감내하고 가라고 요구하는 것이 기독교 신앙입니다. 여기로 올 수 있습니까? 결국 우리가 인생을 다 살아 놓고 보면 세상이 우리에게 약속했던 안전, 평화, 행복들은 거짓임을 보게 됩니다. 두려워하고 무서워하고 도망가고 벽을 쌓고 하느라 한 인생을 그저 조바심 속에서 보낸 것밖에 없다는 사실을 깨닫게 됩니다. 어떤 인간이 되어야 하는가, 어떤 내용과 어떤 힘을 가져야 하는가, 하는 면에서 세상은 우리에게 아무것도 제시해 주지 않습니다. 두려워하라, 그리고 지지 마라, 눈을 부릅뜨고 네 옆 사람들을 밀어내라, 이것밖에는 우리에게 경고하고 권면하는 것이 없습니다. 그러나 성경은 다르게 말합니다. 원수를 사랑하라, 선으로 악을 이기라, 이런 것들은 우리를 부르시고 통치하시는 하나님의 비교할 수 없는 깊이와 측량할 수 없는 넓이를 우리에게 암시하고 있습니다. 그래서 갈라디아서 5장에 가면 성경은 우리에게 이런 선택을 요구합니다.

내가 이르노니 너희는 성령을 따라 행하라 그리하면 육체의 욕심을 이루지 아니하리라 육체의 소욕은 성령을 거스르고 성령은 육체를 거스르나니 이 둘이 서로 대적함으로 너희가 원하는 것을 하지 못하게 하려 함이니라 너희가 만일 성령의 인도하시는 바가 되면 율법 아래에 있지 아니하리라 육체의 일은 분명하니 곧 음행과 더러운 것과 호색과 우상 숭배와 주술과 원수 맺는 것과 분쟁과 시기와 분냄과 당 짓는 것과 분열함과 이단과 투기와 술 취함과 방탕함과 또 그와 같은 것들이라 전에 너희에게 경계한 것 같이 경계하노니 이런 일을 하는 자들은 하나님의 나라를 유업으로 받지 못할 것이요 오직 성령의 열매는 사랑과 희락과 화평과 오래 참음과 자비와 양선과 충성과 온유와 절제니 이같은 것을 금지할 법이 없느니라 (갈 5:16-23)

이 말씀을 잘 보면 '사랑하자'는 이야기가 아님을 알 수 있습니다. '방탕하지 말자'는 것도 아닙니다. 우리는 명분을 섬기고 있지 않고, 명분을 힘으로 갖지도 않습니다. 우리는 인간성과 인격에 대하여 다른 부름을 받는 것입니다. 하나님은 진리이십니다. 예수님이 친히 "나는 길이요 진리요 생명이니"라고 말씀하십니다. 진리가 하나님이 아닙니다. 하나님의 속성이 진리입니다. 하나님의 속성이 생명입니다. 그리고 그는 인격체이시기 때문에 융통성이 있습니다. 융통성이 있다는 말은 원칙을 무너뜨린다는 뜻이 아니라 명분이나 규칙이 갖는 경직성을 넘어선다는 뜻입니다. 탄력성이 있습니다. 그것이 바로 믿음의 나라에서 다른 점입니다. 비판과 정죄에는 용서가 없습니다. 바리새인과 서기관의 의에는 용서가 없었습니다. 그 법은 정확하고 철저

하게 적용하지 않으면 힘을 잃는 법이었습니다. 그러나 하나님의 나라는 다만 그런 무인격체의 원칙으로 잘잘못을 지켜 내지 않습니다. 인격자가 가지는 속성 때문입니다. 하나님은 우리를 믿음으로 부르셨기 때문에 하나님과 우리 사이는 믿음의 관계입니다.

제가 이렇게 은혜와 믿음의 융통성을 이야기하고 하나님의 기다려 주심과 은혜의 무한함을 이야기하면 제일 먼저 나오는 반응 중 하나가 감사와 안심이 아니라 무책임입니다. '그렇다면 내가 무엇 때문에 열심을 내겠는가? 하루 더 있다가 믿어도 되지 않겠는가? 내 인생을 좀 더 누리다가 그다음에 용서를 구해도 되지 않겠는가?' 이것이 우리의 죄 된 본성입니다. 좋은 것, 선한 것, 의로운 것을 이야기해도 악용한다는 말입니다. 그러나 하나님이 당신의 자비로우심과 은혜로우심을 끝까지 놓지 않으셔서 우리의 방황, 거역, 완고함을 이기실 것입니다.

하나님은 우리가 강제력에 의해서가 아니라 마음 깊은 곳에서부터 인격적 차원에서 나오는 항복으로 하나님 앞에 돌아오기를 기다리고 계십니다. 이것을 우리는 이미 성경에 나온 돌아온 탕자 비유의 그 아버지의 모습에서 봅니다. 아버지가 살아 계시는데도 둘째 아들은 유산을 달라고 하는데, 이는 아버지에게 죽으라고 하는 것과 같습니다. 그는 먼 나라에 가서 그 유산을 자기 마음대로 쓰다가 나중에야 그의 아버지가 어떤 분인가를 깨닫고 돌아옵니다. 저는 아버지의 아들이라고 칭함을 감당할 수 없사오니 종으로 받아 주십시오, 라고 합니다. 그러자 아버지는, 무슨 말이냐? 그 손에 가락지를 끼워라, 그 발에 신을 신겨라, 좋은 옷을 입히고 잔치를 베풀자, 라고 하십니다. 이 비유를 보고 우리는 무슨 생각을 합니까? 그럼 매일 도망갔다가 매일 돌아오면 매일 잔치해 주겠네, 하는 악질적인 생각을 하는데, 이것이 바로 죄의 본성입니다. 부끄러워해야 합니다. 하나님의 통치와 우리를 대접하심, 따뜻하심, 한없는 기다리심에 대하여 감격해야 합니다. 그러나 하나님은 이것을 한 번도 강제력으로 쓰지 않으십니다. 성경이 하는 이야기가 바로 이것입니다.

그래서 우리는 이 나라에 오면 비로소 성령의 열매로 나열된 사랑과 희락과 화평과 오래 참음과 자비와 양선과 충성과 온유와 절제를 가진 인간이 됩니다. 능력의 인간, 힘 있는 인간, 업적이 많은 인간, 눈에 힘 들어간 인간 말고 인격의 내용이 아름답고 영광스러운 인간이 되는 것입니다. 누구를 손가락질하여 자기 존재를 점검할 필요가 없습니다. 기독교는 얼마나 다른 것입니까. 예수 그리스도로 자신을 증명하시고 우리를 사랑하신다는 것을 구체화하시는 하나님은 얼마나 위대하신 분입니까. 이런 분을 하나님으로 모신다는 것은 얼마나 큰 복입니까.

하나님의 백성으로 살겠느냐

우리는 세상의 경험과 상처 때문에 누구의 보호 아래에 있다는 것을, 압제 밑에 있다고 생각하는 경향이 있습니다. 그래서 하나님을 섬기는 것도 내 자유를 양보해야 되는 것같이 오해하곤 합니다. 그러나 성경이 말하는 것은 우리가 하고 싶은 것, 우리가 소원하는 것보다 더 큰 것을 주기 위하여 하나님이 우리를 만드셨다고 합니다. 우리는 신의 능력과 목적의 대상입니다. 우리가 이루고 싶은 것이 아무리 큰 것이어도 하나님은 그보다 더 큰 것을 만드는 분이십니다. 성경이 이야기하는 것들은 남의 것을 뺏어 와 채울 필요가 없는 것들입니다. 사랑과 희락과 화평이 그렇습니다. 온유와 절제와 겸손이 그렇습니다. 기독교 신앙의 아주 놀라운 복된 내용입니다. 갈라디아서 6장에 오면, 이 문제에 대해 성경이 우리에게 분명하게 경고하는 것을 발견합니다. 6장 1절부터 보겠습니다.

> 형제들아 사람이 만일 무슨 범죄한 일이 드러나거든 신령한 너희는 온유한 심령으로 그러한 자를 바로잡고 너 자신을 살펴보아 너도 시험을 받을까 두려워하라 너희가 짐을 서로 지라 그리하여 그리스도의 법을 성취하라 만일 누가 아무 것도 되지 못하고 된 줄로 생각하면 스스로 속임이라 각각 자기의 일을 살피라 그리하면 자랑할 것이 자기에게는 있어도 남에게는 있지 아니하리니 각각 자기의 짐을 질 것이라 (갈 6:1-5)

그러니까 우리의 싸움은 타인의 결핍이나 그릇됨과 비교되는 것이 아니라, 각각의 충만으로 부름을 받는 것입니다. 그래서 이렇게 넘어옵니다. 6절을 보겠습니다. "가르침을 받는 자는 말씀을 가르치는 자와 모든 좋은 것을 함께 하라." 특별히 6절 말씀을 잘 기억하면 좋겠습니다. 그리고 이렇게 이어집니다. "스스로 속이지 말라 하나님은 업신여김을 받지 아니하시나니 사람이 무엇으로 심든지 그대로 거두리라." 이제 싸움은 이것입니다. 권력을 가질 것인가 아니면 하나님의 자녀라는 부름에 응하여 예수 그리스도로 증명된 하나님의 백성으로 살 것인가의 싸움입니다. 현실은 매 순간 우리에게 네가 가진 것이 세상에서 힘이 되는가를 물어보라고 유혹합니다. 예수를 믿어서 네 삶이 편안한가? 네 삶에 도움이 되는가? 이렇게 묻습니다. 그러나 우리는 더 근본적인 질문 앞에 서 있습니다. 무엇이 참다운 인간인가, 라는 문제 앞에 서 있습니다. 그런 차원에서 예수 그리스도는 중요한 의미가 됩니다.

가이사랴 빌립보에서 예수님이 제자들에게 묻습니다. 사람들이 나를 누구라 하더냐? 선지자라 하더이다, 하고 대답합니다. '너희는 나를 누구라 하느냐?' 이 질문에 답해야 합니다. 예수가 누구십니까? 하나님의 아들이십니다. 하나님의 아들이 왜 이 땅에 오셨으며, 왜 하나의 실존으로 하나의 인격으로 시간과 공간 속에서 우리와 동일한 삶을 사셔야 했습니까? 무엇을 우리에게 증거하려 하셨습니까? 무엇을 보이려 하셨습니까? 우리에게 무엇을 요구하십니까? 예수를 믿는다는 말이 갖는 깊이와 넓이를 이해합니까? 하나님의 부르심을 이해합니까? 우리를 부르신 하나님의 부르심의 목적과 진정한 내용을 예수 안에서만 발견할 수 있다는 것을 인정합니까? 그렇다면 신앙은 세상과 공존할 수 없습니다. 세상에서 도망간다는 뜻이 아닙니다. 세상의 유혹과 위협이라는 조건 속에서 우리는 신앙을 지켜 내야 합니다.

세상 사람들이 모든 힘을 가지고도 만들어 내지 못하는 것을 예수를 믿는 이유 때문에 만들어 내는 것을 보여야 합니다. 그게 무엇입니까? 예수에게서 나타났던 것, 모든 인간의 영혼 깊은 곳에서 소원하는 것입니다. 참다운 인간성의 회복이며, 하나님의 신실한 통치 아래에 사는 자의 영광입니다. 우리가 그 믿음을 고백하고 있다는 것을 알아야 합니다. 우리가 어떤 시험 앞에 있는지 알아야 합니다. 우리가 싸움에서 무엇을 지켜야 하는지 책임 있게 이해하고 인내해야 합니다. 이렇게 현실적인 도전 앞에 늘 서 있기 때문에 성경은 믿음을 충성이며 인내라고 표현합니다. 그러나 우리는 진정한 승리자입니다. 우리는 영광을 갖고 있고 하나님의 통치에 믿음으로 부름을 받은 자의 자유와 자존심이 있습니다. 우리 모두의 신앙 고백이 갖는 힘을 확인하는 본문 말씀이기를 바랍니다.

기도

하나님 아버지, 은혜를 감사합니다. 우리가 하나님의 자녀로 살고, 하나님의 통치의 은혜와 진리를, 우리의 믿음과 존재와 인생의 유일한 힘으로 받들어 살 수 있게 된 것에 대하여 감사드립니다. 우리는 믿음으로 사는 존재가 되었습니다. 선으로 악을 이기는 존재가 되었습니다. 하나님의 통치 아래에서 존중히 여김을 받으며 사랑과 믿음의 대상이 된 것을 감사드립니다. 세상의 위협과 남을 이기고 이웃을 떠밀어야 자기 자리가 생기는 생존 경쟁에서 참다운 인간성으로 부름을 받은 자의 넉넉함으로 인생을 살게 하신 것을 이제 인정합니다. 이 고백을 지켜 내는 우리 믿음의 충성과 인내를 더하사 우리를 위하여 이 땅에 오신 예수 그리스도의 영광을 위하여 그리고 얼마든지 부르시는 길 잃은 영혼들을 위하여 우리의 신앙을 지켜 내는 우리의 복된 인생 되게 하여 주시옵소서. 예수님 이름으로 기도합니다. 아멘.

11
하나님 안에 있는 복음

19 요한이 그 제자 중 둘을 불러 주께 보내어 이르되 오실 그이가 당신
이오니이까 우리가 다른 이를 기다리오리이까 하라 하매 20 그들이 예
수께 나아가 이르되 세례 요한이 우리를 보내어 당신께 여쭈어 보라고
하기를 오실 그이가 당신이오니이까 우리가 다른 이를 기다리오리이
까 하더이다 하니 21 마침 그 때에 예수께서 질병과 고통과 및 악귀 들
린 자를 많이 고치시며 또 많은 맹인을 보게 하신지라 22 예수께서 대
답하여 이르시되 너희가 가서 보고 들은 것을 요한에게 알리되 맹인
이 보며 못 걷는 사람이 걸으며 나병환자가 깨끗함을 받으며 귀먹은 사
람이 들으며 죽은 자가 살아나며 가난한 자에게 복음이 전파된다 하라
23 누구든지 나로 말미암아 실족하지 아니하는 자는 복이 있도다 하시
니라 24 요한이 보낸 자가 떠난 후에 예수께서 무리에게 요한에 대하

여 말씀하시되 너희가 무엇을 보려고 광야에 나갔더냐 바람에 흔들리는 갈대냐 25 그러면 너희가 무엇을 보려고 나갔더냐 부드러운 옷 입은 사람이냐 보라 화려한 옷을 입고 사치하게 지내는 자는 왕궁에 있느니라 26 그러면 너희가 무엇을 보려고 나갔더냐 선지자냐 옳다 내가 너희에게 이르노니 선지자보다도 훌륭한 자니라 27 기록된 바 보라 내가 내 사자를 네 앞에 보내노니 그가 네 앞에서 네 길을 준비하리라 한 것이 이 사람에 대한 말씀이라 28 내가 너희에게 말하노니 여자가 낳은 자중에 요한보다 큰 자가 없도다 그러나 하나님의 나라에서는 극히 작은 자라도 그보다 크니라 하시니 29 모든 백성과 세리들은 이미 요한의 세례를 받은지라 이 말씀을 듣고 하나님을 의롭다 하되 30 바리새인과 율법교사들은 그의 세례를 받지 아니함으로 그들 자신을 위한 하나님의 뜻을 저버리니라 (눅 7:19-30)

예수 그리스도의 정체성

누가복음 7장에서는 옥에 갇힌 세례 요한이 예수님에게 제자들을 보내어 예수 그리스도의 정체성을 확인하는 이야기가 중요한 내용입니다. 요한의 질문은 "예수는 누구인가"라는 것입니다. 당신이, 오실 그 메시아가 맞습니까? 하나님이 약속한 구원자가 맞습니까, 라는 질문입니다. 질문의 범위를 좀 더 넓히면 구약이 예언하고 신약 시대를 연 예수 그리스도는 누구인가, 메시아는 어떤 일을 하러 오신 분인가, 라고 할 수 있습니다. 그래서 이 질문은 예수 믿는 사람들이 보통 전제하는, 예수를 믿고 구원을 얻는다, 천국에 간다, 죄 사함을 받는다는 것보다 더 넓은 범위에 속하는 답으로 안내하고 있습니다.

7장에서 첫 번째로 등장하는 사건은 예수께서 어떤 백부장의 하인을 고치신 일입니다. 그 백부장의 하인이 병들었는데 예수의 소문을 듣고 유대인의 장로 몇 사람을 예수께 보내어 그 종을 구해 주시기를 청합니다. 예수께서 함께 오시려고 하자 백부장이 자기 벗들을 보내어 "나도 남의 수하에 있는 사람이요. 내 밑에도 부하들을 데리고 있는 사람인데 어른더러 오라고 하는 것은 말이 되지 않습니다. 말씀만 하시면 됩니다"라고 전했습니다. 그러자 예수님이 참으로 놀라운 믿음이로다, 라고 하면서 병을 고쳐 주신 사건입니다. 두 번째 등장하는 사건은 나인성에서 과부의 아들을 고쳐 주신 일입니다. 이 두 사건이 앞에 소개되고 난 후 요한이 그 제자들을 예수께 보내어 당신이, 오실 그 메시아가 맞습니까, 라고 질문하자, 그렇다는 예수님의 답변이 나옵니다.

보통 우리가 기독교 신앙을 소개하고 전도 차원에서 말할 때에는 예수가 누구인가에 대해 폭을 너무 좁혀서 이야기하는 경향이 있습니다. '죽어서 천국 가야 된다. 죄 사함을 받아야 된다' 하는 개인적인 문제를 들어 성급하게 말해 버립니다. 그래서 누가복음 7장에서 다루고 있는 '예수가 누구인가'라는 질문과 그 답이 가지는 폭과 넓이를 조금 더 이해할 필요가 있습니다.

누가복음은 데오빌로 각하에게 보낸 편지입니다. 그는 유대 기독교적 전통과 유산에 대해서 전혀 알지 못하는 이방인입니다. 예수를 믿는다는 것이 천국 가는 문제이고 구원의 문제라는 것을 쉽게 이해

할 수 없는, 말하자면 예비 지식이 없는 사람입니다. 그 예비 지식이
란 세상이 무엇인지, 역사가 무엇인지, 인간이 무엇인지, 인생이 무엇
인지, 하는 문제에 대한 기독교적인 이해를 말합니다. 그런데 이런 배
경 없이 앞부분을 빼 버리고 단도직입적으로 말해 버리는 경우가 많
아 큰 그림을 놓치곤 합니다.

　요한의 물음은 당신이 메시아가 맞습니까, 라는 것이고 예수님의
답은, 맞다, 그 증거가 이것이다, 라는 것입니다. "예수께서 대답하
여 이르시되 너희가 가서 보고 들은 것을 요한에게 알리되 맹인이 보
며 못 걷는 사람이 걸으며 나병환자가 깨끗함을 받으며 귀먹은 사람
이 들으며 죽은 자가 살아나며 가난한 자에게 복음이 전파된다 하라"
(눅 7:22). 앞에 나온 두 가지 사건과 연결해서 보면, 아무런 유산과 준
비가 없는 이방인인 로마 백부장이 어떻게 그런 믿음을 갖게 되었느
냐, 도대체 예수가 어떤 분이고 얼마나 대단한 분이기에 아무런 준비
가 안 된 이런 사람의 마음과 심령의 항복을 받아 내는가, 하는 문제
를 생각해 볼 수 있습니다.

　또한 나인성 과부의 아들을 고친 사건에서 살펴볼 것은 이것입니
다. 우리가 구약에서 보듯이 고대 사회, 그중에서도 특히 유대교 사회
에서 고아와 과부는 가장 힘없는 자의 전형입니다. 따라서 과부의 아
들을 고쳐 준다는 것은 고쳐 주어 봤자 아무런 보상을 받을 수 없음
을 의미합니다. 한 민족을 구원할 해방자로 오셔서 그런 한심한 일이
나 쓸데없는 일을 하는 것이 도대체 무슨 의미가 있느냐를 질문하는
것입니다. 우리는 예수님이 하나님의 나라를 선포하러 왔고 하나님의
나라를 성취하러 왔다는 것을 이미 앞에서 확인했습니다. 누가복음 4

장을 보면 예수님이 당신의 사역을 이렇게 시작하십니다. 동일한 답이 4장 16절 이하에도 이미 이렇게 선언되어 있습니다.

예수께서 그 자라나신 곳 나사렛에 이르사 안식일에 늘 하시던 대로 회당에 들어가사 성경을 읽으려고 서시매 선지자 이사야의 글을 드리거늘 책을 펴서 이렇게 기록된 데를 찾으시니 곧 주의 성령이 내게 임하셨으니 이는 가난한 자에게 복음을 전하게 하시려고 내게 기름을 부으시고 나를 보내사 포로 된 자에게 자유를, 눈 먼 자에게 다시 보게 함을 전파하며 눌린 자를 자유롭게 하고 주의 은혜의 해를 전파하게 하려 하심이라 하였더라 책을 덮어 그 맡은 자에게 주시고 앉으시니 회당에 있는 자들이 다 주목하여 보더라 이에 예수께서 그들에게 말씀하시되 이 글이 오늘 너희 귀에 응하였느니라 하시니 (눅 4:16-21)

예수 그리스도께서 자신이 누구인가에 대해 이사야 61장에 예언된 약속을 성취하러 오신 그 약속의 주인이라고, 자신의 정체성을 증언하시는 장면입니다. 가난한 자에게 복음을 전하며 눈먼 자에게 다시 보게 함을 전파하러 오십니다. 억눌린 자에게 자유를 주러 오십니다. 그것이 하나님의 나라요, 하나님의 통치의 가장 중요한 특성이요, 본질이라고 했습니다. 이 세상과 다른 하나님 나라를 선포하시고 그 나라의 도래, 그 나라의 내용을 증언하기 위해 하나님 나라를 구체화하고 증언하고 이루시려고 이 땅에 오셨습니다. 그러나 앞에서 살펴보았듯이 누가복음 7장에서는 하나님 나라의 특성만을 답하는 것이 아

니라, 이 답을 요한과 연결함으로써 예수 그리스도의 정체성이 갖는
의미를 하나님 나라의 본질이라는 측면보다 조금 더 넓게 역사와 세
계라는 큰 그림으로 소개합니다.

역사와 세상의 주인이신 하나님

마태복음 3장 1절 이하를 보면 세례 요한의 사역이 소개되어 있습니다.

> 그 때에 세례 요한이 이르러 유대 광야에서 전파하여 말하되 회개하
> 라 천국이 가까이 왔느니라 하였으니 그는 선지자 이사야를 통하여
> 말씀하신 자라 일렀으되 광야에 외치는 자의 소리가 있어 이르되 너
> 희는 주의 길을 준비하라 그가 오실 길을 곧게 하라 하였느니라 이
> 요한은 낙타털 옷을 입고 허리에 가죽 띠를 띠고 음식은 메뚜기와 석
> 청이었더라 (마 3:1-4)

세례 요한은 주의 길을 예비하러 온 사람입니다. 잠시 본문 말씀을 확
인해 보고 다시 이 구절로 돌아오려고 합니다. 누가복음 7장 27절에
서는 "기록된 바 보라 내가 내 사자를 네 앞에 보내노니 그가 네 앞에
서 네 길을 준비하리라 한 것이 이 사람에 대한 말씀이라"라고 기록
하고 있습니다. 세례 요한이 주의 길을 예비하러 온, 메시아의 사역을
준비하러 온 사람임을 가르치고 있습니다. 이 세례 요한의 등장은 성
경 약속의 실현이자 성취인데, 그는 주의 길을 예비하러 온 자입니다.

즉 세례 요한이 주인공은 아닙니다. 그러니까 다시 누가복음 7장을 보면 성취된 예언, 즉 '보라 내가 내 사자를 네 앞에 보내노니 그가 네 앞에서 네 길을 준비하리라'(27절)라는 말라기 3장의 예언을 인용한 것인데, 이 말씀에서 '내 사자'는 요한입니다. 그런데 '네 앞에 보내노니'에서의 '너'는 메시아입니다. 그러나 여기서 중요한 것은 이 모든 일이 당사자의 결심이나 당사자의 헌신으로 이루어진 것이 아니라는 점입니다. 세례 요한이 세례 요한이 되고 싶고 메시아가 메시아 되기로 결정해서 그 자리에 있는 것이 아닙니다. 맨 앞에 '내가'가 있습니다. '내가' 내 사자를 네 앞에 보내노니 그가 네 앞에서 네 길을 준비하리라고 말합니다.

세례 요한의 등장은 메시아의 사역을 준비하는 정도이지만, 그 앞을 내다보게 합니다. 사람은 자기가 어떠한 사람이 될지 태어나기 전에 준비할 수 없습니다. 태어나서야 깨달음이 있고 헌신해서 자기 길을 결정하는 법인데, 세례 요한은 주의 길을 예비하도록 보냄을 받은 자입니다. 그것을 준비하고 작정한 이는 하늘 아버지이십니다. 마찬가지로 예수 그리스도도 그렇게 보냄을 받습니다. 예수 그리스도의 작정과 결정보다 앞서는 하나님 아버지의 구원의 계획과 뜻과 목적에 의해서 준비되어 보냄을 받은 자라는 것입니다. 그래서 가장 중요한 주인공인 메시아를 위하여 세례 요한을 예비하는 자로 준비시킵니다. 결국 메시아가 주인공이라는 것과 메시아의 중요성이 세례 요한에 의해서 분명하게 확증됩니다. 그렇게 해서 메시아를 위해 준비하고 예비할 자를 보내시는 하나님에게로 우리의 시선을 끌고 가는 것입니다.

이렇게 함으로써 하나님이 역사와 세상의 주인임을 먼저 강조합니다. 그래서 메시아가 누구냐 할 때 구원자다, 우리 죄를 대신 짊어지고 우리를 죄에서 구속하신 분이다, 우리를 천국으로 인도하실 분이다, 라고 답하기 전에 먼저 우리가 전제하고 있는 것, 곧 하나님이 계시다, 하나님의 작정이 있다, 하나님의 기쁘신 뜻이 있다, 하는 것을 놓쳐 버리면 기독교 신앙은 너무 내세적인 것이 되고 내면화됩니다. 기독교 신앙이 내면화되면 현실을 사는 일에 힘을 잃고 자꾸 도망을 가게 됩니다. 기독교 신앙이 종교성, 도덕성, 혹은 영성이라는 이름으로 개인의 정성 속에 갇혀 버리고 천국이라는 내세로 도피하게 되고, 현실과 역사 그리고 세상이라는 곳은 하나님과 아무 관계가 없는 것처럼 생각하게 됩니다.

　누가는 데오빌로에게 이렇게 말하고 있습니다. 예수가 누구인가를 이야기하려면 세상과 역사의 주인이 계시다는 이야기를 먼저 해야만 하고 확인시켜야 하는 것입니다. 세상이 우연에 의하여 굴러가는 것이 아니라, 만드시고 개입하시고 인도하시고 목적하시는 이가 있다는 것을 밝혀야, 예수의 오심이 그저 한 위인이 어떤 깨달음이 있어 모든 인류에게 그 깨달음을 나누어 주는 정도로 축소되지 않을 것입니다. 이 문제는 마태복음 3장에서 요한의 사역 뒤에 이렇게 이어집니다.

　이 때에 예루살렘과 온 유대와 요단 강 사방에서 다 그에게 나아와 자기들의 죄를 자복하고 요단 강에서 그에게 세례를 받더니 요한이 많은 바리새인들과 사두개인들이 세례 베푸는 데로 오는 것을 보고 이르되 독사의 자식들아 누가 너희를 가르쳐 임박한 진노를 피하라 하더냐 그러므로 회개에 합당한 열매를 맺고 속으로 아브라함이 우

리 조상이라고 생각하지 말라 내가 너희에게 이르노니 하나님이 능

히 이 돌들로도 아브라함의 자손이 되게 하시리라 (마 3:5-9)

세례 요한은 아브라함의 자손을 구원하기 위하여 오실 메시아를 위

해 준비하고 있습니다. 그는 아브라함의 자손을 구원하시는 예수 그

리스도의 구속 사역을 준비하러 온 자입니다. 아브라함의 자손이란

창세기 12장에서 약속한 내용을 인용한 것입니다. '네게 복을 주어

네 이름을 창대하게 하리니 너는 복이 될지라 너를 축복하는 자에게

는 내가 복을 내리고 너를 저주하는 자에게는 내가 저주하리니 땅의

모든 족속이 너로 말미암아 복을 얻을 것이라 하신지라'(창 12:2-3).

땅의 모든 족속이 받는 복인데, 아브라함의 후손이 된다는 것은 혈연

관계로서의 후손, 아브라함의 가계를 잇는 후손을 의미하지 않습니

다. 아브라함에게 허락한, 내가 네게 복을 주고 너와 네 자손에게 허

락하는 이 복은 아브라함에게 준 복, 아브라함을 축복하실 수 있는 근

거, 하나님의 부르심, 은혜의 부르심, 믿음으로의 부르심을 근거로 하

고 조건으로 하여 주는 복의 대표입니다.

그러니까 아브라함의 자손이란 아브라함의 피를 이어받은 직계

가족을 의미하는 것이 아닙니다. 아브라함을 부르듯이 아무 조건 없

이 하나님의 은혜로우심과 신실하심으로 부르실 하나님의 은혜의 약

속의 모든 영혼, 모든 족속, 인류를 말합니다. 예수 그리스도를 보내

어 우리를 죄와 사망과 못난 인생에서 하나님의 자녀라는 거룩함과

충만과 영광으로 부르시는 하나님의 뜻이 있고, 하나님은 그 뜻을 이

루기 위하여 그 아들을 보내셨습니다. 이것이 예수가 누구인지에 대

한 누가복음 7장의 답입니다.

예수가 답이다

그러면 하나님이 역사와 세상의 주인이시고 우리를 구원하기 위하여 그 아들을 보내실 만큼 우리를 사랑하신다면서, 왜 우리 현실은 이 꼴이냐는 질문이 당연히 나옵니다. 인류의 역사는 행복하지 않습니다. 오늘날에도 과학이 눈부시게 발전하고 그 어느 때보다도 물질적으로 풍요로운 세상이 되었음에도 불구하고, 인간성의 상실과 영혼의 갈증은 그 어느 때보다도 큰 현실을 맞고 있습니다. 비록 세상 사람들이 그렇다 할지라도 예수 믿는 우리들, 예수를 주라 고백하는 우리에게는 하나님이 이것보다 나은 현실을 주셔야 맞는데, 실제로는 그렇지 않습니다. 신앙을 가지면 모든 것이 형통하고 모든 것이 행복해야 할 것 같은데, 늘 그렇지는 않은 것이 현실입니다. 왜 이런 일이 벌어집니까? 고린도후서 3장에 가면 사도 바울이 이 문제에 대해 아주 적절한 답을 우리에게 던져 줍니다. 고린도후서 3장 1절입니다.

> 우리가 다시 자천하기를 시작하겠느냐 우리가 어찌 어떤 사람처럼 추천서를 너희에게 부치거나 혹은 너희에게 받거나 할 필요가 있느냐 너희는 우리의 편지라 우리 마음에 썼고 뭇 사람이 알고 읽는 바라 너희는 우리로 말미암아 나타난 그리스도의 편지니 이는 먹으로 쓴 것이 아니요 오직 살아 계신 하나님의 영으로 쓴 것이며 또 돌판

에 쓴 것이 아니요 오직 육의 마음판에 쓴 것이라 (고후 3:1-3)

무슨 이야기를 합니까? 사도 바울이 고린도 지방에 가서 복음을 전
파하여 예수 믿는 사람들을 만들어 냅니다. 또 고린도교회라는 믿음
의 공동체를 세웁니다. 이 사람들이 예수를 믿게 되었는데, 그들도 이
런 의문이 생기는 겁니다. 그들이 알았던 그리스의 많은 신들, 로마의
신들은 신이 아니고 하나님만이 유일한 신이시고 천지의 주인이시고
인간의 생사화복을 주장하시고 운명을 결정하시는 사랑과 은혜의 하
나님이신데 복음을 전하는 바울은 위대하고 유일하고 훌륭한 하나님
의 사자로서 왜 아무런 보상과 증거를 받지 않느냐 하는 것입니다. 우
리가 아는 대로 사도 바울은 복음을 전하는 일로 매우 곤궁한 형편에
있었고, 많은 고통과 박해 속에서 이 일을 했습니다. 게다가 볼품도
없고 많이 못생겼던 것 같습니다. 이런 바울에게 고린도 교인들이 질
문해 오는 것입니다.

　바울의 답은 이것입니다. 그런 것 다 따지지 말고, 너희가 원래 믿던
우상들을 섬기면서 이 세상의 철학과 다른 어떤 것으로는 얻지 못했
던 답을 하나님을 통해 얻은 것이 사실 아니냐? 예수를 믿으면 그 영혼
의 답을 얻은 줄 우리가 압니다. 영혼의 답을 얻었다는 사실을 모르고
는 아무도 예수를 주라고 시인할 수 없습니다. 주일마다 제가 가지는
가장 큰 신비는 성도 대부분이 인상을 쓰고 예배에 참석한다는 사실입
니다. 불만으로 가득 차서 옵니다. 비난하려고 하는 이야기가 아닙니
다. 예수 믿는 것이 만족스럽고 넉넉하지 않습니다. 그러나 교회에 안
올 수는 없습니다. 우리에게는 육체적 필요, 재정적 필요, 사회적 필요,

인간적 필요보다 영혼의 갈증에 대한 필요가 큽니다. 그래서 성도들은 인상을 쓰고 와서 인상을 쓰고 돌아갑니다. 심지어 졸기도 합니다. 깊이 잠드는 사람들도 여럿 있습니다. 신기하게 설교가 끝나면 깹니다. 그리고 매주 옵니다. 참 신기하죠.

어느 교회가 잘한다, 못한다는 말이 시중에 돌아다니고 그렇게 믿는 사람들 사이에서도 평을 하지만 이것 하나만은 거부할 수 없습니다. 거기에 생수가 있기 때문에 생명 있는 자들이 갈증이 나서 물을 먹으러 찾아간다는 것입니다. 그것만은 우리 모두가 알고 있습니다. 밤에 가도 찾아갈 수 있게 야광 안내판을 하나 해 놓거나 흙탕물이 섞이지 않게 길의 둘레를 잘해 놓았으면, 하고 생각하지만 그것은 이차적인 요구들입니다. 우리는 근본적인 요구에 대한 답을 구하러 교회에 오는 것입니다. 이것이 사도 바울의 말입니다.

실제로 우리가 그렇습니다. 세상이 왜 이런지 인생이 왜 이런지 납득할 수 없습니다. 그러나 예수 믿는 것을 중단하거나 포기할 수 없습니다. 기독교 신앙의 중요한 진리입니다. 예수 그리스도께서 이루신 일이 지금도 우리에게 결실하고 있으며, 지금도 그 일이 이루어지고 있다는 사실이 예수의 오심 만큼이나 분명합니다. 이것이 지난 기독교 2,000년 역사 속에서 어느 나라, 어느 민족에게나 현실이었고 진리였습니다. 우리나라도 그렇습니다.

예정 교리가 주는 확신

그래서 누가복음 7장 식으로 이야기하면, 예수를 믿어 얻은 우리의
구원이 무엇인가에 대한 답과 함께 하나님이 역사와 세계의 주인이
시라면 우리가 역사와 인생을 어떻게 이해할 것인지에 대한 답도 주
는 셈입니다. 우리는 역사와 세계를 보고 기독교를 이해하는 것이 아
닙니다. 예수를 믿고 알게 되자 세계와 역사와 인생이 이해되는 것입
니다. 하나님이 잘못해서 이렇게 된 것이 아니라 인간이 그 주범이라
는 것을 깨닫습니다. 예수가 없으면 세상은 망할 수밖에 없고 역사는
벌써 끝났을 수밖에 없다는 것을 압니다.

　하나님이 좀 일찍, 더 분명하게 우리를 만족시키실 수는 없습니
까? 하는 것이 우리의 반문입니다. 그리고 하나님의 지혜와 하나님의
신비를 은혜라는 말로 이해하지 않는 한 우리는 납득할 수 없습니다.
하나님이 더 많은 은혜를 베풀기 위하여 우리가 요구하는 답을 미루
고 계신다고 성경은 말합니다. 그렇다고 하나님이 외면하고 있거나
열심을 덜 갖고 계신 것은 아닙니다. 로마서 8장이 그 사실을 우리에
게 확인시켜 줍니다. "하나님이 미리 아신 자들을 또한 그 아들의 형
상을 본받게 하기 위하여 미리 정하셨으니 이는 그로 많은 형제 중에
서 맏아들이 되게 하려 하심이니라 또 미리 정하신 그들을 또한 부르
시고 부르신 그들을 또한 의롭다 하시고 의롭다 하신 그들을 또한 영
화롭게 하셨느니라"(롬 8 : 29-30).

　하나님이 역사와 세상에 뜻을 갖고 계신다고 합니다. 계획과 목표
를 갖고 계신다고 합니다. 우리가 가르치는 예정론이라는 교리는, 인

간의 운명이 결정론적이거나 숙명론적이라고 이야기하는 것이 아니라 하나님이 무슨 일을 하실 때에는 목표를 정하시고 생각하시고 준비하여 시작하신다는 말입니다. 그리고 그 일에 의지를 갖고 신실하게 이루어 내신다고 말합니다. 미리 아신 자들을 미리 정하시고, 미리 정하신 그들을 부르시고, 부르신 그들을 의롭다 하시고, 의롭다 하신 그들을 영화롭게 하실 것입니다. 성경에서 보듯이 이것은 완료형으로 되어 있습니다. 예언적 완료라는 성경의 표현입니다. 시간적으로 미래에 일어날 일이지만 하나님이 그것을 작정하셨기 때문에 이미 이루어진 일과 같은 것입니다. 이것이 예정론이 가지는 우리 신앙의 중요한 설명입니다.

하나님이 우리를 그의 자녀로 부르시고 완성하십니다. 우리를 승리하게 하시며 영광스럽게 하려고 그 아들을 보내십니다. 그 아들의 오심은, 하나님이 세상과 역사의 주인이시며 세상과 역사를 승리하게 하시며 그가 부르시는 자신의 백성을 영화롭게 하시기로 작정하신 분이심을 나타냅니다. 그 일을 위하여 자기 아들을 우리의 현실에 개입시키고 우리의 현장에 찾아오게 하시는 열심 있는 분이라고 소개합니다. 그래서 28절이 이 말을 미리 해 놓은 것입니다. "우리가 알거니와 하나님을 사랑하는 자 곧 그의 뜻대로 부르심을 입은 자들에게는 모든 것이 합력하여 선을 이루느니라."

우리는 예수 믿는 것을 포기할 수 없습니다. 그러나 우리 마음에는 불만도 적잖이 있습니다. 이해가 안 되는 것이 한둘이 아닙니다. 그러나 세상이 좀 더 좋은 조건과 환경을 가져야 된다든가, 정치가 더 잘되어야 한다든가, 역사가 점점 밝은 방향으로 가야 된다든가 하는 것 말고, 우리 개인에게 일어나는 실패, 미련함, 게으름까지 다 합해서 우리의 눈물과 한숨과 후회까지 묶어 하나님은 당신이 이루시려는 일을 이루시는 데에 쓰실 것입니다. 우리는 자랑할 것이 없을지 모르지만 하나님은 영광의 자리에 우리를 세우시는 일을 결단코 포기하거나 실패하지 않으실 겁니다. 이것이 우리가 가지는 기독교 신앙의 핵심으로 우리 자신을 위해서 뿐 아니라 우리가 몸담고 사는 세상과 역사에 대하여 우리가 가지는 믿음의 눈입니다. 믿음에 대한 이해입니다.

세상을 향해 고쳐라, 달라져라, 그럴 것 없습니다. 하나님의 일하심의 신비와 능력과 신실하심을 기억하고 믿음으로 삶을 지켜 냅시다. 우리 눈으로 볼 때 필요 없는 것 같고 손해 보는 것 같고 장애물 같은 것들이 어떻게 합력하여 선을 이루는지, 하나님의 일하심을, 그 예수를 보내신 하나님의 열심과 사랑과 진실하심을 근거로 하여 우리 인생 속에서 확인하십시오. 이것이 모든 믿는 자에게 주시는 성경의 약속입니다.

기도

하나님 아버지, 은혜를 감사합니다. 하나님의 하나님 되심을 믿지 않고는 예수를 믿을 방법이 없습니다. 예수를 믿으면, 예수를 보내신 하나님에게 마땅히 항복해야 합니다. 우리 신앙 인생과 우리가 몸담고 사는 현실에 대하여 우리는 어려움이 많습니다. 그러나 하나님, 그 아들을 보내어 그리하셨듯이 오늘도 우리의 삶과 인생에, 역사와 세상에 개입하시며 진심을 기울여 전능하신 능력으로 통치하시는 하나님이신 것을 기억하고 믿음으로 우리와 우리

의 인생을 지켜 내게 하시옵소서. 그리하여 우리 자신을 통하여 하나님의 일

하심과 승리를 우리의 눈으로 확인하게 하여 주시옵소서. 예수님 이름으로

기도합니다. 아멘.

12
교회의 정체성

36 한 바리새인이 예수께 자기와 함께 잡수시기를 청하니 이에 바리새인의 집에 들어가 앉으셨을 때에 37 그 동네에 죄를 지은 한 여자가 있어 예수께서 바리새인의 집에 앉아 계심을 알고 향유 담은 옥합을 가지고 와서 38 예수의 뒤로 그 발 곁에 서서 울며 눈물로 그 발을 적시고 자기 머리털로 닦고 그 발에 입맞추고 향유를 부으니 39 예수를 청한 바리새인이 그것을 보고 마음에 이르되 이 사람이 만일 선지자라면 자기를 만지는 이 여자가 누구며 어떠한 자 곧 죄인인 줄을 알았으리라 하거늘 40 예수께서 대답하여 이르시되 시몬아 내가 네게 이를 말이 있다 하시니 그가 이르되 선생님 말씀하소서 41 이르시되 빚 주는 사람에게 빚진 자가 둘이 있어 하나는 오백 데나리온을 졌고 하나는 오십 데나리온을 졌는데 42 갚을 것이 없으므로 둘 다 탕감하여 주었으니 둘 중에

누가 그를 더 사랑하겠느냐 43 시몬이 대답하여 이르되 내 생각에는 많이 탕감함을 받은 자니이다 이르시되 네 판단이 옳다 하시고 44 그 여자를 돌아보시며 시몬에게 이르시되 이 여자를 보느냐 내가 네 집에 들어올 때 너는 내게 발 씻을 물도 주지 아니하였으되 이 여자는 눈물로 내 발을 적시고 그 머리털로 닦았으며 45 너는 내게 입맞추지 아니하였으되 그는 내가 들어올 때로부터 내 발에 입맞추기를 그치지 아니하였으며 46 너는 내 머리에 감람유도 붓지 아니하였으되 그는 향유를 내 발에 부었느니라 47이러므로 내가 네게 말하노니 그의 많은 죄가 사하여졌도다 이는 그의 사랑함이 많음이라 사함을 받은 일이 적은 자는 적게 사랑하느니라 48 이에 여자에게 이르시되 네 죄 사함을 받았느니라 하시니 49 함께 앉아 있는 자들이 속으로 말하되 이가 누구이기에 죄도 사하는가 하더라 50 예수께서 여자에게 이르시되 네 믿음이 너를 구원하였으니 평안히 가라 하시니라 (눅 7:36-50)

거룩함이냐 용서냐

본문 말씀은 이런 내용입니다. 예수께서 한 바리새인의 집에서 식사하게 되었는데 그 동네에 죄지은 여자 하나가 따라 들어와서 향유를 담은 옥합을 깨어 예수님의 발에 향유를 바르고 그 머리털로 닦고 입맞춘 사건입니다. 시몬이 마음속으로 예수가 참으로 선지자라면 이 여인이 죄인인 줄 알고 물리쳤을 텐데 하고 생각하는 데서부터 이 사건의 진정한 내용이 드러납니다. 예수께서 시몬과 이 여인을 대조합니다. 시몬은 그 여인을 잣대로 예수님이 선지자인가 아닌가 하는 문제를 생각하고, 예수님은 자기를 초대한 시몬과 그 여인을 대조하여 누가 더 예수를 필요로 하는가, 누가 더 예수를 사랑하는가, 하는 문제로 이 사건을 끌고 갑니다. 오백 데나리온을 탕감받은 자와 오십 데나리온을 탕감받은 자 중에 예수를 더 사랑할 자는 물론 많이 탕감받은 사람입니다. 바리새인 시몬이 이 죄지은 여인을 판단하는 기준은 옳음입니다. 맞다, 틀리다, 의롭다, 죄인이다, 하는 것이 문제가 되고 있습니다. 그런데 예수님은 이 여인을 용서의 문제로 끌고 가서, 누가 더 용서를 필요로 하는가에 따라 예수를 제대로 이해하거나 오해할 수 있다는 것을 보입니다.

예수를 믿고 믿음의 공동체를 가지게 되면 우리는 자기가 살아가는 특정한 시대와 사회 앞에 빛과 소금으로 섭니다. 그때 세상을 어떻게 보느냐, 교회의 책임을 어떻게 보느냐, 하는 것은 어려운 문제입니다. 우리는 이 바리새인과 같은 기준점을 본성적으로 갖고 있습니다. 옳아야 한다, 그리고 정죄해야 한다는 측면을 가지고 있는 것입니다. 동시에 우리는 용서해야 한다, 기다려 줘야 한다, 품고 섬겨야 한다는 용서의 측면도 가지고 있는데, 이는 이 두 관점이 동시에 우리의 책임으로 주어져 있기 때문입니다.

본문에서는 이 문제가 야릇하게 끝나는데, 결국 예수가 누구냐 하는 문제를 이해해야 우리가 우리에게 주어진 책임을 제대로 이해할 수 있다는 것으로 이 사건을 끌고 갑니다. 예수님이 우리 죄를 해결하고 구원하러 오신 분이라면, 우리 모두가 예수님이 메시아라는 것으로 자신의 정체성을 고백해야 하는 만큼, 자기 자신을 예수님과의 관계 속에서 확인해야 합니다. 그러나 만일 예수님이 우리의 죄를 사하고 우리를 죄악의 권세에서 풀어 주러 온 이가 아니라면, 그는 쓸모 있는 분이어야 하고 나의 판단이나 가치나 내 입장을 편들어 주는 사람이 되어야 했을 것입니다. 기득권을 지키는 일 외에는 예수를 써먹을 데가 없게 되는 것입니다. 그래서 마지막에 이르면 기독론 논쟁으로 끝납니다. 47절입니다. "이러므로 내가 네게 말하노니 그의 많은 죄가 사하여졌도다 이는 그의 사랑함이 많음이라 사함을 받은 일이 적은 자는 적게 사랑하느니라 이에 여자에게 이르시되 네 죄 사함을 받았느니라 하시니"(눅 7:47-48). 그러자 다 놀라서 뭐라고 말합니까? "함께 앉아 있는 자들이 속으로 말하되 이가 누구이기에 죄도 사하는가 하더라"(눅 7:49).

우리는 보이는 가치와 문제 때문에 이 자리에 있는 것이 아닙니다. 보이지 않는 것 때문에 와 있습니다. 보이지 않는 것 때문이라고 말함으로써 보이는 세상을 외면하거나 그것에 무책임해도 좋다고 이야기하는 것은 아닙니다. 인간이라는 존재가 영적 존재라는 것을 알게 되었다는 말입니다. 예수를 만나는 바람에 알게 되었습니다. 예수를 만나지 않았더라면 우리는 다만 한 사물에 불과했을 것입니다. 이것이 큰 싸움입니다. 예수를 만난다는 것은 예수가 메시아인 줄 아는 문제만이 아니라 메시아의 필요성을 깨닫는 인간의 현실을 아는 것입니다.

결국 이 사건은 죄 사함의 문제로 가고, 마지막은 이런 괴이한 결론으로 끝이 납니다. 50절입니다. "예수께서 여자에게 이르시되 네 믿음이 너를 구원하였으니 평안히 가라 하시니라." 이것은 괴이합니다. 왜냐하면 이 여인은 그 동네의 죄인이기 때문입니다. 아마 창녀였을 것으로 추측됩니다. 온 동네가 다 아는 여인입니다. 그 동네에서 온 갖 멸시와 괄시를 받으면서 살아야 했고, 아무도 편들어 주지 않는 존재였습니다. 그런 그녀가 예수가 누구신지 알아보고 예수 앞에 나와 죄 사함과 은혜를 구하고 그에게 감사와 사랑을 표현한 것입니다. 예수께서 그녀에게, 내가 네 죄를 사하였다, 네 죄가 사함을 받았다, 그러니 평안히 가라고 하십니다. 어디로 가라는 말씀입니까? 죄 사함을 받은 것은 좋은데, 어디로 가라는 말입니까? 이제껏 길거리에 있었는데 다시 길거리로 내쫓습니다. 예수님의 죄 사함이 무슨 현실적 효과가 있느냐는 것입니다.

사실 이 사건은 이런 전제 속에 나오는 것입니다. 예수님이 우리를 구원하기 위하여 오셔서 십자가를 지시고 부활하사 예수님을 머리로 하는 그의 몸된 교회를 부르실 것입니다. 예수께서 하나님의 나라를 도래하게 하시며 선포하시며 실현하신 것같이 이제 그로 말미암아 하나님의 통치 아래로 부름을 받는 그의 백성으로 하여금 공동체를 만들어 이 세상 속에서 하나님 나라의 구체적인 실체를 증언하실 것입니다. 그리고 예수로 말미암아 영원과 생명으로 사는 자들의 공동체를 만들 것입니다. 세상을 영적 세상으로 만드는 것이 아니라 교회가 그 일을 하게 하실 것입니다. 그래서 '평안히 가라'는 말은 '이제 내가 죄를 용서하여 하나님의 통치를 현실 속에서 누릴 수 있는 공동체를 만들 것이다. 하나님 나라가 이미 시작되었고 내 사역을 통하여 이제 이 지상에 자리를 잡을 것이다'라고 하는 것을 전제하고 있습니다.

용서와 은혜로 부름받음

에베소서 3장 8절로 가 봅시다.

> 모든 성도 중에 지극히 작은 자보다 더 작은 나에게 이 은혜를 주신
> 것은 측량할 수 없는 그리스도의 풍성함을 이방인에게 전하게 하시
> 고 영원부터 만물을 창조하신 하나님 속에 감추어졌던 비밀의 경륜
> 이 어떠한 것을 드러내게 하려 하심이라 이는 이제 교회로 말미암아
> 하늘에 있는 통치자들과 권세들에게 하나님의 각종 지혜를 알게 하
> 려 하심이니 곧 영원부터 우리 주 그리스도 예수 안에서 예정하신
> 뜻대로 하신 것이라 (엡 3:8-11)

예수 안에 있는 하나님의 비밀의 경륜, 여기에서 '비밀'은 감추어졌
다는 뜻이기보다는 신비롭다는 뜻에 가깝습니다. 그 신비한 하나님의
경륜, 지혜, 약속, 계획이란 예수 안에서 이스라엘 사람들과 이방인이
함께 하나님의 자녀가 되는 것입니다. 지금도 그러하듯이 유대인들
은 자기네만이 선민이라고 믿고 있고 그 외의 민족은 다 하나님과 상
관없는 이방인으로 생각하며 특별히 자신들만의 정체성을 차별화하
고 있습니다. 그래서 유대교와 기독교는 전혀 다릅니다. 같은 구약을
경전으로 갖고 있지만 그들은 자기 민족, 자기 나라만으로 구원과 하
나님의 뜻이 제한되어 있다고 봅니다. 그러나 우리는 예수 그리스도
로 말미암아 구약의 이스라엘 역사가 모든 성도에게 필요한 하나님
의 약속과 일하심을 보여 주는 것이라는 차원에서 인종과 국가와 상

관없이 예수로 말미암는 하나님의 구원을 예수 안에서 약속받고 있다고 믿고 있습니다.

이스라엘 민족의 차별화는 그들이 하나님의 다른 개입, 하나님의 다른 역사를 갖고 있다는 데에 있습니다. 이방인들은 이스라엘과 다른 역사를 갖고 있습니다. 그 이방인을 불러들임으로써 교회는 유대인들이 생각했던 하나님의 일하심보다 훨씬 더 깊고 놀라운 차원으로 그 진면목이 드러났습니다. 비밀의 경륜, 하나님의 은혜와 하나님의 무한하심, 하나님의 일하시는 지혜가 교회로 말미암아 드러났다는 것입니다. 그것은 우리가 예수를 믿기만 하면 구원을 얻는다는 말이, 유대인들에게는 얼마나 말이 안 되는지를 생각하면 조금 이해가 됩니다. 우리 속담에도 서당 개 삼 년이면 풍월을 읊는다고 하지, 정육점 개가 풍월을 읊는다는 말은 없습니다. 옆에 붙어 있기라도 해야 어떻게 되는 건데, 전혀 상관없는 모든 나라, 열방, 족속이 예수 안에서 하나님의 백성이 된다고 하니 말이 안 되는 것입니다.

무엇으로 됩니까? 하나님의 무한하신 자비와 은혜로써, 그 아들을 보내시는 확증된 역사적 사실로써 그것이 실현되었습니다. 거기에서 하나님의 비밀의 경륜, 측량할 수 없는 신비를 우리가 보는 것입니다. 그래서 교회의 정체성이 무엇이냐 할 때에 은혜가 제1순위에 섭니다. 어떤 자격도 요구하지 않는다, 이것이 교회의 정체성입니다. 그러니까 교회의 사명은 일단 존재하는 것입니다. 기능적이지 않습니다. 순서를 혼동하지 마십시오. 교회가 좀 더 사회적으로 국가적으로 시대적으로 쓸모 있기를 바라는 것은 이 앞에 있는 것을 전제하고 난 후에 하는 이야기입니다. 보통 이 전제를 모르고 이를 생략한 채 교회는 빛이고 소금이어야 한다, 구제하고 거룩해야 된다고 이야기하다 보면 순서가 뒤바뀌어 은혜가 아닌 다른 것이 교회에서 제일의 정체성이 됩니다. 그러면 교회는 도덕적 집단이 되고 맙니다.

미국에 알코올 중독자나 마약 중독자들을 치료하기 위한 모임에서는 이런 식으로 치료를 받는다고 합니다. 중독성이라는 것은 사회적 신분과 전혀 상관없이 모두 걸릴 수 있는 것이어서, 사회적으로 명망 있는 기업가, 전문가 또는 부랑자가 함께 모여서 치료를 받는다고 합니다. 이들이 일주일에 한 번씩 약속된 장소에 모여 앉아서 맨 먼저 하는 일은 "저는 알코올 중독자 아무개입니다"라고 자신을 소개하면 앉아 있는 모든 사람이 "알코올 중독자 아무개씨 환영합니다"라고 인사하는 것이라고 합니다. 알코올 중독이나 마약 중독이 끊기 어렵고 인생에서 너무 큰 비극이니까, 거기에 다른 조건이 끼어들 수가 없습니다. 사회적 신분이라는 것도 거기에는 끼어들 수가 없어서 차별이 없고 모두가 모두에게 열린 마음으로 대한다고 합니다.

교회는 제1순위로 무엇을 해야 합니까? 누가 오든지 어떤 모습으로 오든지 어떻게 해야 합니까? 정치하러 온 것도 아니고 사업하러 온 것도 아니고 잘난 척하러 온 것이 아니라 예수가 필요해서 들어온, 본문의 죄인 된 여자와 같은 심정으로만 교회에 올 수 있습니다. 그게 호기심일 수 있고 절실함일 수도 있습니다. 우리는 그것을 판단할 권한이 없습니다.

교회는 용서하는 곳입니다. 모두를 받아 주는 곳입니다. 그걸 모르면 우리의 표정이 좋아질 수 없습니다. 우리 교회의 큰 숙제거리는 바로 표정을 고치는 일입니다. 같은 교회를 다니면서 표정이 나쁜 것은 죄입니다. 바리새인 시몬과 같습니다. 우리 교회 출입구에 써 놔야겠습니다. '시몬아, 웃어라.' 올해 표어로 할까요? 잘 생각해 보십시오. 우리는 다 은혜를 구하러 나온 것입니다. 잘난 척하려고 오지 않았습니다.

언젠가 '우리 남포교회', '우리 박영선 목사님', 이렇게 말하는 사람은 그 밑에 자랑을 깔고 있는 거라고 말한 적이 있습니다. 자랑을 객관화하고 있는 것입니다. '나 말고 온 세계가 아는, 우리나라가 아는', 이런 내용이 그 밑에 깔린 것입니다. 그냥 '우리 목사님, 우리 교회' 이렇게 말하십시오. 그리고 인상을 펴십시오. 우리는 다른 교회를 이야기할 틈도 사회와 국가를 이야기할 틈도 없다는 것이 첫 번째 정체성입니다. '시몬아, 오백 억 빚졌는데 탕감받은 사람과 오십 억 빚졌는데 탕감받은 사람 중에 누가 더 좋겠느냐?' 당연히 오백 억을 탕감받은 자입니다. 이것이 교회의 첫 번째 정체성입니다.

그래서 교회는 쓸모 있거나 어떤 기능을 하기 이전에, 아무런 제한 없이 아무런 조건 없이 누구나 찾아오는 곳입니다. '나도 그렇게 왔다'라는 것이 발휘되고 구체화되고 실천되지 않으면 안 되는 곳입니다. 그것만 실천해도 교회는 자기 책임을 99퍼센트는 다하고 있는 것입니다. 그 일을 하십시오. 왜 교회는 예산 갖고 밤낮 밥 사 먹는 데 다 쓰냐고 합니다. 글쎄, 그게 중요합니다. 그거 아껴서 누구를 주자고 하는데, 그건 그다음에 하자는 말입니다. 우선 이것부터 하자는 것입니다. 이해하시겠습니까?

거룩함을 목표로 삼아야 함

물론 여기에 덧붙일 것이 있습니다. 이것은 만만치 않은 문제이기 때문입니다. 또 확실하게 해야 합니다. 베드로전서 2장 9절로 갑니다.

> 그러나 너희는 택하신 족속이요 왕 같은 제사장들이요 거룩한 나라요 그의 소유가 된 백성이니 이는 너희를 어두운 데서 불러 내어 그의 기이한 빛에 들어가게 하신 이의 아름다운 덕을 선포하게 하려 하심이라 너희가 전에는 백성이 아니더니 이제는 하나님의 백성이요 전에는 긍휼을 얻지 못하였더니 이제는 긍휼을 얻은 자니라 (벧전 2:9-10)

우리는 용서와 은혜로 부름을 받습니다. 이것이 첫 번째 정체성입니다. 또한 거룩으로 부름을 받습니다. 그러니까 교회에 와서 무질서해도 되고 자기만 괜찮으면 된다는 것은 아닙니다. 출발선과 결승선이 다른 것에 비유할 수 있습니다. 어디를 향해 가느냐의 문제입니다. 교회 공동체에 들어오면 거룩해져야 합니다. 거룩함을 연습해야 하고 거룩함을 목표 삼아 채찍질해야 합니다. 그러나 이것이 조건은 아닙니다. 출발점이 아닙니다. 출발점은 언제나 은혜와 용서입니다. 끝없는 은혜와 용서입니다. 그러나 결승선으로 향해야 합니다. 우리는 이 둘을 잘못 사용하고 있습니다. 교회 안에서 신앙생활을 이따위로 하면 되겠느냐 하는 자책과 권면은 물론 있어야 합니다. 그러나 어디가 시작이고 어디가 목표인지를 구별할 수 있어야 합니다. 골로새서 3장 9절을 보겠습니다.

> 너희가 서로 거짓말을 하지 말라 옛 사람과 그 행위를 벗어 버리고
> 새 사람을 입었으니 이는 자기를 창조하신 이의 형상을 따라 지식에
> 까지 새롭게 하심을 입은 자니라 거기에는 헬라인이나 유대인이나
> 할례파나 무할례파나 야만인이나 스구디아인이나 종이나 자유인이
> 차별이 있을 수 없나니 오직 그리스도는 만유시요 만유 안에 계시니
> 라 (골 3:9-11)

이것이 교회의 정체성입니다. 차별이 없습니다. 인간적인 차별이 없으며 누구나 은혜와 용서 속에 사랑받을 수 있습니다. 그런데 이렇게 연결됩니다. 12절을 봅시다.

> 그러므로 너희는 하나님이 택하사 거룩하고 사랑 받는 자처럼 긍휼
> 과 자비와 겸손과 온유와 오래 참음을 옷 입고 누가 누구에게 불만
> 이 있거든 서로 용납하여 피차 용서하되 주께서 너희를 용서하신 것
> 같이 너희도 그리하고 이 모든 것 위에 사랑을 더하라 이는 온전하게
> 매는 띠니라 (골 3:12-14)

이제 순서를 제대로 정하고 종합해야 합니다. 우리는 은혜로 부름을 받고 용서로 허락됩니다. 그리고 사랑을 받게 되어 있습니다. 그래서 은혜와 사랑으로 부르신 이를 닮도록 부름을 받습니다. 성경에 나타나는 교회론에 관한, 또는 신자들의 신앙 실천에 관한 이야기들 중에 기능적인 것은 대단히 적습니다. 성품적입니다. 그것이 최우선입니다. 우리가 누구를 돕는 것은 하나님의 사랑에 동참하기 위해서입니

다. 그러니까 어떤 일을 할 때 주는 자와 받는 자를 구별 짓는 것으로, 자존심이 걸리는 일로 생각하고 행해서는 안 된다는 것입니다. 세상이 사회적인 필요로 또는 측은지심으로 하는 일들을 우리는 우리가 받은 용서와 사랑 때문에 합니다. 여인이 주께 와서 한 것처럼 말입니다. 주께 받은 용서와 구원이 무엇인가를 알면 가만히 있을 수 없는 것처럼 우리는 그 일을 할 수밖에 없습니다.

우리는 은혜와 용서를 받는 일에는 감사하면서도 나누는 일에는 보통 실패합니다. 그렇지 않습니까? 그래서 교회 공동체에 오면 조직에 속해야 합니다. 강요하지는 않겠습니다. 시간이 걸릴 수 있습니다. 감사한 마음과 책임을 느끼고 있지만 시동이 잘 안 걸리기 때문입니다. 해 봐서 알다시피, 조직에 속하면 약간의 강제력 때문에 일을 할 수밖에 없습니다. 그래야 배웁니다. 겉으로는 멀쩡해 보이는 사람인데 실제로는 그렇지 않다는 것도 배워야 하고, 본인이 가지는 이상이 현실과 얼마나 거리가 먼가도 배워야 하고, 우리의 사랑이 얼마나 끈기가 없는지도 배워야 합니다. 교회에 오면 너무 깊이 들어가지도 말고 너무 얕게도 말고 적당한 거리를 유지해야겠다고 생각합니까? 아닙니다. 쑥 들어오십시오. 들어와서 세상에서는 외면하면 그만인 인간관계와 일들을 교회이기 때문에 외면할 수 없어서, 세상에서라면 극복 못하고 외면해서 버려뒀을 일들을 교회 안에서는 해결하고 극복하는 자리까지 가십시오. 이게 교회 공동체입니다.

마음에 안 드는 것이 많을 겁니다. 모자란 사람끼리 모였기 때문에 그렇습니다. 회사나 군대와 다릅니다. 일사불란하지 않고 효율적이지 않습니다. 그러나 각각 해 보는 것입니다. 일을 하나씩 맡는 것입니다. 우리는 성가대에도 전문가 위주로 하지 말아 달라고 부탁했습니다. 생 목소리로 찬양하자고 했습니다. 프로들이 오면 용병처럼 됩니다. 응원밖에 할 것이 없는 연고전같이 됩니다. 들어와서 직접 선수가 되십시오. 내가 아는 누군가가 선수로 뛰는 모습을 보십시오. 그가 축구공을 찼더니 축구화가 관중석까지 날아오는 것을 볼 수 있을 것입니다. 이런 것이 기쁜 공동체입니다. 이런 신앙의 실천을 해야 합니다. 이것이 성경이 요구하는 것입니다.

현장으로 보냄을 받는 우리

이제 교회의 세 번째 사명을 봅시다. 교회는 선교적입니다. 선교적이라는 것은 요한복음 17장에 나온 예수님의 말씀을 기억하는 것입니다. 요한복음 17장 16절입니다.

> 내가 세상에 속하지 아니함 같이 그들도 세상에 속하지 아니하였사옵나이다 그들을 진리로 거룩하게 하옵소서 아버지의 말씀은 진리니이다 아버지께서 나를 세상에 보내신 것 같이 나도 그들을 세상에 보내었고 또 그들을 위하여 내가 나를 거룩하게 하오니 이는 그들도 진리로 거룩함을 얻게 하려 함이니이다 (요 17:16-19)

우리의 정체성은 하나님의 통치와 사랑 속에 있는 하나님의 백성입니다. 그런데 이 땅으로 보냄을 받습니다. 천국으로 불려 가지 않고 우리가 살던 현장으로 되돌려 보내집니다. 거기서 하나님의 통치를 받으며 삽니다. 예수님이 이 땅에 오실 때 참 인간으로 오셨지만 하나님이신 정체성을 버리고 오신 것이 아닌 것처럼 우리도 신자인 정체성을 가지고서 현실을 삽니다. 그래서 우리 신앙 공동체는 하나님의 통치와 약속 속에 있을지언정 각 공동체 회원들의 현실은 하나님을 모르는 세상 사람들과 차별화되어 있지 않습니다. 동일한 환경 조건과 동일한 현실 속에서 고통스러운 짐을 지고 있습니다.

그러나 우리는 세상의 통치가 아니라 하나님의 통치를 받는 자로 세상의 현실적 도전과 시험 앞에 서 있습니다. 신앙이라는 이름으로 이것을 면제받지 않습니다. 우리는 분명해졌습니다. 우리는 보다 더 신자다워야 할 것입니다. 하나님의 나라가 확장되며 우리를 통하여 하나님이 누구신가가 증명되고 하나님의 은혜와 사랑이 더 열매 맺기를 바랍니다. 우리는 세상을 기능화하지 않고 우리의 정체성을 확보합니다. 우리가 목소리를 높이고 힘을 가지는 것이 아니라 예수를 더 닮아 가야 합니다. 그러면 말없이 그 영향이 우리 이웃들에게 전파될 것입니다. 그러기 위하여 우리가 한 신앙 고백을 표현하고 하나님이 세운 교회 안에서 공동체를 구성하는 자기의 자리를 책임져야 합니다. 지지고 볶아야 합니다. 그 속에서 자라며 이웃 앞에 우리가 누구인지로 열매 맺힐 것입니다.

기도

하나님 아버지, 은혜를 감사합니다. 개인적으로 예수를 믿지만 공적으로 예수 믿는 것을 고백하거나 실천하지 않는 시대가 되었습니다. 우리의 믿음이 연약한 탓입니다. 세상이 무섭고 하나님을 믿는 것이 우리 현실에 도움이 되지 않는 것 같아 이중적으로 살고 있습니다. 그러나 따지고 보면 세상은 우리에게서 빼앗아 갈 것도 더 줄 것도 없습니다. 우리의 믿음 없음을 도와주시옵소서. 우리의 믿음이 원색적으로 되고 특화되어서 큰소리치는 믿음이 되는 것을 원하지 않습니다. 하나님의 통치만이 주시는 진정한 인간성의 회복, 하나님을 아는 지식, 그 사랑과 진리와 생명으로 부름받은 한 인간 존재의 영광을 누리게 하여 주시옵소서. 그렇게 할 때 주께서 이 땅에 오셨던 그 사건처럼 우리와 우리 교회는 힘을 발할 것입니다. 그 책임을 외면하지 않는 우리 모두 되게 하여 주시옵소서. 예수님 이름으로 기도합니다. 아멘.

13
씨 뿌리는 비유

4 각 동네 사람들이 예수께로 나아와 큰 무리를 이루니 예수께서 비유로 말씀하시되 5 씨를 뿌리는 자가 그 씨를 뿌리러 나가서 뿌릴새 더러는 길 가에 떨어지매 밟히며 공중의 새들이 먹어버렸고 6 더러는 바위 위에 떨어지매 싹이 났다가 습기가 없으므로 말랐고 7 더러는 가시떨기 속에 떨어지매 가시가 함께 자라서 기운을 막았고 8 더러는 좋은 땅에 떨어지매 나서 백 배의 결실을 하였느니라 이 말씀을 하시고 외치시되 들을 귀 있는 자는 들을지어다 9 제자들이 이 비유의 뜻을 물으니 10 이르시되 하나님 나라의 비밀을 아는 것이 너희에게는 허락되었으나 다른 사람에게는 비유로 하나니 이는 그들로 보아도 보지 못하고 들어도 깨닫지 못하게 하려 함이라 11 이 비유는 이러하니라 씨는 하나님의 말씀이요 12 길 가에 있다는 것은 말씀을 들은 자니 이에 마귀가 가

서 그들이 믿어 구원을 얻지 못하게 하려고 말씀을 그 마음에서 빼앗는 것이요 13 바위 위에 있다는 것은 말씀을 들을 때에 기쁨으로 받으나 뿌리가 없어 잠깐 믿다가 시련을 당할 때에 배반하는 자요 14 가시떨기에 떨어졌다는 것은 말씀을 들은 자이나 지내는 중 이생의 염려와 재물과 향락에 기운이 막혀 온전히 결실하지 못하는 자요 15 좋은 땅에 있다는 것은 착하고 좋은 마음으로 말씀을 듣고 지키어 인내로 결실하는 자니라 16 누구든지 등불을 켜서 그릇으로 덮거나 평상 아래에 두지 아니하고 등경 위에 두나니 이는 들어가는 자들로 그 빛을 보게 하려 함이라 17 숨은 것이 장차 드러나지 아니할 것이 없고 감추인 것이 장차 알려지고 나타나지 않을 것이 없느니라 18 그러므로 너희가 어떻게 들을까 스스로 삼가라 누구든지 있는 자는 받겠고 없는 자는 그 있는 줄로 아는 것까지도 빼앗기리라 하시니라 (눅 8:4-18)

드러내기 위해 감추시다

이제 예수님의 소문은 많이 퍼졌고 예수님이 하신 일들로 말미암아 기대를 하고 절실한 마음으로 주를 찾아 나오는 무리가 많이 생겼습니다. 예수님이 이 무리를 향하여 본문의 비유를 베푸십니다. 씨 뿌리는 비유입니다. 씨를 뿌리면 다들 원하는 것처럼 준비된 밭에만 떨어지는 것이 아니라 더러는 길가에도 떨어지고 바위 위에도 떨어지고 가시떨기에도 떨어진다는 것은 모든 농부가 아는 사실입니다.

비유 자체의 목적과 비유를 쓸 때 의도하는 바가 그러하듯 비유란 우리 일상 속에서 늘 경험하고 누구나 공감하는 내용으로, 어떤 교훈을 전할 때 쓰는 방법입니다. 서두에 말한 것과 같이 예수님은 유명한 분입니다. 많은 기대를 받고 있습니다. 못 고칠 병을 고치시고 우리가 들어 보지 못했던 복음을 전하고 계십니다. 그런 예수님이 무리에게 이 뻔한 비유를 들어 설명하고 계십니다. 그 이상의 의미가 없을 것 같은 내용, 씨를 뿌리다 보면 그냥 이런저런 일이 생긴다는 내용 같습니다.

그래서 9절에 보면 그의 제자들이 이 비유의 뜻을 묻습니다. 우리도 만일 어떤 기대와 갈급함을 가지고 누구를 만났는데 "여름이 되면 덥지"와 같은 뻔한 이야기를 한다면 이게 무슨 말일까, 이분이 우리가 다 알 만한 말을 하실 분은 아닌데 하며 의아한 표정으로 질문하게 될 것입니다. 그 뜻이 무엇입니까, 하고 말입니다. 제자들이 질문하자 예수님은 '하나님 나라의 비밀을 아는 것이 너희에게는 허락되었으나 다른 사람에게는 비유로 하나니 이는 그들로 보아도 보지 못하고 들어도 깨닫지 못하게 하려 함이라'(눅 8:10)라고 말씀하시고 그 비유를 설명해 주십니다.

이 비유는 이러하니라 씨는 하나님의 말씀이요 길 가에 있다는 것은 말씀을 들은 자니 이에 마귀가 가서 그들이 믿어 구원을 얻지 못하게 하려고 말씀을 그 마음에서 빼앗는 것이요 바위 위에 있다는 것은 말씀을 들을 때에 기쁨으로 받으나 뿌리가 없어 잠깐 믿다가 시련을 당할 때에 배반하는 자요 가시떨기에 떨어졌다는 것은 말씀을 들은 자이나 지내는 중 이생의 염려와 재물과 향락에 기운이 막혀 온전히 결실하지 못하는 자요 좋은 땅에 있다는 것은 착하고 좋은 마음으로 말씀을 듣고 지키어 인내로 결실하는 자니라 (눅 8:11-15)

말씀하신 것을 보면 처음에는 의아하다는 생각이 들 것입니다. 왜 이 말씀을 하셨을까, 우리가 다 아는 이 말씀 속에 내가 모르는 비밀이 있는가, 무슨 의도가 있는가, 어디가 강조점일까 하고 제자들이 물은 셈인데 답은 비슷합니다. 여름에는 해변에 나가도 덥고 산에 가도 더우니라, 이런 식입니다. 영적인 내용에 관한 문제라는 것을 조금 밝히셨지만 결국 그 내용은 씨를 잘 뿌려야지, 좋지 않은 곳에 뿌리면 씨가 아무리 좋아도 소용이 없다는 것처럼, 하나님의 말씀도 길가에 떨어지거나 바위 위에 떨어지거나 가시떨기에 떨어지면 소용이 없으니 옥토가 되라는 의미로 생각할 수밖에 없습니다. 하나님 나라는 조건을 묻지 않고 선포되지만 결국은 옥토를 준비한 자만이 결실할 수 있는 것인가, 그러면 뿌릴 때 잘 뿌리시지 옥토가 아닌 것이 어떻게 혼자 옥토가 되나, 하는 여러 가지 궁금증을 낳게 합니다.

그런데 이 비유 자체는 옥토가 되어야 한다거나 씨를 잘 뿌려야 한다는 것에 강조점이 있지 않습니다. 해 보면 그렇더라는 것입니다. 실제로 모두가 아는 사실을 말씀하고 있습니다. 이 비유에서 중요한 것 중 하나는 '너희가 다 알고 있는 것 같지만 그것이 전부는 아니다'가 하나의 조건인 것입니다. 보기는 보아도 보지 못하고 듣기는 들어도 깨닫지 못하게 하려고 이 비유로 이야기한다고 하셨기 때문입니다. 그러면서 17절에 이렇게 말씀하십니다. "숨은 것이 장차 드러나지 아니할 것이 없고 감추인 것이 장차 알려지고 나타나지 않을 것이 없느니라"(눅 8:17). 이 비유를 베푼 까닭은 보이려는 것이 아니라 감추려는 것인데, 감추는 것은 영원히 비밀로 하려는 게 아니라 드러내기 위해 감춘다고 합니다.

그래서 이 비유는 비유의 내용 이상으로 비유라는 방법을 쓰시는 이유에 대하여 우리로 하여금 생각하게 합니다. 기독교 신앙에서 우리의 생각과 이해를 뛰어넘는 하나님의 일하시는 방법 같은 것에 우리로 하여금 주의를 기울이게 합니다. 모두가 알지 못하게 하려고 감추었으나 감춘 이유는 궁극적으로 드러내기 위함이라고 합니다.

예수님의 죽음

우리는 이 문제에 대한 실마리를 고린도전서 15장에서 발견합니다. 고린도전서 15장 35절을 보겠습니다.

> 누가 묻기를 죽은 자들이 어떻게 다시 살아나며 어떠한 몸으로 오느냐 하리니 어리석은 자여 네가 뿌리는 씨가 죽지 않으면 살아나지 못하겠고 또 네가 뿌리는 것은 장래의 형체를 뿌리는 것이 아니요 다만 밀이나 다른 것의 알맹이 뿐이로되 하나님이 그 뜻대로 그에게 형체를 주시되 각 종자에게 그 형체를 주시느니라 (고전 15:35-38)

부활에 관한 질문에 대한 사도 바울의 답변입니다. 죽었는데 어떻게 다시 살아나냐고 기독교의 부활 신앙에 대해 누가 물은 것입니다. 어떻게 죽은 자가 다시 살 수 있으며, 다시 살아나서 부활한 몸을 입으면 그 형체는 어떻게 되는지 묻습니다. 그러자 사도 바울이 지금 우리는 씨앗 같은 모양일 뿐이다, 부활의 형체는 씨를 심어 꽃이나 열매를 보는 것같이 영광스러울 것이다, 현재 우리의 형체만 가지고 그것을 상상하기는 어렵다고 답합니다. 여기에 그 실마리가 있습니다. 씨를 심는 것은 땅에 묻어 버려 씨가 삼켜지는 것과 같습니다. 감추는 것 같고 삼켜지는 것과 같다는 말인데, 사실 감추는 것과 심는 것은 다릅니다. 심는 것은 열매를 보기 위한 일입니다. 그것이 본문의 비유를 이해하기 위한 중요한 실마리입니다.

우리는 씨만 보고 열매와 꽃을 알 수 없습니다. 보기는 보아도 볼 수 없고 듣기는 들어도 깨달을 수 없습니다. 예수 그리스도께서 너희는 보지만 다른 사람은 볼 수 없다고 말씀하신 것은 그 비밀, 그 신비, 그 기적의 열쇠인 예수님을 그들이 보고 있기 때문에 그렇게 말씀하시는 것입니다. 이 감추고 드러내는 것이 지금 우리가 고린도전서 15장에서 보듯이 씨를 심는 것과 꽃과 열매를 보는 것의 차이라면, 본문 말씀의 비유로 돌아와서 구체적으로 그 심은 것이 어떻게 그렇게 꽃과 열매로 드러났는지에 대해 성경은 뭐라고 답하는가를 찾아볼 필요가 있습니다. 요한복음 16장 5절부터 보겠습니다. 예수님이 죽음을 앞에 두고 제자들에게 주시는 말씀입니다.

지금 내가 나를 보내신 이에게로 가는데 너희 중에서 나더러 어디로 가는지 묻는 자가 없고 도리어 내가 이 말을 하므로 너희 마음에 근심이 가득하였도다 그러나 내가 너희에게 실상을 말하노니 내

가 떠나가는 것이 너희에게 유익이라 내가 떠나가지 아니하면 보혜
사가 너희에게로 오시지 아니할 것이요 가면 내가 그를 너희에게로
보내리니 그가 와서 죄에 대하여, 의에 대하여, 심판에 대하여 세상
을 책망하시리라 죄에 대하여라 함은 그들이 나를 믿지 아니함이요
의에 대하여라 함은 내가 아버지께로 가니 너희가 다시 나를 보지
못함이요 심판에 대하여라 함은 이 세상 임금이 심판을 받았음이
라 (요 16:5-11)

예수님은 이제 죽으실 텐데 우리가 잘 아는 대로 죽으시고 부활하시
고 승천하십니다. 말하자면 예수님은 세상 속에 세상의 통치와 다른,
불의와 더러움과 썩어짐의 세상에 의로움과 자비와 거룩함과 복의
통치 곧 하나님의 통치를 허락하러 이 땅에 오셨습니다. 이제 하나님
의 통치가 성육신하신 예수로 인하여 예수 그리스도의 존재와 생애
를 통하여 펼쳐집니다. 그러나 세상은 끊임없이 예수를 대적하고 그
를 십자가에 죽임으로써 세상이 하나님의 통치와 다르며 그것에 순
종하지 않으며 적대적이며 반대한다는 것을 드러냅니다. 그래서 예수
그리스도께서 하나님 나라를 선포하신 것만큼이나 세상이 어떤 정체
성을 갖고 있는지가 드러나게 됩니다. 이것이 예수님의 생애에서 우
리가 기억해야 할 두 가지 내용입니다. 예수가 세상의 통치와 세상의
내용을 반대하시고 변화시키려고 구원하러 오셨음에도 불구하고, 세
상은, 결국 이유 없이 예수님을 십자가에 못 박음으로써, 곧 길가 같
고 바위 같고 가시떨기 같다는 것을 드러내십니다.
　우리가 씨 뿌리는 비유에서 본 바와 같이 이 비유의 핵심 중 하나

는 씨에 문제가 있는 것이 아니라는 것입니다. 동일한 씨지만 결실하지 못하는 것은 떨어진 자리가 문제이기 때문입니다. 예수님이 오셔서 세상에서 배척을 받으시고 세상이 그를 죽임으로써, 세상은 무엇을 받든지 죽이는 것밖에는 만들어 내지 못하는 그런 곳이며 그런 형편이라는 것을 드러내십니다. 그래서 예수님이 죽으시고 부활하셔서 그가 약속하신 보혜사를 보내시면 성령께서 오셔서 바로 그 점을 우리에게 가르치실 것입니다. 세상은 아무것도 결실하지 못합니다. 세상은 스스로 가치 있는 것, 생명에 속하고 진리에 속한 것을 만들어 내지 못할 뿐만 아니라, 가치 있는 것들을 모두 삼켜 버리고 썩혀 버리고 소멸해 버리는 것에 불과하다는 사실과 그래서 예수 안에서만 결실할 수 있고 희망이 있고 승리할 수 있고 복될 수 있다는 것을 증언할 것입니다. 골로새서 2장에 가면 이 문제를 이런 식으로 증언하고 있습니다. 12절을 보겠습니다.

> 너희가 세례로 그리스도와 함께 장사되고 또 죽은 자들 가운데서 그를 일으키신 하나님의 역사를 믿음으로 말미암아 그 안에서 함께 일으키심을 받았느니라 또 범죄와 육체의 무할례로 죽었던 너희를 하나님이 그와 함께 살리시고 우리의 모든 죄를 사하시고 우리를 거스르고 불리하게 하는 법조문으로 쓴 증서를 지우시고 제하여 버리사 십자가에 못 박으시고 통치자들과 권세들을 무력화하여 드러내어 구경거리로 삼으시고 십자가로 그들을 이기셨느니라 (골 2:12-15)

이런 내용입니다. 정사와 권세를 밝히 드러냈다, 세상의 권력, 세상의

힘이라는 것이 무엇인가를, 예수께서 십자가로 증거하신다, 그들은
가치 있는 것도 생명과 진리에 속한 것도 그저 부패시키고 소멸하는
것 외에는 아무런 능력이 없다, 그리하여 세상이 우리에게 가하는 위
협과 약속하는 유혹들이 결국 사망 이외에는 남아날 게 없는 것에 불
과하다는 사실을 십자가로 밝히 보이셨다, 그러므로 씨 뿌리는 비유
에서 드러나듯이 씨를 뿌렸는데 아무것도 결실하지 못함으로써 우리
가 생각할 때 '이것이 무엇인가? 씨를 뿌렸는데 그냥 밭이 나쁘구나.
돌밭에서는 뭐가 나지 않는구나' 하는 정도의 문제가 아니라, '세상은
아무리 좋은 씨를 뿌려도 결실할 수 없는 곳이다. 세상은 스스로 생명
을 만들어 내지 못할 뿐만 아니라 생명을 주어도 그 생명을 유지할 수
없는 곳이다'라는 사실을 예수님이 밝히 드러내신다는 것입니다.

　예수님이 인생으로 오심으로 세상 나라에 심겨지고 삼켜져 성육신
의 생애를 살아가심으로써, 세상은 의와 진리와 길과 생명이신 하나
님의 아들마저도 십자가에 못 박는 방법 외에 다른 대책이 없는 곳임
을 드러내십니다. 이것이 이제 드러나는 것입니다. 예수의 죽음에 대
해서도 성경이 증언하는 것처럼 모두가 의아하게 생각합니다. '남은
살려 냈는데 어찌 자신은 죽는가? 무엇 때문에 죽는가?' 예수님이 죽
으신 것은 당신의 능력이 부족하기 때문이 아니라 생명이 심겨져 그
땅이 어떤 땅인가를 증거하는 일이 중요하기 때문입니다. 그래서 세
상은 역사적 사건에 의하여 역사 속에 오신 예수 그리스도를 역사 속
에서 처형함으로써 스스로의 죄가 무엇인지 드러나게 됩니다. 이 죄
라는 것은 도덕성을 훨씬 넘어서 의와 진리와 생명에 대하여 아무런
힘이 없다는 것을 폭로합니다. 오직 파멸과 부패와 분노 외에 아무것

도 없음을 스스로 폭로하는 것입니다.

이제 긍정적으로 드러나는 일이 있습니다. 디모데후서 1장에 이렇게 소개하고 있습니다. 디모데후서 1장 9절부터 보겠습니다. "하나님이 우리를 구원하사 거룩하신 소명으로 부르심은 우리의 행위대로 하심이 아니요 오직 자기의 뜻과 영원 전부터 그리스도 예수 안에서 우리에게 주신 은혜대로 하심이라 이제는 우리 구주 그리스도 예수의 나타나심으로 말미암아 나타났으니 그는 사망을 폐하시고 복음으로써 생명과 썩지 아니할 것을 드러내신지라"(딤후 1:9-10).

사망을 폐하시고 생명과 썩지 아니할 것을 드러내십니다. 씨 뿌리는 비유에서 이것이 어떻게 드러나는지 봅시다. 그 씨가 바위나 가시떨기에서는 자랄 수 없다는 것을 보았습니다. 그러나 이제 예수께서 죽음에 들어와 부활하심으로 바위에서 싹을 내십니다. 가시떨기에서 꽃을 피우십니다. 그 땅이 결실하는 것이 아니라 예수 그리스도의 부활 생명이, 땅이 가지는 썩음과 소멸을 이기시고 당신의 생명과 능력으로 꽃을 피우십니다. 꽃이 피면 보통 우리는 뭐라고 합니까? 꽃을 봐라, 그러지 않습니까? 그런데 본문 비유대로 말하면 꽃밭이 있네, 한다는 말입니다. 옥토가 꽃을 낸 것이 아니라, 모든 것을 삼키고 소멸하고 썩히던 땅에 꽃이 핌으로써 꽃밭이 되는 것입니다. 놀라운 일입니다. 이것이 이 비유의 놀라움입니다.

생각하고 참여하게 하는 비유

마태복음 13장에 가면 같은 비유를 설명하는 내용이 나옵니다. 씨 뿌리는 비유를 포함하여 베푸신 많은 천국 비유의 마지막을 이렇게 마무리합니다. 마태복음 13장 34절부터 보겠습니다.

> 예수께서 이 모든 것을 무리에게 비유로 말씀하시고 비유가 아니면 아무 것도 말씀하지 아니하셨으니 이는 선지자를 통하여 말씀하신 바 내가 입을 열어 비유로 말하고 창세부터 감추인 것들을 드러내리라 함을 이루려 하심이라 (마 13:34-35)

창세로부터 감춰진 것들을 예수께서 드러내십니다. 무엇을 드러내셨습니까? 세상이 무엇인지를 드러내고 죄인이 무엇인지를 드러내고 하나님이 세상을 구원하시겠다는 약속이 어떻게 이루어지는지를 드러내십니다. 모든 비밀과 기적이 예수 안에 있습니다. 우리는 우리가 옥토가 됨으로써 구원을 받는 것이 아니라 바위 위에 꽃이 핌으로써 꽃밭이 되는 것같이 구원을 받습니다. 하나님이 우리에게 강요하시거나 강압하여 이 일을 이루시는 것이 아니라 당신의 생명을 우리에게 주어 당신의 꽃을 피움으로써 우리에게 주어진 은혜를 이해하게 하며 납득하게 하며 항복하게 하려고 이런 비유를 드신다는 것입니다. 비유란 아까 말했듯 감추기 위해서였습니다. 왜 감춥니까? 심기 때문에 그렇습니다. 그대로는 이해가 가지 않습니다. 열매를 맺어야 우리는 그 실체를, 그 진정한 영광을 볼 것입니다.

그러나 이 비유는 지금 보이는 것보다 더 큰 것에 관한 것 때문만이 아니라, 우리로 하여금 생각하고 하나님이 하시는 일에 동참하게 하기 위함입니다. 비유란 명령적이지 않습니다. 지시적이지 않고 생각하게 합니다. 지시적이지 않고 참여하게 한다는 것이 얼마나 다른지 이야기해 보겠습니다. 아주 추운 겨울날에 어떤 모임 장소에 들어올 때, 꼭 문을 안 닫는 사람들이 있습니다. 이때 바람이 부니까 문을 닫으라고 직접 이야기하는 것은 지시적입니다. 그런데 한 걸음 더 나가서 "강아지들이 맨발로 다니니까 여름인 줄 알아" 하는 것은 비유입니다. 그러면 알아들어야 합니다. 그런데 여기에 대고 이렇게 답하는 사람들이 있습니다. "닭들도 맨발로 다니던데." 그러면 누가 가서 문을 닫습니까? 열어 놓은 사람이 닫지 않으면 문에서 가까운 사람이 가서 닫아야 합니다. 비유는 이런 차원에서 주어집니다.

왜 우리에게 이런 식으로 이야기하는 것입니까? 너희가 합의하고 확인해서 이 자리에 오지 않았다, 어느 날 보니까 네 영혼에 생수가 흐르지, 네 영혼에 꽃이 피었지, 너는 아직도 네가 바위이고 네가 가시떨기에 불과하다고 생각하고 있는데 네가 살아났다는 것을 알지? 그러거든 그게 왜, 어떻게 생겼으며, 누구 때문에 생겼으며, 어디로 이끄는지 생각해라, 변명하지 말고 엄살떨지 말고 더 확인시켜 달라고 미루지 말고 하나님이 네게 하신 일이 무엇인지 확인하고 무릎 꿇어라, 충성하고 살아라, 네가 얻은 구원이 얼마나 놀라운 것인지를 생각해라, 모든 것을 죽이는 것 외에 분노하고 도망가는 것 외에 대책이 없던 인생과 존재에 위로가 있고 무엇이 옳은지를 알며 어디가 길인지를 알며 무엇이 진정한 가치이며 목숨을 걸 만한 내용인지를 아는 자가 되지 않았느냐? 그 길을 가라, 그 길을 위하여 예수께서 이 땅에 오셨고 죽으셨던 것처럼 네 인생이 지금 삼켜지는 바 된 것 같고 지는 바 된 것 같고 사람들에게 이해되지 않는다고 해서 겁내지 말고 그것을 핑계로 삼지 마라, 네게 시작되고 심겨진 것은, 너 자신의 구원과 회복과 깨우침에서 확인되었듯이, 결국 영광의 승리와 실체로 허락되리라, 이게 본문 말씀의 비유입니다.

자신이 가진 신앙을 이런 차원에서 확인하고 하나님의 부르심에서 도망가지 않는 참다운 신자 된 충성과 인내가 있기를 바랍니다.

기도

하나님 아버지, 은혜를 감사합니다. 하나님의 자녀가 되었다는 것은 놀라운 것입니다. 우리는 죽이는 자, 죽는 자에서 살리는 자, 감싸안는 자, 돕는 자, 섬기는 자, 줄 것이 있는 자가 되었습니다. 우리의 비명은 어디서 나옵니까? 더 많은 죽음, 더 많은 피비린내, 더 많은 분노, 더 많은 보복에 우리의 자랑이 있을 수 없습니다. 우리는 하나님의 자녀이기 때문입니다. 우리에게 허락하신 진정한 승리로 생명의 길을, 영광의 길을 걷게 하시옵소서. 예수님 이름으로 기도합니다. 아멘.

14
너희 믿음이 어디 있느냐

22 하루는 제자들과 함께 배에 오르사 그들에게 이르시되 호수 저편으로 건너가자 하시매 이에 떠나 23 행선할 때에 예수께서 잠이 드셨더니 마침 광풍이 호수로 내리치매 배에 물이 가득하게 되어 위태한지라 24 제자들이 나아와 깨워 이르되 주여 주여 우리가 죽겠나이다 한대 예수께서 잠을 깨사 바람과 물결을 꾸짖으시니 이에 그쳐 잔잔하여지더라 25 제자들에게 이르시되 너희 믿음이 어디 있느냐 하시니 그들이 두려워하고 놀랍게 여겨 서로 말하되 그가 누구이기에 바람과 물을 명하매 순종하는가 하더라 (눅 8:22-25)

너희 믿음이 어디 있느냐

예수님이 제자들과 함께 갈릴리호수를 건너가시다가 잠이 드셨는데 풍랑으로 배가 잠기게 되었습니다. 제자들이 예수님을 깨우자 예수님이 풍랑을 잠잠하게 하셨습니다. 이 사건에서 중요하게 생각해야 할 세 가지가 나옵니다. 예수님은 풍랑을 꾸짖으셨고, 제자들에게 그들의 믿음이 어디 있는지 물으셨고, 제자들은 그가 누구신지 속으로 자문하게 됩니다. 예수님이 여러 가지 기적들을 일으키셨지만 이 사건은 다른 기적들과 구별된 특별한 의미를 가집니다. 그것은 예수님이 이 세상의 역사 속에 뛰어들어 오셔서 역사와 세상을 넘어서는 유일하신 하나님이시며 주권자이심을 보이셨기 때문입니다.

다른 많은 기적에서도 예수님이 이 세상과 세상의 세력보다 크시고 비교할 수 없이 우월하신 창조주로서 능력 있는 분이시라는 것을 보여 주고 있지만 이 사건에서는 그것이 제자들의 믿음과 연결되어 오늘날 우리에게 질문을 던지고 있습니다. 예수님은 이 세상이 궁극적인 실체이고 권세인 속에 들어오셔서 하나의 형편과 사건을 해결해 주시는 분인가, 아니면 예수님 당신이 실체이고 궁극적 권위자로서 세상이 그 앞에 순종해야 하는 분인가, 하는 질문입니다. 마가복음 9장에 가면 이 문제로 인한 중요한 사건이 기록되어 있습니다. 마가복음 9장에 대한 배경 설명을 조금 해 보면, 예수님이 제자 셋을 데리고 변화산에 올라가셔서 변화되셨다가 다시 그 세 제자와 함께 산 아래에 있던 제자들에게 돌아오는 장면입니다. 14절부터 보겠습니다.

이에 그들이 제자들에게 와서 보니 큰 무리가 그들을 둘러싸고 서기관들이 그들과 더불어 변론하고 있더라 온 무리가 곧 예수를 보고 매우 놀라며 달려와 문안하거늘 예수께서 물으시되 너희가 무엇을 그들과 변론하느냐 무리 중의 하나가 대답하되 선생님 말 못하게 귀신 들린 내 아들을 선생님께 데려왔나이다 귀신이 어디서든지 그를 잡으면 거꾸러져 거품을 흘리며 이를 갈며 그리고 파리해지는지라 내가 선생님의 제자들에게 내쫓아 달라 하였으나 그들이 능히 하지 못하더이다 대답하여 이르시되 믿음이 없는 세대여 내가 얼마나 너희와 함께 있으며 얼마나 너희에게 참으리요 그를 내게로 데려오라 하시매 이에 데리고 오니 귀신이 예수를 보고 곧 그 아이로 심히 경련을 일으키게 하는지라 그가 땅에 엎드러져 구르며 거품을 흘리더라 예수께서 그 아버지에게 물으시되 언제부터 이렇게 되었느냐 하시니 이르되 어릴 때부터니이다 귀신이 그를 죽이려고 불과 물에 자주 던졌나이다 그러나 무엇을 하실 수 있거든 우리를 불쌍히 여기사 도와 주옵소서 예수께서 이르시되 할 수 있거든이 무슨 말이냐 믿는 자에게는 능히 하지 못할 일이 없느니라 하시니 곧 그 아이의 아버지가 소리를 질러 이르되 내가 믿나이다 나의 믿음 없는 것을 도와 주소서 하더라 예수께서 무리가 달려와 모이는 것을 보시고 그 더러운 귀신을 꾸짖어 이르시되 말 못하고 못 듣는 귀신아 내가 네게 명하노니 그 아이에게서 나오고 다시 들어가지 말라 하시매 귀신이 소리 지르며 아이로 심히 경련을 일으키게 하고 나가니 그 아이가 죽은 것 같이 되어 많은 사람이 말하기를 죽었다 하나 예수께서 그 손을 잡아 일으키시니 이에 일어서니라 집에 들어가시매 제자들이 조용히

묻자오되 우리는 어찌하여 능히 그 귀신을 쫓아내지 못하였나이까
이르시되 기도 외에 다른 것으로는 이런 종류가 나갈 수 없느니라 하
시니라 (막 9:14-29)

읽는 동안 사건의 개요는 충분히 이해되었을 것입니다. 우리가 이해
하는 대로 말하면 귀신 들린 아이에게서 귀신을 내쫓아 달라는 부탁
에 예수님이 짜증을 내셨습니다. '너희에게 믿음이 없다'는 점에 짜증
을 내셨습니다. 무슨 믿음입니까? 예수님이 귀신을 쫓아낼 힘이 있는
가 없는가에 대한 믿음이 없다는 것이 아닙니다. '너희는 나를 수리공
으로 생각하는구나. 내가 궁극적 권위자라는 것을 모르는구나. 그러
니까 너희는 이 세상이 궁극적 실체인데 나를 찾아와서 그 거대한 권
세와 세력 안에서 그저 급한 불을 꺼달라는 데에만 급급하구나' 하고
꾸짖은 것입니다.

　여기 나온 아버지가 자기 아들을 고쳐 달라고 예수께 요청할 때에
도 말씀에서 보듯이 '무엇을 하실 수 있거든'이라고 말하면서, 고통이
라도 면하게 해 주시든가 잠잠하게 해 주시든가 아무튼 하실 수 있는
것이 있거든 도움을 달라고 하였고 예수님은 '믿는 자에게는 능히 하
지 못할 일이 없느니라'라고 답하십니다. 여기 등장하는 '믿음'이라
는 말과 나중에 제자들이 왜 우리는 못했냐고 물을 때 예수님이 하신
말씀, "기도 외에 다른 것으로는 이런 종류가 나갈 수 없느니라"라는
이 두 말씀은 다 인격과 관계된 표현입니다. 본문 말씀과 연결해 보
면, 풍랑을 잠잠하게 하신 예수님이 제자들에게 "너희 믿음이 어디 있
느냐"라고 물으시는 것은, 궁극적 실체를 세상으로 생각하고 예수 그

리스도께서 그 속에서 다른 인간들이 할 수 없는 좀 더 나은 어떤 놀라운 능력으로 세상의 냉혹함과 어려움을 완화하거나 개선해 주기를 바라는 제자들에게 예수 그리스도 자신이 세상 위에 서 있는 창조주며 섭리자로서 주인이라는 것을 아느냐고 질문하는 것입니다.

냉혹한 세상의 인과 법칙

좀 더 풀어 봅시다. 세상은 인과 법칙으로 움직이는 냉혹한 체제입니다. 원인과 결과의 법칙과 우연이라는 법칙이 있는데 후자는 법칙이라고 할 수 없습니다. 어느 때에는 인과 법칙으로 연결할 수 없는 어떤 일도 일어나지만 세상은 기본적으로 법칙의 세계입니다. 법칙의 세계라는 것은, 인격적이지 않다는 뜻입니다. 세상이 궁극적인 실체이며 권위라고 알면 우리는 살면서 경험하다시피 현실에서 냉혹해질 수밖에 없습니다. 세상은 인과 법칙뿐이고 거기서 이기거나 살아남으려면 생존의 법칙을 지키는 수밖에 다른 도리가 없습니다.

그러니까 우리가 현실을 살아가다 보면 우리도 모르게 점점 냉정해져야 해, 동정심 같은 건 버려, 감상은 필요 없어, 내가 양보해 봤자 남는 건 없어, 네 인생을 포기하려면 양보해, 네가 승자가 되고 싶으면 그런 감정에 빠지면 안 돼, 하는 생각이 듭니다. 이런 생각은 누가 가르쳐 주지 않아도 우리 모두 스스로 배우는 것입니다. 세상이 냉혹하기 때문입니다. 세상을 궁극적인 실체라고 보면 이 냉혹한 현실 속에서 오늘의 고통을 감면받거나 오늘의 짐을 경감받는 것 외에는 더 이상의 소원도 기대도 없습니다. 그런데 예수님이 귀신도 쫓아내고 병자도 살려 내니까 우리 인생의 짐을 덜어 줄 수 있다는 기대나 믿음에 머물러 있으면 안 된다고 하는 것이 본문 말씀에서 도전하는 내용입니다.

예수님은 누구십니까? 풍랑을 꾸짖음으로 인격자가 이 세상 위에 있음을 보여 주시는 분입니다. 꾸짖는다는 것은 윗사람이 아랫사람에게 하는 것입니다. 또 꾸짖는다는 것은 인격적인 발언입니다. 궁극적인 실체와 권위가 하나님에게 있으면 하나님은 인격자라는 것입니다. 마가복음 9장을 예로 든 이유도 그것입니다. 세상의 인과 법칙 속에서는 원인을 만족시키지 못하면 결과를 감수해야 합니다. 원인을 만족시키면 결과를 빌 필요가 없습니다. 마땅한 보상입니다. 그러나 대상이 인격자라면 이야기는 달라집니다. 인격자가 대상이라면 용서를 빌 수가 있고 애원할 수가 있고 다음 기회를 달라고 이야기할 수 있습니다. 그것이 기도입니다.

기도는 우리가 마땅한 원인을 만족시키고 나서 결과를 비는 방법이 아닙니다. 우리는 자신이 잘했으면 기도하지 않습니다. 그것은 인과 법칙에서 나오는 당연한 보상입니다. 내가 공부를 잘해서 좋은 결과를 얻었는데 그걸 왜 기도하겠습니까? 우리가 기도하는 때는 자신이 충분한 결과를 기대할 수 없을 만큼 원인에 충실하지 못했을 때입니다. 또 우리가 만든 원인이 가지는 결과보다 그 이상의 것을 필요로 할 때 기도합니다. 그것이 본문에서 성경이 가르치고자 하는 것입니다.

요한복음 1장을 봅시다. "너희 믿음이 어디 있느냐"라는 예수님의 질문은 사실 우리 모두로 하여금 우리가 믿는 하나님, 우리가 믿는 예수님, 기독교 신앙의 가장 중요한 근거와 본질로 이해해야 합니다. 요한복음 1장 14절을 보겠습니다. "말씀이 육신이 되어 우리 가운데 거하시매 우리가 그의 영광을 보니 아버지의 독생자의 영광이요 은혜와 진리가 충만하더라"(요 1:14). 예수님의 성육신하신 모습을 성경은 이렇게 설명하고 표현하고 있습니다. 예수님이 오셨는데 그의 영광은 아버지의 독생자의 영광입니다. 아버지의 아들의 영광이라는 말은 아들이 영광스럽다는 이야기를 하려는 것이 아니라 아들로 표현된 아버지의 정체가 영광스럽다는 것입니다. 세상과 우리를 만드시고 세상과 우리를 다스리시는 유일한 주인이신 하나님은 인격자로서 그가 만든 세상과 그가 사랑하는 자녀를 인격적으로 찾아오시는 신실하시고 선하시고 의로우신 분으로 그 영광이 제일 우선하는 분이라는 것입니다.

냉혹한 세상의 인과 법칙과 비교해 보십시오. 하나님이 인격을 가졌다는 사실만으로도 비교할 수 없이 감사한 일인데, 그분은 당신이 만드신 우주에 대하여 선하시고 의로우시고 신실하신 분으로, 우리와 세상을 위하여 우리가 보고 만지고 이해하고 동고동락하는 현실로 찾아오실 만큼 그 인격에 우리가 항복할 만한 분이시더라는 것입니다. 이것을 다르게 표현하면 '은혜와 진리가 충만하더라'입니다. 은혜란 인과 법칙과 비교할 수 없는 것입니다. 진리란 무질서와 혼돈과 우연이 아니라 거기에 정직과 성실과 보람과 결과를 만들어 내는 중요한 진실성이 있다는 것입니다.

그래서 우리는 역사가 무엇이냐고 할 때 역사란 하나님이 모든 사건 가운데 의지를 행사하신 것이라고 봅니다. 역사란 하나님이 그의 의지를 가지고 개입한 사건들이라고 본다는 말입니다. 이렇게 보면 우리로서는 얼른 이해되지 않는 부분들이 있습니다. 하나님이 직접 역사에 개입하셨다면 인류 역사가 왜 이렇게 비참합니까? 그 많은 재난과 비극이 왜 있습니까? 당장 우리 현실 속에서도 신자 된 인생이 왜 이리 고달프며 세상은 왜 이렇게 어지러운지 물을 수 있습니다. 우리는 아직 그 답을 잘 모릅니다. 그러나 이것만은 분명하게 해 둬야 합니다. 하나님이 역사에 개입하시고 그 의지와 성실함으로 주도권을 행사하신다는 사실은 신자들에게 있어서는 분명하다는 것입니다.

교회는 예수와 묶인 운명

에베소서 1장 22절을 보겠습니다. "또 만물을 그의 발 아래에 복종하게 하시고 그를 만물 위에 교회의 머리로 삼으셨느니라 교회는 그의 몸이니 만물 안에서 만물을 충만하게 하시는 이의 충만함이니라"(엡 1:22-23). 우리는 예수님을 믿는다고 이야기할 때 예수께서 우리를 구원하러 오셨고 우리를 위하여 십자가에 죽으셨다는 사실을 가장 대표적인 내용으로 이해하고 있습니다. 그러나 성경은 하나 더 추가합니다. 그가 우리와 자신을 묶으셨다는 사실입니다. 우리를 구원하기 위하여 역사와 현실 속에 성육신하십니다. 우리를 죄와 사망에서 구원하기 위하여 우리 대신 십자가에 달려 돌아가십니다. 그리고 부활하셔서 죄와 사망의 권세에서, 죽음과 영벌의 자리에서 우리를 구원하십니다. 그 구원을 영광스럽게 하려고 우리를 자신과 묶으십니다. 그것이 교회입니다.

　얼핏 생각하기에 교회라고 하면 공동체와 조직을 떠올리기 마련인데 성경에서 교회라는 표현은 예수 그리스도로 말미암아 하나님의 자녀가 된 하나님의 백성을 부르는 명칭입니다. 구약에서 이스라엘이라는 뜻입니다. 구약에서 이스라엘은 민족의 이름이면서도 하나님의 백성이라는 뜻으로 쓰였습니다. 신약 시대의 교회는 그 이스라엘을 대신하고 있습니다. 교회라고 하면 예수를 믿는 각 개인을 말합니다. 그 모든 각 개인이 교회라는 이름으로 불리는 이유는 그리스도와 묶여 있다는 뜻에서 그렇게 불리는 것입니다. 성도, 신자라는 이름으로도 불리지만 특별히 교회라는 이름으로 불릴 때는 하나님의 백성으로 부름을 받아 예수 그리스도와 묶여 있는 사람, 연합되어 있는 사람이라는 뜻입니다. 그러므로 우리의 존재와 우리의 삶은 혼자인 경우가 없습니다. 혼자인 순간이 없습니다. 예수 그리스도께서 내가 가는 모든 곳에 함께 가시며 내가 겪는 모든 일에 함께하십니다. 우리가 의식하느냐 못하느냐는 이차적인 문제입니다. 모든 성도는 구원을 받는 그 순간부터 예수 그리스도와 묶여 있습니다. 그것은 머리와 몸이 어느 순간에도 분리될 수 없는 것과 같습니다. 이것이 하나님이 역사와 세상과 인생에 주도권을 가지고 개입하시어 일하고 계시다는 성경의 증언입니다.

예수와 묶인 교회의 영광

물론 우리는 이해할 수 없는 것이 한두 가지가 아닙니다. 하나님, 세상을 왜 이렇게 내버려두십니까, 역사를 왜 그렇게 내버려두셨습니까, 하고 묻고 싶거든, 나를 왜 이렇게 방치하고 있습니까를 먼저 물어보십시오. 왜 그럴까요? 하나님은 우리가 먼 길을 돌아오는 것을 참으십니다. 우리의 항복과 이해와 성숙을 위하여 필요하다면 길을 돌아오는 것을 용서하십니다. 그것이 인격입니다. 상대방의 항복을 받아 내기 위하여 기다리시며 이해하시며 용서하십니다. 그리고 포기하지 않으십니다. 하나님은 우리 인생을 포기하지 않으십니다. 그렇다고 강요하지도 않으십니다. 우리를 굴복시키지 않고 항복시키십니다.

우리가 기독교 신앙인으로서 누리는 가장 큰 복은 우리가 믿는 하나님, 우리를 부른 하나님이 인격자라는 사실입니다. 그는 우리에게 믿음을 요구하시며 우리를 사랑하신다고 합니다. 우리를 절대 놓지 않을 것입니다. 또한 우리를 위해서 오래 기다리실 것입니다. 그러면 우리는 이런 질문을 합니다. '하나님이 포기하지 않고 실패하지 않고 오래 기다리신다면 내가 책임질 것이 뭐가 있는가?' 이 말은 정당한 반문이 아니라 우리의 죄성이 가진 비겁한 생각입니다. 나를 사랑하는 상대방이 최선을 다했다고 하니, 나는 아무 책임이 없다고 말하는 것과 똑같지 않습니까? 우리는 이런 생각이 정당한 반문인 것같이 이야기합니다. 하나님의 사랑과 포기하지 않으시는 신실함을 두고서 우리 책임의 정도를 묻는다는 것은 참으로 비겁합니다. 마땅히 항복하고 기꺼이 반응해야 옳습니다. 그래서 에베소서 3장에서는 우리가

가진 신앙 고백의 책임으로 이렇게 기도합니다. 에베소서 3장 14절을
봅시다. 여태까지 이야기한 본문의 말씀을 다 묶어 '이러므로'라는 결
론으로 간다고 생각하십시오.

> 이러므로 내가 하늘과 땅에 있는 각 족속에게 이름을 주신 아버지
> 앞에 무릎을 꿇고 비노니 그의 영광의 풍성함을 따라 그의 성령으로
> 말미암아 너희 속사람을 능력으로 강건하게 하시오며 믿음으로 말미
> 암아 그리스도께서 너희 마음에 계시게 하시옵고 너희가 사랑 가운
> 데서 뿌리가 박히고 터가 굳어져서 능히 모든 성도와 함께 지식에 넘
> 치는 그리스도의 사랑을 알고 그 너비와 길이와 높이와 깊이가 어떠
> 함을 깨달아 하나님의 모든 충만하신 것으로 너희에게 충만하게 하
> 시기를 구하노라 (엡 3:14-19)

이것이 기독교 신앙입니다. 기독교 신앙을 가능하게 하는 우리 믿음
의 대상이자 우리를 구원하기로 작정하신 하나님 아버지에 대한 우
리의 마땅한 신앙적 반응이며 책임입니다. 이래야만 합니다. 그리고
20절에 이렇게 덧붙입니다. "우리 가운데서 역사하시는 능력대로 우
리가 구하거나 생각하는 모든 것에 더 넘치도록 능히 하실 이에게 교
회 안에서와 그리스도 예수 안에서 영광이 대대로 영원 무궁하기를
원하노라 아멘"(엡 3:20-21). 우리가 구하는 것과 생각하는 것보다 더
주실 분, 우리의 상상을 뛰어넘는 결과로 우리를 인도하실 분입니다.
우리는 지금 이해되지 않는 세상과 역사를 봅니다. 하나님의 능력과
신실함과 열심으로 개입하신 현실과 역사가 이렇다는 것에 대해 우

리는 다 이해할 수 없습니다. 나 자신에 대해서조차 이해할 수 없습니다. 우리가 가진 신앙 고백과 열심에도 불구하고 보상받지 못하는 것을 이해할 수 없습니다. 진심이 있음에도 진심을 이어 나가지 못하는 우리의 무력감 속에서도 일하시는 하나님에 대하여 우리는 그저 놀랄 뿐입니다.

여기 있는 대로 하나님이 우리의 생각과 이해보다 상상할 수 없이 큰 것으로 능히 이루어 주실 것을 우리는 믿습니다. 왜 그렇습니까? 그 아들을 육신을 입혀 이 땅에 보내실 만큼 놀라운 분이시기 때문입니다. 그래서 21절에 보듯이 '교회 안에서와 그리스도 예수 안에서 영광이 대대로 영원 무궁하기를 원하노라'라고 합니다. '그리스도 예수 안에서'라는 말을 우리는 넉넉히 이해합니다. 그럼 '교회 안에서'란 무엇을 말합니까? 예수 안에서 일어나는 것은 우리가 예수와 묶여 있기 때문에 성도 안에서 일어날 수밖에 없습니다. 그것이 우리가 고백하는 신앙 고백의 중요한 내용입니다. 그리고 운명입니다. 그것을 우리 하나님이 이루실 것입니다. 우리의 답답함과 조급함과 이해할 수 없는 현실 속에서 일하시는 하나님입니다. 그러므로 우리는 방심할 수 없습니다. 힘을 다하여 신앙생활을 하는 데, 우리의 성공과 실패, 우리의 진심과 한계까지 묶어, 예수 그리스도에게 묶인 우리의 존재와 현실인 줄 이해하는 믿음으로 인내하고 충성하는, 예수와 묶인 진실한 교회이기를 바랍니다.

기도

하나님 아버지, 은혜를 감사합니다. 우리가 우리 손에 달려 있지 않고 예수 안에 있고 하나님의 붙드심과 묶으심 속에 있다는 사실로 말미암아 감사드립니다. 우리의 삶, 우리가 살고 있는 세상과 역사를 이해할 수 없는 이 현실 속에 하나님이 일하고 계시며 큰 것을 만들어 가고 계시다는 사실을 믿습니다. 오늘 우리의 한숨과 눈물이 헛되지 않다는 것을 믿습니다. 우리의 진심으로만 헛되지 않은 것이 아니라 하나님의 일하심의 기이함과 경이로움과 능력과 지혜로 말미암아 그렇다는 것을 믿습니다. 이 믿음으로 우리 각자의 자리를 지키고 그 고백을 지키고 그 인생을 살아 나가는 힘 있는 하나님의 백성이 다 되도록 축복하여 주시옵소서. 예수님 이름으로 기도합니다. 아멘.

15

세상이 두렵지 않은 신앙

40 예수께서 돌아오시매 무리가 환영하니 이는 다 기다렸음이러라 41 이에 회당장인 야이로라 하는 사람이 와서 예수의 발 아래에 엎드려 자기집에 오시기를 간구하니 42 이는 자기에게 열두 살 된 외딸이 있어 죽어감이러라 예수께서 가실 때에 무리가 밀려들더라 43 이에 열두 해를 혈루증으로 앓는 중에 아무에게도 고침을 받지 못하던 여자가 44 예수의 뒤로 와서 그의 옷 가에 손을 대니 혈루증이 즉시 그쳤더라 45 예수께서 이르시되 내게 손을 댄 자가 누구냐 하시니 다 아니라 할 때에 베드로가 이르되 주여 무리가 밀려들어 미나이다 46 예수께서 이르시되 내게 손을 댄 자가 있도다 이는 내게서 능력이 나간 줄 앎이로다 하신대 47 여자가 스스로 숨기지 못할 줄 알고 떨며 나아와 엎드리어 그 손 댄 이유와 곧 나은 것을 모든 사람 앞에서 말하니 48 예수께서 이르시되 딸아 네 믿

음이 너를 구원하였으니 평안히 가라 하시더라 (눅 8:40-48)

믿음은 자유로운 항복

누가복음 8장은 예수님이 갈릴리호수에서 풍랑을 잠재운 사건, 군대 귀신 들린 자를 고치신 사건, 열두 해를 혈루증으로 앓던 여인을 고치신 사건, 회당장 야이로의 딸을 살리신 사건, 이렇게 여러 기적의 사건들로 이루어져 있습니다. 첫 번째 사건은 갈릴리호수를 잠잠케 하신 하나님의 기적 속에서, 예수를 보내신 하나님이 세상 법칙과 권세를 쥐고 계시는 유일한 하나님이신 것을 선포하는 장면이었습니다. 이 세상의 인과 법칙이나 비인격성과 비교할 수 없는 인격자이신 하나님이 온 우주와 존재와 역사의 주인이시라는 사실을 성경이 선언하고 있습니다.

본문 말씀은 그 인격자이신 하나님이, 세상보다 더 큰 권세로 통치하시고 주인으로서 권위를 갖고 있을 뿐 아니라 그의 권세와 그 크신 권위가 그가 통치하시고 부르시는 각 인격에게 개인적으로 찾아와 당신의 통치에 항복시키는, 사랑의 하나님이요 은혜의 하나님인 것을 우리에게 깨우쳐 주십니다. 39절에 있는 바와 같이 '집으로 돌아가 하나님이 네게 어떻게 큰 일을 행하셨는지를 말하라'고 함으로써 세상과 역사의 주인이신 하나님, 그 큰 통치자께서 그의 다스림의 대상으로서 부르시는 각 자녀들과 그 나라의 백성에게 각각 어떻게 은혜를 베푸시고 그의 존재와 생애를 만족케 하시는가에 대해 사실을 증언하도록 요구하고 있습니다. 그리고 48절에 있는 것처럼 "예수께서 이르시되 딸아 네 믿음이 너를 구원하였으니 평안히 가라 하시더라" 로 결론이 납니다.

기독교 신앙을 대표하는 단어가 몇 개 있습니다. 그중 대표적인 것 이 사랑과 믿음입니다. 또 은혜와 생명입니다. 이런 단어들은 다 기독 교의 본질을 대표하는 중요한 단어들입니다. 그중에 믿음이라는 것은 하나님이 모든 존재의 주인이자 통치자로서 그 높으신 권세로 우리 를 강요하지 않는다, 강제하여 억지로 무릎 꿇리지 않는다는 사실을 가장 잘 드러내는 단어입니다. 믿음이란 믿어야 할 사람이 자유롭게 선택하고 결정하는 것입니다. 거기에 외압이 있으면 믿음은 생겨나지 않습니다. 믿는다는 것은 대등한 관계 또는 공평한 기회와 조건 속에 서 일어날 수 있지, 이미 이해관계에 얽히거나 힘의 논리에 좌우되거 나 공포와 두려움이 끼어들면 그것은 믿음이라고 할 수 없습니다. 이 는 우리 모두가 알고 있는 내용입니다.

기독교 신앙의 핵심은 하나님이 얼마나 위대하신 분인지가 각 개 인의 이해로 확인된다는 것입니다. 세상이 얼마나 냉혹한가는 부모가 가르쳐 주지 않아도 각자 살면서 확인합니다. 세상이 비정하다는 것 을 확인하게 됩니다. 하나님이 어떤 분인지는 각 개인의 신앙 고백 속 에 먼저 다 포함되어 있습니다. 어느 영혼도 두려움이나 이해관계로 하나님을 믿을 수는 없습니다. 공포나 내몰림 또는 현실적 필요가 하 나의 계기가 될 수는 있지만, 그것은 엎드려 빌어 신이 가진 힘을 빌 려 오는 것과는 다릅니다. 그 계기와 과정이 어떠하든 결론적으로 믿 음을 가질 때에는 그런 이해관계나 힘의 논리를 벗어나 온전히 자유로운 항복을 하는 것이 기독교 신앙입니다. 그래서 기독교 신앙인에게는 늘 불만이 있습니다. 자유롭기 때문에 불만이 있습니다.

자유로운 것에 왜 불만이 있습니까? 우리가 하나님을 다 이해할 수 없어서 그렇습니다. 우리가 우리에 대한 아무런 외압 없이 외적 이해관계나 기계적 힘의 논리를 벗어나서 항복했을지언정 우리 믿음의 대상인 하나님은 우리 이해의 범주를 넘어서 계시기 때문에 우리는 하나님을 믿으면서도 늘 마음에 의문을 가지게 됩니다. 우리가 믿는 하나님이 우리보다 크시기 때문입니다. 만일 우리가 이해하는 신을 갖고 있다면 우리의 믿음 속에는 의심도 불만도 없을 것입니다. 그러나 기대도 없을 것입니다.

언젠가 제가 젊은 시절에 설악산으로 겨울 산행을 가게 되었습니다. 한계령을 넘어서 백담사에서 하루 자고 오세암에서 하루 자고 마등령을 넘어 외설악으로 빠져나오는 2박 3일의 겨울 등반을 했는데, 눈이 많이 쌓인 1월에 그 일을 계획하느라 전문 가이드 둘을 썼습니다. 자신들을 진짜 산(山) 사나이라고 이야기하는 두 사람을 가이드로 세우고 일행 15명이 등반에 참여했습니다. 그 산 사나이라는 자부심이 얼마나 대단한지 눈꼴시어서 볼 수가 없었습니다. 산을 다니지 않는 것들은 마치 인간이 아닌 것같이 말하곤 했습니다. 그래서 제가 어느 날 저녁에 산 사나이에게 뭐가 그렇게 잘났느냐고 물었습니다. 그러자 그는, 산은 배신하지 않는다고 했습니다. 맞는 말입니다. 그런데 제가 그 자리에서 "비겁한 사람들이구만" 그랬습니다. 다들 너무 놀랐습니다. 그렇게 말하고서 바로 이렇게 말했습니다. "산은 기대의 대상이 아니야. 그래서 배신을 안 해. 사람은 기대의 대상이지. 그래서 배신이라는 것이 생기지." 그 즉시 그들이 무릎을 꿇고 제자가 되었습니다.

우리는 하나님이 믿음의 대상이라는 사실을 자주 놓칩니다. 하나님이 우리를 항복시키셨는데 이는 우리가 이해해서 항복한 것보다 더 큽니다. 그래서 어떻게 이해되었는지 우리는 모릅니다. 지금 여기 등장하는 군대 귀신 들렸던 사람이나 혈루증을 앓던 여인이나 회당장 야이로처럼 그들의 생애 속에 찾아온 하나님의 통치의 위대함과 은혜로우심을 우리도 만난 것입니다. 세상과 인간에게 기대할 수 없는 큰 존재를 만난 것입니다. 은혜롭고 자비롭고 노하기를 더디 하며 인자와 긍휼이 풍성하신 하나님을 만난 것입니다. 시작은 그렇게 했지만 살면서 현실적으로 찾아오는 필요에 하나님이 우리가 기대하는 대로 답하지 않는다는 현실 속에서 의심이 생기고 불만이 생기는 것은 당연합니다. 그래서 믿음을 요구하고 믿음을 허락한다는 말이 갖는 이해가 없으면 예수를 믿지만 불만을 드러내고 책임에 대해 변명하는 교묘한 자기기만에 빠질 수 있습니다.

예수님 때문에 모인 교회

하나님이 믿을 만한 분이라는 것은, 어떤 결정적인 사건이나 어떤 해결로 경험하지 못해도 어쨌든 우리의 영혼이 알게 된 사실입니다. 제 경우에는 결정적인 사건이 없었습니다. 그러나 어쨌든 하나님이 제 영혼에 찾아오셨다는 것만은 부인할 수가 없습니다. 기독교 신앙생활의 본질인 믿음이란 하나님을 아는 것입니다. 어떻게 알고 어떻게 이해하는지는 이차적인 것입니다. 그것을 거부할 수가 없고 속일 수가 없습니다. 그래서 이렇게 주일마다 다시 오고 신앙생활을 하지 않으면 불편합니다. 그러나 하나님이 내 맘 같지 않은 것도 사실이기 때문에 당황하곤 합니다.

그런데 이것은 하나님이 얼마나 믿을 만한 분이신가를 우리에게 드러내는, 어찌 보면 기독교에만 있는 가장 극적인 증명일 수 있습니다. 사실 교회 공동체라는 것은 다른 이유로는 묶일 수 없는 사람들이 함께하는 공동체입니다. 세상적인 조건들과 세상적인 기준들은 여기에 적용되지 않습니다. 재산, 학력, 취미, 성격, 관심 등 모두가 다릅니다. 딱 한 가지 이유로 모이는데 그것은 다 예수를 믿는다는 사실입니다. 그것도 적극적으로 믿는 사람이 있고 원색적으로 믿는 사람이 있고 또 어떤 사람은 믿는지 마는지 하는데도 오직 예수 그리스도를 믿는다는 것 때문에 모두 하나가 된 공동체입니다. 이는 믿음은 우리가 아는 세상의 조건이나 인간이 가진 자격과 상관없는 일이라는 것을 의미합니다. 하나님이 그 영혼을 찾으셨기 때문에 외면할 수 없어 이 자리에 모인 것입니다.

그러니까 이 사실로 교회는 무엇을 증언합니까? 하나님이 우리에게 허락하신 믿음과 구원이 우리의 조건이나 자격, 세상의 약속이나 보상과는 상관없는 것이라고 증언합니다. 그것이 너무나 다른 사람들의 다른 형편 속에서 일어나는 항복이기 때문에 기독교 신앙을 진리라고 증언하는 것입니다. 기독교 신앙의 보편성을 증언합니다. 더 가진 것이나 만족할 만한 환경과도 상관없는 일이고 가장 처참하고 가장 절망적인 현실과도 상관없이 모두에게 필요하고 모두가 고백하게 되는 것으로서의 필요입니다. 이처럼 기독교 신앙은 보편성을 증언합니다. 그래서 교회 공동체를 이것 외에 다른 무엇으로 묶으려고 하면 안 됩니다. 교회는 다름, 다양성, 각 개인의 개성이 존중됨을 분명하게 이해하고 있어야 합니다. 교회에서만은 같기를 바라는 것은 신앙 고백 외에 아무것도 아닙니다. 우리 입술로 "예수 그리스도를 믿습니다"라고 말하게 하는 신앙 고백과 예수의 명령을 좇는 것을 지상 명령이라고 하는 것 외에 다른 것으로 묶을 수는 없습니다.

교회를 교회 되게 하시는 하나님의 부르심

그러면 교회의 힘은 어디에 있습니까? 그 생명과 힘은 어디서 나오는 것입니까? 신앙 고백, 하나님의 자유로운 부르심, 자유 속에서의 항복이라는 각 개인의 자유로운 선택과 고백에서 나옵니다. 이것이 교회의 힘입니다. 이것이 없으면 교회는 조직으로 힘을 내게 됩니다. 조직으로 힘을 가지려고 하면 능력과 기능으로 가고 맙니다. 그러면 재미없어집니다. 무엇을 해야 하는지는 교회마다 다를 것입니다. 무엇을 최우선적인 책임으로 할 일인지는 교회마다 다를 것입니다. 바로 이런 하나님의 일하심과 부르심으로 교회는 교회가 됩니다.

만일 우리가 교회에 와서 자기가 예수 믿은 것을 다른 것으로 확인하길 바라면 우리는 교회에 프로그램을 요구하게 됩니다. 교회에 와서 어떤 과정과 수단을 요구하여 보이는 눈금을 가지는 것으로 자기 확인을 하려고 들 것입니다. 교회는 그런 곳이 아닙니다. 훈련은 당연히 필요합니다. 그런데 교회에서 적극적으로 훈련에 참여하는 것이 복인 것같이, 도망 다니는 것도 교회에는 필요합니다. 풀어놓고 길렀는데 더 맛있는 것은 비단 닭만의 이야기가 아닙니다. 모르는 일입니다. 하나님의 부르심과 기르심에 대하여 우리는 더 넓고 더 깊은, 말하자면 믿음의 눈을 가져야 합니다.

그래서 하나님은 갈릴리호수의 광풍을 잠재우신 장면에서 우리가 본 하나님의 의지, 곧 자연이 가지는 통치권과는 다른 인격자로서의 의지와 사랑과 긍휼을 가지고 통치하십니다. 본문에서 놀라운 점은 하나님의 부름을 받은 모든 성도의 신앙 고백이 자유롭고 기쁘다는 것입니다. 골로새서 1장 24절에 가 봅시다.

나는 이제 너희를 위하여 받는 괴로움을 기뻐하고 그리스도의 남은 고난을 그의 몸된 교회를 위하여 내 육체에 채우노라 내가 교회의 일꾼 된 것은 하나님이 너희를 위하여 내게 주신 직분을 따라 하나님의 말씀을 이루려 함이니라 이 비밀은 만세와 만대로부터 감추어졌던 것인데 이제는 그의 성도들에게 나타났고 하나님이 그들로 하여금 이 비밀의 영광이 이방인 가운데 얼마나 풍성한지를 알게 하려 하심이라 이 비밀은 너희 안에 계신 그리스도시니 곧 영광의 소망이니라 우리가 그를 전파하여 각 사람을 권하고 모든 지혜로 각 사람을 가르침은 각 사람을 그리스도 안에서 완전한 자로 세우려 함이니 이를 위하여 나도 내 속에서 능력으로 역사하시는 이의 역사를 따라 힘을 다하여 수고하노라 (골 1:24-29)

바울의 고백은 이것입니다. '예수를 목적으로 삼고 목표로 삼아 예수를 닮는 삶을 살고 예수처럼 사는 것이 내 유일한 목적이고 참 자랑이며 영광'이라고 고백하는 것입니다. 이것은 세상의 위협과 다릅니다. 세상의 약속과 다른 것입니다. 세상은 오직 승리하기 위하여 인간성을 내놓으라고 요구합니다. 비정해지고 무정해지고 냉혹해지고 잔혹해지고 이기기 위하여 남을 해치라고 요구하는 것이 세상의 법칙입니다. 여기에는 인과 법칙뿐이며 인격이 들어설 자리가 없습니다. 그러나 하나님의 통치는 그렇지 않습니다. 우리는 그것을 예수 안에서 봅니다. 기적이란 자연법칙을 벗어나는 하나님의 통치의 권세이며 인격자의 찾아오심입니다. 그래서 바울은 기꺼이 그리스도의 남은 고난을 그의 몸 된 교회에 채우기 위하여 애쓰겠다고 약속하는 것입니다. 이는 다만 종교적인 임무를 말하는 것이 아닙니다. 비로소 인간의 참된 인간됨과 인생의 가치를 깨우친 자의 기쁜 선언입니다.

세상이 두렵지 않은 신앙

빌립보서 4장 10절 이하를 보면, 바울은 신앙생활의 각오를 이렇게 피력합니다.

내가 주 안에서 크게 기뻐함은 너희가 나를 생각하던 것이 이제 다시 싹이 남이니 너희가 또한 이를 위하여 생각은 하였으나 기회가 없었느니라 내가 궁핍하므로 말하는 것이 아니니라 어떠한 형편에든지

나는 자족하기를 배웠노니 나는 비천에 처할 줄도 알고 풍부에 처할
줄도 알아 모든 일 곧 배부름과 배고픔과 풍부와 궁핍에도 처할 줄
아는 일체의 비결을 배웠노라 내게 능력 주시는 자 안에서 내가 모
든 것을 할 수 있느니라 (빌 4:10-13)

13절은 유명한 구절입니다. '내게 능력 주시는 자 안에서 내가 모든
것을 할 수 있'다는 말씀은 굉장히 적극적이고 긍정적인 선언으로 보
입니다. 그러나 전혀 그렇지 않은 말씀입니다. 이 글을 쓸 당시 바울
은 로마 감옥에 갇혀 있었고 언제 죽을지 모르는, 내일을 약속할 수
없는 형편에 있었습니다. 그런 상황에서 빌립보교회가 그를 위문하러
옵니다. 바울은 그들의 찾아옴과 격려에 대해서 감사를 느낍니다. 그
러나 바울은 내가 궁핍한 것을 너희가 돌아보아서 감사한 것이 아니
다, 너희가 그리스도의 사랑에 동참해서 기쁘다는 것이다, 나는 궁핍
하든 풍부하든 상관없는 사람이다, 내게 능력 주시는 자 안에서 내가
모든 것을 할 수 있다, 이렇게 선언하는 것입니다. 그러니까 바울은
이 세상이 우리에게 줄 수 있는 것에는 긍정적인 것이 없고 의미 있는
것이 없음을 알게 된 것입니다. 인간에게 필요한 모든 것인 의와 진리
와 생명, 승리, 보람, 자랑은 예수 안에만 있더라는 것입니다. 세상은
나를 도와줄 수 없으니 나를 방해할 수도 없다, 내게 필요한 것은 예
수 안에 다 있다, 그래서 나는 무슨 꼴이라도 당할 수 있다고 선언하
는 것입니다.

우리는 모두 현실이 얼마나 무서운지 압니다. 자기가 자기를 돌보
지 않으면 아무도 우리를 돌보지 않는다는 사실을 압니다. 우리가 세

상의 힘을 갖고 있지 않으면 세상의 법칙대로 잡아먹힌다는 것도 압니다. 그런데 세상의 힘을 가지고 있으면 생존하기에 좀 더 편하고 멸시를 덜 받을 수 있을지는 몰라도 참다운 인간성을 회복하고 보람을 찾을 수 있는 일은 없다는 것을 예수 안에서 깨닫습니다. 예수 안에서 인간은 참으로 인간이 되고 참으로 보람 있고 영원한 승리가 약속되는 것을 봅니다. 그래서 바울은 무슨 꼴이라도 당할 수 있다고 선언했던 것입니다.

이것이 우리가 교회에 모여서 서로 확인하는 내용입니다. '우리가 가진 것으로 구원을 얻지 않았으며 하나님이 약속해 주신 보상 속에서 현실적인 것은 일차적 문제가 아니다. 병이 낫고 승진하고 여유 있게 사는 것은 신앙의 중요한 보상 목록이 아니다. 왜냐하면 그것은 우리 신앙의 이유가 아니고 근거가 아니고 내용이 아니고 아무런 조건도 아니기 때문이다.' 우리는 이 문제를 쉽게 이해하지 못합니다. 그러나 살아 보면 알게 됩니다. 세상이 할 수 있는 것은 결국 망신 주고 죽이는 것입니다. 그 이상 우리를 어떻게 하지 못합니다. 한 존재를 소멸하는 것으로 끝입니다. 왜냐하면 세상은 원래 한 존재조차도 영광스럽게 만들 재주가 없기 때문입니다. 존재를 유지할 것이냐 없앨 것이냐가 결정적인 힘인데 세상은 영원히 살게 해 줄 힘이 없습니다. 물론 가치 있게 사는 문제에 대해서도 세상에는 답이 없습니다. 예수 안에서 우리는 압니다. 하나님의 자녀로서만 예수 안에서만 생명과 진리와 영생과 영광과 승리를 가진다는 사실을 압니다. 그러니 이 세상이 우리에게 가하는 위협에 대하여 겁날 것이 없습니다.

신앙인으로서 나이 듦의 의미

언젠가 이야기했던 것처럼 제 나이쯤 되면 세상이 겁나지 않아야 합니다. 그럼 빨리 죽지, 왜 아직도 살아서 고함을 지르는가 하고 묻는다면 한 구절을 더 보겠습니다. 빌립보서 1장 20절입니다.

> 나의 간절한 기대와 소망을 따라 아무 일에든지 부끄러워하지 아니하고 지금도 전과 같이 온전히 담대하여 살든지 죽든지 내 몸에서 그리스도가 존귀하게 되게 하려 하나니 이는 내게 사는 것이 그리스도니 죽는 것도 유익함이라 그러나 만일 육신으로 사는 이것이 내 일의 열매일진대 무엇을 택해야 할는지 나는 알지 못하노라 내가 그 둘 사이에 끼었으니 차라리 세상을 떠나서 그리스도와 함께 있는 것이 훨씬 더 좋은 일이라 그렇게 하고 싶으나 내가 육신으로 있는 것이 너희를 위하여 더 유익하리라 내가 살 것과 너희 믿음의 진보와 기쁨을 위하여 너희 무리와 함께 거할 이것을 확실히 아노니 내가 다시 너희와 같이 있음으로 그리스도 예수 안에서 너희 자랑이 나로 말미암아 풍성하게 하려 함이라 (빌 1:20-26)

하나님이 우리를 남겨 두시는 이유, 신앙인들을 빨리 데려가시지 않고 고난 많은 세상 속에 놔두시는 이유는 무엇입니까? 하나님을 믿고 사는 것이 무엇인가를 증언하게 하기 위해서입니다. 세상의 보상을 받았기 때문에 예수 믿는 것이 행복하다고 증언하게 하기 위함이 아니라 아무 낙이 없는 것 같은 삶 속에서 세상과 타협하지 않고 세상의 공갈에 굴하지 않고 그들의 공격과 부끄럽게 하는 일을 담담히 감수하는 것에 우리의 생애를 쓰신다고 성경이 말합니다. 바울은 선언합니다. '내가 어떻게 될지 모른다. 내가 살지 죽을지 모른다. 아무래도 상관없다. 내가 산다면 살아서 할 일이 있다는 뜻이고 나를 죽이신다면 죽음으로도 할 일이 있다는 것이다. 생각해 봐라. 죽어서 주께 가는 것이 얼마나 편하냐. 그게 쉽다. 그러나 하나님이 나를 살려 놓는다면 살아서 할 일이 있다는 뜻으로 이해한다. 너희를 위하여 유익이 되라고 하신다.'

나이가 들면 아무 능력도 없고 아무 할 일도 없고 아무 가치가 없는 줄 아십니까? 아닙니다. 나이 들어서 갖는 최고의 신앙의 경지는 세상의 공격과 유혹 앞에 늠름하게 서 있는 담담함입니다. 고함을 지를 필요가 없습니다. 악을 쓰고 선동할 필요가 없습니다. 믿음의 연배가 가지는 자랑스러운 역할을 기억해야 합니다. 괄시받고 외면받고 외롭고 가진 것 없고 힘없는 때에 하나님은 더 많은 것으로 우리와 함께하십니다. 제가 이제 와서 무슨 약속을 하고 무슨 비전을 내놔서 예수를 믿는 것은 이런 것이라고 큰소리치겠습니까? 제가 가진 게 뭐가 있다고 그러겠습니까?

그런데 이렇게 주일마다 다시 나와서 담담히 이야기합니다. 죽을 날이 얼마 안 남았으니까 담담히 이야기하는 것이 아닙니다. 언제 데려가실지 모르고 매일 사는 게 힘에 벅차서 쩔쩔매고 있습니다. 벌벌 떨며 살고 있습니다. 두려워서 벌벌 떨고 있는 것이 아니라 온몸이 덜덜거려서 떠는 것입니다. 더 이상 세상이 겁나지 않습니다. 무서울 것이 없습니다. 예수 안에 있기 때문입니다. 아무 감정도 아무 고통도 느끼지 못해서가 아닙니다. 우리는 그것을 당할 수 있습니다. 그리고 우리 자녀에게도 보여 줄 책임이 있습니다. '애야, 걱정 마라. 하나님 이 더 크시단다. 나를 봐라. 아무런 보상을 가지고 있지 않으나, 나는 아무것도 겁나지 않단다. 믿음을 가지고 살아라.' 비록 어려움에 처해 있고 힘없고 무력해 보일지라도 이런 어른의 소리를 낼 수 있어야 합 니다. 그렇지 않으면 기독교를 증언할 방법이 없습니다.

교회는 이 증언을 해야 합니다. 그리고 이 증언이 자녀 세대로 이어 질 것입니다. 젊은 세대의 여러분, 여러분이 가진 지금의 안타까움이 나 불만이나 고통은 지금 겪기에는 버겁지만 결국 여러분을 강하게 할 것입니다. 그것이 여러분의 믿음을 확증해 줄 것입니다. 보이는 증 언을 제대로 이해하는 눈을 가지시기 바랍니다.

기도

하나님 아버지, 은혜를 감사합니다. 전 생애에 걸쳐 이런저런 현실의 위협을 당하고 죽을 고생을 하고 망신과 상처를 뛰어넘어 하나님의 하나님 되심과 우리를 부르신 하나님의 부르심과 다스리심에 대하여 증언합니다. 하나님은 우리의 찬송을 받으시는 분이요 우리를 죄와 사망 곧 더러움과 못남, 수치스 러운 모습에서 구원하신 분입니다. 우리의 전 생애와 운명을 걸고 하나님을 믿는 것을 감사하며 증언합니다. 이 교회에 허락하신 믿음의 어른들과 또 불 러내신 자녀들에게 하나님의 하나님 되심이 참으로 아름답고 멋지게 이어지 는 역사와 증언이 있게 하시고 고백과 기적이 있게 하여 주시옵소서. 예수님 이름으로 기도합니다. 아멘.

16
우리를 찾아오시는 하나님

1 예수께서 열두 제자를 불러 모으사 모든 귀신을 제어하며 병을 고치는 능력과 권위를 주시고 2 하나님의 나라를 전파하며 앓는 자를 고치게 하려고 내보내시며 3 이르시되 여행을 위하여 아무 것도 가지지 말라 지팡이나 배낭이나 양식이나 돈이나 두 벌 옷을 가지지 말며 4 어느 집에 들어가든지 거기서 머물다가 거기서 떠나라 5 누구든지 너희를 영접하지 아니하거든 그 성에서 떠날 때에 너희 발에서 먼지를 떨어 버려 그들에게 증거를 삼으라 하시니 6 제자들이 나가 각 마을에 두루 다니며 곳곳에 복음을 전하며 병을 고치더라 (눅 9:1-6)

예수께서 보내신다

누가복음 9장 1-6절 말씀에는 예수님이 열두 제자를 복음의 전파자로 내보내시는 일이 기록되어 있습니다. 모든 귀신을 제어하며 병을 고치는 능력과 권위를 주시고 하나님의 나라를 전파하며 앓는 자를 고치게 하려고 내보내십니다. 이 본문에서 핵심은 제자들을 예수께서 보내신다는 사실입니다. 예수께서 보내신다는 것은 기독교에서 말하는 복음, 기독교에서 말하는 구원의 근거와 시작이 하나님에게 있다는 뜻입니다. 이것이 왜 강조되어야 하냐면 오늘날 현대인들의 생활 속에는 복이나 구원이나 행복 같은 것들만 난무하고 있기 때문입니다. 성경이 이야기하는 복음은 하나님으로부터 시작한, 하나님만이 주실 수 있는 복입니다. 이것을 오해하면 우리는 결국 자신의 이해와 감각과 필요라는 세상의 헛된 것에 매달리게 됩니다. 요한복음 17장에 가 봅시다. 예수님이 제자들을 내보내시는 내용에 대하여 중요한 이해가 나옵니다. 요한복음 17장 18절부터 봅시다.

> 아버지께서 나를 세상에 보내신 것 같이 나도 그들을 세상에 보내었고 또 그들을 위하여 내가 나를 거룩하게 하오니 이는 그들도 진리로 거룩함을 얻게 하려 함이니이다 내가 비옵는 것은 이 사람들만 위함이 아니요 또 그들의 말로 말미암아 나를 믿는 사람들도 위함이니 아버지여, 아버지께서 내 안에, 내가 아버지 안에 있는 것 같이 그들도 다 하나가 되어 우리 안에 있게 하사 세상으로 아버지께서 나를 보내신 것을 믿게 하옵소서 (요 17:18-21)

예수 그리스도의 오심은 그를 보내신 누가 있다는 뜻이며, 예수 믿는 사람들이 있다는 것은 사람들을 믿음으로 부른 누가 있다는 뜻입니다. 이것은, 종교성이라는 것은 인간이 가진 잠재력이나 영성에서 만들어지는 것이 아니라는 뜻입니다. 우리의 진심이나 기대, 소원, 열심, 느낌에 관한 것이 아닙니다. 우리가 행복을 느끼는 것이 행복이 아니듯이 느낌이 진리는 아닙니다. 우리가 느끼고 경험하는 것은 우리라는 한계 안에서 일어나는 것이지만, 기독교가 말하는 진리는 우리가 만들어 내고 우리가 경험하고 우리가 감각하는 것보다 큰 존재, 다시 말해서 이 세상보다 큰 존재로부터 시작했으며, 이 세상 안에서 만들어진 것이 아니라 이 세상을 초월하여 계시는 이 세상의 실제 주인으로부터 시작한 것입니다.

예수를 믿는 일이 어려운 것은, 이 부르심을 받지 않으면 즉 하나님이 찾아와 만나 주시지 않으면 혼자 아무리 발버둥을 쳐 봤자 쫓아 올라가 하나님을 만날 방법이 없다는 데에 있습니다. 그런데 우리가 만난 하나님으로 말미암아 얻게 된 것을 설명하라고 하면 우리는 느낌과 생각으로 설명할 수밖에 없습니다. 감동을 받았다, 은혜를 받았다, 기쁘다, 행복하다, 만족한다, 이런 말들은 세상 속에서도 얼마든지 쓰이는 말입니다. 우리는 야구를 볼 때에도 응원하는 팀이 이기면 행복해합니다. 그러나 그 행복과는 다른 것입니다. 내가 응원하는 팀이 이긴 행복과, 영생과 진리에 관한 행복은 비교할 수 없는 차이가 있습니다. 천지 차이 정도가 아닙니다. 세상과 이 세상보다 더 큰 진리를 비교할 수 없는 차이입니다.

신자의 정체성

오늘날 기독교는 시험, 유혹, 유행 속에서 많이 오해받고 있습니다. 왜 냐하면 보내신 이가 드러나지 않아서입니다. 이어지는 22절을 보겠습 니다. "내게 주신 영광을 내가 그들에게 주었사오니 이는 우리가 하나 가 된 것 같이 그들도 하나가 되게 하려 함이니이다." 내게 주신 영광 을 내가 그들에게도 주었다, 제자들에게도 그 영광을 주었다는 말은 무슨 뜻일까요? 요한복음 1장에 나온 예수 그리스도에 관한 선언에 서 확인할 수 있습니다. 14절을 봅시다. "말씀이 육신이 되어 우리 가 운데 거하시매 우리가 그의 영광을 보니 아버지의 독생자의 영광이 요 은혜와 진리가 충만하더라." 아버지의 독생자의 영광이라고 할 때, 아버지에게 강조점이 있어 보입니까, 독생자에게 강조점이 있어 보입 니까?

아버지의 독생자입니다. 아버지에 강조점이 있습니다. 예수 그리 스도는 아버지의 영광을 드러내는 분으로 와 있습니다. 어떻게 오셨 습니까? 우리와 같은 인간으로 살과 피와 뼈로 구성된 몸을 입고 우 리와 같은 고난의 인생을 사셨는데 거기에 하나님의 영광이 있다고 합니다. 그가 오심으로써 그는 자신을 증명하는 것이 아니라 자기를 보내신 이를 증거한다는 것입니다. 그의 존재와 생애는 하나님이 누 구신가, 그를 보낸 이가 누구신가에 관한 증언입니다. 인간 역사에 있 었던 다른 위인들과 다릅니다. 세상 속에서 한 인생 속에서 한 실존 속에서 도를 깨우친 정도와 다릅니다. 세상 밖에서 세상 안으로 보냄 을 받은, 이 세상이 전부가 아니고 세상 밖에 있는, 세상 위에 있는 그 모든 존재의 주인이신 분의 영광과 권세와 우리를 향한 은혜를 증거하기 위하여 보냄을 받은 이입니다. 얼마나 놀랍습니까?

그러니까 예수를 믿는 모든 자는 잘났건 못났건 간에, 성경에서는 다 예수의 제자라고 합니다. 왜냐하면 예수를 믿는다는 것은 예수를 보내신 하나님을 믿는다는 것이며 예수 안에서 보이신, 하나님만이 주실 수 있는 것으로 그 정체성과 본질이 새롭게 구성되었다는 것이기 때문입니다. 그러니까 신자란 세상이 만들어 낼 수 없고, 예수 안에서 허락된 하나님의 사람으로 새로 지음받은 존재라는 뜻입니다. 그것이 예수님이 말씀하시는 "아버지께서 내게 주신 영광을 내가 너희에게도 주노라. 아버지께서 나를 보내신 것같이 나도 너를 보내노라"입니다.

그런데 오늘날 예수 믿는 사람들은 자기를, 온 우주의 주인이시고 역사의 주인이신 하나님에게서 온 것으로 증명하려고 하지 않고 세상에 있는 것으로 증명하려고 합니다. 그래서 예수를 믿으면 잘산다는 말은 아주 괘씸한 말입니다. 물론 예수를 믿는다고 경제적으로 어려울 필요는 없지만, 예수를 믿는 것은 고난의 길을 가는 것입니다. 세상이 원하는 것과 다른 길을 가야 하기 때문입니다. 예수를 믿는다고 형통하지 않습니다. 하나님에게 모든 것을 가지고 나와 기도하여 응답받는 것은, 더 큰 차원에서 영원과 생명과 진리라는 근거에 대한 해답이지, 오늘 우리가 살고 있는 형편, 해결, 평안을 위하여 하나님이 응답하신다는 뜻은 결단코 아닙니다. 이 내용은 다음에 확인할 것입니다.

도덕성과 기독교 신앙

'우리가 그의 영광을 보니 아버지의 독생자의 영광이요 은혜와 진리가 충만'합니다(요 1:14). 기독교 신앙의 속성 중 하나는 바로 도덕성입니다. 예수를 믿는다면 당연히 도덕성이 있어야 합니다. 정직하며 성실하며 겸손하며 온유하며 포용력이 있어야 합니다. 그러나 이 도덕성은 세상도 만들어 냅니다. 세상이 만드는 도덕성과 하나님이 예수 안에서 보여 주신 기독교 신앙의 차이는, 세상의 도덕성은 우월감에 불과하다는 것입니다. 난 잘났다, 난 너와 다르다, 너는 개고 나는 사람이다, 이것이 세상에서 도덕성이 유지되는 힘입니다. 옛날에 많이 썼던 말 중에 오해를 받거나 어려움이 있으면, 나 그렇지 않아, 라고 변명하지 않고 '다 제 부덕의 소치죠' 이렇게 말했습니다. 얼마나 굉장한 표현입니까? 오해를 받는 것조차 자기가 부족한 탓이라고 이야기함으로써 그가 얼마나 어마어마한 목표를 둔 자존심 덩어리인지를 증명했습니다. 예수 믿는 사람은 그렇지 않습니다.

예수 믿는 사람의 정직, 예수 믿는 사람의 용서, 예수 믿는 사람의 이해와 관용에는 피가 돕니다. 메마른 원칙을 지키고 메마른 명분을 지키는 것이 아니라 생명을 살려 내는 도덕성을 가집니다. 그 도덕성은 종교성 속에서 힘을 받는 것입니다. 어떤 종교성입니까? 예수로 말미암아 찾아오신 하나님, 은혜와 진리로 찾아오신 하나님입니다. 은혜란 무엇입니까? 받을 자격이 없는 자에게 주는 복입니다. 받을 조건이 없는 자에게 주는 혜택입니다. 진리란, 하나님이 하신 약속을 지키시는 신실성입니다. 여기서 진리는 객관적인 개념이 아닙니다.

하나님의 원칙입니다. 하나님의 인격성, 하나님의 속성입니다. 하나
님의 남다르심, 성경적 표현으로 하면, 거룩하심입니다. 하나님의 거
룩하심은 성경에 자주 반복하여 증언됩니다. 나는 '여호와라 여호와
라 자비롭고 은혜롭고 노하기를 더디하고 인자와 진실이 많은 하나
님이라'(출 34:6) 하는 이 말 속에는 하나님의 진리가 있습니다.

　　예수님이 제자를 보냈다는 것은 이 복을 예수님에게서만 받을 수
있다는, 예수를 보내신 하나님에게서만 받을 수 있다는 뜻입니다. 우
리는 어디로든 가기 바쁩니다. 제자도에서 가장 중요한 덕목은 헌신
이 되어 버렸습니다. 내가 가진 헌신, 열심, 진심이 이 특별한 근거를
훼손할 수 있습니다. 당연히 헌신해야 합니다. 그런데 무엇에 헌신하
냐는 것입니다. 하나님에게 헌신하신 예수의 생애와 같은 헌신이어야
합니다. 아버지가 기뻐하시는 일을 행함으로 하나님이 나를 혼자 두
지 아니하십니다(요 8:29). 아버지가 기뻐하시는 일을 행하는 것이 나
의 양식입니다(요 4:34). 여기에 다른 것으로 대체할 수 없는 기독교
신앙의 정체성과 특성이 있습니다.

믿음과 현실

그런데 기독교는 교회사 내내 바로 이 문제에 대해 공격을 받습니다.
현실성의 필요라는 공격과 우월감이라는 시험에 늘 흔들립니다. 예수
를 믿으면 하나님이 그 아들을 인간과 인생에게 보내신 마음에 참여하
는 것이 가장 중요한 본질인 줄을 알아야 합니다. 그러니까 설교도 날

을 세우지 않고 넉넉하게 해야 합니다. 예수님이 목청을 높이셨다는 대목을 찾을 수가 없습니다. 예수님의 목소리는 아마 바리톤이었을 것으로 생각됩니다. 그런데 우리는 우리의 한계를 벗어나는 말을 증언하고 지적하려면 늘 이렇게 결이 생깁니다. 용서하십시오. 저는 아직도 여러 해 동안 날을 좀 더 세워야겠습니다. 예수를 믿으면서 표정이 나쁜 것은 죄입니다. 그런데 현실을 웃으면서 사는 사람은 뇌가 없는 사람입니다. 어떻게 현실에서 늘 웃을 수 있겠습니까. 현실은 무섭습니다. 예수를 믿는 것은 그것보다 큽니다. 그렇지만 그 고통과 긴장과 두려움과 또 영원한 답이 긴장 관계를 가진 현실이니까 괴이한 표정을 지을 수밖에 없습니다. 제일 많이 짓는 표정이 체념한 표정입니다. 참 겁납니다. 더 무서운 것은 넋이 빠진 표정입니다. 정신이 없습니다. 믿음을 버릴 수도 없고 현실을 외면할 수도 없습니다.

그러나 우리는 아는 것이 있습니다. 현실이 엄연한 사실인 것같이 예수께서 나를 부르신 것도 엄연한 사실입니다. 둘 사이에 긴장이 있어서, 이 둘이 잘 연결되지 않아서 우리는 넋이 빠집니다. 저는 설교할 때마다 정신이 없습니다. 왜냐하면 아무리 준비해도 보자기에 담아지지 않기 때문입니다. 가지고 나와서 풀어헤쳐서 설교를 마치고 돌아가면 찢어진 보자기만 있고 담아 간 것은 하나도 남지 않습니다. 그런데도 하나님이 저를 죽이시지 않는 것을 보면 아직 더 하라는 뜻이다, 이렇게 믿고 있습니다. 이것이 귀중한 믿음입니다. 주일마다 계속 같은 표정으로 나오는 것과 똑같은 것입니다. 여기에 은혜가 있습니다.

우리는 세상을 놓을 수 없습니다. 그런데 하나님도 우리를 놓지 않으십니다. 결국 우리는 세상을 놓게 되지만 하나님은 우리를 놓지 않으십니다. 그것이 우리가 아는 기독교입니다. 하나님이 그 아들을 보내신 의지입니다. 그것으로 표현하고 증거한 의지입니다. 요한복음 17장으로 다시 돌아와서 마지막 절까지 볼 필요가 있습니다. "내게 주신 영광을 내가 그들에게 주었사오니 이는 우리가 하나가 된 것 같이 그들도 하나가 되게 하려 함이니이다"(요 17:22).

우리를 찾아오시는 하나님

요한복음 17장 23절입니다. "곧 내가 그들 안에 있고 아버지께서 내 안에 계시어 그들로 온전함을 이루어 하나가 되게 하려 함은 아버지께서 나를 보내신 것과 또 나를 사랑하심 같이 그들도 사랑하신 것을 세상으로 알게 하려 함이로소이다." 예수의 오심에서 예수 개인이 어떤 분인가 하는 것보다 더 중요한 성경의 증언은, 하나님이 그를 보냈다는 사실입니다. 그러니까 우리가 어떻게 구원을 받았는가보다 더 크게, 우리의 구원과 믿음이 하나님이 나를 사랑해서 허락된 것이라는 데에 더 중요한 본질이 있더라는 것입니다. 그래서 세상 사람들에게 예수를 믿는다는 것은 도를 좇는 것이 아니요, 선행을 하자는 것이 아니요, 온 우주 역사의 주인이신 하나님의 사랑을 받게 된 자녀라는 사실을 하나님이 증언하신다는 것입니다.

우리는 우리를 사랑하는 부모에게도 잘 보답하지 않습니다. 하나님의 사랑에도 제대로 보답하는 신자가 드뭅니다. 그런데 우리가 자녀에게 했던 것처럼 하나님은 우리의 못난 것대로 갚지 않으십니다. 얼마나 다행입니까. 기독교 신앙의 신비는 우리가 잘해서 하나님을 증거하는 것 이상으로, 우리가 못나게 굴 때에도 증언된다는 것입니다. 기독교인들만큼 엉터리로 믿는 종교는 없습니다. 우리가 늘 그렇습니다. 티베트에서는 라마교를 믿는데 사람들이 그렇게 순진하고 정직할 수 없습니다. 예수 믿는 사람들보다 훨씬 낫습니다. 그러나 그들이 믿는 신이 그들을 사랑한다는 이야기는 없습니다. 그 종교를 믿으면 사람이 착하고 내세에 잘된다는 약속은 있어도, 신과 인간 사이에 기독교와 같은 사랑과 믿음을 요구하며 인격적 영광을 약속하는 종교는 없습니다. 이것이 우리의 놀라움입니다.

그래서 본문 말씀에서 예수님이 제자를 보낸 일은 아주 중요한 본질을 지니고 있습니다. 그중 하나가 하나님이 예수를 보내셨고 예수께서 우리를 보내셨다는 것, 곧 그 근거가 하나님에게서 출발한다는 것입니다. 이것은 로마서 11장에서 이렇게 강조되고 있습니다. 로마서 11장 32절을 봅시다. "하나님이 모든 사람을 순종하지 아니하는 가운데 가두어 두심은 모든 사람에게 긍휼을 베풀려 하심이로다." 이 말씀은 오해하기 딱 좋은 말씀입니다. 우리의 이해를 위해서 이렇게 표현되었는데, 마치 하나님이 생색을 내기 위해서 우리를 다 틀리게 하신 것처럼 들립니다. 그런 뜻이 아닙니다. '순종하지 아니하는 가운데 가두어 두심'이란 하나님은 사람들이 만족하고 원하는 신이 되지 않았다는 뜻입니다.

사람들이 원하고 요구하는 신들은 다 인간이 기대하고 상상할 수 있는 범위의 능력을 가진 신이었다는 말입니다. 하나님은 그런 하나

님이 되기를 거부하시고 인간이 소원하고 찾아와 만나는 그런 신이
아니라는 것을 그들의 불순종으로 증거하셨다는 뜻입니다. 하나님은
우리가 말하는 행복, 우리가 말하는 자랑, 우리가 말하는 영광으로 만
나고 답하시는 정도가 아닌 분임을 순종하심으로 보이셨다. 그래서
하나님이 찾아와 우리를 만나셨다. 우리가 갈 수 없는 곳, 이해할 수
없는 자리에 하나님이 찾아오셔서 직접 우리를 만나 주셔서 우리가
기독교 신앙을 갖게 되었고 하나님이 누군지를 알게 되었다는 것입
니다.

그러면서 33절 이하부터 이런 이야기가 나옵니다. "깊도다 하나님
의 지혜와 지식의 풍성함이여, 그의 판단은 헤아리지 못할 것이며 그
의 길은 찾지 못할 것이로다 누가 주의 마음을 알았느냐 누가 그의 모
사가 되었느냐 누가 주께 먼저 드려서 갚으심을 받겠느냐"(롬 11:33-
35). '누가 생각하고 소원하고 연구하고 노력해서 하나님을 만날 수 있
다는 말이냐?' 정말 그렇지 않습니까? 어떤 의미에서 그렇습니까? 너
무 높아서 그렇습니다. 우리가 가지는 기대와 소원과는 차원이 달라서
사람이 찾아가 만날 수 있는 분이 아니다. 그분이 찾아와 우리를 만나
주셨다. 그래서 너무나 다행스럽게도 기독교가 말하는 구원과 은혜는
우리 인간과 인생이 기대하는 것과 차원이 다르고 그 크기가 다르다.
하나님의 하나님 되시는 온전하심과 무한하심과 영원하심과 복되심
과 선하심과 의로우심으로 우리가 그의 자녀가 되었다고 합니다.

36절을 봅시다. "이는 만물이 주에게서 나오고 주로 말미암고 주
에게로 돌아감이라 그에게 영광이 세세에 있을지어다 아멘." 이것이
기독교입니다. 우리가 불평하고 불만스러워하는 까닭은 하나님이 얼

마나 큰 분인가, 예수 안에서 허락된 기독교 신앙이 무엇을 의미하는 가에 대한 이해가 부족한 탓입니다. 우리는 보이는 것을 통해서만 이해하는 믿음 없는 인간들이기 때문입니다. 믿음의 세계로 들어가십시오. 예수 안에서 하나님이 내민 손길에 붙잡힌 바 된 우리의 운명과 인생을 확인하십시오. 우리를 통하여 하나님이 그분의 영광을 나타내시며 우리를 보는 자들이 우리 인생으로 말미암아 놀랄 것입니다. 세상이 말하는 복, 세상이 말하는 자랑, 세상이 말하는 영광과 같은 단어를 쓰지만 세상이 말하는 것과는 분명히 다릅니다. 우리는 세상에 없는 것을 가지고 있습니다. 하나님입니다. 예수 그리스도 안에서의 구원입니다. 그 은혜와 진리가 우리의 것이며 우리로 인하여 세상에 증언됨을 기억하고 그것이 신자 된 우리의 자랑이기를 바랍니다.

기도

하나님 아버지, 은혜를 감사합니다. 우리는 예수를 믿는 사람이라는 자랑스러운 고백을 할 수 있는 예수의 자녀가 되었습니다. 세상을 만드시고 복 주시며 세상을 구원하시는 분의 자녀입니다. 그 영광을 가지고 사는 우리의 인생임을 기억하여 믿음의 승리가 있게 하옵소서. 세상과 타협하지 말게 하옵소서. 도망가지 말게 하옵소서. 작은 소원으로 우리의 큰 영광을 놓치지 말게 하옵소서. 예수님 이름으로 기도합니다. 아멘.

17

오병이어 기적

10 사도들이 돌아와 자기들이 행한 모든 것을 예수께 여쭈니 데리시고 따로 벳새다라는 고을로 떠나 가셨으나 11 무리가 알고 따라왔거늘 예수께서 그들을 영접하사 하나님 나라의 일을 이야기하시며 병 고칠 자들은 고치시더라 12 날이 저물어 가매 열두 사도가 나아와 여짜오되 무리를 보내어 두루 마을과 촌으로 가서 유하며 먹을 것을 얻게 하소서 우리가 있는 여기는 빈 들이니이다 13 예수께서 이르시되 너희가 먹을 것을 주라 하시니 여짜오되 우리에게 떡 다섯 개와 물고기 두 마리밖에 없으니 이 모든 사람을 위하여 먹을 것을 사지 아니하고서는 할 수 없사옵나이다 하니 14 이는 남자가 한 오천 명 됨이러라 제자들에게 이르시되 떼를 지어 한 오십 명씩 앉히라 하시니 15 제자들이 이렇게 하여 다 앉힌 후 16 예수께서 떡 다섯 개와 물고기 두 마리를 가지사 하늘을 우러러 축

사하시고 떼어 제자들에게 주어 무리에게 나누어 주게 하시니 **17** 먹고 다 배불렀더라 그 남은 조각을 열두 바구니에 거두니라 (눅 9:10-17)

오병이어와 성만찬

본문 말씀은 유명한 오병이어의 기적 사건입니다. 어느 날 빈 들에 예수님을 따르는 많은 무리가 하루 종일 주의 말씀을 듣고 함께 있었습니다. 날이 저물자 제자들이 무리를 보내어 잠자리를 구하고 식사하게 하려고 돌려보내는 장면입니다. 예수님이 제자들에게 "너희가 먹을 것을 주라" 하고 말씀하시자 제자들은 "우리가 가진 것은 떡 다섯 개와 물고기 두 마리밖에 없습니다"라고 대답합니다. 예수님이 그것을 가져오라 하여 축사하신 후 나누어 주어 다 배불리 먹고 남은 조각이 열두 광주리가 되었다는 내용입니다.

오병이어 기적 사건은 신앙생활을 오래 한 이들에게 익숙한 내용입니다. 예수님이 우리가 내어놓은 보잘것없는 것을 가지고 어떻게 큰 기적을 이루시는지를 잘 나타낸 사건입니다. 그런데 이 사건에는 눈여겨봐야 할 다른 측면이 있는데 예수님이 처음부터 제자들에게 많은 무리가 먹을 음식을 주라고 하셨다는 사실입니다. "너희가 먼저 먹을 것을 주라" 하시고서 저들이 내놓은 떡 다섯 개와 물고기 두 마리를 가지고 축사하신 다음 나누어 모두를 먹이셨다는 것입니다. 결국 주인공은 예수님 자신입니다. 제자들이 내어놓은 작은 것으로 많은 무리의 필요를 충분히 채우고도 남았다는 것이 무엇을 의미하는지 알기 위해서는 성경 본문의 초점에 조금 더 귀를 기울여야 합니다.

본문 16절부터 봅시다. "예수께서 떡 다섯 개와 물고기 두 마리를 가지사 하늘을 우러러 축사하시고 떼어 제자들에게 주어 무리에게 나누어 주게 하시니 먹고 다 배불렀더라 그 남은 조각을 열두 바구니에 거두니라"(눅 9:16-17). 16절에서 보듯 떼어 준 것과 남은 조각은 서로 같은 것입니다. 한 덩어리에서 떼어 낸 것입니다. 남은 것도 같은 조각입니다. 다섯 덩어리가 막 늘어난 것이 아니라 떼어 주시고 그 떼어 준 것에서 먹고 남은 조각들이 열두 바구니에 찬 것입니다.

본문 말씀은 예수님이 잡히시던 밤, 마지막 만찬에서 행하신 일과 연결해서 생각하게 합니다. 고린도전서 11장 23-24절입니다. "내가 너희에게 전한 것은 주께 받은 것이니 곧 주 예수께서 잡히시던 밤에 떡을 가지사 축사하시고 떼어 이르시되 이것은 너희를 위하는 내 몸이니 이것을 행하여 나를 기념하라 하시고." 여기서 예수님이 떼어 주신 떡은 부서지는 몸, 즉 고난 받으시는 육체를 상징합니다. 예수님이 우리를 위하여 고난 받으시는 것을 상징하는 차원에서 떡을 떼어 주시고 잔을 주십니다. 왜 잔이라고 했을까요? 잔은 흘린 피를 받는 것입니다. 그냥 피를 나누는 것이 아니라 흘린 피의 상징으로 잔을 나누는 것입니다. 뗀 떡이나 흘린 피는 다 공통으로 주께서 우리를 위하여 받으신 수난을 가리키고 있습니다.

오병이어 기적에서 예수님은 떡 다섯 개와 물고기 두 마리를 가지고 축사하시고 떼어 나누어 주십니다. 그렇게 함으로써 예수님이 걸으신 성육신의 길, 수난의 길을 제자들도 걸어 하나님의 뜻을 이루어야 한다고 가르치는 사건이 오병이어의 기적 사건입니다. 고린도후서

6장 1절 이하의 말씀을 보겠습니다.

> 우리가 하나님과 함께 일하는 자로서 너희를 권하노니 하나님의 은
> 혜를 헛되이 받지 말라 이르시되 내가 은혜 베풀 때에 너에게 듣고
> 구원의 날에 너를 도왔다 하셨으니 보라 지금은 은혜 받을 만한 때
> 요 보라 지금은 구원의 날이로다 우리가 이 직분이 비방을 받지 않
> 게 하려고 무엇에든지 아무에게도 거리끼지 않게 하고 오직 모든 일
> 에 하나님의 일꾼으로 자천하여 많이 견디는 것과 환난과 궁핍과 고
> 난과 매 맞음과 갇힘과 난동과 수고로움과 자지 못함과 먹지 못함
> 가운데서도 깨끗함과 지식과 오래 참음과 자비함과 성령의 감화와
> 거짓이 없는 사랑과 진리의 말씀과 하나님의 능력으로 의의 무기를
> 좌우에 가지고 영광과 욕됨으로 그러했으며 악한 이름과 아름다운
> 이름으로 그러했느니라 우리는 속이는 자 같으나 참되고 무명한 자
> 같으나 유명한 자요 죽은 자 같으나 보라 우리가 살아 있고 징계를
> 받는 자 같으나 죽임을 당하지 아니하고 근심하는 자 같으나 항상 기
> 뻐하고 가난한 자 같으나 많은 사람을 부요하게 하고 아무 것도 없는
> 자 같으나 모든 것을 가진 자로다 (고후 6:1-10)

바울은 자신의 사역을 하나님과 함께 일하는 것이라고 소개합니다.
그러나 그 사역의 형편은 편치 않고 어렵습니다. 신자의 현실을 보면
신앙인이라 할지라도 세상 사람들과 다른 조건과 환경에 있지 않다
는 것을 압니다.

진리와 현실이라는 이중 국면

고린도후서에서 말하는 대로 사도들은 하나님과 함께 일하지만 하나
님은 그들에게 더 나은 현실을 주지 않습니다. 많이 견디어야 하고 환
란과 궁핍과 고난과 매 맞음과 갇힘과 난동과 수고로움과 자지 못함
과 먹지 못함 가운데 있다고 합니다. 그러나 실제로 사도들은 하나님
과 함께하는 자요, 하나님의 통치 아래에 있는 자요, 진실한 자요, 거
룩한 자요, 능력을 가진 자요, 생명과 진리 가운데 사는 자들입니다.

우리가 신자의 인생을 살아 보면 긴장을 불러일으키는 이중적인
국면 속에 놓여 있다는 것을 발견합니다. 하나는 우리가 영생을 가졌
고 온 천하의 유일한 주인이신 하나님의 자녀로 살고 있다는 사실이
며, 또 하나는 우리가 현실로서 맞이하는 삶입니다. 그러므로 우리는
진리와 현실이라는 긴장 가운데에 있습니다. 이것은 당황스러운 문제
입니다. 그러나 저는 이제 더 이상 세상이 무섭지 않게 되었습니다.

언젠가 말한 적이 있는데 니고데모의 동생이 저를 찾아왔습니다.
형은 예수님에게 찾아왔고 동생은 저를 찾아왔습니다. "목사님, 어떻
게 하면 그 경지에 갑니까?" 더 이상 세상이 무섭지 않다는 것은 이제
손에 물 묻히지 않고 발에 흙 묻히지 않고 살게 되었다는 뜻이 결단코
아닙니다. 저는 신앙인으로 살면서 이 두 국면의 긴장 관계를 이해하
는 데 오랜 세월이 걸렸습니다. 내가 믿음이 없어서 이런 어려움이 생
기는가 하는 의심과 불안, 내가 세상의 공격 앞에 끝까지 믿음을 지켜
낼 수 있을까 하는 두려움이 저에게 늘 있었습니다.

세상은 우리를 위협하고 시험하여 울게 하고 비명 지르게 할 것입

니다. 신자는 그것을 극복할 수 있습니다. 여기서 극복이란 환경을 바꿀 만큼의 믿음을 가진다거나 현실의 도전 앞에서 아무 고통도 느끼지 않을 만한 경지로 간다거나 하는 것을 뜻하지 않습니다. 성경 어디서나 등장하는 것같이, 고린도후서 6장에서 인용한 것같이 사도 바울을 비롯한 예수님의 열두 제자와 뒤를 잇는 모든 시대의 성도들이 삶의 고단함 때문에 울고 절망하고 고통스러워했다는 사실을 이제 수용할 수 있게 되었다는 것입니다. 신자로서 산다고 해도 삶은 버겁고 고통스럽다는 것을 인정할 수 있게 되었습니다. 그래서 이제 신자에게는 그것이 막연한 두려움과 넋을 잃게 하는 공격이 되지 못한다는 뜻입니다.

하나님은 왜 이런 식으로 우리를 인도하실까요? 이것은 중요한 질문입니다. 본문으로 돌아오면 지금 이야기한 두 국면이 이미 씨 뿌리는 비유에서, 그리고 제자들을 처음 파송하는 장면에서 언급되고 있다는 것을 발견합니다. 누가복음 9장 1절 이하를 읽겠습니다.

예수께서 열두 제자를 불러 모으사 모든 귀신을 제어하며 병을 고치는 능력과 권위를 주시고 하나님의 나라를 전파하며 앓는 자를 고치게 하려고 내보내시며 이르시되 여행을 위하여 아무 것도 가지지 말라 지팡이나 배낭이나 양식이나 돈이나 두 벌 옷을 가지지 말며 어느 집에 들어가든지 거기서 머물다가 거기서 떠나라 (눅 9:1-4)

제자들을 보내시는데 그들에게 다른 보호 장치나 특별한 것을 주지 않고 세상에 내던지듯이 보내십니다. 제자들은 마치 영접하는 자가 없으면 잘 곳도 없고 먹을 것도 없을 것같이 보입니다. 씨 뿌리는 비유에서 보았듯이 씨를 밭에 뿌리자 씨는 삼켜지고 묻히고 썩고 소멸하고 망해 버리는 것과 같습니다. 예수님이 이 땅에 오셔서 하나님의 나라를 임하게 하시고 그 나라를 시작하시고 증언하셨으나 결국 당시의 권세자들에 의해 십자가에 죽으실 수밖에 없으셨듯이 우리 신자들도 그 뒤를 잇는 인생으로 부르십니다. 그래서 신자 된 인생이 꼭 이해해야 할 첫 번째 내용은 바로 이 두 국면, 진리와 현실 사이에 있는 긴장입니다. 이것을 이해하지 못하면 우리는 신자 된 보상으로서 세상 사람들과 다른 조건이나 개선된 환경을 요구하며 자신의 신앙을 확인하려 들 것입니다.

그러나 우리가 살면서 경험하듯이 하나님은 그런 기도와 요구에 답하지 않으십니다. 그래도 예수를 계속 믿을 것인지 생각해야 합니다. 우리가 가진 신앙이 세상 것보다 훨씬 큰 것인지, 세상의 위협과 시험 또는 우리의 기대와 보상으로 이루어지지 않는 현실보다 큰 것인지 스스로 물어봐야 합니다. 고린도후서 4장 5절 이하를 보겠습니다.

우리는 우리를 전파하는 것이 아니라 오직 그리스도 예수의 주 되신 것과 또 예수를 위하여 우리가 너희의 종 된 것을 전파함이라 어두운 데에 빛이 비치라 말씀하셨던 그 하나님께서 예수 그리스도의 얼굴에 있는 하나님의 영광을 아는 빛을 우리 마음에 비추셨느니라 우리가 이 보배를 질그릇에 가졌으니 이는 심히 큰 능력은 하나님께 있고 우리에게 있지 아니함을 알게 하려 함이라 우리가 사방으로 욱여쌈을 당하여도 싸이지 아니하며 답답한 일을 당하여도 낙심하지 아

니하며 박해를 받아도 버린 바 되지 아니하며 거꾸러뜨림을 당하여
도 망하지 아니하고 우리가 항상 예수의 죽음을 몸에 짊어짐은 예수
의 생명이 또한 우리 몸에 나타나게 하려 함이라 우리 살아 있는 자
가 항상 예수를 위하여 죽음에 넘겨짐은 예수의 생명이 또한 우리
죽을 육체에 나타나게 하려 함이라 그런즉 사망은 우리 안에서 역사
하고 생명은 너희 안에서 역사하느니라 (고후 4:5-12)

우리는 앞에서 고린도후서 6장을 근거로 하여 우리가 이중 국면의 긴
장 가운데에 있다는 것을 확인했습니다. 그런데 하나님이 왜 그렇게
하시는가에 대한 답이 고린도후서 4장에 나옵니다. 예수 그리스도로
대표되는 기독교 신앙의 핵심 내용은 하나님이 우리를 사랑하고 구
원하기를 기뻐하사 그 아들을 보내셨다는 것입니다. 하나님을 믿으
면 모두가 그의 자녀가 되고 영생을 얻는다는 이 복음의 내용을 질그
릇 가운데에 두셨다고 합니다. 이 보배를 우리가 질그릇에 가지고 있
습니다. 이 부분을 읽으면 질그릇이 우리 자신이라는 것, 인간이라는
것이 금방 이해될 것입니다. 그리고 질그릇이라는 말은 한계를 갖는
인간이라는 의미뿐 아니라 인생이라는 것이 연약한 존재라는 의미도
동시에 갖고 있습니다. 하나님은 이 보배를 한계가 있고 연약한 우리
에게 허락하셨고 또 우리 삶에 이 보배를 담고 있다고 하십니다.

질그릇 속에 보배를 두심

우리는 인생을 살아 낼 실력이 넉넉하지 않은 자들입니다. 무엇 때문에 우리가 사는 현실을 감수해야 하는지, 어떻게 이길 수 있는지, 이기면 어떤 보상과 결과가 있는지에 대하여 세상에는 답이 없습니다. 여러 가지 답을 제시하고 있지만 그것이 거짓이라는 것은 인류 역사가 증언하고 있습니다. 오죽하면 인류가 남긴 역사와 인생에 대한 답이 체념이겠습니까.

자연주의와 윤회설은 인류 역사의 가장 보편적인 두 결론입니다. 다만, 반복적인 순환을 거듭하고 있다면 그것은 다람쥐가 쳇바퀴를 돌 듯하는 것입니다. 우리는 인생 속에서 이를 경험합니다. 자녀가 말을 안 들으면, "자식은 낳아서 뭐하나, 너 같은 애 하나 낳아 봐라" 합니다. 부모가 되어서 깨달으면 그 전 세대보다 나은 세대가 될까요? 그렇지 않습니다. 옛말에 틀린 것이 없다는 식으로 복귀하고 맙니다. 젊었을 때 들었던 부모의 결론에서 한 걸음도 더 나아가지 못한 채, 예전에 듣기 싫었던 교훈을 자기 자녀에게 그대로 얘기하고 죽을 뿐입니다. 그리고 그 똑같은 길을 자녀도 걸을 뿐입니다. 이것이 우리 인류 역사가 도달한 결론이며 경험입니다.

세상은 냉정한 곳입니다. 비정한 곳입니다. 자연이란, 인격이 아니기 때문에 거기에는 인격적 융통성이나 여유나 용서가 없습니다. 우리가 살면서 현실에 직면하게 되면 점점 우리 마음이 굳어지고 문을 닫고 스스로 자조하게 되고 체념하게 됩니다. 그래서 인류 역사의 어느 시대에나 인생의 가치가 무엇이고 삶의 목적이 무엇인가에 대한 많은 제안이 있었습니다. 예컨대 인류의 발전이라든지 추상적 개념으로서의 인간애라든지 미화된 인간관 같은 것들이 늘 제시되었습니다. 그렇지만 이런 것들이 실제로 모든 사람의 일상을 유지해 줄 동기나 내용으로는 미흡했다는 것이 역사적 결론입니다.

한 위대한 인물이 자기 나라를 위하여 인생을 걸어 보상도 받고 성취감도 얻을 수 있습니다. 그런데 돌이켜 보면 민족주의나 제국주의 같은 것은 그 시대에 인정을 받은 것에 불과하지, 인류의 진정한 발전도 아니었고 인간성에 도움을 준 것도 아닙니다. 잘 아시다시피 우리가 겪은 역사 속에서도 개화기 때 일본의 영웅들은 우리나라에서 보면 천하에 나쁜 놈들입니다. 이토 히로부미 등 우리에게 다 원수들이지만 그 나라에서는 영웅입니다. 보편성을 가지지 못합니다. 인간성에 도움을 준 것이 아니라 제한된 지역과 상황에서의 가치로 등장한 것입니다.

우리가 왜 죽음의 길을 가며, 삼킴을 당하는 길을 가느냐고 할 때 지금 고린도후서 4장에서 성경이 우리에게 요구하는 핵심은 우리는 우리 자신이 가지고 있는 것으로는 현실적 환경이나 조건이 개선되는 방향으로 보상받지 못한다는 것입니다. 세상이 제시했던, 가장 큰 공감을 받은 명분이나 개념과는 다른 영원한 동기가 있다는 것입니다. 우리가 가진 것으로는 아무런 현실적 보상을 받지 못한 채, 도리어 우리가 가진 것들로 말미암아 세상의 공격을 받게 된다는 것입니다. 우리가 믿는 예수 그리스도께서 핍박을 받고 오해를 받고 경멸을 받아 죽어 나감같이 우리도 우리 자신의 험한 현실을 우리가 가진 것으로 인하여 견디더라는 것입니다. 10절에 있는대로 "우리가 항상 예

수의 죽음을 몸에 짊어짐은 예수의 생명이 또한 우리 몸에 나타나게
하려 함이라"(고후 4:10)입니다.

세상은 우리더러 저들은 도대체 왜 사는가, 라고 질문할 것입니다.
욕을 먹고 오해받고 고생하고 아무 낙도 없는 길을 무엇 때문에 가는
가? 저들은 왜 위협을 당하고 시험을 받는 것에 대하여 보상도 받지
못한 채 당하면서 자신들의 길을 가는가? 무정하고 경쟁하는 세상의
삶에서 손해를 보면서도 그 어려운 일상을 계속하는 이유가 무엇인
가? 세상은 이렇게 물을 것입니다. 그러나 인류 역사의 경험은 세상
의 보상을 받고도 일상을 이어 나가기에는 부족했다는 것을 보여 줍
니다. 이 지점에서 예수의 생명이 드러나게 됩니다. 저들은 예수를 믿
는 사람이다, 이것이 유일한 답입니다.

그것은 세상이 주지 못하는 보상을 가짐으로써 얻는 답도 아닙니
다. 정치적, 경제적, 사회적 지위나 소유, 성취의 문제도 아닙니다. 이
렇게 하면 승리한다, 이렇게 하면 성공한다, 이렇게 하면 행복하다, 라
는 것도 다 답이 아니었다는 것을 인류 역사에서 보아 왔습니다.

본문 누가복음 9장으로 돌아오면, 오병이어의 사건을 뒤따라 이어
나오는 예수님의 제자도에 대한 요구에서 이 말씀이 등장합니다. 누
가복음 9장 23절입니다. "또 무리에게 이르시되 아무든지 나를 따라
오려거든 자기를 부인하고 날마다 제 십자가를 지고 나를 따를 것이
니라." 이 '날마다'라는 말은 참 고단한 요구입니다. 어떤 날입니까?
죽어 가는 날입니다. 이 죽어 가는 날을 살 것을 우리에게 계속해서
요구합니다. 전 인생에 걸쳐서 하루하루 죽어 나가고 삼킴을 당하는
인생으로 살라는 것입니다. 거기에서 지면, 우리는 예수를 믿는다는

것이 무엇인지 아직도 모르는 것입니다. 대부분의 현실은 방금 전에 이야기한 두 국면에 모두 걸쳐 있습니다.

우리는 예수님에게 붙잡힌 바 되어 있고 세상의 현실 앞에 놓여 있습니다. 둘 다 외면할 수 없습니다. 우리가 요구하는 대로 둘을 화해시킬 방법도 없습니다. 그래서 이 현실과 타협하라는 위협 앞에서 결국 예수를 믿는다는 것이 무엇인가를 자신에게 묻고 다시 돌아오고 불평하고 거부하고 회개하기를 반복하며 클 것입니다. 왜냐하면 세상이 우리를 붙들고 있는 것보다 예수님이 우리를 붙잡고 있는 것이 비교할 수도 없이 튼튼하고 견고하기 때문입니다. 그러한 고민과 갈등 가운데 하나님은 우리라는 질그릇 속에서 보배를 드러내실 것입니다.

보배가 드러날 때마다 우리는 고통스러울 것입니다. 그러나 내가 무너지는 곳에서 오히려 보배가 더 많이 나타날 것입니다. 질그릇이 깨지는 곳에서 보배는 그 모양을 더 분명히 할 것입니다. 고통스러울 수 있습니다. 예수님이 성육신하여 십자가에 죽으시는 고통은 참혹한 수난의 길이었지만, 아버지가 기뻐하시는 일을 행함으로 기쁘다는 그의 고백이 우리의 것이 됨을 알게 될 것입니다. 우리가 부름받은 자리에서 예수 그리스도를 믿는 기독교 신앙의 고백과 내용이 무엇을 의미하는지 깊이 생각하는 본문 말씀이기를 바랍니다.

기도

하나님 아버지, 은혜를 감사합니다. 세상의 헛된 것과 시험과 위협을 뚫고 예수께서 우리를 찾아오셨고 붙들어, 부활 생명과 영생과 진리와 하나님의 자녀라는 자리에 세우셨습니다. 우리는 아직 많이 흔들리고 괴로워하고 모호합니다. 그러나 우리 인생의 고민과 갈등과 망설임 속에서 분명해지는 자리로, 주께서 나를 붙드신 것이 무엇인지를 아는 자리로 주님이 인도하시는 것과 우리의 실패와 낙심과 불평 속에서도 우리를 진전하게 하신다는 사실을 믿습니다. 결국 우리 안에 있는 보배가 우리의 삶을 통하여, 우리의 성공과 실패를 뛰어넘는 하나님의 기적을 통하여, 예수님이 떡 다섯 개와 물고기 두 마리로 오천 명을 먹인 결과를 낳았듯 우리에게도 그렇게 드러날 것을 믿습니다. 본문 말씀으로 우리 인생이 복된 것을 기억하는 은혜를 채워 주시옵소서. 예수님 이름으로 기도합니다. 아멘.

18
제자의 길

18 예수께서 따로 기도하실 때에 제자들이 주와 함께 있더니 물어 이르시되 무리가 나를 누구라고 하느냐 19 대답하여 이르되 세례 요한이라 하고 더러는 엘리야라, 더러는 옛 선지자 중의 한 사람이 살아났다 하나이다 20 예수께서 이르시되 너희는 나를 누구라 하느냐 베드로가 대답하여 이르되 하나님의 그리스도시니이다 하니 21 경고하사 이 말을 아무에게도 이르지 말라 명하시고 22 이르시되 인자가 많은 고난을 받고 장로들과 대제사장들과 서기관들에게 버린 바 되어 죽임을 당하고 제삼일에 살아나야 하리라 하시고 23 또 무리에게 이르시되 아무든지 나를 따라오려거든 자기를 부인하고 날마다 제 십자가를 지고 나를 따를 것이니라 24 누구든지 제 목숨을 구원하고자 하면 잃을 것이요 누구든지 나를 위하여 제 목숨을 잃으면 구원하리라 25 사람이 만일 온 천

하를 얻고도 자기를 잃든지 빼앗기든지 하면 무엇이 유익하리요 26 누구든지 나와 내 말을 부끄러워하면 인자도 자기와 아버지와 거룩한 천사들의 영광으로 올 때에 그 사람을 부끄러워하리라 27 내가 참으로 너희에게 이르노니 여기 서 있는 사람 중에 죽기 전에 하나님의 나라를 볼 자들도 있느니라 (눅 9:18-27)

자기 십자가

본문에서 예수님은 제자들에게 내가 누구냐고 물으십니다. 예수를 누구라고 이해하고 고백하느냐에 따라 그 신앙은 많은 차이를 가져올 수밖에 없습니다. 기독교 신앙도 일종의 영성과 범신론으로 흐를 수 있다는 것을 기억해야 합니다. 예수를 위대한 사람으로 이해하면 그의 뒤를 따른다는 것이, 예수처럼 훌륭한 인생을 사는 것이라고 이해할 수 있습니다. 그러나 본문에서는 예수를 따른다는 것이 무슨 뜻인지, 복음서가 정의하는 대로 제자도(第子道) 곧 제자의 길이 어떤 것인지에 대해 전혀 다른 이야기를 합니다.

예수님이 남들은 나를 누구라고 보느냐고 물어보실 때에 세례 요한이라고도 하고 엘리야라고도 하고 더러는 옛 선지자 중 하나라고도 한다고 제자들은 대답했습니다. 그러자 예수님은, 너희는 나를 누구라 하느냐고 물으셨고 제자들은, 주는 하나님이 보내신 그리스도입니다, 라고 대답합니다. 그리스도라는 것은 히브리어로는 메시아이고, 메시아는 '약속된 그 종'이라는 뜻입니다. 하나님의 일을 완결 짓고 모든 것을 하나님의 뜻으로 실현할 종, 모든 선지자와 구별되는 독특한 지위의 '그'입니다. 물론 우리는 복음서와 신약을 통해 그 메시아가 예수님인 것을 알고 있습니다.

그리고 예수님은 '경고하사 이 말을 아무에게도 이르지 말라'(21절)고 명하십니다. 주의해서 읽지 않으면 21절은 20절을 하지 말라는 것으로 이해됩니다. 그게 아닙니다. 22절을 보면 21절에 이어서, '경고하사 이 말을 아무에게도 이르지 말라 명하시고 이르시되'(21, 22절)로 이어지고 있는 것을 볼 수 있습니다. 무엇을 금했습니까? 바로 이어 나오는 말씀인 '인자가 많은 고난을 받고 장로들과 대제사장들과 서기관들에게 버린 바 되어 죽임을 당하고 제삼일에 살아나야 하리라'(22절)라는 내용입니다. 예수께서 비로소 자신의 고난을 제자들에게 가르치십니다. 그리고 이어서 "또 무리에게 이르시되 아무든지 나를 따라오려거든 자기를 부인하고 날마다 제 십자가를 지고 나를 따를 것이니라"(23절)라는 제자도에 관한 분명한 가르침이 주어집니다. 예수께서 고난의 길을 가셨듯이 그를 따르는 자들은 고난의 삶을 살아야 한다는 것입니다. 만만치 않은 것입니다. 자기를 부인하고 자기 십자가를 진다는 것을 우리는 종종 우리 자신이 짊어져야 하는 짐들, 고통스럽고 현실적인 장애물들로 생각하는 경우가 많습니다. 말 안 듣는 자녀 문제 같은 것입니다. 전통적 표현으로 하면 '애물단지'라고 하고, 성경적 표현을 빌리면 '내 십자가야'라고 합니다. 그러나 십자가는 그런 것이 아닙니다. 십자가는 자기를 부인하는 것입니다. 빌립보서 2장에 가면 이 부분에 대한 가장 좋은 설명이 나옵니다.

너희 안에 이 마음을 품으라 곧 그리스도 예수의 마음이니 그는 근
본 하나님의 본체시나 하나님과 동등됨을 취할 것으로 여기지 아니
하시고 오히려 자기를 비워 종의 형체를 가지사 사람들과 같이 되셨
고 사람의 모양으로 나타나사 자기를 낮추시고 죽기까지 복종하셨으
니 곧 십자가에 죽으심이라 (빌 2:5-8)

이것이 자기 부인입니다. 자기를 비우는 것입니다. 대표적으로 이렇
게 두 가지 표현을 쓸 수 있습니다. 자기를 비운다는 것은 이기심을
버리고 자존심을 버리는 것입니다. 기독교 신앙도 얼마든지 자신의
이기심을 채우는 것이나 자존심을 증명하는 수단으로 바뀔 수 있다
는 데 어려운 점이 있습니다. 모든 인간에게는 죄의 본능이 있습니다.
자기를 부인한다는 것은, 예수께서 친히 가르치신 것같이 예수님이
메시아로서 오셨으나 고난을 당해야 한다는 것을 이해하는 자만이
할 수 있는 것입니다.
　세상을 살아 보면 우리가 이런 막연한 희망 속에 산다는 것을 발견
하게 됩니다. 언젠가는 해 뜰 날이 있겠지, 언젠가는 역전의 날이 있
겠지, 언젠가는 ……, 이런 식으로 말입니다. 이 언젠가라는 말을 구체
화할 내용들을 끼워 넣을 수 있습니다. 내가 열심히 일하면, 또는 운
이 좋으면, 이런 말을 끼워 넣을 수 있습니다. 복권에라도 당첨이 된
다면 인생이 꼭 이렇게만 끝나리라는 보장은 없지 않은가, 하면서 여
러 가지로 막연한 희망을 가집니다. 그러다가 무언가를 손에 잡기는
했으나 그 형편이 나아지지 않는다면 당황스러울 것입니다. 예수님이
하시는 말씀이 그것입니다. '메시아가 오시면' 변할 거라는 기대감으

로 오늘을 견디던 자들이 메시아가 왔는데도 예전과 동일한 현실을 겪어야 하니까 그것을 감당할 수가 없는 것입니다. 이것이 제자도의 어려움입니다. 우리는 이제 이런 기대를 '예수님이 다시 오시면'에 가져다 씁니다.

그것은 정당한 것입니다. 그러나 오늘을 산다는 것은, 메시아가 안 오셨기 때문에 고난을 당하고 있고, 메시아가 오시면 해결된다는 의미에서 재림을 기다리는 것이 아닙니다. 그가 이미 하나님 나라를 실현하셨고 우리에게 허락하셨는데도 불구하고, 우리가 그 구원과 특권과 능력을 받고 있음에도 불구하고, 재림 때까지 예수님이 이 땅에 와서 성육신으로 겪으신 고난을 우리가 이어 가야 한다는 것입니다. 여기에 어려움이 있습니다. 만만치 않습니다. 자기를 부인한다는 것은, 자기의 십자가를 진다는 것은 성경이 말하는 바에 따르면 예수님이 오셨기 때문에 생긴 고난인 줄 알아야 합니다. 세상을 살면서 삶의 어려움 때문에 당하는 어려움 말고, 예수를 믿었기 때문에 당하는 어려움입니다. 그것이 가중됩니다. 이 세상을 따르지 않기 때문에 우리의 삶은 더 버거울 것입니다. 우리는 약삭빠를 수도 없고 비열할 수도 없고 음흉할 수도 없고 자신과 이웃을 기만할 수 없습니다. 여기에 어려움이 있습니다.

나 편하자고 하는 말

빌립보서 2장 5절은 앞에 있는 이런 말씀을 배경으로 합니다. 1절부터 보겠습니다.

> 너희 안에 이 마음을 품으라 곧 그리스도 예수의 마음이니 그는 근
> 본 하나님의 본체시나 하나님과 동등됨을 취할 것으로 여기지 아니
> 하시고 오히려 자기를 비워 종의 형체를 가지사 사람들과 같이 되셨
> 고 사람의 모양으로 나타나사 자기를 낮추시고 죽기까지 복종하셨으
> 니 곧 십자가에 죽으심이라 (빌 2:5-8)

좋은 일을 할 때 조심하라고 합니다. 무슨 뜻일까요? 이것은 옳고 그름을 가지고 싸우는 정도를 말하는 것이 아닙니다. 우리는 진리를 가지고 있고 생명을 가지고 있지만, 그것을 권력으로 쓰지 않습니다. 권력으로 쓰지 않는다는 것이 무엇입니까? 힘으로 상대방을 강요하거나 정답을 제시하는 것으로 내가 져야 하는 짐을 대체하지 않는다는 것입니다. 우리가 대화를 해 보면 상대방이 하는 이야기에 재빨리 정답을 제시하는 경우가 있는데 이것은 자신이 해 봤고 또 당해도 봤을 것입니다. 그중에 흔한 예로 아프다는 이야기가 그렇습니다. 누가 아프다고 말하면 빨리 정답을 이야기 합니다. "면역력이 떨어져서 그래!" 옳은 말입니다. 그러나 그렇게 이야기하는 배후에는 나한테 부담 주는 이야기 그만해, 너 나한테 불편한 사람이 되지 마, 하는 인간의 속성이 자리 잡고 있습니다. 이 생각이 상대에게 정답으로 일갈하게 합니다. 누가 이의를 제기하고 반대하고 다른 생각을 말하면, 우리는 그것이 부담되어 죽을 지경입니다. 그래서 빨리 정답을 이야기해야 합니다. 그만해, 앉아, 입 다물어, 이렇게 말하는 배후에는 편해지

려고 하는 인간의 본성이 자리하고 있습니다.

그러니 우리가 어떤 사람을 만나서 좋은 일을 할 때마저도 그러는데, 나쁜 일에서야 더욱 그러지 않겠습니까. 좋은 일이라는 명분으로 고함지르지 말아야 합니다. 내가 맞고 상대방이 틀렸다는 것 때문에 성질부리지 말아야 합니다. 성질부리는 것은 상대방을 강제하는 대표적인 방법이기 때문에 그렇습니다. 아픈 사람이 제일 많이 하는 호소가 있습니다. 암에 걸려서 어떻게 될지 모르는 수술을 앞두고 있거나, 수술하고 나서 깨끗해졌는지 어디에 전이되지는 않았는지, 또 방사선 치료를 받으며 고생하고 있을 때 사람들이 위로한답시고 꼭 이렇게 말한답니다. '하나님에게 무슨 뜻이 있으실 거야!' 어떤 의미입니까? 너, 나한테 부담 주지 마라, 이런 뜻입니다. 나 하루에 약 이만큼 먹어야 해, 입맛이 없어, 불편해, 그렇게 말할 때 상대를 향해 "얼마나 힘드니, 내가 뭐 도와줄 것 없어?" 이렇게 말하는 것이 자기 부인입니다.

메시아는 자신의 주인인 하나님 나라를 끌고 들어오셨지만 강요하지 않습니다. 당신이 죽으시는 방법으로 자기를 비워 종의 형체를 가지고 사람과 같이 되어 죽기까지 순종하십니다. 이것이 제자도입니다. 예수를 믿는다는 것은 예수가 누구이며 예수를 믿는다는 것이 무슨 뜻인가를 성경이 제시하는 대로 따라간다는 것입니다.

짐을 지라

어느 시대에나 그랬듯이 예수를 믿는다는 것은 권력이 되라는 도전

과 시험에 직면하는 것과 관련이 있습니다. 마태복음 11장 20절 이하
에 이런 말씀이 나옵니다.

예수께서 권능을 가장 많이 행하신 고을들이 회개하지 아니하므로
그 때에 책망하시되 화 있을진저 고라신아 화 있을진저 벳새다야 너
희에게 행한 모든 권능을 두로와 시돈에서 행하였더라면 그들이 벌
써 베옷을 입고 재에 앉아 회개하였으리라 내가 너희에게 이르노니
심판 날에 두로와 시돈이 너희보다 견디기 쉬우리라 가버나움아 네
가 하늘에까지 높아지겠느냐 음부에까지 낮아지리라 네게 행한 모
든 권능을 소돔에서 행하였더라면 그 성이 오늘까지 있었으리라 내
가 너희에게 이르노니 심판 날에 소돔 땅이 너보다 견디기 쉬우리라
하시니라 (마 11:20-24)

예수께서 권능을 가장 많이 베푸신 고을들이 회개하지 않았습니다.
이유는 단 하나입니다. 예수께서 전하시고 초청하시는 복음의 내용
들, 예수님이 실현하신 하나님의 나라가 세상 권력과 다르기 때문입
니다. 그러니까 이 도시들이 예수의 말씀을 듣지 않았다는 것은 그
것이 권력화될 수 없다는 사실을 말해 줍니다. 그래서 뒤이어 유명
한 25절 이하 말씀이 나옵니다. "그 때에 예수께서 대답하여 이르시
되 천지의 주재이신 아버지여 이것을 지혜롭고 슬기 있는 자들에게
는 숨기시고 어린 아이들에게는 나타내심을 감사하나이다 옳소이다
이렇게 된 것이 아버지의 뜻이니이다"(마 11:25-26). 지혜롭고 슬기로
운 자와 대비되는 어린아이에게 하나님 나라가 주어집니다. 어른들은

이것을 주면 권력으로 쓸 것입니다. 권력으로 쓴다는 것은 자기 확인, 자기 영향력의 확대를 위해 사용한다는 뜻입니다. 그것은 성경이 이야기하는 자기 부인, 그리고 십자가를 지는 것과 다른 것입니다. 이런 이유로 27절 이하의 말씀이 나옵니다.

> 내 아버지께서 모든 것을 내게 주셨으니 아버지 외에는 아들을 아는 자가 없고 아들과 또 아들의 소원대로 계시를 받는 자 외에는 아버지를 아는 자가 없느니라 수고하고 무거운 짐 진 자들아 다 내게로 오라 내가 너희를 쉬게 하리라 나는 마음이 온유하고 겸손하니 나의 멍에를 메고 내게 배우라 그리하면 너희 마음이 쉼을 얻으리니 이는 내 멍에는 쉽고 내 짐은 가벼움이라 하시니라 (마 11:27-30)

예수께서 수고하고 무거운 짐 진 자들을 초청하십니다. 예수님이 짐을 지겠다고 말씀하십니다. 그러니 너희도 와서 나와 멍에를 같이 하고 내가 짐 지는 법을 너희도 배우라고 초대합니다. 멍에라는 것은 예수님이 살던 당시에 농사지을 때 두 마리의 소를 묶어 주는 기구입니다. 우리는 예수께서 가신 길을 함께 가야 합니다. '수고하고 무거운 짐 진 자들아 다 내게로 오라'라고 우리를 부르시고 또 그렇게 말할 수 있는 인생을 살게 하시는 예수님을 따르는 것입니다. 그것은 이기심과 자존심을 만족시키는 것이 아닙니다. 수고하고 무거운 짐 진 자들을 다 부르신다는 것은 예수께서 그렇게 사시고 또 우리 모두를 하나님의 자녀로 불러내어 그 연장선에 있게 하신다는 것입니다. 그것 외에 복음을 증거할 다른 방법은 없습니다.

이런 유명한 말이 있습니다. "복음을 강요하는 것은 복음을 훼손하는 것이다." 기독교 신앙의 핵심인 복음은 예수 그리스도로 완성되고 예수 그리스도만이 근거이기 때문입니다. 거기에 다른 조건이나 다른 약속을 집어넣는 것은 복음의 효력과 내용을 훼손하는 것이며 복음의 능력을 도리어 저해할 것입니다.

한번 생각해 봅시다. 우리는 살면서 얼마나 많은 짐을 지고 있습니까. 사람은 혈연들, 이웃들, 더 나아가 지연, 학연으로까지 사람들과 관계 맺은 까닭에, 홀로 떨어져 구별되거나 분리되는 식으로 존재하지 않고 싫든 좋든 다 연결되어 있습니다. 앞에서 이야기했듯이 자녀를 기르면서 저것이 내 십자가야, 라고 이야기하곤 합니다. 그것이 옳은 표현은 아니라고 했지만 십자가의 한 측면을 잘 드러내 주기도 합니다. 금방 벗어 버릴 수 있는 일이 아니기 때문입니다. 자녀인데 어쩌겠습니까. 그래서 우리는 할 수 없이 짐을 지게 됩니다. 그러나 끊임없이 화를 내는 것은 '너는 날 힘들게 하지 말고, 너 하나라도 나를 살기 편하게 해 줘'라고 하는 것입니다.

십자가를 진다는 것은 예전 로마의 처형 방법 중 가장 혹독한 것으로 공개 처형을 받는 것입니다. 이미 선고받아 죽을 목숨인데 그것도 모자라 자기가 못 박혀야 할 십자가를 지고 죽음의 장소까지 가야 하는 형벌입니다. 예수님이 우리에게 그렇게 좇아오라고 하십니다. 십자가는 어떤 이상(理想)이 아닙니다. 하루하루를 살아가는 신자들의 생활 방식이어야 합니다. 내가 죽으러 가기 위해서 내 십자가를 지고 가야 하는데, 그렇게 함으로써 예수님이 결과시킨 것같이 우리도 존재와 인생 속에서 예수 그리스도의 사역의 뒤를 잇는 것이 여기 나오는 제자도입니다. 분노하고 설명하여 짐을 벗어던지려고 한다면, 우리가 질 십자가는 없어지게 됩니다.

그렇게 인생을 산다는 것이 무엇인지, 예수를 믿는다는 것이 무슨 뜻인지 아느냐고 묻는 것입니다. 예수께서 인간이 되어 이 땅에 오셔서 33년의 생애를 사셨다는 것이 무슨 뜻인지, 결국은 십자가에 죽으셔야 했다는 것이 무슨 뜻인지 아느냐고 묻는 것입니다. 아버지와 동등한 영광을 취하는 것을 거부하시고 자기를 비우시고 우리를 위하여 인간으로 오시고 우리의 길을 걸으시고 그 길의 끝인 죽음의 자리까지 가신 분, 우리의 죽음의 자리까지 가신 분, 당신의 영광과 능력을 다 유보하시고 우리의 짐을 지기 위하여 그 영광과 능력을 당신을 증명하는 데에 사용하지 않으시고 우리를 위하여 사용하셔서 우리의 비참한 현실과 운명에 동참하신 그분이 바로 메시아입니다. 이것이 하나님이 예수를 보내어 나타내신 당신의 영광입니다.

평안과 영광에 이르는 길

우리의 삶을 돌아본다면 제일 고마운 사람이 누구입니까? 자기가 잘못했을 때 나무라지 않은 사람이 제일 고맙습니다. 넘어가 주는 사람이 제일 고맙습니다. 예수를 믿는다는 것은 그렇게 사는 것입니다. 로마서 14장은 이 문제를 현실적으로 이렇게 가르칩니다.

우리 중에 누구든지 자기를 위하여 사는 자가 없고 자기를 위하여 죽는 자도 없도다 우리가 살아도 주를 위하여 살고 죽어도 주를 위하여 죽나니 그러므로 사나 죽으나 우리가 주의 것이로다 이를 위하여 그리스도께서 죽었다가 다시 살아나셨으니 곧 죽은 자와 산 자의 주가 되려 하심이라 (롬 14:7-9)

예수를 믿으면 자기를 위하여 살 수도 없고 예수를 위하여만 삽니다. 그것은 억울한 일이 아닙니다. 손해 보는 일도 아닙니다. 그것은 하나님이 예수를 보내어 하나님이 누구신가를 우리에게 나타내시는 중에 제일 기뻐하신 것이며, 긍휼과 자비와 은혜와 사랑의 하나님을 보이신 것입니다. 심판권이나 어떤 보복으로서가 아니라 용서와 인내와 회복과 사랑으로 당신을 나타내시는 것을 제일 기뻐하신다는 것입니다. 예수님이 기꺼이 그 길을 따르십니다. 그리고 우리에게 그 길을 걸어오라고 합니다. 참으로 어려운 길입니다.

로마서 14장 7-9절에 나온 문제는 특정 음식을 먹어도 되는지 안 되는지의 논란 때문에 나온 것입니다. 로마는 국가적 신이 있었고, 시장에 나오는 모든 육류는 신전에서 국가의 신들에게 바쳐진 후 나오는 제물이었습니다. 다니엘 때 그랬던 것처럼 말입니다. 그래서 우상에게 제물로 바쳐진 것을 먹으면 안 된다고 하는 쪽이 있었고, 그 반대편에는 그 신은 우상이며, 우상은 사람들이 있다고 믿는 것이지 실제는 없는 것이고 고기는 고기일 뿐이니 먹어도 괜찮다, 하는 쪽이 있었습니다.

그래서 10절에 "네가 어찌하여 네 형제를 비판하느냐 어찌하여 네 형제를 업신여기느냐 우리가 다 하나님의 심판대 앞에 서리라" 하고

서, 13절에 "그런즉 우리가 다시는 서로 비판하지 말고 도리어 부딪칠 것이나 거칠 것을 형제 앞에 두지 아니하도록 주의하라"라고 합니다. 바울의 말은 이런 이야기입니다. 왜 누구를 비판하고 정죄해서 자신의 정체성을 확인받으려 하느냐? 우리의 정체성은 예수를 믿는다는 것에 있고 예수의 정체성의 본질은 성육신에 있다. 그러니 죽음의 자리까지 함께하여 죽을 수밖에 없고 패배하고 멸망한 것을 부활 생명으로 역전하시는 하나님의 긍휼과 자비를 믿어라, 그것이 언뜻 보면 지는 것 같지만 결국은 세상이 가진 권력이나 우리가 가지는 한계조차 다른 것으로 바꿔 낼 수 있는 하나님의 능력과 은혜가 아니냐, 그것을 믿고 감당하고 살아라, 하는 것입니다.

현대 사회에서는 교회 내에서조차 서로 친교하는 이들이 드뭅니다. 무슨 좋은 소리를 듣겠다고 속이야기를 하겠습니까? 그러니 서로 정답만 이야기합니다. 그런데 정답을 빨리 이야기하는 것은 전혀 도움이 되지 않습니다. 정답대로 살아 내야 합니다. 예수를 믿는다는 것을, 고함지르거나 강제하는 것으로 실천하려 하지 말고, 예수께서 베드로의 부인과 가룟 유다의 배반을 알고 계시면서도 억울하게 죽으셔야 했던, 창조주가 피조물들에게 능멸을 당해야 했던 길을 걷듯 살아서 나타내야 합니다. 우리를 지으시고 우리를 항복시키시고 우리를 사랑하신 일을 끝내 완성하신 하나님의 방법에 순종하는 것이 십자가의 길입니다. 그런데 우리는 그렇게 하기가 싫습니다.

'수고하고 무거운 짐 진 자들아 다 내게로 오라'라고 하신 말씀에서 보았듯 예수 없는 곳에는 평안과 만족이 없습니다. 우리가 우리의 짐을 지고 이웃의 짐을 지기로 하면 거기에 평안이 있습니다. 물론 더 버거워질 것입니다. 인생은 더 힘들어질지 모르지만, 거기에 유일한 해결책이 있다는 것을 확인하게 됩니다. 그때 비로소 우리는 예수를 믿는다는 것이 무슨 뜻인지 우리의 운명이 어떻게 보장되었고 얼마나 영광된 것인지 알게 될 것입니다.

만일 이런 길과 이런 결론이 아닌 데로 흘러, 다른 이에게 다른 것으로 자신을 증명하고 상대방을 윽박지른다면 앞에서 이야기했듯이 복음의 능력을 훼손하는 것이며 제자도의 길을 걷지 않는 것인 줄을 알아야 합니다. 그럼 어떻게 해야 됩니까? 일단 웃으십시오. 그리고 들으십시오. 어떻게 편을 들어야 하는지 성경을 다시 보고 기도하십시오. 예수님의 죽음이 오히려 인류 역사에 없던 반전과 역전을 이루었듯이 우리도 지고 망하고 더 힘들고 더 묻히는 존재와 인생을 살아가는 것을 통하여 하나님이 어떻게 더 큰일을 이루시는가를 스스로 확인하십시오. 그것이 기독교 역사의 맥을 잇는 유일한 하나님의 방법입니다.

기도

하나님 아버지, 은혜를 감사합니다. 주께서 사신 길을 따르는 것은 우리로서는 할 수 없는 것입니다. 우리의 본성과 어긋나기 때문입니다. 그래서 주께서 찾아오셨습니다. 십자가를 지심으로 우리를 바꾸어 놓으셨습니다. 하나님을 아버지로 알게 하셨고, 예수께서 왜 오셨는지 알게 하셨고, 세상과 역사가 하나님의 손안에 있다는 사실을 알게 하셨습니다. 그러니 우리는 당연히 지혜롭게 살아야 합니다. 믿음으로 살아야 하고, 신자로 살아야 합니다. 우리는 매일 자신을 부인하고 죽는 자리로 걸어가야 할 것입니다. 그 길만이 한 알의 밀알이 썩는 길이요, 그래서 열매가 맺히는 유일한 길입니다. 이 길을 걸어가고 살아 내는 우리가 되게 하셔서, 예수를 믿는다는 신앙 고백이 얼마나 놀랍고 영광된 것인지 아는 복을 누리는 우리 모두가 되게 하여 주시옵소서. 예수님 이름으로 기도합니다. 아멘.

19
하나님의 영광

28 이 말씀을 하신 후 팔 일쯤 되어 예수께서 베드로와 요한과 야고보를 데리고 기도하시러 산에 올라가사 29 기도하실 때에 용모가 변화되고 그 옷이 희어져 광채가 나더라 30 문득 두 사람이 예수와 함께 말하니 이는 모세와 엘리야라 31 영광중에 나타나서 장차 예수께서 예루살렘에서 별세하실 것을 말할새 32 베드로와 및 함께 있는 자들이 깊이 졸다가 온전히 깨어나 예수의 영광과 및 함께 선 두 사람을 보더니 33 두 사람이 떠날 때에 베드로가 예수께 여짜오되 주여 우리가 여기 있는 것이 좋사오니 우리가 초막 셋을 짓되 하나는 주를 위하여, 하나는 모세를 위하여, 하나는 엘리야를 위하여 하사이다 하되 자기가 하는 말을 자기도 알지 못하더라 34 이 말 할 즈음에 구름이 와서 그들을 덮는지라 구름 속으로 들어갈 때에 그들이 무서워하더니 35 구름 속에서

소리가 나서 이르되 이는 나의 아들 곧 택함을 받은 자니 너희는 그의
말을 들으라 하고 36 소리가 그치매 오직 예수만 보이더라 제자들이 잠
잠하여 그 본 것을 무엇이든지 그 때에는 아무에게도 이르지 아니하니
라 (눅 9:28-36)

기독교 신앙의 진정한 초점

본문 말씀은 변화산 사건의 내용입니다. 예수님이 제자 셋을 데리고
변화산에 올라가 용모와 옷이 변하여 자신의 영광을 제자들에게 보
이셨습니다. 예수님의 영광은 여기서 본 것보다 더 크지만 가시적으
로 변화된 모습을 제자들이 본 것입니다. 모세와 엘리야가 함께 자리
했고 베드로는 예수님과 모세와 엘리야를 위하여 초막 셋을 짓고 여
기서 살자고 합니다. 그런데 구름 속에서 소리가 납니다. '이는 나의
아들 곧 택함을 받은 자니 너희는 그의 말을 들으라'라고 하면서 궁극
적 권위가 예수께만 있고 다른 누구도, 즉 유대인들이 가장 귀하게 여
기고 높이 평가하는 모세와 엘리야마저도 예수님과 대등할 수 없다
는 선포를 하늘로부터 듣습니다.

누가복음 9장에서 변화산 사건이 갖는 가장 중요한 의미는 예수님
이 제자들에게 자신의 고난을 말씀하기 시작한다는 데 있다는 것을
기억해야 합니다. 예수님은 힘이 없거나 실패해서가 아니라 그분의
영광이 유일한 권세이며, 지위임에도 불구하고 기꺼이 고난을 자원
해서 짊어지는 것이라고 제자들에게 알리는 것입니다. 그래서 성경에

나타나는 어떤 영웅들도 그들의 남다름으로 영웅시되는 것을 성경은
허락하지 않습니다. 예를 들어 고린도후서 4장을 보겠습니다.

> 우리는 우리를 전파하는 것이 아니라 오직 그리스도 예수의 주 되
> 신 것과 또 예수를 위하여 우리가 너희의 종 된 것을 전파함이라 어
> 두운 데에 빛이 비치라 말씀하셨던 그 하나님께서 예수 그리스도의
> 얼굴에 있는 하나님의 영광을 아는 빛을 우리 마음에 비추셨느니라
> (고후 4:5-6)

기독교 신앙의 진정한 초점은 언제나 우리의 항복을 받아 내시고 우
리의 감격과 만족과 경배를 받는 하나님에게 있습니다. 아브라함은
백 살에 낳은 아들을 하나님의 명령 앞에 순종하여 바치기로 했습니
다. 얼마나 대단한 믿음입니까. 그러나 그보다 우선하는 것은 하나님
이 어떤 분이기에 아브라함은 백 살에 낳은 아들도 기꺼이 바칠 수 있
는가 하는 것입니다. 이것이 성경이 하고 싶은 이야기입니다.
　우리는 누구의 믿음이 좋다거나 나쁘다고 이야기할 때마다 믿음을
요구하시는 예수 그리스도 안에 있는 하나님이 누구신가를 계속 물
어봐야 합니다. 하나님은 믿음을 요구하십니다. 믿음을 요구하신다는
것이 가지는 무게와 깊이와 넓이와 높이와 내용을 아는 것이 중요합
니다. 그에 따른 의지를 동원하고 이해를 동원하는 것은 그다음 문제
입니다. 우리가 얼마나 잘 이해했고 얼마나 잘 순종했는지는 본질에
속하지 않습니다. 이것이 성경이 하고 싶은 이야기입니다. 우리가 누
구의 믿음이 좋다고 이야기하는 것은, 그 사람이 얼마나 신실한가에

대한 것보다 도대체 하나님은 누구시기에 저 괴팍한 사람, 저 고집 센 사람에게 항복을 받아 내셨는가 하는 데 초점이 있습니다.

우리는 한 교회에서 믿음의 공동체가 되었다 할지라도 서로 정말 다릅니다. 성격도 기호도 취미도 생각도 다릅니다. 이렇게 하나로 모이는 것이 무슨 증언이 되는가 싶습니다. 예수를 믿는 것이 무엇이기에, 저 불공대천의 원수가 한자리에 앉을 수 있는가 하는 것입니다. '대천지원수'는 함께 하늘을 이고 살 수 없을 만큼 원수지간이라는 뜻입니다. 그런데 이것이 교회의 영광입니다.

하나님의 진정한 영광

예수님은 변화산에서 자신의 영광을 보임으로써 내가 이런 영광을 가졌으나 이 영광을 잠시 미뤄 두고 고난을 받는다고 이야기하는 것이 아닙니다. 빌립보서 2장 5절 이하를 보겠습니다.

너희 안에 이 마음을 품으라 곧 그리스도 예수의 마음이니 그는 근본 하나님의 본체시나 하나님과 동등됨을 취할 것으로 여기지 아니하시고 오히려 자기를 비워 종의 형체를 가지사 사람들과 같이 되셨고 사람의 모양으로 나타나사 자기를 낮추시고 죽기까지 복종하셨으니 곧 십자가에 죽으심이라 이러므로 하나님이 그를 지극히 높여 모든 이름 위에 뛰어난 이름을 주사 하늘에 있는 자들과 땅에 있는 자들과 땅 아래에 있는 자들로 모든 무릎을 예수의 이름에 꿇게 하시

고 모든 입으로 예수 그리스도를 주라 시인하여 하나님 아버지께 영
광을 돌리게 하셨느니라 (빌 2:5-11)

하나님은 큰 영광 중에 계신 분인데, 잠시 영광을 뒤로 미루어 놓고
우리를 위하여 낮은 자리로 온 정도가 아닙니다. 우리를 위하여 찾아
오시고 우리를 편들기 위하여 당신이 결단코 그 자리에 올 필요가 없
는 자리, 죄인 된 인생들의 현실, 고통과 비극의 현실에까지 자기를
낮추시어 찾아오시는 것이 하나님의 영광이라고 성경은 선포합니다.
　　우리는 한 사람의 강함을 이야기할 때, 그가 얼마나 큰 권세를 가졌
고 얼마나 높은 식견을 가졌는가를 쉽게 판단합니다. 그러나 실제로
한 인간이 항복할 때를 보면 상대의 힘에 눌려 항복하는 것이 아니라
상대가 스스로 낮추어 그를 한 인간으로 대접할 때 상대를 과연 위대
한 사람이라고 여기고 진정으로 항복하게 됩니다.
　　역사상 위인이라고 일컫는 사람들은 모두 힘을 가진 자들이 아니
었습니다. 프랑스 사람들이 역사상 최고의 위인이라고 하는 사람은
나폴레옹이 아니라 파스퇴르입니다. 그는 광견병을 치료하는 백신
을 만든 사람입니다. 나폴레옹이 위인이 된 것도 우리로서는 불만입
니다. 그러나 그것은 국가 간의 자존심 때문에 그렇습니다. 한 국가의
자존심과 자랑인 위인들이 다른 나라에서는 굴욕이 되는 경우가 많
습니다. 알렉산더나 칭기즈 칸은 자기 민족에게는 위인이었지만 주변
국가에는 원수 같은 사람입니다. 세상은 그런 법입니다. 힘이 영웅 됨
과 위인 됨의 중요한 요소라고 생각합니다. 그러나 프랑스를 예로 들
었듯이 더욱 실제적인 문제, 모두에게 필요한 문제에 유익을 준 사람

을 위인으로 먼저 꼽는 것에 우리는 공감할 수 있습니다.

하나님이 우리를 죄에서 구원하기 위하여, 비참함과 파멸에서 구하기 위하여 우리의 모습과 또 죽음의 자리까지 찾아오셨다는 사실에 하나님의 진정한 영광이 있다고 성경은 선언합니다. 하나님은 높으시고, 힘을 갖고 계시고 지켜보고 계십니다. 상 주시고 벌주시듯이 그렇게 멀리만 계시지 않습니다. 물론 그런 권세도 가지고 계십니다. 그러나 그는 말씀만 하시고 약속만 하시는 분이 아니라 그 모든 약속은 당신이 그 약속을 이루기 위하여 하신 선포들입니다. 여기에 하나님의 영광이 있습니다. 거기에 예수 그리스도의 성육신과 고난의 진정한 내용이 있습니다.

영광의 양면성

방금 말한 내용을 요한복음 17장에서는 이렇게 말씀합니다.

아버지께서 나를 세상에 보내신 것 같이 나도 그들을 세상에 보내었고 또 그들을 위하여 내가 나를 거룩하게 하오니 이는 그들도 진리로 거룩함을 얻게 하려 함이니이다 내가 비옵는 것은 이 사람들만 위함이 아니요 또 그들의 말로 말미암아 나를 믿는 사람들도 위함이니 아버지여, 아버지께서 내 안에, 내가 아버지 안에 있는 것 같이 그들도 다 하나가 되어 우리 안에 있게 하사 세상으로 아버지께서 나를 보내신 것을 믿게 하옵소서 내게 주신 영광을 내가 그들에게 주었사

오니 이는 우리가 하나가 된 것 같이 그들도 하나가 되게 하려 함이
니이다 곧 내가 그들 안에 있고 아버지께서 내 안에 계시어 그들로
온전함을 이루어 하나가 되게 하려 함은 아버지께서 나를 보내신 것
과 또 나를 사랑하심 같이 그들도 사랑하신 것을 세상으로 알게 하
려 함이로소이다 (요 17:18-23)

아버지께서 예수를 보내신 것같이, 아버지의 영광과 권세가 우리를
향한 그의 사랑과 신실하심으로 찾아오신 것같이 예수께서 그의 제자
들을 보내십니다. 예수께서 하나님 아버지의 가장 중요한 본질을 성
육신으로 증거한 것같이, 예수를 믿어 하나님의 자녀 된 인생이 다 성
육신의 뒤를 따름으로 예수의 본질의 연장선에 있다는 것입니다. 우
리의 고난과 고통과 의심과 불안과 연약함 모두 다 통틀어 예수께서
오신 것 같은 인생으로 우리도 보냄을 받았다는 것입니다. 그것이 예
수께서 아버지에게 받은 영광이었고 또 우리의 영광이라는 것입니다.
　예수께서 아버지를 드러내는 영광의 길을 걸으셨듯이 우리가 이
길을 걸음으로써 예수를 믿는다는 것이 무엇을 의미하는지 보이고
있습니다. 예수님이 오셔서 우리를 구원한 것같이 우리가 이 길을 걸
으므로 하나님이 예수 안에서 허락한 구원을 우리 인생 안에서 결실
하게 한다는 것입니다. 변화산에서 본 예수 그리스도의 놀라운 초월
적 영광의 모습이든 그의 성육신이든 다 영광된 것입니다. 우리가 예
수를 믿어 갖고 싶고 증거하고 싶은 여러 권세와 소원과 승리와 능력
만 영광스러운 것이 아니라 우리가 받는 고난, 우리가 겪는 실패, 우
리의 연약함과 한계, 눈물과 한숨이야말로 하나님이 우리를 통해 당

신을 나타내시는 영광된 사역이라고 성경은 말씀합니다.

우리는 예수 그리스도의 생애를 돌아보면서 늘 그런 일들을 목도합니다. 예수님은 늘 기도하셨고 우셨습니다. 예수님은 피땀 흘려 기도하셨고 "나의 하나님, 나의 하나님, 어찌하여 나를 버리시나이까"라고 고통에 찬 비명을 지르셨습니다. 그리고 다 이루었다고 하시면서 돌아가셨습니다. 거기에 하나님의 영광이 있고 하나님의 비밀이 있다는 것을 알아야 합니다. 우리가 이기고 클 때에만 하나님이 영광을 받으시고 일을 하시는 것이 아니라 우리의 낮고 천한 자리, 우리의 불확실함과 모호함과 막막함이 다 예수 그리스도의 성육신이 가지는 기적을 이어 가고 있다는 사실을 기억해야 합니다.

사도 바울을 통해 하나님의 영광을 보여 주심

그래서 사도 바울은 디모데전서 1장에서 신자 된 인생이 귀하다는 사실을 이런 식으로 선언합니다.

나를 능하게 하신 그리스도 예수 우리 주께 내가 감사함은 나를 충성되이 여겨 내게 직분을 맡기심이니 내가 전에는 비방자요 박해자요 폭행자였으나 도리어 긍휼을 입은 것은 내가 믿지 아니할 때에 알지 못하고 행하였음이라 우리 주의 은혜가 그리스도 예수 안에 있는 믿음과 사랑과 함께 넘치도록 풍성하였도다 미쁘다 모든 사람이 받을 만한 이 말이여 그리스도 예수께서 죄인을 구원하시려고

세상에 임하셨다 하였도다 죄인 중에 내가 괴수니라 그러나 내가
긍휼을 입은 까닭은 예수 그리스도께서 내게 먼저 일체 오래 참으
심을 보이사 후에 주를 믿어 영생 얻는 자들에게 본이 되게 하려 하
심이라 (딤전 1:12-16)

사도 바울은 자신의 사도직을 이렇게 이해했습니다. 우리는 사도라
하면 특별한 직분으로서 역사상 한 번밖에 없었던 직분이었기 때문
에 남다른 조건과 자격들을 가진 자들로 생각합니다. 그러나 바울은
전혀 그렇게 생각하지 않습니다. 자기가 사도가 된 것은 다른 모든 사
람보다 못한 탓이라고 합니다. 남보다 못한 것이 왜 자격이 되고 조건
이 됩니까? 우리를 부르신 예수 그리스도가 누구신가를 알리는 데 그
것이 최고의 본보기가 될 수 있기 때문입니다.

　동화책《삼총사》에서 주인공은 달타냥입니다. 달타냥은 아버지에
게 검술을 잘 배워서 왕의 친위대인 총사 대장 트레빌을 찾아갑니다.
그런데 트레빌이 상대를 안 해 줍니다. 그러다 우연히 삼총사와 결투
를 하게 되었는데 상대방을 얕볼 때 즉, 내 실력이 상대방보다 월등
하다는 것을 증명할 때는 칼을 칼집에서 빼지 않고 칼집째로 싸웁니
다. 이것은 무슨 의미일까요? 칼을 뺄 필요도 없다는 것입니다. 칼집
에 칼이 꽂혀 있으면 훨씬 불편합니다. 칼 없이 칼집만으로 싸우는 것
보다도 더 불편합니다. 그런데 그렇게 해도 이긴다는 의미입니다. 왼
손으로 싸워도 이기는 것입니다. 하나님이 바울을 그렇게 사용했다는
것입니다. 이것이 바울이 이해하는 사도직의 자격입니다.

　왜 그렇게 하셨습니까? 하나님은 당신의 위대함을 무력이나 세력

으로 보이지 않으셨기 때문입니다. 사도직이란 하나님의 자녀라는 이름이 가지는 인간성의 회복, 예수 안에 허락한 구원이 가지는 신의 성품에 참여하는 것임을 보이려고 긍휼과 자비와 용서를 내세워 그를 부름으로써 하나님의 영광을 드러내고 바울을 영광스럽게 했다는 것입니다. 하나님의 위대하심을 인간 말종(人間 末種)에게 그렇게 보이신 것입니다. 바울이 다른 것으로 하나님의 종이 된 것이 아니라 하나님의 용서와 회복과 긍휼과 자비로 부름받은 덕에, 사도직의 핵심은 유능과 무능, 잘남과 못남의 문제가 아닌, 신의 성품에서만 발견되는 참다운 하나님의 자녀로서의 인격에 걸맞은 길로 부름을 받은 것임이 드러납니다. 그렇게 해서 바울이 참으로 영광스러운 존재가 되었다고 이야기하는 것입니다.

이 부분에 관한 좋은 글이 있어 하나 적어 왔습니다. "오늘날 휴머니즘은 너무 상대주의적으로 오용이 되어 오해의 여지가 있지만 세속주의는 휴머니즘을 낳지 못한다. 휴머니즘은 세속주의가 아니라 초월주의를 필요로 한다." 참다운 인간성의 회복이 신의 성품이라는 초월적 존재의 성품으로 채워지지 않는 한 휴머니즘은 이기주의를 벗어날 수 없습니다.

기독교 신앙이 가지는 가장 큰 자랑과 매력은 무엇입니까? 누구를 잡아서 자신의 정체성이 확인되는 이 세상의 생존 법칙에서 벗어나는 것입니다. 그것이 예수 그리스도의 영광이고 우리의 영광입니다. 하나님이 예수를 보내어 변화산에서 보이신 그 영광과 대등한, 오히려 더 큰, 본질적인 하나님의 영광입니다. 그리고 그것은 예수를 믿는 모든 신자의 인생입니다.

우리의 불만과 마음에 들지 않는 존재와 현실이 영광된 길이라는 것을 인정할 수 있겠습니까? 살면서 사람을 만나면, 그 사람을 무엇으로 평가하는지 한번 생각해 보십시오. 인간이 참다운 인간성을 가지기 전에는 타인의 항복을 받지 못합니다. 이 길은 예수 안에서만 가능한 길입니다. 이 길로 부름을 받은 우리의 존재와 인생의 영광을 기억하는 본문 말씀이 되기를 바랍니다.

기도

하나님 아버지, 은혜를 감사합니다. 하나님이 그 아들을 십자가에 못 박으사 영광을 받으신 것처럼 이제 예수 안에서 우리로 인생을 살게 하사 우리와 우리 인생을 통하여 영광을 받으신다고 말씀하십니다. 우리는 기껏 고통을 기준으로 또는 자존심을 기준으로 사는 것이 인생의 유일한 동인이었던 것에 불과한 자들이었습니다. 그러나 예수 안에 있는 하나님의 영광을 보게 하사 이제 우리로 하나님의 긍휼과 자비에 참여하는, 용서하고 이해하고 낮추고 우리의 고난에 순종하여 하나님의 하나님 되심을 나의 육체에 채워 가는 인생을 살게 하옵소서. 믿음을 주시옵소서. 우리의 인생이 부활 생명을 증언하는 인생인 줄 나와 이웃으로 알게 하옵소서. 예수님 이름으로 기도합니다. 아멘.

20

예수님의 수난 예고

---

44 이 말을 너희 귀에 담아 두라 인자가 장차 사람들의 손에 넘겨지리라 하시되 **45** 그들이 이 말씀을 알지 못하니 이는 그들로 깨닫지 못하게 숨긴 바 되었음이라 또 그들은 이 말씀을 묻기도 두려워하더라 **46** 제자 중에서 누가 크냐 하는 변론이 일어나니 **47** 예수께서 그 마음에 변론하는 것을 아시고 어린 아이 하나를 데려다가 자기 곁에 세우시고 **48** 그들에게 이르시되 누구든지 내 이름으로 이런 어린 아이를 영접하면 곧 나를 영접함이요 또 누구든지 나를 영접하면 곧 나를 보내신 이를 영접함이라 너희 모든 사람 중에 가장 작은 그가 큰 자니라 **49** 요한이 여짜오되 주여 어떤 사람이 주의 이름으로 귀신을 내쫓는 것을 우리가 보고 우리와 함께 따르지 아니하므로 금하였나이다 **50** 예수께서 이르시되 금하지 말라 너희를 반대하지 않는 자는 너희를 위하는 자니

라 하시니라 (눅 9:44-50)

하나님 통치의 신비

예수님이 변화산에 올라갔다 내려오셔서 제자들이 그동안 쫓아내지 못한 귀신 들린 아이를 고쳐 주십니다. 이어서 귀신을 쫓아낸 예수님은 자신이 수난을 당하고 죽으실 것을 말씀하십니다.

예수님에 대한 복음서의 기록은 두 가지 주제로 요약됩니다. 첫째는 하나님 나라를 선포하고 그 나라의 임재를 증언하는 것이고, 둘째는 수난에 대한 것입니다. 우리는 누가복음이 데오빌로 각하에게 보낸 편지라는 사실을 기억해야 합니다. 오늘날 우리 모두에게도 당연한 질문은, 죽은 자를 살리시고 바다를 잠잠케 하시고 모든 질병을 고치시며 귀신을 쫓아내시는 분이 왜 자원하여 죽음의 길을 걸으시는가 하는 것입니다.

50절까지의 내용과 51절 이후의 내용은 동일한 질문에 대하여 예수님이 주시는 답입니다. 그것은 하나님의 통치가 특별하다는 것입니다. 세상 권력으로 보면 죽는다는 것은 지는 것이고 망하는 것입니다. 그러나 그의 통치에 있어서는, 창조주이며 부활의 주인이신 그의 손 안에서는, 그 무엇도 하나님의 능력으로 말미암는 승리를 방해할 수 없습니다. 이것이 예수의 수난으로 증명됩니다.

세상은 죽음 외에는 만들어 내는 것이 없습니다. 그러나 하나님 나라의 힘은 세상을 정죄하고 그 가면을 벗겨 내고 그 정체를 폭로하는 것과 함께 어떤 조건과 상황 속에서도 승리와 영광을 가져다줍니다. 이것을 우리에게 가르치고 있습니다. 그런데 이것은 만만치 않은 문제입니다. 고린도후서 12장을 보면, 이 문제가 우리 모두에게 얼마나 어려운 문제인지 사도 바울의 기도 속에서 드러납니다.

> 여러 계시를 받은 것이 지극히 크므로 너무 자만하지 않게 하시려고 내 육체에 가시 곧 사탄의 사자를 주셨으니 이는 나를 쳐서 너무 자만하지 않게 하려 하심이라 이것이 내게서 떠나가게 하기 위하여 내가 세 번 주께 간구하였더니 나에게 이르시기를 내 은혜가 네게 족하도다 이는 내 능력이 약한 데서 온전하여짐이라 하신지라 그러므로 도리어 크게 기뻐함으로 나의 여러 약한 것들에 대하여 자랑하리니 이는 그리스도의 능력이 내게 머물게 하려 함이라 그러므로 내가 그리스도를 위하여 약한 것들과 능욕과 궁핍과 박해와 곤고를 기뻐하노니 이는 내가 약한 그 때에 강함이라 (고후 12:7-10)

사도 바울은 기독교 역사상 가장 위대한 하나님의 사람입니다. 그런 바울도 하나님을 향한 열심과 진심 때문에, 내가 더 강하면 하나님이 더 영광을 받으실 수 있다고 잘못 생각합니다. 하나님 나라는 내가 더 노력할수록 확장될 수 있다는 논리에서 바울도 벗어나지 못한 것입니다. 그래서 자기에게 있는 약한 것들이 해결되기를 원했습니다. 하나님뿐 아니라 복음을 위해서 그랬던 것입니다. 그런데 하나님의 답은 "나는 너한테 줄 만큼 줬다. 지금 네가 가진 조건이 가장 적당하다" 라는 것이었습니다. 왜냐하면 하나님의 능력이란 약한데서 온전하여

지기 때문입니다. 그것은 하나님의 통치가 이 세상 통치와 얼마나 다
른가를 극적으로 비교하여 보여 줍니다. 우리는 심는 대로 거두는 법
칙 속에 살고 있습니다. 가다가 안 가면 간 것만큼만 이익인 그런 세
상에 살고 있습니다. 그러나 하나님의 통치는 내가 반대 방향으로 뛰
어간 것보다 더 좋은 결과를 만들어 냅니다.

　이것은 하나님의 통치의 가장 대표적인 원리인 인과 법칙과 충돌
하는 것이 아닙니다. 자연법칙은 하나님이 만드신 하나님의 통치에
있어서 가장 중요한 제1원리입니다. 그러나 그 원리를 만드신 이는 인
격자이십니다. 이 제1원리는 하나의 법칙이며 거기에는 인격적 요소
가 없습니다. 그러나 그것을 만드신 이, 그것을 주신 이는 인격자이십
니다. 그래서 기적이 있고 용서가 있습니다. 기다려 주시고 회복시켜
주시고 구원하십니다. 하나님의 통치의 핵심 능력은 용서하시고 반전
하시는 힘입니다. 성경이 그것을 가르칩니다. 로마서 8장에 가면 이런
중요한 말씀이 있습니다. 우리가 많이 좋아하고 암송하는 구절입니
다. "우리가 알거니와 하나님을 사랑하는 자 곧 그의 뜻대로 부르심을
입은 자들에게는 모든 것이 합력하여 선을 이루느니라"(롬 8:28).

　이 말씀은 신앙생활을 하면 할수록, 그 의미가 깊이 이해되는 구절
입니다. 우리가 신앙적으로 승리할 때에만 유익을 얻는 것이 아니라
실패할 때에도 유익이 된다는 뜻입니다. 우리는 자연법칙과 인과 법
칙에 너무 익숙하기 때문에 잘했을 때는 진전이 있고 못했을 때에는
쌓았던 것이 감소된다고 생각합니다. 잘한 것과 잘못한 것, 저축해 놓
은 것과 빚진 것을 서로 가감하면 잔액이 남는 법인데 하나님은 그렇
게 하지 않고 잘한 것도 우리에게 누적되고 잘못한 것도 그 위에 누적

되게 만드십니다. 이것이 하나님 통치의 신비입니다.

못난 것이 우리를 키운다

우리는 언제 사람다워질까요? 잘했을 때가 아닙니다. 잘했을 때는 자랑만 남습니다. 자랑에는 성찰이 없습니다. 자랑스럽고 기쁠 때에는 아무도 자신을 돌아보지 않습니다. 그러나 실패하고 실수하면 사람은 끊임없이 자신을 돌아볼 수밖에 없습니다. 우리를 키운 것은 무엇입니까? 잘난 것이 우리를 키우지 않습니다. 못난 것이 우리를 키웁니다. 마치 예수님이 십자가를 지고 죽으심으로 오히려 반전을 일으키셨듯이 말입니다. 우리의 잘못과 못난 것을 가지고도 그와 같은 반전을 일으키십니다. 그렇다면 신자의 인생은 겁날 것이 없습니다. 마음껏 잘못하라는 이야기가 아닙니다. 우리는 최선을 다해야 합니다. 바른길을 가고 부지런해야 합니다. 그러나 그것이 전부는 아니라는 것입니다. 복음에 나타난 하나님의 통치의 놀라움은, 바로 모든 것이 합력하여 선을 이룬다는 약속에 있습니다.

로마서 8장 29절을 보겠습니다. "하나님이 미리 아신 자들을 또한 그 아들의 형상을 본받게 하기 위하여 미리 정하셨으니 이는 그로 많은 형제 중에서 맏아들이 되게 하려 하심이니라 또 미리 정하신 그들을 또한 부르시고 부르신 그들을 또한 의롭다 하시고 의롭다하신 그들을 또한 영화롭게 하셨느니라"(롬 8:29-30). 이처럼 하나님은 작정과 목적를 가지고 우리를 부르십니다. 그리고 그 목표를 이루기 위하여 우리에게 교훈하고 채찍질하고 깨우치고 가르치실 때, 그 일을 아들을 내어 주심으로 하셨으며, 본질적인 방법을 제시하심으로 하신 것이 아닙니다.

그다음 31절입니다. "그런즉 이 일에 대하여 우리가 무슨 말 하리요 만일 하나님이 우리를 위하시면 누가 우리를 대적하리요 자기 아들을 아끼지 아니하시고 우리 모든 사람을 위하여 내주신 이가 어찌 그 아들과 함께 모든 것을 우리에게 주시지 아니하겠느냐"(롬 8:31-32). 이렇게 그 아들을 내어 주십니다.

하나님의 사랑은 우리가 보통 말하는 사랑이 아닙니다. 하나님 통치의 경이로움입니다. 하나님은 우리에게 최선을 다하라고 요구하십니다. 우리는 최선을 다하려고 애씁니다. 그러나 잘하지 못합니다. 넘어지고 자빠지고 돌아서고 도망합니다. 이런 것들을 가지고 우리 안에서 당신의 통치의 궁극적인 승리를 이루신다고 가르치십니다. 귀신을 내어 쫓는 자가, 죽은 자를 살리는 자가 왜 그렇게 죽음의 길을 가야 합니까? 그것은 이 세상이 가지는 어떤 비극과 절망도 하나님의 통치의 승리를 상쇄하거나 무로 돌릴 수 없다는 것을 말하고 있는 것입니다. 그러니 신앙생활을 할 힘이 생기는 것입니다.

궁극적으로 하나님이 승리하신다면 내 열심이 무슨 소용이 있냐고 물을 수 있습니다. 이러한 물음은 그 묻는 자의 신앙이 어떤 수준 이상으로 자라지 않았음을 의미할 수 있습니다. 우리의 신앙이 자라서 자책과 절망과 비탄의 자리까지 이르게 되면 그다음을 알 수 있습니다. 슬퍼할 일이 없고 걱정할 일이 없고 늘 승리한다고 믿는 것은 믿음의 시작에서는 옳습니다. 그러나 신앙은 거기서 끝나지 않습니다.

늘 승리한다고 믿는 신앙을 가진 자는 십자가를 지고 가는 것이 아니라 상대를 향해 십자가를 막 휘두르게 됩니다.

기독교는 그런 종교가 아닙니다. 기독교란 신앙으로써 자신의 승리를 확보하는 근거와 방법을 갖는 것이지 세상 권력을 갖듯이 누구와 비교하여 우위에 서 있음으로 확인하는 것이 아닙니다. 이것은 세상이 가지는 기준들로는 진 것이고 실패이고 망한 것이 되므로 그런 기준으로 보면 쓸모없는 것이겠지만 하나님의 통치 기준으로 보면 필요한 기적과 신비라고 성경은 증언합니다. 로마서 4장에서는 이 문제를 복음의 핵심으로 제시합니다.

> 아브라함이나 그 후손에게 세상의 상속자가 되리라고 하신 언약은 율법으로 말미암은 것이 아니요 오직 믿음의 의로 말미암은 것이니라 만일 율법에 속한 자들이 상속자이면 믿음은 헛것이 되고 약속은 파기되었느니라 율법은 진노를 이루게 하나니 율법이 없는 곳에는 범법도 없느니라 그러므로 상속자가 되는 그것이 은혜에 속하기 위하여 믿음으로 되나니 이는 그 약속을 그 모든 후손에게 굳게 하려 하심이라 율법에 속한 자에게뿐만 아니라 아브라함의 믿음에 속한 자에게도 그러하니 아브라함은 우리 모든 사람의 조상이라 (롬 4:13-16)

기독교가 말하는 신앙의 본질과 핵심 근거는 믿음입니다. 그 믿음이 율법에 속하지 않고 은혜에 속하기 위하여 아브라함을 불렀다고 합니다. 그러니까 아브라함은 구원받을, 축복받을 조건을 가져서 부름받은 자가 아니라 하나님이 만들어 내시는 승리의 기적과 신비를 증

거하기 위하여 부름을 받은 자입니다. 아브라함은 자격 없는 자의 대
표입니다. 그래서 이 은혜와 구원이 모든 자에게 차별 없이 허락되는
하나님의 통치의 은혜임을 증명하기 위하여 아브라함이 부름을 받은
것입니다. 그 부름은, 모든 이를 부르시는 하나님이 우리의 조건과 자
격을 보지 않고 당신의 능력과 선하심으로 이 일을 목표하고 계신다
고 선언하는 것입니다.

어떻게 그럴 수 있는지 보겠습니다. 16절에 따르면 '그러므로 상속
자가 되는 그것이 은혜에 속하기 위하여 믿음으로 되나니'라고 말합니
다. 여기서 말하는 믿음은 자격과 조건 없이 받는 결과입니다. 은혜에
속한다는 것은 아무것도 안 해도 좋고 자격이 없어도 좋고 조건이 없
어도 좋다는 것으로 변명하고 핑계 대고 도망가도 된다는 말이 아닙니
다. 우리가 만들어 낼 수 없는 것을 하나님이 자신의 선하심과 은혜로
우심과 능력과 영광으로 창조했듯이 구원에서도 그렇게 하신다는 것
입니다. 모든 사람과 세상의 역사가 궁극적으로 그 주인이신 하나님의
자비와 선하심과 긍휼과 능력의 결과를 맞이할 수밖에 없다고 선언하
기 위하여 은혜가 도입되고 있는 것입니다.

그래서 우리는 이런 자신감을 가질 수 있습니다. 신앙적으로 진전
이 없고 퇴보하는 것 같고 기쁨보다 한숨이 더 많은 길을 가지만 그
한숨이 내가 기쁘고 만족했던 것보다 더 많은 것을 만든다는 것을 깨
달아야 합니다. 예수께서 부활의 역사를 이루기 위하여 사망의 자리
로 가셨듯이 우리도 포기하고 손을 놓고 절망으로 치닫는 길을 가야
합니다. 하나님의 통치는 세상의 통치와는 달리 인과 법칙을 뛰어넘
는 기적과 능력과 신비의 결과를 이루어 냅니다. 이렇게 알고 가는 길

이어야 합니다. 이것이 없으면 기독교는 자랑의 종교 이상을 넘어가지 못합니다.

우리에게 승리를 주시는 하나님

우리는 보통 "나는 믿었다, 너는 안 믿는다" 하는 식으로 정체성을 확인하려고 합니다. 이것은 참으로 어리석은 자기 확인법입니다. "주일날 비싼 밥 사 먹는 꼴 좀 봐." 이런 것은 대단히 못난 자기 확인법입니다. 신앙은 인과 법칙, 도덕성, 능력 같은 것으로 확인되는 정체성보다 더 깊은 것이어야 합니다. 죽음을 부활 생명으로 바꾸시는 하나님의 통치가 무엇인지 아는 인생을 살아야 합니다. 한숨이 절로 나고 눈물이 나지만 그것이 끝이 아니며 헛된 길이 아니라는 것입니다. 그럼에도 불구하고 절망으로 갈 수 없다는 것을 아는 자, 곧 그런 믿음을 가진 자는 털 깎는 자 앞에서 잠잠한 양 같은 예수 그리스도의 수난의 모습을 뒤좇아 갈 것입니다. 고린도전서 15장에서 이렇게 소개하고 있습니다.

보라 내가 너희에게 비밀을 말하노니 우리가 다 잠 잘 것이 아니요 마지막 나팔에 순식간에 홀연히 다 변화되리니 나팔 소리가 나매 죽은 자들이 썩지 아니할 것으로 다시 살아나고 우리도 변화되리라 이 썩을 것이 반드시 썩지 아니할 것을 입겠고 이 죽을 것이 죽지 아니함을 입으리로다 이 썩을 것이 썩지 아니함을 입고 이 죽을 것이 죽지 아니함을 입을 때에는 사망을 삼키고 이기리라고 기록된 말씀이 이루어지리라 사망아 너의 승리가 어디 있느냐 사망아 네가 쏘는 것이 어디 있느냐 사망이 쏘는 것은 죄요 죄의 권능은 율법이라 우리 주 예수 그리스도로 말미암아 우리에게 승리를 주시는 하나님께 감사하노니 그러므로 내 사랑하는 형제들아 견실하며 흔들리지 말고 항상 주의 일에 더욱 힘쓰는 자들이 되라 이는 너희 수고가 주 안에서 헛되지 않은 줄 앎이라 (고전 15:51-58)

우리는 죽습니다. 그것이 세상의 법칙입니다. 모든 존재는 결국 쇠퇴하고 소멸합니다. 율법도 마찬가지입니다. 세상에서 우리는 잘하면 칭찬받고 못하면 벌 받습니다. 그러나 예수 그리스도 안에 있는 부활 생명을 가진 우리에게는 사망이 끝이 아닙니다. 사망은 잘못에 대한 벌이지만 우리는 잘잘못으로 다루어지는 대상이 아니기 때문입니다. 로마서 8장 1절에서 이렇게 말씀합니다. "그러므로 이제 그리스도 예수 안에 있는 자에게는 결코 정죄함이 없나니 이는 그리스도 예수 안에 있는 생명의 성령의 법이 죄와 사망의 법에서 너를 해방하였음이라"(롬 8:1-2).

우리는 더 이상 하나님 앞에 잘잘못으로 평가받거나 심판받는 존재가 아닙니다. 우리는 하나님의 사랑과 은혜의 통치 아래 있습니다. 본문에서 보는 바와 같이 하나님의 나라는 누구의 것입니까? 하나님 나라는 힘을 가지고 승리해서 들어가는 자리가 아니라는 의미에서 어린아이를 세우십니다. 어린아이는 어떤 존재입니까? 권력에서 가장 먼 자입니다. 여기서 말하는 권력이란 자기가 원하는 결과를 만들기 위하여 조건을 만들어 내는 능력을 말합니다. 이 능력에서 가장 먼 자가 어린아이입니다. 하나님에 의해서, 하나님이 원하는 대로, 하나님의 기쁘심을 따라, 그 결과가 이루어지는 통치 세계이기에 어린아이가 등장합니다.

우리는 하나님의 통치의 은혜와 축복과 영광과 운명을 누립니다. 서두에서도 이야기했지만 아무것도 안 해도 된다는 말이 아닙니다. 고린도전서 15장은 무엇을 말합니까? 57절을 다시 보겠습니다. '우리 주 예수 그리스도로 말미암아 우리에게 승리를 주시는 하나님'(고전 15:57)이라고 말합니다. 하나님이 승리를 주십니다. 그 승리가 우리에게 주어지기 때문에 어떻게 하라고 합니까? "그러므로 내 사랑하는 형제들아 견실하며 흔들리지 말고 항상 주의 일에 더욱 힘쓰는 자들이 되라 이는 너희 수고가 주 안에서 헛되지 않은 줄 앎이라"(고전 15:58)라고 말씀합니다.

열심히 고민하십시오. 자책하십시오. 우십시오. 한숨 쉬십시오. 그러나 내가 왜 이랬을까, 나는 왜 이것밖에 안 될까 하는 것들도 합력하여 선을 이룬다는 사실을 기억하십시오. 본인의 마음에 들고 만족하는 자신이 되었을 때 가장 위험합니다. 우리는 부활 생명을 만들어 낼 수 없습니다. 우리가 건강하거나 성취한 것이 더 있으면 부활 생명이 필요한 존재라는 사실을 놓친 채 '하면 된다'라는 말에 묶일 수 있습니다. 그것보다 더 나가야 합니다. 하면 되는 것의 끝도 결국은 죽음이기 때문입니다. 하나님의 통치와 대조되는 세상의 통치에서는, 더 오래 사는 것은 있어도 죽지 않는 것은 없습니다.

그러나 예수 안에서는 아무리 일찍 죽고 아무것도 없이 죽어도 하나님이 허락하시는 충만한 영광으로의 부활이 있습니다. 우리가 싫어하고 억울해하고 분노하는 조건과 환경과 처지에서 자신을 사랑하십시오. 하나님이 이렇게 답하십니다. '내 은혜가 네게 족하도다 이는 내 능력이 약한 데서 온전하여짐이라.' 아멘입니다. 열심 있는 신앙인으로 울며 안타까워하며 기도하며 한숨 쉬고 충성하기로 합시다.

기도

하나님 아버지, 은혜를 감사합니다. 우리 삶의 곤고함과 우리의 못난 것이 하나님의 은혜와 능력을 방해할 수 없다는 것을 인정합니다. 그러므로 우리의 눈물과 한숨과 자책을 끌어안고 충성하기로 합니다. 낙심하지 않고 힘을 다하여 주신 삶을 감당하기로 합니다. 믿음을 주시옵소서. 예수님 이름으로 기도합니다. 아멘.

21
사마리아인들의 거부

51 예수께서 승천하실 기약이 차가매 예루살렘을 향하여 올라가기로 굳게 결심하시고 52 사자들을 앞서 보내시매 그들이 가서 예수를 위하여 준비하려고 사마리아인의 한 마을에 들어갔더니 53 예수께서 예루살렘을 향하여 가시기 때문에 그들이 받아들이지 아니 하는지라 54 제자 야고보와 요한이 이를 보고 이르되 주여 우리가 불을 명하여 하늘로부터 내려 저들을 멸하라 하기를 원하시나이까 55 예수께서 돌아보시며 꾸짖으시고 56 함께 다른 마을로 가시니라 57 길 가실 때에 어떤 사람이 여쭈오되 어디로 가시든지 나는 따르리이다 58 예수께서 이르시되 여우도 굴이 있고 공중의 새도 집이 있으되 인자는 머리 둘 곳이 없도다 하시고 59 또 다른 사람에게 나를 따르라 하시니 그가 이르되 나로 먼저 가서 내 아버지를 장사하게 허락하옵소서 60 이르시되 죽은 자

들로 자기의 죽은 자들을 장사하게 하고 너는 가서 하나님의 나라를 전
파하라 하시고 **61** 또 다른 사람이 이르되 주여 내가 주를 따르겠나이다
마는 나로 먼저 내 가족을 작별하게 허락하소서 **62** 예수께서 이르시되
손에 쟁기를 잡고 뒤를 돌아보는 자는 하나님의 나라에 합당하지 아니
하니라 하시니라 (눅 9:51-62)

세상의 법칙

예수님은 이제 죽으실 것입니다. 예수님의 죽음으로 세상 권세의 정
체와 세상의 죄악된 것이 드러날 것입니다. 그리고 사망으로 끝나는
이 세상에서 하나님의 통치를 임하게 하사 부활의 문을 여실 것입니
다. 예수님이 누구시고 예수를 믿는다는 것이 무슨 말인지에 대하여
이제 집중적으로 살펴보겠습니다.

　예수님이 예루살렘을 향해 가는 중에 사마리아를 지나가시는데 그
들은 예수님을 통과하지 못하게 합니다. 그러자 제자들은 하늘에 불
을 명하여 저들을 태워 버렸으면 합니다. 힘으로 자신의 고집을 관철
하는 것은 세상의 법칙입니다. 그것은 반대하는 자를 죽이고 넘어뜨
리고 굴복시켜 승리하는 것입니다. 그러나 예수님은 이것을 거부하고
꾸짖으십니다. 그러면서 예수를 믿는 인생이 어떠해야 하는지를 57
절 이하에서 말씀하십니다. 예수의 제자들은 머리 둘 곳이 없는 인생
을 살아야 하고, 죽은 자들로 죽은 자들을 장사하게 하고 그분을 좇고
손에 쟁기를 들고 뒤를 돌아보지 말아야 합니다.

우리는 이 땅에 살고 있고 이 세상은 자신의 법칙을 갖고 있습니다. 세상에서는 경쟁하고 싸우고 상대방을 패배시켜야 비로소 승리를 가질 수 있습니다. 경쟁과 전쟁의 상태에 있습니다. 이 세상이 죄로 인하여 하나님을 외면하고 홀로 독립하자 예수님이 오셔서 죽을 수밖에 없는 길을 걷게 되었습니다. 그러나 예수님이 죽으심으로 하나님의 통치가 회복되어야 모든 것이 생명과 승리로 끝날 수 있습니다. 하나님이 그것을 원하셔서 예수님이 왔다고 선언하시는 것입니다.

물론 완전한 승리는 예수님이 다시 오셔서 새 하늘과 새 땅을 준비하사 허락하시는 그때에 이루어집니다. 그러나 그 나라의 통치, 그 통치를 받는 은혜와 축복은 심판이 연기된 이 현실의 싸움과 전쟁판 속에서도 누릴 수 있습니다. 하나님이 우리를 구원하신 즉시 천국으로 데려가지 않고 왜 세상에 남겨 놨겠습니까? 우리는 그 부분에 대하여 하나님의 뜻을 충분히 이해할 실력이 없습니다. 그것은 신적 지혜입니다. 우리가 이해하는 대로 말하자면, 우리와 같은 이들에게도 구원 얻을 기회를 주시기 위하여 하나님이 심판을 연기하고 있다는 것만 압니다. 하나님의 통치가 예수로 말미암아 이 땅에 임하고, 예수를 믿는 사람들은 예수 그리스도를 통하여 보이신 하나님의 통치와 은혜와 축복 속에 살 수 있습니다.

예수님이 받으신 시험

예수님은 이 세상에서 정치를 변혁하거나 권세자들을 굴복시키는 것을 물리적으로 행사하지 않았습니다. 이 지점이 중요합니다. 그러면 예수님이 하신 일이 무엇이며 예수를 믿는다는 것은 무엇입니까? 그 문제에 대하여 성경에 중요한 증언이 나옵니다. 누가복음 4장에 보면 예수님이 공생애 시작 직전에 받으신 시험이 등장합니다. "마귀가 이르되 네가 만일 하나님의 아들이어든 이 돌들에게 명하여 떡이 되게 하라 예수께서 대답하시되 기록된 바 사람이 떡으로만 살 것이 아니라 하였느니라"(눅 4:3-4)

우리가 살피려는 것은 이렇습니다. '예수가 누구며 복음이 무엇이며 제자도가 무엇인가?' 즉 신자의 신앙생활이라는 것이 무엇인가, 하는 것입니다. 이런 시각에서 보면 예수님이 받으신 시험에는 일관성이 있습니다. 떡은 세상을 사는 데에 가장 근본적으로 필요한 것입니다. 그러나 예수님의 답은 사람이 떡으로만 살지 않는다는 것입니다. 사람은 세상의 법칙과 제한에 잡혀 있을 만큼 그렇게 작은 존재가 아닙니다. 마태복음 식으로 이야기하자면, 사람이 떡으로만 살 것 아니요 하나님의 입으로 나오는 모든 말씀으로 살아야 한다는 것입니다.

인간이란 존재는 세상의 통치, 세상의 환경으로는 진정한 인간성을 다 채울 수 없습니다. 그것은 하나님만 채울 수 있습니다. 인간은 세상이라는 환경과 조건과 통치가 아닌 하나님의 통치 아래서 이 세상을 살아야 합니다. 둘을 배타적으로 이야기하자는 것이 아니라 어느 것이 더 근본적이고 어느 것이 더 큰 것인가를 이야기하는 것입니다.

우리는 지나온 말씀들을 생각하는 속에서 자연주의가 가지는 가장 중요한 원칙을 보았습니다. 인과 법칙에 불과한 자연의 권세는 인간에게는 턱없이 못 미치는 것입니다. 인간은 법칙에 매여 있는 존재가 아닙니다. 인격을 가졌기 때문입니다. 인격을 가진다는 것은 생각하고 용서하고 이해하고 기다릴 수 있다는 것입니다. 법칙은 그럴 수 없습니다. 그래서 예수님은 인간은 하나님의 통치 아래에 있어야 한다고 이 시험에서 답하십니다.

두 번째 시험은 무엇입니까? "마귀가 또 예수를 이끌고 올라가서 순식간에 천하 만국을 보이며 이르되 이 모든 권위와 그 영광을 내가 네게 주리라 이것은 내게 넘겨 준 것이므로 내가 원하는 자에게 주노라 그러므로 네가 만일 내게 절하면 다 네 것이 되리라"(눅 4:5-7)라고 한 것입니다. 이 세상을 다 주겠다고 했습니다. 그러자 예수님은 이렇게 대응하셨습니다. "예수께서 대답하여 이르시되 기록된 바 주 너의 하나님께 경배하고 다만 그를 섬기라 하였느니라"(눅 4:8).

어떤 의미에서 세상은 전부가 아닙니다. 하나님의 창조주 되심과 그분의 유일한 권위에 비하면 세상은 지극히 작은 것입니다. 세상은 하나님이 만드신 피조 세계에 불과합니다. 그래서 하나님에게 경배하라고 합니다. 이것이 답입니다. 마귀는 또 시험을 합니다.

또 이끌고 예루살렘으로 가서 성전 꼭대기에 세우고 이르되 네가 만일 하나님의 아들이어든 여기서 뛰어내리라 기록되었으되 하나님이 너를 위하여 그 사자들을 명하사 너를 지키게 하시리라 하였고 또한 그들이 손으로 너를 받들어 네 발이 돌에 부딪치지 않게 하시리라 하였느니라 예수께서 대답하여 이르시되 주 너의 하나님을 시험하지 말라 하였느니라 (눅 4:9-12)

유한이 무한을 담을 수 없고 낮은 자가 윗사람을 시험할 수 없습니다. 하나님의 통치가 더 크고 세상은 하나님의 통치 안에서 보호받는 한 영역입니다. 인과 법칙이 전혀 쓸모없거나 그 자체가 죄는 아닙니다. 하나님이 세우신 하나의 질서입니다. 그러나 하나님의 통치는 그것보다 큽니다. 그래서 하나님을 시험하지 말라고 합니다. 아랫사람이 윗사람을 시험하지 못한다는 이야기입니다. 본문 말씀에서 예수님이 누구신가를 이해하게 된다면 거기에 당연히 따라 나오는 예수를 믿고 사는 것이 무엇인가 하는 문제에서 가장 핵심이 되는 것도 이해할 수 있습니다.

십자가는 하나님의 능력

예수님은 세상과 싸우지 않습니다. 누가 더 큰 세력을 가졌는가를 세상의 방식으로 증명하거나 확보하지 않습니다. 그 위에 계신 권세를 증언하며 구체화합니다. 순종합니다. 고린도전서 1장 18절 이하를 보겠습니다.

십자가의 도가 멸망하는 자들에게는 미련한 것이요 구원을 받는 우리에게는 하나님의 능력이라 기록된 바 내가 지혜 있는 자들의 지혜를 멸하고 총명한 자들의 총명을 폐하리라 하였으니 지혜 있는 자가 어디 있느냐 선비가 어디 있느냐 이 세대에 변론가가 어디 있느냐 하나님께서 이 세상의 지혜를 미련하게 하신 것이 아니냐 하나님의 지혜에 있어서는 이 세상이 자기 지혜로 하나님을 알지 못하므로 하나님께서 전도의 미련한 것으로 믿는 자들을 구원하시기를 기뻐하셨도다 유대인은 표적을 구하고 헬라인은 지혜를 찾으나 우리는 십자가에 못 박힌 그리스도를 전하니 유대인에게는 거리끼는 것이요 이방인에게는 미련한 것이로되 오직 부르심을 받은 자들에게는 유대인이나 헬라인이나 그리스도는 하나님의 능력이요 하나님의 지혜니라 (고전 1:18-24)

예수님은 왜 하나님의 능력입니까? 십자가는 왜 하나님의 능력입니까? 예수님이 죽으신 것 아닙니까? 그것은 진 것입니다. 패한 것입니다. 망한 것입니다. 그런데 왜 십자가를 능력이라고 합니까? 그것은 예수님이 이 세상의 법칙에 따라 졌고 패했고 망한 것으로 끝나지 않았기 때문입니다. 세상이 가진 힘으로는 죽이는 데까지밖에 힘을 쓰지 못합니다. 그것이 최고로 할 수 있는 것입니다. 세상은 예수를 죽임으로 자신의 권세를 다 발휘했습니다. 자기가 가진 힘을 다 드러낸 것입니다. 세상이 가진 권세는 무엇을 세우거나 만들거나 고칠 수 있는 것이 아닙니다. 세상은 선한 자, 겸손한 자, 구원하러 오신 자, 모든 인간에게 도움을 주신 분을 죽이는 것 외에는 힘을 행사할 다른 실력이 없습니다. 그것이 그만 다 드러나고 말았습니다.

인생을 살면서 이것만 가지면 괜찮겠다고 생각하는 것들 즉 건강, 사회적 성취 등은 실제로 가져 보면 아무것도 아니라는 것을 알게 됩니다. 서로 속입니다. 내가 사회적 지위를 가지면 사회적 지위를 가지지 못한 사람을 비웃어서 자꾸 자기를 속여야 합니다. 실제로 성공이 그 영혼에 답이 되는 사람은 없습니다.

언젠가 이런 말을 해서 우리 다 같이 깜짝 놀라기도 하고 웃기도 했습니다. '저는 유명한 사람입니다. 성공한 목회자입니다'라는 말입니다. 이것이 제 영혼과 인격에 무슨 도움이 되겠습니까? 아무 도움도 안 됩니다. 제가 훌륭해지는 것은 제 영혼과 인격의 문제이지 누가 알아보고 부러워한다는 것은 전혀 도움이 안 됩니다. 그것은 소금물을 먹듯이 목만 더 타게 합니다.

"저뿐 아니라 다른 분들도 목사님의 설교에 은혜 받습니다"라고 하는 것은 무서운 말입니다. 늘 잘해야 한다는 것은 얼마나 어려운 것입니까? 어떻게 사람이 늘 잘합니까? 말씀을 전하러 강대상에 서는 것이 아니라 잘하기 위해서 선다는 것은 대단한 시험이 아닐 수 없습니다. 그 시험을 이겼기 때문에 이 증언을 할 수가 있습니다. 늘 두려운 마음으로 섭니다. 두려운 마음으로 선다는 것은 하나님의 일하심의 신비에 마음을 열고 강단에 오른다는 것입니다. 내가 잘했을 때 하나님이 영광을 받으시는 것이 아니라, 우리가 모르는 하나님의 방법으로 하나님이 영혼을 찾아간다는 것을 압니다. 그래서 제 책임에 최선을 다하고 두려운 마음으로 섭니다. 하나님의 말씀을 전하고 힘을 다하여, 잘한 것도 감수하고 못한 것도 감수합니다. "목사님 설교에 은혜 받았습니다" 하면 "감사합니다"라고 이야기하고, "오늘 설교는 지난번보다 못했습니다" 하면 "조심하겠습니다. 더 잘하겠습니다"라고 이야기합니다.

'우리 목사님은 설교 잘한다' 하는 것으로 넘어가면 안 됩니다. 그것이 각자의 영혼과 인격에 양식이 되고 변화를 일으켜야 합니다. 세상이 우리를 죽음으로 몰아가고 있다는 것을 기억해야 합니다. 예수님은 죽으셨지만 그 죽음은 끝이 아닌, 죽음을 생명으로 바꿔 놓는 하나님의 승리를 증언하는 것이었습니다. 그것이 복음입니다.

우리는 세상 속에서 살지만 세상은 늘 우리를 죽음으로 협박합니다. 우리는 죽을 수 있습니다. 우리는 이 세상에 살지만 세상을 최고의 통치자로 섬기며 살지 않고 예수 그리스도를 보낸 하나님, 죽음에서 부활을 만들어 내신 하나님을 섬기며 살고 있는 까닭에 '죽이려면 죽여라'라고 하는 것입니다. 우리는 오늘 주어진 길을 걸어가는 것이고 세상은 나에게 죽음밖에 줄 수 없지만 하나님은 예수 안에서 우리에게 부활을 이루어 내십니다. 이렇게 걷는 것이 쟁기를 잡고 뒤를 돌아보지 않는 것입니다. 그렇다고 쟁기를 잡고 앞만 보고 있으라는 것은 아닙니다. 앞을 보고 가야 합니다. 어디까지 가야 합니까? 이 세상은 너 그렇게 가면 죽는다, 죽는다, 죽는다 하지만 죽음까지 가야 합니다. 죽음의 길을 가기 때문에 죽는 것이 아니라 세상이 가진 권세는 죽음 이외에 다른 결과, 다른 대안이 없기 때문에 그렇습니다. 결국 죽습니다. 꼭 나이 들어 죽는 것도 아니고 사고로만 죽는 것도 아닙니다. 이 세상의 어느 것도 우리 영혼과 인격에 답이 되는 것은 없습니다.

십자가가 하나님의 능력이라는 선언은, 이제 예수님이 죽으심으로써 이 세상의 어떤 공격도 두려워할 필요가 없는 예수 믿는 자들의 최종적 승리며 믿음의 자랑이 된다는 말입니다. 세상은 죽이는 게 가장 큰 세력인데 나를 죽이는 그 자리에서 하나님이 나를 부활 생명으로 영광스럽게 만들 수 있다면 우리는 기꺼이 세상 한복판에 뛰어들어 갈 수 있습니다. 어떤 환경과 조건 속에서도 하나님의 백성으로 사는 일에 대하여 겁날 것이 없습니다. 물론 세상은 우리를 괴롭힐 것입니다. 곱게 죽이지 않습니다. 계속 죽음을 담보로 하여 협박할 것입니다. 타협하고 굴복하고 절하라고 계속 우리를 볶을 것입니다.

인간을 인간답게 하는 복음

나이가 든다는 복이 무엇입니까? 우리가 세상과 타협하고 세상에 지고 항복했던 모든 것들이 결국 우리에게 아무런 답도 주지 못했음을 알게 된 것입니다. 세상이 약속했던 행복, 세상이 약속했던 승리들은 어느 것도 진정한 승리이자 행복이 아닙니다. 속았던 것입니다. 우리가 가지는 답은 자신이 소유한 힘입니다. 나이가 들면 한계도 따라옵니다. 인생에 낙이 없고 건강으로나 교제나 사회적 인지도나 모임에서 점점 뒷전으로 물러나게 됩니다. 그러나 그런 과정에서, 예수 안에서 우리에게 허락한 하나님의 구원의 능력을 이해하게 됩니다. 이것이 있다면 도대체 우리가 무엇을 겁내겠습니까?

로마서 1장으로 가겠습니다. 복음은 언제나 이런 시각에서 힘을 갖습니다.

내가 복음을 부끄러워하지 아니하노니 이 복음은 모든 믿는 자에게 구원을 주시는 하나님의 능력이 됨이라 먼저는 유대인에게요 그리고 헬라인에게로다 복음에는 하나님의 의가 나타나서 믿음으로 믿음에 이르게 하나니 기록된 바 오직 의인은 믿음으로 말미암아 살리라 함과 같으니라 (롬 1:16-17)

복음은 인간을 인간답게 하는 하나님의 능력입니다. 하나님의 통치 아래서 하나님의 복을 받고 사는 능력, 하나님의 승리와 복 주심, 영광의 승리를 약속받는 능력이라고 합니다. 이것이 예수님이 세 가지 시험을 물리치신, 핵심이 되는 본질적 내용입니다. 우리는 하나님의 통치에 순종해야 합니다. 세상이 가진 법칙들은 하나님의 더 큰 은혜와 통치 속에서만 정당한 힘을 발휘할 수 있습니다. 그 작은 것으로 무한을 삼키려 하지 마라, 내가 온 것은 세상이 만들어 내는 죽음에 이제 나를 보내신 아버지로 말미암아 구원과 승리와 부활 생명을 주기 위함이었다, 그것을 너희에게 알게 하고 너희도 내가 간 길을 따르게 하여 죽음을 넘어서 부활 생명으로 너희의 인생을 살게 하기 위함이었다, 이 길을 걸으라고 말하는 것입니다.

그것은 세상 법칙으로 보는, 내가 가진 능력, 내가 한 노력으로 얻는 결과를 벗어나 예수를 보내신 하나님이 쓰시는 방법, 믿음으로 이루어지는 것입니다. 믿음이란 무엇입니까? 인과 법칙이 아닙니다. 믿음은 은혜에 속한 것입니다. 은혜란 무엇입니까? 한 일이 없이 받는 것, 자격 없이 받는 결과, 이것이 은혜입니다. 하나님이 우리를 사랑하사 그 아들을 보내어 우리를 이 길로 부르십니다. 믿음으로 허락한, 은혜로 허락한 하나님의 백성이 되는 구원의 길로 부르십니다. 이 세상에 사는 우리로서는 하나님의 통치 아래 있다 할지라도 다 이해하지 못하고 충분한 믿음을 가진 것도 아닙니다. 그런데 세상이 죽인 자리에서 영광된 부활을 만들어 낼 수 있다는 하나님의 구원이 예수로 말미암아 임했고 십자가로 증명됐고 부활로 이미 열매를 맺었습니다. 예수를 믿는다는 것은 이 길을 걷는 것입니다. 예수 믿는 자로서 세상의 권세 앞에 굴복하지 않고 그 위협과 시험 앞에서 하나님의 통치 아래 살겠다고 선언하고 실천하는 것입니다. 이것이 하나님의 의입니다. 로마서 1장 16-17절에서 말하는 복음의 능력입니다. 이 복음은 하나님의 의입니다.

하나님의 의

세상의 의란 무엇입니까? 무시무시한 법입니다. 법은 인격이 없습니다. 도덕이 하나의 윤리에 불과하게 되면 사람을 잡게 됩니다. 인격이 도덕을 가져야 합니다. 인격이 법을 사용해야 합니다. 그 인격이 어떤 인격인지가 중요합니다. 성경은 하나님의 의에 대하여 로마서 3장 21절 이하에 이렇게 소개합니다.

이제는 율법 외에 하나님의 한 의가 나타났으니 율법과 선지자들에게 증거를 받은 것이라 곧 예수 그리스도를 믿음으로 말미암아 모든 믿는 자에게 미치는 하나님의 의니 차별이 없느니라 모든 사람이 죄를 범하였으매 하나님의 영광에 이르지 못하더니 그리스도 예수 안에 있는 속량으로 말미암아 하나님의 은혜로 값 없이 의롭다 하심을 얻은 자 되었느니라 이 예수를 하나님이 그의 피로써 믿음으로 말미암는 화목제물로 세우셨으니 이는 하나님께서 길이 참으시는 중에 전에 지은 죄를 간과하심으로 자기의 의로우심을 나타내려 하심이니 곧 이 때에 자기의 의로우심을 나타내사 자기도 의로우시며 또한 예

수 믿는 자를 의롭다 하려 하심이라 (롬 3:21-26)

사람은 자기가 무엇을 자랑하느냐에 따라 구별됩니다. 성공했을 때 자랑할 수 있고 누구를 이겼을 때 자랑할 수 있습니다. 무엇인가 특별한 재능을 보이면 자랑할 수 있습니다. 하나님은 어느 때 우리를 자랑하셨느냐 하면, 우리를 구원하기 위하여 우리의 죄를 우리에게 묻지 않고 그 짐을 예수에게 지워 그를 십자가에 내어 주어 우리를 구원하시는 것으로 자랑하시는 분입니다. 성경의 표현으로 하면, 그는 의로우신 분이며 선하신 분이며 자비로우신 우리 아버지십니다.

그러나 우리는 자신이 겪는 현실 속에서 어려움과 고통을 경험할 때마다 세상은 나를 잡아먹지 못해서 안달하고 나를 굴복시키려 하고 나를 결국 죽이려 하고 나를 아무짝에도 쓸모없게 패배시키려 한다는 것을 느끼게 됩니다. 그러나 거기가 끝이 아니라는 것을 압니다. 하나님은 다르시구나, 하나님은 나를 당신의 자녀로 인정하사, 나를 위하여 당신의 아들을 보내신 분이구나, 우리의 죄지은 현장까지 찾아와 우리가 자초한 비참과 절망과 고통 속에 동참하시며 우리가 당할 죄를 당신의 아들이 당하게 하심으로 우리를 구원하시는 하나님이시구나, 그 통치의 주인이시다, 라는 전율을 느끼게 합니다. 예수를 믿으면 시간적으로 죽어 천국에 가는 것보다, 예수 믿는 삶이 우선합니다. 그런데 예수를 믿는다는 것은, 예수께서 죽음의 길을 재촉하여 가셨지만 아버지의 기쁘신 뜻을 위하여 기쁨으로 따름으로써 누리는 깊은 만족과 항복을 가지셨듯이, 그런 깊은 만족과 항복을 느끼는 데 전 인격이 동원된다는 것입니다. 이것이 기독교 신앙입니다.

신앙은 단번에 완성되는 것이 아닙니다. 잠깐은 자기의 자존심과 이기심을 위하여 세상과 타협할 수 있습니다. 그러나 그것이 무엇인지 살면서 몇 십 번, 몇 백 번, 수도 없이 경험할 것입니다. 그 답이 예수 안에서 우리 하나님으로 인해 허락되었다는 사실을 다시 한번 확인하고 현실 속에서 하나님은 왜 이 고통을 면제하여 주지 않는가, 라고 묻지 마십시오. 세상의 실체는 무엇인가? 세상이 나한테 무엇을 요구하는가? 비겁해지고 치사해지라고 나를 인간 대접 안 하는구나, 하는 이 사실을 꿰뚫어 보십시오. 우리를 참다운 하나님의 자녀의 영광으로 부르신, 우리의 아버지가 되시려고 우리를 끌어안으시고 용서하시고 허리를 굽혀 찾아오시는 아버지의 사랑과 우리를 향한 그 진심에 책임 있게 반응하십시오. 자신의 구원을 그렇게 이해하고 실천하는 귀한 믿음을 가지기를 바랍니다.

기도

하나님 아버지, 은혜를 감사합니다. 하나님의 자녀로 사는 것은 참으로 영광된 일이며 명예로운 일이며 자랑스러운 일입니다. 우리가 참다운 인간성을 갖고 있다면 우리는 더러운 것과 거짓된 것에 우리를 내어 줄 수 없습니다. 하나님 이외에 그 어느 것에도 우리는 머리를 숙여서는 안 됩니다. 우리의 우리 된 하나님의 형상으로서의 인격과 영혼을 지켜 내어 참다운 인생을 살아 내는 복된 인생이 되도록 하나님이 허락하신 구원을 붙들어 승리하게 하여 주시옵소서. 예수님 이름으로 기도합니다. 아멘.

22
칠십 인 파송

17 칠십 인이 기뻐하며 돌아와 이르되 주여 주의 이름이면 귀신들도 우리에게 항복하더이다 18 예수께서 이르시되 사탄이 하늘로부터 번개같이 떨어지는 것을 내가 보았노라 19 내가 너희에게 뱀과 전갈을 밟으며 원수의 모든 능력을 제어할 권능을 주었으니 너희를 해칠 자가 결코 없으리라 20 그러나 귀신들이 너희에게 항복하는 것으로 기뻐하지 말고 너희 이름이 하늘에 기록된 것으로 기뻐하라 하시니라 21 그 때에 예수께서 성령으로 기뻐하시며 이르시되 천지의 주재이신 아버지여 이것을 지혜롭고 슬기 있는 자들에게는 숨기시고 어린 아이들에게는 나타내심을 감사하나이다 옳소이다 이렇게 된 것이 아버지의 뜻이니이다 22 내 아버지께서 모든 것을 내게 주셨으니 아버지 외에는 아들이 누구인지 아는 자가 없고 아들과 또 아들의 소원대로 계시를 받는

자 외에는 아버지가 누구인지 아는 자가 없나이다 하시고 23 제자들을
돌아 보시며 조용히 이르시되 너희가 보는 것을 보는 눈은 복이 있도다
24 내가 너희에게 말하노니 많은 선지자와 임금이 너희가 보는 바를 보
고자 하였으되 보지 못하였으며 너희가 듣는 바를 듣고자 하였으되 듣
지 못하였느니라 (눅 10:17-24)

예수의 정체성

예수님이 칠십 인의 전도단을 세우시고 복음 증거를 위하여 그들을
각 동네에 보내십니다. 그들이 귀신을 쫓아내고 하나님 나라를 선포
하고 돌아와 기쁜 보고를 하자 예수님이 그들을 칭찬하셨다는 내용
입니다. 1절에 보면, 예수님이 칠십인의 전도단을 보내실 때의 표현
중에 "그 후에 주께서 따로 칠십 인을 세우사 친히 가시려는 각 동네
와 각 지역으로 둘씩 앞서 보내시며"(눅 10:1)라는 내용이 있습니다.
여기서 세운다는 것은 '높이 들어 보인다'는 뜻입니다. 전도단을 보냈
다고 하면 우리는 흔히 기능적으로 생각하기 쉽습니다. 그러나 지금
우리가 다루는 누가복음 8장 이후부터의 내용은 모든 것이 다 제자도
에 관한 것입니다. 제자도는 예수를 믿는다는 것이 무슨 뜻이며, 예수
를 믿으면 어떻게 살아야 하는가 하는 문제들을 다루고 있습니다. 실
천적인 방법을 가르치기보다 정체성을 강조하는 부분이라는 것을 잊
지 말아야 합니다.

　　이 칠십 인의 전도단이 가서 예수님을 증거합니다. 예수님을 증거

하기 위해서는 예수님이 누구신가에 관한 이해는 기본입니다. 그리고 예수님이 누구신지에 관한 것은 복음서의 핵심 내용이며 성경 전체에서 가장 중요한 계시입니다. 예수님은 하나님의 뜻을 육체로 보이신 분입니다. 우리와 동일한 인생을 살면서 하나님의 약속과 하나님이 어떠하신 분이며 인간이 누구이고 그 운명이 하나님 안에서 어떻게 약속되어 있는지 보이신 분입니다. 요한복음 16장을 보겠습니다.

> 그러나 내가 너희에게 실상을 말하노니 내가 떠나가는 것이 너희에게 유익이라 내가 떠나가지 아니하면 보혜사가 너희에게로 오시지 아니할 것이요 가면 내가 그를 너희에게로 보내리니 그가 와서 죄에 대하여, 의에 대하여, 심판에 대하여 세상을 책망하시리라 죄에 대하여라 함은 그들이 나를 믿지 아니함이요 의에 대하여라 함은 내가 아버지께로 가니 너희가 다시 나를 보지 못함이요 심판에 대하여라 함은 이 세상 임금이 심판을 받았음이라 (요 16:7-11)

예수의 오심에 대해서는 그의 죽으심까지 포함하여 이해해야 합니다. 예수가 온 것은 모든 존재의 유일한 주인이신 하나님이 우리 인간을 만드시고 사랑하시고 구원하시려 한다는 것을 보이신 중요한 사건입니다. 그러나 세상은 예수를 믿지 않았습니다. 그래서 하나님은 죄에 대하여 세상을 책망하실 것입니다. "의에 대하여라 함은 내가 아버지께로 가니 너희가 다시 나를 보지 못함이요"라고 합니다. 이 세상은 하나님의 자비와 사랑과 은혜와 구원을 외면하고 그를 죽였습니다. 세상은 그를 정죄하고 죽여 버렸습니다. 세상은 의와 생명을 만들어

낼 실력이 없음이 드러난 것입니다. 그리고 '심판에 대하여라 함은 이
세상 임금이 심판을 받았'기 때문이라 합니다. 어떻게 심판을 받았습
니까? 세상이 가지고 있던 모든 힘들은 예수로 말미암아 하나님의 통
치의 임재로 무너지고 맙니다. 귀신이 쫓겨나고 죽은 자가 살아나고
병자가 고침을 받습니다. 세상이 가진 가장 무섭고 궁극적 권세로 보
이던 사망마저도 하나님이 예수를 부활하게 하사 죽음이 마지막 권
세가 아니라, 생명을 만들어 내시는 하나님이 궁극적 권세자임을 보
이십니다.

    그러므로 예수는 하나님의 구원이요 사랑이요 권세요 하나님이 우
리를 향하여 가진 뜻입니다. 그리고 세상은 이 문제에 대하여 도무지
아무런 일도 할 수 없고 정죄받아 마땅한 악한 세력에 불과합니다. 그
정체성은 그렇게 이해되어야 맞습니다. 그래서 칠십 인 전도단이 가
서 귀신을 쫓아내고 하나님 나라를 선포하는 것은 보이는 세상이 궁
극적인 실체가 아니며 보이는 권세가 최고의 권세가 아니라, 예수 안
에 드러난 하나님의 통치와 하나님의 일하심이 궁극적 실체이며 궁
극적 권세라고 증언하는 것입니다.

제자도에 대한 잘못된 이해

이 문제에 대해 따지면 우리야말로 세상이 의와 생명, 즉 우리에게 익
숙한 말로는 행복과 승리를 만들어 낼 힘이 없다는 것을 드러내는 존
재입니다. 우리가 삶 속에서 늘 경험하듯이 이 세상은 우리에게 죽이

라는 명령 외에 다른 방법을 가르친 적이 없습니다. 우리는 이기려면 누군가를 죽여야 하고 그렇게 하지 못하면 죽임을 당하는, 참으로 치열하고도 비참한 현실 속에 놓여 있습니다. 거기에는 선택의 여지가 없습니다. 죽이지 않으면 내가 죽을 뿐입니다.

그렇게 해서 얻은 승리가 평안과 행복을 가져다주지 않고 의와 생명을 만들어 내지 못하며 영혼에 진정한 답이 되지 못한다는 것을 우리는 다 알고 있습니다. 그러나 다른 대안이 없습니다. 여기에 신자 된, 본문 말씀으로 이야기하면 예수 그리스도를 믿노라고 말하는 예수의 제자 된 인간의 정체성과 존재감과 그 삶의 중요한 원칙이 드러나고 있습니다. 자칫 잘못하면 우리는 이 이야기를 쉽게 생각할 수 있습니다. '예수를 믿으라 그러면 구원을 얻는다'라는 말이 간혹 미흡하고 가볍게 이해되곤 합니다. 그를 믿고 따르는 그의 백성이 자신들의 생애 속에서 예수 그리스도로 말미암아 드러난 하나님의 권세와 하나님의 은혜를 어떻게 증거하고 어떻게 책임질 수 있는가에 대하여 우리는 너무 쉽게 이해하는 경향이 있습니다. 약간 부정적인 표현으로 말해 보면 제자도를 생각할 때 복음의 습격 또는 복음의 약탈 정도로밖에 이해하지 못하는 경우를 흔히 봅니다. 몹쓸 세상에 나가서 방황하고 헤매는 영혼들에게 예수 믿고 구원 얻으라고 말함으로써 그들을 항복시키고 귀순시키는 것 정도로 제자도를 생각한다는 것입니다. 신자의 인생의 가치를 그렇게 이해하는 것은 매우 부족합니다. 히브리서 11장을 봅시다. 우리가 잘 아는 '믿음 장'이라 불리는 중요한 말씀입니다.

내가 무슨 말을 더 하리요 기드온, 바락, 삼손, 입다, 다윗 및 사무엘과 선지자들의 일을 말하려면 내게 시간이 부족하리로다 그들은 믿음으로 나라들을 이기기도 하며 의를 행하기도 하며 약속을 받기도 하며 사자들의 입을 막기도 하며 불의 세력을 멸하기도 하며 칼날을 피하기도 하며 연약한 가운데서 강하게 되기도 하며 전쟁에 용감하게 되어 이방 사람들의 진을 물리치기도 하며 여자들은 자기의 죽은 자들을 부활로 받아들이기도 하며 또 어떤 이들은 더 좋은 부활을 얻고자 하여 심한 고문을 받되 구차히 풀려나기를 원하지 아니하였으며 또 어떤 이들은 조롱과 채찍질뿐 아니라 결박과 옥에 갇히는 시련도 받았으며 돌로 치는 것과 톱으로 켜는 것과 시험과 칼로 죽임을 당하고 양과 염소의 가죽을 입고 유리하여 궁핍과 환난과 학대를 받았으니 (이런 사람은 세상이 감당하지 못하느니라) 그들이 광야와 산과 동굴과 토굴에 유리하였느니라 이 사람들은 다 믿음으로 말미암아 증거를 받았으나 약속된 것을 받지 못하였으니 이는 하나님이 우리를 위하여 더 좋은 것을 예비하셨은즉 우리가 아니면 그들로 온전함을 이루지 못하게 하려 하심이라 (히 11:32-40)

믿음의 사람들이 어떻게 모든 현실적 위협과 시험을 이겼고 목숨까지도 포기하고 믿음을 지켰는지를 증언하고 있습니다. 그러나 이 사람들은 증거를 가지고 있었으나 약속하신 것을 받지는 못했습니다. '우리가 아니면 그들로 온전함을 이루지 못하게 하'신 것이라고 말미에 설명합니다. 다시 말해 우리에게 더 좋은 것을 예비하시고 그들이 우리와 함께 완전해지도록 하셨다는 것입니다. 이것은 예수를 근거로 해서 그렇게 된 것입니다.

구약의 성도들이 하나님을 믿는 것을 다른 것과 바꾸지 않겠다, 목숨을 희생하는 일을 감수하는 한이 있어도 하나님을 섬기는 것을 다른 것과 바꾸지 않겠다고 하면서 신앙을 지켰다면, 이제 예수로 말미암아 그것이 가진 긍정적인 내용이 드러났다는 것입니다. 이 세상과 하나님은 동등하지 않습니다. 하나님을 섬기는 것이 우리 신앙의 유일한 핵심이 된 것입니다. 그것을 위해서 모든 것을 희생할 수 있다는 것이 부정적이고 소극적인 차원에서 증언되었다면, 이제 예수가 오심으로 무엇이 드러났습니까?

요한복음 16장에서 본 바와 같이 성령께서 오셔서 예수 그리스도의 정체성을 이렇게 증언하실 것이라고 했습니다. 죄에 대하여, 의에 대하여, 심판에 대하여 세상을 심판하러 오실 것이라고 말입니다. 죄에 대하여라 함은 세상이 예수를 믿지 않은 것이요, 의에 대하여라 함은 세상이 예수를 정죄하여 죽였으니 의가 없다는 것이요, 심판에 대하여라 함은 세상이 책망을 받아야 한다는 것인데 그들은 죽음밖에 만들어 낼 수 없었다는 사실을 드러냈다는 것입니다.

하나님이 예수 안에서 부활을 이루십니다. 죽음을 각오하고 하나님을 섬기겠다는 것이 구약 성도들이 할 수 있었던 이해의 전부였다면 신약에 이르러서는 예수로 말미암아 무엇을 보느냐 할 때, 죽음을 각오하는 것에서 신앙이 끝나는 것이 아니라 죽음이 부활로 가는 길이라는 것을 하나님이 예수 안에서 우리에게 드러내셨다는 사실을 알게 되었습니다.

이 일의 중요성은 이것입니다. 신자의 정체성은 예수를 믿고 천국에 가는 것입니다. 그래서 신자가 살아생전에 져야 하는 책임이 예수를 믿어 구원을 전하는 것이라고 쉽게 생각했던 것을 지금 다시 한번 생각해 보자는 것입니다.

예수께서 열어 놓으신 부활 생명의 귀중함을 구약식으로 말하면 '나는 하나님 외에 다른 신을 섬길 수 없고 다른 현실적인 필요 때문에 하나님을 저버리는 일이 생긴다면 차라리 죽고 말겠다'고 하는 데까지 자신들의 신앙을 정리했다고 할 수 있습니다. 그러나 예수가 오심으로, 우리는 그렇게 죽어 가는 것이 아니라, 그 죽음이 부활을 만들어 낸다는 것을 드러내 보이셨다는 것입니다.

이것이 무슨 뜻입니까? 우리는 지금 칠십 인 전도단처럼 세상에 보냄을 받습니다. 세상에 보냄을 받는다는 것은 세상 사람들이 사는 곳에 우리가 하나의 임무를 가지고 한번 습격 나갔다 돌아오는 식으로 보냄을 받는 것이 아닙니다. 누가복음 10장에도 나오듯 그들의 삶 속에 들어가 그들과 동일한 현실을 살도록 보냄을 받았다는 것입니다.

예수를 믿고 하나님의 백성이 되었지만 하나님을 알지 못하고 예수를 믿지 않는 모든 사람이 걷는 삶의 현장과 동일한 조건 속에 보냄을 받습니다. 거기서 사람들에게 예수를 믿으라고 하려면, 예수님이 성육신을 통해 우리를 찾아오셨고 우리와 동일한 삶의 현장에서 죽음을 통해 가장 큰 힘을 발휘하셨듯이 우리도 그렇게 보냄을 받는다는 사실을 알아야 합니다.

죽음과 부활 생명

우리는 현실 속에 있습니다. 현실의 주인은 세상입니다. 세상은 무섭게 으르렁거립니다. 믿는 자들에게조차 세상의 법칙을 따르라고 요구합니다. 그 삶을 살아 내지 않는 이상 우리는 보냄을 받지 못하는 것입니다. 보내는 현장에 들어가지 않은 것입니다. 보냄을 받은 현장에 들어가면 우리는 죽을 수밖에 없습니다. 남을 죽여야 자신이 살아남는 이 세상의 원칙과 현실 앞에서, 남을 살리기 위하여 내가 죽어야하는, 예수 그리스도를 뒤따르는 섬김과 희생의 삶은 맥을 쓸 수가 없습니다. 그런데 성경은 가서 섬기고 희생하여 너희가 예수의 제자인 것을 보이라고 합니다. 삶의 현실 속에서는 외면할 수 없고 거부할 수 없고 극복할 수 없는 세상의 위협과 권력 앞에서, "죽여라! 그래야 네가 살아남는다" 하는 현실 속에서, "난 죽일 수 없다. 차라리 내가 죽겠다"로 들어가라는 것입니다. 이 죽음을 각오하는 자리로 들어가지 않는 이상 우리는 보냄을 받고 있는 것이 아닙니다. 보내진 자리까지 들어가지 않은 것입니다. 예수님을 예로 들자면 예수님이 성육신하시지 않은 것이 됩니다. 거기로 들어가야 합니다.

모두가 경험하는 현실이 바로 이 탓입니다. 예수를 믿는데 왜 고달픔니까? 세상 속에 보냄을 받고 있기 때문입니다. 세상은 우리가 죽어야 하는 곳입니다. 예수님은 우리를 위하여 죽으셨지, 자신을 위하여 우리를 죽이지 않았습니다. 우리는 예수님의 제자입니다. 우리는 섬기며 희생하며 질 것입니다. 용서하고 사랑할 것입니다. 그러면 우리는 죽을 것입니다. 죽으라는 것입니다. 예수님이 그리하셨듯이 세상이 우리를 죽이면 거기서 부활 생명이 피어난다는 것입니다. 그런데 우리는 그렇게 못합니다.

여기가 바로 신앙에 관한 가장 근본적인 질문과 결단을 해야 하는 자리입니다. 우리는 끊임없이 이 현실을 우회하는 것으로 신앙을 사용합니다. 자신이 시험받아야 하는 그 죽음의 권력 앞에 서서 신자로서 대면해야 하는 일을 신앙이라는 이름으로 우회하기를 바라고 있습니다. 이런 면에서 한국 교회는 현실 속에서 신자가 된다는 것, 보냄을 받는다는 것, 성육신이 가지는 의미에 대해서 아직 잘 못 가르친다고 이야기할 수 있습니다.

우리는 권력을 가지려고 합니다. 교회는 다수가 되어 권력을 가지려 하고 또 누가 보기에도 괜찮은 일을 하고 싶어 합니다. 구제하거나 국가나 사회에 도움이 되는 일을 하는 것으로, 죽음에 직면하는 길을 자꾸 대체하려고 합니다. 큰 교회를 이룬다거나 큰 능력으로 일함으로써 기독교가 인정을 받는다 해도 우리의 현실은 면제되지 않습니다. 이 문제를 잘못 풀면 끊임없이 '나는 어느 교회에 다닙니다'만 내세우게 됩니다. 신자 된 인생을 살지 않고 '우리 목사님은 박영선입니다' 이런 말만 되풀이한다는 겁니다. 저를 좋아하지 마십시오. '저, 목사님 좋아합니다'라고 말하는 것은 아무 소용이 없습니다. 제가 인생을 대신 살아 주지 않습니다. 예수님도 대신 살아 주지 않으십니다.

예수님이 외로운 성육신의 길을 홀로 걸어야 했듯이 우리도 걸어가 죽음의 한복판에서 부활의 문을 열어젖혀야 합니다. 어느 영역, 어떤 경우도 예수님으로 말미암아 허락된 부활 생명의 길이 없는 곳이 없도록 우리를 보내는 것입니다. 가난한 곳과 부유한 곳, 배운 것과 배우지 못한 것을 가리지 않고 또 자신만이 가지는 가장 억울한 자리에서도 예수로 말미암아 부활의 문을 열어젖히고 예수께서 가신 그 길을 걸어감으로써 그 길이 실제로 여기 있음을 우리가 보여야 합니다. 마치 이스라엘 백성이 홍해로 뛰어들어 건넌 것처럼 말입니다. 죽음에 뛰어들어야 합니다. 자폭하라는 뜻이 아닙니다. 세상이 '그렇게 가면 넌 죽을 수밖에 없다' 하는 길을 걸어 예수를 믿는다는 것이 무엇인지를 보여야 합니다.

사망으로 뛰어들기

복음은 관념이나 추상 명사가 아닙니다. '저기에 길이 있어' 하면서 자기는 걷지 않고서 다른 사람보고 걸으라고 할 수는 없는 것입니다. 그 사람들이 볼 때는 그것이 바다입니다. 우리만이 그 길을 예수 안에서 걸을 수 있습니다. 걷고 걸어서 건너야 합니다. '그렇게는 못 살아' 하는 데에서 답을 해야 합니다. '너희가 사는 방법은 정답으로 가는 길이 없는 인생이야. 나를 따라와. 이리로 가면 궁극적인 승리가 있어' 하는 것입니다. '그럼 너 먼저 걸어가. 너 먼저 건너가' 하지 말고 그 강을 건너야 합니다. 죽음에 뛰어들어야 합니다. 사도 바울이 고린도후서 4장에서 이 사실을 자신의 인생으로 증언하고 있습니다.

> 우리가 사방으로 욱여쌈을 당하여도 싸이지 아니하며 답답한 일을 당하여도 낙심하지 아니하며 박해를 받아도 버린 바 되지 아니

하며 거꾸러뜨림을 당하여도 망하지 아니하고 우리가 항상 예수의
죽음을 몸에 짊어짐은 예수의 생명이 또한 우리 몸에 나타나게 하
려 함이라 우리 살아 있는 자가 항상 예수를 위하여 죽음에 넘겨짐
은 예수의 생명이 또한 우리 죽을 육체에 나타나게 하려 함이라 그
런즉 사망은 우리 안에서 역사하고 생명은 너희 안에서 역사하느니
라 (고후 4:8-12)

사망에 뛰어드는 것입니다. 우리는 '예수께서 죽음의 권세를 이기시
고 영생의 길을 열어 놓으셨다'라고 외치고 증언하는 자들입니다. 그
러기 위하여 사망에 붙잡혀 있는 자들의 현장 속에 보냄을 받는 것입
니다. 그들의 낙심과 절망과 고통과 분노의 현장과 동일한 현실, 뜨거
운 햇볕, 목마른 광야, 억울한 압제의 자리로 보냄을 받습니다. 거기
들어가 '걱정하지 마라. 영생의 문이 열렸느니라'라고 외치는 것입니
다. 채찍에 맞으며, 능욕을 당하며 죽음의 자리에 뛰어들어 온 정신없
는 사람으로 보일 수 있습니다. 우리의 해답은 정치적, 사회적, 경제적
해결이 아닌 예수 안에서 허락된 하나님의 통치입니다. 그것이 우리
가 얻는 것입니다. 우리 자신의 생애에서 실천해야 하는 것입니다. 우
리가 보냄을 받은 자리에서 보여야 하는 것입니다. 그것이 사망 한가
운데서 열어 젖힌 예수로 말미암는 부활 생명의 길입니다.

우리가 이 길을 가지 않으면 아무도 그 길을 믿지 않습니다. 우리가
당하는 죽음과 고통과 오해와 능욕은 억울하지 않습니다. 그것들은
우리가 못난 자임을 보이는 증거로 채택되지 않고 세상이 얼마나 거
짓된가를 보이는 증거로 채택될 것입니다. 세상 모든 사람이 알고 있

습니다. 세상의 것으로 행복할 수 없다는 것을 압니다. 자랑은 할 수 있지만 영혼의 만족이 되지 않는다는 것을 다 압니다. 그러나 대안이 없습니다. 그렇게라도 살아야 합니다. 우리만이 여기에 길이 있다, 여기에 답이 있다, 여기에 진정한 인간의 가치와 승리가 있다고 선언하는 것입니다. 그 길을 걸으십시오. 보여 주십시오. 울면서 걸어야 할지 모릅니다. 비명을 지르며 가야 할지 모르겠습니다. 용감한 사람은 어떤 일을 당해도 넉넉한 사람이 아닙니다. 용감한 사람은 물러나지 않는 사람입니다. 용감한 사람은 눈 감고 뛰어드는 사람입니다.

우리의 인생이 신앙이라는 이름으로 넉넉하게 이긴다고 성경은 이야기하지 않습니다. '나를 핍박한 세상이 너희도 핍박할 것이라'라고 예수께서 예언하셨습니다. 이 길을 울면서 뛰어들어 가는 것이 빙글빙글 웃고 들어가는 것보다 더 큰 힘을 발휘한다는 걸 잊지 마십시오. 우리 삶이 가지는 진정한 가치, 무엇으로도 대신할 수 없는 우리 자신과 신앙의 가치를 기억하여 자기의 자리를 지키십시오. 우리가 서 있음으로써 그 자리는 사망이 궁극적 권세를 가지는 것이 아니라 부활 생명이 궁극적 실재가 된다는 것임을 현실로 증언하십시오.

기도

하나님 아버지, 은혜를 감사합니다. 세상은 우리에게 답을 주지 못하며 우리는 예수 안에서 영생을 소유한 자들입니다. 사망 권세를 이기신 예수 그리스도 안에 있는 부활 생명을 갖고 있습니다. 그 영광과 승리를 기억하여 우리의 삶이 가지는 진정한 내용을 증언하는, 자기 자리를 지키는 믿음을 주시옵소서. 울고 분노하고 답이 없는 불쌍한 영혼들 앞에 우리가 서 있는 자인 줄 알고 우리가 받은 은혜를 나누는, 예수 그리스도의 성육신을 뒤좇는 참다운 제자의 길을 걷는 자들이 되게 하여 주시옵소서. 말없이 우리의 길을 걸어 사망 한복판에 길을 내는 신자의 위대한 인생을 살도록 축복하시옵소서. 예수님 이름으로 기도합니다. 아멘.

23
선한 사마리아인의 비유

25 어떤 율법교사가 일어나 예수를 시험하여 이르되 선생님 내가 무엇
을 하여야 영생을 얻으리이까 26 예수께서 이르시되 율법에 무엇이라
기록되었으며 네가 어떻게 읽느냐 27 대답하여 이르되 네 마음을 다하
며 목숨을 다하며 힘을 다하며 뜻을 다하여 주 너의 하나님을 사랑하고
또한 네 이웃을 네 자신 같이 사랑하라 하였나이다 28 예수께서 이르
시되 네 대답이 옳도다 이를 행하라 그러면 살리라 하시니 29 그 사람
이 자기를 옳게 보이려고 예수께 여짜오되 그러면 내 이웃이 누구니이
까 30 예수께서 대답하여 이르시되 어떤 사람이 예루살렘에서 여리고
로 내려가다가 강도를 만나매 강도들이 그 옷을 벗기고 때려 거의 죽은
것을 버리고 갔더라 31 마침 한 제사장이 그 길로 내려가다가 그를 보
고 피하여 지나가고 32 또 이와 같이 한 레위인도 그 곳에 이르러 그를

보고 피하여 지나가되 33 어떤 사마리아 사람은 여행하는 중 거기 이르러 그를 보고 불쌍히 여겨 34 가까이 가서 기름과 포도주를 그 상처에 붓고 싸매고 자기 짐승에 태워 주막으로 데리고 가서 돌보아 주니라 35 그 이튿날 그가 주막 주인에게 데나리온 둘을 내어 주며 이르되 이 사람을 돌보아 주라 비용이 더 들면 내가 돌아올 때에 갚으리라 하였으니 36 네 생각에는 이 세 사람 중에 누가 강도 만난 자의 이웃이 되겠느냐 37 이르되 자비를 베푼 자니이다 예수께서 이르시되 가서 너도 이와 같이 하라 하시니라 (눅 10:25-37)

사마리아인

본문 내용은 유명한 선한 사마리아인 비유입니다. 이 비유가 등장하는 자리는 앞서 함께 생각했던 칠십 인 전도 대 파송과 그 결과를 기뻐하신 예수님의 가르침이라는 맥락 속에 있습니다. 하나님이 우리를 이 세상으로 보내신다는 사실과 우리에게 보냄을 받은 자리에서 충성하고 순종하여 자리를 지키라고 하시는 명령이 이어져 있습니다. 본문 말씀은 자기 자리를 지킨다는 것이 무슨 뜻이며 어떻게 지켜야 하는지 구체적으로 설명하는 대목입니다.

당시 예루살렘에서 여리고로 가는 길은 사람들의 왕래가 많았던 길입니다. 그 길에서는 강도를 만나는 일이 자주 생겨 유대인들에게는 본문의 상황이 익숙한 것이었습니다. 한 사람이 강도를 만나 거반 죽게 되었는데 제사장과 레위인은 그냥 지나치고 사마리아인이 그

를 구해 줍니다. 사마리아는 구약 시대에 이스라엘이 남북 왕조로 나
뉘어 있을 때 북 왕조 이스라엘의 수도였습니다. 남 왕조 유다는 B.C.
586년에 바벨론에게 망하고 70년 간 포로 생활을 거친 후에 다시 회
복됩니다. 북 왕조 이스라엘은 B.C. 722년에 앗수르에게 망합니다. 그
때 지도자들과 귀족들은 다 잡혀가고 그곳에 평민들만 남겨지자 다
른 민족들을 이주시켜 이스라엘의 민족성을 말살하려 했던 곳입니다.
나중에 앗수르는 바벨론에 망했고 바벨론에 패망한 남 왕조 유다는
포로로 잡혀갔던 지도자와 귀족들이 귀환하여 재건됩니다. 그런데 통
일 국가는 되었지만 회복한 이스라엘 사람들은 여러 민족과 함께 산
사마리아 사람들을 자기 민족으로 받아 주지 않습니다. 사마리아인들
은 유대인들에게 이방인 이상으로 경멸의 대상이었습니다.

그와는 달리 제사장과 레위인은 신정 국가인 이스라엘 안에서 종
교적 직무를 수행하는 최상의 사회 지도자였습니다. 제사장이 이 강
도 만난 자를 접촉하기 꺼리는 다른 이유가 있습니다. 제사장은 성스
러운 제사 의식을 거행하는 데 있어서 부정하면 안 됩니다. 더러운 것
을 만질 수 없고 시체와 접촉해서도 안 됩니다. 그래서 아마 피해 갔
을 것입니다. 레위인은 성소에서 봉사를 하는 직무를 가진 지파입니
다. 누군지 모르는 자를 위하여 자신의 중요한 책임을 태만히 할 수
도, 시간을 할애할 수도 없었을 것입니다. 여기서 제사장과 레위인보
다 사마리아인이 한 일이 분명 크다는 비유의 강조점을 누구나 쉽게
깨달을 수 있습니다. 바로 이 사마리아인이 한 것, 자비를 베푼 것, 그
것이 자기 자리를 지킨 것이며 자기 자리를 지키는 방식이라고 합니
다. 이 말을 이해하기 위해 히브리서 5장을 봅시다.

그는 육체에 계실 때에 자기를 죽음에서 능히 구원하실 이에게 심한
통곡과 눈물로 간구와 소원을 올렸고 그의 경건하심으로 말미암아
들으심을 얻었느니라 그가 아들이시면서도 받으신 고난으로 순종함
을 배워서 온전하게 되셨은즉 자기에게 순종하는 모든 자에게 영원
한 구원의 근원이 되시고 하나님께 멜기세덱의 반차를 따른 대제사
장이라 칭하심을 받으셨느니라 (히 5:7-10)

예수님이 자신의 사역과 또 그 사역의 내용을, 고난을 통하여 순종을
배워 완성하셨다고 증언하는 내용입니다. 우리의 이해를 돕기 위해
풀어서 설명하면 하나님이 가라고 하는 길을 현실 속에서 그의 인생
으로 살아 내어 그 요구의 내용을 구체화하셨다는 뜻입니다. 예수님
이 걸으신 길은 하나님의 구원의 선포이며 구원의 방식이었습니다.
또한 그것은 구원의 내용이며 목적이었습니다. 그것을 개념이나 이상
이나 추상적으로 지시하신 것이 아니라 구원하실 그의 백성과 같은
모양과 환경과 조건과 경험 속에 예수 그리스도를 보내시고 예수 안
에서 구체화하여 우리 모두를 향한 하나님의 뜻을 분명하게 역사 속
에 세우십니다. 이것이 예수 그리스도께서 걸으신 성육신의 중요한
요소이며 본질입니다.

탐험가 섀클턴

우리가 이해하기 좋은 예를 하나 들겠습니다. 어니스트 헨리 섀클턴

(Ernest Henry Shackleton, 1874-1922)이라는 탐험가가 있습니다. 그는 영
국 탐험가로서 1914년에 남극점을 통과하여 남극 대륙을 횡단하라는
국가적 사명을 부여받아 28명의 대원을 이끌고 영국에서 출발하여
남극 대륙으로 향했습니다. 이 탐험이 이루어지게 된 배경에는 19세
기와 20세기 초까지 전 세계 최고 제국으로 그 영광을 자랑하던 영국
이 북극점과 남극점을 최초로 가는 일에 실패했었기 때문입니다. 북
극점은 미국의 피어리(Robert Edwin Peary, 1856-1920)가 먼저 갔고 남극
점은 노르웨이의 아문센(Roald Amundsen, 1872-1928)이 먼저 갔습니다.
당시에 아문센이 남극점에 갈 때 그의 경쟁자로 영국의 스코트가 갔
었는데 늦었고, 돌아오다가 얼어 죽고 말았습니다. 그래서 영국이 국
가적 임무로 지원을 하여 남극 대륙을 최초로 횡단하는 일을 새클턴
에게 맡긴 것입니다.

그가 대원들을 이끌고 출발해서 남쪽을 향해 가고 있는데 제1차
세계 대전이 발발합니다. 그래서 본국에 "전쟁이 났으니 귀환할까
요?"라고 무전을 하자 영국 정부가 "당신들이 받은 임무는 전쟁 이상
의 가치가 있습니다. 최초의 임무를 완수하고 오십시오"라고 대답합
니다. 그래서 계속 탐험을 추진하기로 하여 남극 대륙 앞에 있는 마지
막 항구인 사우스조지아섬이라는 영국령 섬에 도착합니다. 항구만 하
나 있고 사람들이 모여 사는데 고래잡이배들의 모항으로 삼고 있는
곳입니다. 거기에 도착하여 마지막으로 탐험에 필요한 것들을 재정비
하고 남극 대륙을 향해 출발합니다.

그러나 남극 대륙에 가까이 오자 그해 따라 유난히 떠돌아다니는
유빙이 많아 마음먹은 대로 진로를 잡지 못하고 유빙에 갇혀 표류합

니다. 유빙이라고 하면 우리는 빙수에 떠 있는 얼음 조각을 떠올릴지
모르나 남극에 있는 얼음 조각들은 몇 백 미터까지의 어마어마한 크
기와 두께로 이루어져 있습니다. 배가 가로질러서 뚫고 나갈 수 있을
정도의 작은 얼음 조각들이 아닙니다. 그래서 조류를 따라 표류하다
결국 유빙에 갇힙니다. 배는 얼음 조각들이 얼어붙는 가운데 같이 얼
어서 기울어 버립니다. 그 배 안에서 머무를 수 없게 되자 탐험대는
모두 밖으로 나와 물건들을 꺼내고 얼음 위에서 살게 됩니다.

　이제는 밀려갈 수밖에 없어서 여러 날을 텐트를 치고 그 속에서 추
위를 견디며 어떻게 되는지 봅니다. 여러 달을 표류하다가 이번에는
유빙이 녹기 시작합니다. 얼었던 얼음이 난류를 만나서 녹으니 배는
결국 압력을 견디지 못하고 부서지고 맙니다. 가만히 있으면 얼음판
이 녹게 생겼으니 전에 꺼내 놓았던 6미터짜리 구조선 여러 개를 전
대원이 나눠 타고 앞에 보이는 섬으로 옮겨 갑니다. 그렇게 무인도에
서 매일 몽둥이를 들고 물개를 때려잡아서 먹고삽니다. 그런데 가만
히 보니 그 섬은 항로에서 멀리 이탈된 섬이어서 배가 나갈 일이 없는
곳입니다. 이대로 있다가는 다 죽게 생겼다는 판단 하에 섀클턴은 다
섯 명의 대원을 선발하여 자기와 함께 6미터짜리 구조선을 타고 가운
데 돛대 하나를 세우고 바람에 의지해서 사우스조지아섬으로 향합니
다. 천 2백 킬로미터가 넘는 거칠고 사나운 바다를 건너갑니다.

　물에 젖은 채로 잠을 자면서 애써 그 섬에 도착했는데 도착해서 보
니 그들이 있는 곳은 섬의 최남단이고 가야 할 항구는 최북단입니다.
섬의 가운데에는 3천 미터짜리 큰 산이 가로막혀 있습니다. 여섯 명
중 셋을 거기 남겨 두고 다른 세 명은 얼음산을 넘어 36시간 동안 잠

을 자지 않고 먹지 않고 항구까지 기를 쓰고 가서 조난 소식을 알립니다. 결국 탐험을 시작하여 조난 소식을 알릴 때까지는 18개월이 걸립니다. 그리고 구조선을 요청했으나 당시는 세계 대전 중이라 쓸 만한 것은 다 전쟁에 동원되어 구조선으로 쓸 선박이 없었습니다. 그로부터 4개월을 애타게 기다리고 백방으로 노력하여 드디어 배를 얻어서 대원들을 다 구해 옵니다. 총 22개월이 걸렸습니다. 커다란 사명과 책임을 가지고 명예로운 일에 뛰어들었으나 남은 것은 아무것도 없습니다. 아무런 업적도 아무런 자랑거리도 남지 않았습니다. 간신히 살아 돌아온 것입니다. 그가 얼마나 낙심했으며 허탈했을지 생각해 보십시오. 그러나 섀클턴은 나중에 자기가 진정 위대한 탐험을 했다는 것을 깨닫습니다. 그가 기록한 내용입니다.

풍성한 추억이 생겼다. 우리는 겉모습이라는 허울을 벗었다. 고생하고 굶주리고 이겼으며 넘어졌지만 영광을 붙잡았고 전체적으로 더 큰 그릇이 되었다. 위엄에 찬 하나님을 보았고 자연이 들려주는 이야기를 들었다. 우리는 벌거벗은 인간의 영혼을 보았다.

나중에 전문가들이 인류 역사상 가장 위대한 탐험가 10인을 선정하는데 섀클턴이 4위에 오릅니다. 1위는 콜럼버스입니다. 콜럼버스가 1위에 오른 것은 그가 아메리카 대륙을 발견했기 때문입니다. 섀클턴을 4위에 올린 것은 놀랍지 않습니까? 결국 탐험이란 모험이라는 것입니다. 모험에서 가장 중요한 요소는 무엇입니까? 두려움과 용기입니다. 끈기와 의리입니다. 섀클턴은 자기 대원들을 다 구원해 내기까지 얼마나 애를 쓰고 애간장을 태웠는지, 얼마 안 있어 그만 죽습니다. 그의 생애는 자랑할 일이 없었을 것입니다. 한 나라의 명예를 짊어지고 사명을 맡았지만 아무것도 이루지 못했습니다. 괜히 애만 쓰고 고생만 했습니다. 그러나 그게 탐험 아닌가요? 어느 탐험에나 있는 것이 거기 있지 않습니까? 거기 꿈이 있고 고통이 있고 절망이 있고 불안이 있지 않습니까. 그것에 도전하여 맞받아 밀고 나가는 것이 탐험입니다. 그것이 바로 성경이 우리에게 말하는 자기 자리입니다.

신자의 자리와 이웃

제사장과 레위인에게서 보듯이 어떤 인물, 지위, 업적이 우리의 자리가 아니라, 우리 인생이 직면하여 짐으로 가지는 불안, 외로움, 고통, 책임을 요구하는 자리가 바로 하나님이 부르신 자리입니다. 세상 모든 사람이 걸어가는 인생입니다. 그 속에 우리가 부름받고 있습니다.

목사가 가정을 가지지 않는 것이 목회에 더 유리하지 않냐는 생각을 했던 적이 있습니다. 그렇습니다. 만약 그렇다면, 거치적거리는 책임 없이 오직 사역에만 집중할 수 있을 것입니다. 그러나 본문이 이야기하는 것은 그런 것이 아닙니다. 저도 가정을 가지고 인생을 살고 있습니다. 설교만 하고 목회만 하는 것이 아니라 삶을 사는 것입니다. 현실의 도전 앞에서 고민하고 괴로워하고 고통을 이겨 내지 못하면 진실한 증언을 할 수 없습니다.

아파 보십시오. 아프다는 건 신기한 것입니다. 왜 아픈지 이유가 없습니다. 같이 축구하다 부딪혔는데 하나는 병실에 눕고 하나는 바로 일어납니다. 우리는 알 수가 없습니다. 다른 사람이 왜 그렇게 되었는지 우리는 이해할 수가 없는 것입니다.

그러나 우리 모두가 이해하는 것이 하나 있는데, 섀클턴이 이야기한 것과 같이 벌거벗은 인간의 영혼을 우리 모두 보고 있습니다. 현실의 도전 앞에서 우리가 얼마나 치사할 수 있는지, 얼마나 비겁할 수 있는지 얼마나 분노함으로 이웃을 저주할 수 있는지, 우리는 다 경험하고 있습니다. 그런 도전과 고통이 있으면 거기가 바로 하나님이 우리를 보낸 자리입니다.

비유에서 보듯이 제사장이라는 명분으로, 레위인이라는 직책으로 도망가면 자기 자리에서 도망가는 것입니다. 이사야 53장으로 가 보겠습니다. 예수 그리스도의 성육신과 그의 오심에 대한 성경의 예언이며 구체적인 성육신의 모습입니다.

> 우리가 전한 것을 누가 믿었느냐 여호와의 팔이 누구에게 나타났느냐 그는 주 앞에서 자라나기를 연한 순 같고 마른 땅에서 나온 뿌리 같아서 고운 모양도 없고 풍채도 없은즉 우리가 보기에 흠모할 만한 아름다운 것이 없도다 그는 멸시를 받아 사람들에게 버림 받았으며 간고를 많이 겪었으며 질고를 아는 자라 마치 사람들이 그에게서 얼굴을 가리는 것 같이 멸시를 당하였고 우리도 그를 귀히 여기지 아니하였도다 (사 53:1-3)

예수님은 어디로 보내심을 받았습니까? 낮은 자리, 멸시받는 자리, 감취진 자리, 보잘것없는 자리로 보냄을 받았습니다. 예수님은 우뚝 서 계시지 않습니다. 삼킴을 당한 것 같습니다. 세파에 삼켜진 것 같은 보내심을 받습니다.

> 그는 실로 우리의 질고를 지고 우리의 슬픔을 당하였거늘 우리는 생각하기를 그는 징벌을 받아 하나님께 맞으며 고난을 당한다 하였노라 그가 찔림은 우리의 허물 때문이요 그가 상함은 우리의 죄악 때문이라 그가 징계를 받으므로 우리는 평화를 누리고 그가 채찍에 맞으므로 우리는 나음을 받았도다 우리는 다 양 같아서 그릇 행하여 각기 제 길로 갔거늘 여호와께서는 우리 모두의 죄악을 그에게 담당시키셨도다 (사 53:4-6)

예수님은 우리의 질고를 지고 슬픔을 당합니다. 조금 전에 히브리서 5장에서 본 내용에 이어집니다. 받으신 고난으로 순종을 배워 온전하게 되십니다. 슬픔과 고통의 인생 한복판을 지나가십니다. 건너뛰지 않으십니다. 우리의 슬픔의 자리에, 우리의 고난의 자리에 동참하십니다. 우리도 그런 모습으로 세상에 보내집니다. 우리가 보냄을 받은 자리는 이 세상 사람 모두가 당하는 삶의 도전과 위협 앞에서 허덕이고 비명을 지르는 자리입니다. 사람들과 동일한 위협과 시험 속에서 고통스러운 인생을 걷는 자리로 보냄을 받습니다. 예수님은 그 길을 어떻게 걸으셨습니까? 그 길에서 우리를 섬기셨습니다. 사마리아인이 강도 만난 자를 돌아본 것같이 말입니다. 예수님이 우리 인생을 대신 살아 주는 것이 아니라 우리가 어떻게 살아야 하는가에 대하여 비유로 우리에게 그려 주십니다.

우리의 현실, 우리가 걸어야 하는 인생을 책임 있게 걷는 동안 우리는 이웃을 만납니다. 우리가 겪는 고통과 외로움을 동일하게 겪고 있는 사람을 만납니다. 우리는 답이 있습니다. 고통과 위협이 우리를 넘어뜨리지 못한다는 것을 알고 있습니다. 또한 세상이 우리에게 유혹하고 시험하는 것들은 거짓임을 압니다. 세상은 우리에게 진정한 것을 주지 못합니다. 그래서 우리가 가진 것은 예수 안에서 허락된 하나님의 자녀만이 갖는 약속들입니다. 귀한 것들입니다. 진정한 내용과 가치가 있는 것입니다. 세상 사람들이 포기하고 타협하고 도망가는 길을 우리는 걸어갈 수 있습니다. 모두가 두려워하는 길, 앞이 보이지 않는 길을 우리는 걸을 수 있습니다. 감수하고 걷는 것입니다.

그렇게 할 때 예수께서 그의 생애를 살아 하나님의 구원이 구체적으로 하나님의 백성의 영혼과 운명뿐 아니라 현실에 새로운 답을 주시는 것같이, 그 삶이 위대해지는 것같이, 세상 사람들 앞에 우리가 가진 믿음, 구원, 우리를 부르시고 보내신 하나님이 누구신가에 대한 증언이 위대하고 영광스럽게 구체화되고 증거될 것입니다.

견딘다는 것

갈라디아서 5장에서 말하는 성령의 열매들인 '사랑과 희락과 화평과 오래 참음과 자비와 양선과 충성과 온유와 절제'는 인격적인 것입니다. 성품적인 것입니다. 기능적이거나 능력에 관한 것이 아닙니다. 우리가 만일 우리의 이웃이 있는 곳에 보냄을 받아 그 자리를 지켜 내지 않는다면, 모든 인생이 겪는 무서운 현실에서 도망가는 것으로 비켜서고 만다면, 어떻게 그 슬픔과 고난 속에서 확인되는 인격의 영광을 알겠습니까. 세상이 요구하는 것은 다만 고통을 치료하는 것이고 자존심을 만족시키는 것이고 형통을 유지하는 것일 뿐입니다. 그런 까닭에 이 세상으로부터 도피한다면, 우리를 하나님의 형상으로 회복시켜 예수 안에서 구체화되는 하나님의 성품을 어떻게 드러내겠습니까. 단지 기계적으로 또는 추상적으로 주고받는 질문과 답 같은 게 아니라 섀클턴이 겪었던 것처럼 위협과 고통과 고난과 절박함 속에서 인간이 얼마나 위대해질 수 있는가, 인간성이 진정 어디서 힘을 발하는가를 확인하는 것입니다. 우리를 지켜보는 이 세상 앞에 진정한 생명의 증거가 될 것입니다. 우리 모두가 이 길로 부름받았고 보냄을 받고 있습니다.

젊은이들에게 가장 큰 문제는 불안함일 것입니다. 막막함일 것입니다. 섀클턴을 생각해 보십시오. 떠내려가는 유빙 위에서 축구를 합니다. 그곳에서 이긴들 무엇을 할 것이며, 진들 어떻겠습니까. 견디는 것입니다. 밤에 잠을 자지 못합니다. 그래도 견디는 것입니다. 견딘다는 것이 무엇입니까? 매일매일 불안을 안고 사는 것입니다.

우리는 인생의 주인이 하나님이라는 것을 알고 있고 그분이 예수 그리스도 안에서 우리 인생의 궁극적 승리를 역사적으로 구체화했다는 증거를 가지고 있습니다. 이 믿음으로 살아야 합니다. 우리는 아무런 업적을 남기지 못할 수 있습니다. 대부분이 그렇습니다. 살기에 급급할 것입니다. 그래도 살아 내야 합니다. 세상적으로 이기라는 것이 아닙니다. 세상의 도전은 우리를 궁극적으로 패배시킬 수 없습니다. 그 도전에 맞서 신앙인으로서 걸어가야 합니다. 천 2백 킬로미터의 항해를 해야 합니다. 먹지도 자지도 않고 36시간의 강행군을 하며 구원을 요청하기도 해야 할 것입니다. 아무런 자랑거리도 없을지 모릅니다. 그러다 문득 예수를 믿고 사는 인생의 위대함을 깨닫게 될 것입니다. 거기에 기독교 신앙의 진수가 있습니다. 이 위대한 길로 부름을 받아, 영광된 길을 걷는 고백과 현실이 있기를 바랍니다.

기도

하나님 아버지, 은혜를 감사합니다. 많은 위협과 두려움과 공포와 불안과 고독과 고난이 춤을 추는 이 험한 세상에서 우리는 하나님의 자녀로 살고 있습니다. 우리를 넘어뜨릴 수 있는 것은 아무것도 없습니다. 우리는 파도를 뚫고 산을 넘고 강을 건너 하나님의 사람으로 우리에게 허락된 인생을 걸어갈 것입니다. 발이 부르트고 입이 마르고 허리가 굽을지 모르지만 우리는 하나님의 사람으로 우리의 길이 예수께서 걸으신 길이요, 이 세상을 향한 빛이요, 하나님의 손길인 것을 기억하고 충성할 것을 약속합니다. 눈물을 닦고 비명을 삼키고 변명과 타협과 체념에서 벗어나 자신의 길을 묵묵히 걷는 위대한 신앙인들이 되도록 붙들어 주시옵소서. 예수님 이름으로 기도합니다. 아멘.

24

주기도문

1 예수께서 한 곳에서 기도하시고 마치시매 제자 중 하나가 여짜오되 주여 요한이 자기 제자들에게 기도를 가르친 것과 같이 우리에게도 가르쳐 주옵소서 2 예수께서 이르시되 너희는 기도할 때에 이렇게 하라 아버지여 이름이 거룩히 여김을 받으시오며 나라가 임하시오며 3 우리에게 날마다 일용할 양식을 주시옵고 4 우리가 우리에게 죄 지은 모든 사람을 용서하오니 우리 죄도 사하여 주시옵고 우리를 시험에 들게 하지 마시옵소서 하라 (눅 11:1-4)

너희는 이렇게 기도하라

누가복음 11장에 있는 말씀은 우리가 자주 외우는 주기도문입니다. 이 주기도문은 제자들이 기도를 가르쳐 달라고 해서 예수님이 그들에게 직접 가르쳐 주신 기도 내용입니다. 이 내용은 마태복음 6장에도 나오는데, 누가복음보다 조금 더 자세합니다.

> 그러므로 너희는 이렇게 기도하라 하늘에 계신 우리 아버지여 이름이 거룩히 여김을 받으시오며 나라가 임하시오며 뜻이 하늘에서 이루어진 것 같이 땅에서도 이루어지이다 오늘 우리에게 일용할 양식을 주시옵고 우리가 우리에게 죄 지은 자를 사하여 준 것 같이 우리 죄를 사하여 주시옵고 우리를 시험에 들게 하지 마시옵고 다만 악에서 구하시옵소서 (나라와 권세와 영광이 아버지께 영원히 있사옵나이다 아멘) (마 6:9-13)

누가복음 본문은 내용에 있어서 마태복음보다 훨씬 압축되어 있지만 동일한 내용을 가르치고 있습니다. 거룩하신 하나님의 뜻이 이 땅에 실현되기를 구하는 것이 가장 큽니다. 본문에서 '우리'는 제자들입니다. 이 기도를 가르쳐 주기를 요구한 제자들은 일용할 양식이 필요하고 용서가 필요한 현실을 살아 내야 합니다.

누가복음은 다른 복음서들과 공통점이 있는데, 특별히 제자도가 강조됩니다. 제자도란 제자로 사는 길이라고 할 수 있습니다. 우리가 이해하기 좋은 표현으로 신앙생활이라고 합니다. 제자도는 신앙생활을 어떻게 해야 하는가에 강조점을 둡니다. 누가는 누가복음과 사도행전을 기록한 사람입니다. 그는 초대 교회에서 자라나고 기적을 본 사람으로서 그리고 그 일이 이루어지는 과정에서 제자들 즉, 먼저 예수를 믿은 자들이 어떤 식으로 증인의 삶을 살아가고 하나님이 역사하시는지를 본 사람입니다. 그래서 복음이 어떻게 전파되고 어떤 식으로 그 능력이 실현되는가 하는 문제에 대하여 깊은 관심을 갖게 되었습니다. 그래서 누가복음은 상당 부분을 제자도에 대하여 집중적으로 할애하고 있습니다.

지금도 계속 그 이야기입니다. 어떻게 기도해야 합니까, 라는 제자들의 질문에는 아마도 그들이 예상했던 메시아와는 다르다는 점이 내포되어 있었을 것입니다. 메시아가 오면 이러저러한 결과가 일어나고 메시아를 믿고 기다리는 자들에게 결과와 보상이 있을 것이라고 예상한 것과 다르게 메시아, 예수의 출현, 가르침, 행보, 이런 것들이 제자들을 당황하게 하였을 것입니다. 어떻게 살아야 합니까, 무엇을 구해야 합니까, 라는 질문 속에는 하나님이 당신의 뜻과 그것을 이루시는 방법, 그 궁극적 목적과 또 그분을 따르는 자들이 받는 보상과 그 길의 과정에 대한 궁금증이 들어 있을 것입니다.

우리를 강조하는 주기도문

세상에서 듣고 표현하는 대로, 예수를 믿으면 복 받는다, 평안해진다는 표현들이 그렇게 간단하지 않다는 것을 예수를 믿고 모두 확인했

을 것입니다. 복을 받는 것은 사실이지만 그 복이 기대와 다르고 평안
이 전혀 다른 형태로 온다는 사실에 대하여 다들 놀랐을 것입니다. 그
래서 우리에게도 동일하게 주기도문이 필요한 것입니다.

거룩하신 하나님의 뜻이 실현되는 일은 제자들의 기대에 있어서나
지금 현실을 사는 우리에게 있어서나 일차적으로는 세상적인 것입니
다. 고통이 없어지는 것, 세상 기준에서 행복한 것, 남에게 아쉬운 소
리 안 하고 고민하지 않아도 되는 삶일 것입니다. 그러나 여기 등장하
는 대로 일용할 양식을 구해야 하고 용서가 필요하다는 것은 하나님
이 그의 뜻을 실현하시는 과정과 그 뜻에 부름을 받은 그의 백성이 살
아야 하는 길이 만만치 않다는 것을 이미 내포하고 있습니다.

혹시 마태복음 6장을 볼 때 느꼈는지 모르지만 이 기도문에서 가장
놀라운 강조점은 '우리'입니다. 지금 누가복음에서는 '아버지여 이름
이 거룩히 여김을 받으시오며 나라가 임하시오며'가 먼저 나오고 '우
리'는 그다음에 나옵니다. '우리에게 날마다 일용할 양식을 주시옵고
우리가 우리에게 죄 지은 모든 사람을 용서하오니 우리 죄도 사하여
주시옵고'입니다. 우리는 주기도문을 마태복음에 나오는 내용으로 외
웁니다. '하늘에 계신 우리 아버지여 이름이 거룩히 여김을 받으시오
며 나라가 임하시오며 뜻이 하늘에서 이루어진 것 같이 땅에서도 이루
어지이다 오늘 우리에게 일용할 양식을 주시옵고 우리가 우리에게 죄
지은 자를 사하여 준 것 같이 우리 죄를 사하여 주시옵고 우리를 시험
에 들게 하지 마시옵고 다만 악에서 구하시옵소서.' 이처럼 '우리'라는
단어가 계속 강조되어 나오는데 여기서 '우리'는 기도를 요청했던 제
자들에게 가르치신 기도이기 때문에, 당연히 제자로 생각됩니다.

이 세상 현실 속에서 하나님의 뜻을 실현하고 하나님의 백성으로 살아가는 과정에서 우리는 우리와 그들이라는 이분법 속에 존재할 것입니다. 이것은 예수 믿는 사람들이 갖는 신자의 일차적인 정체성입니다. 이 기도는 우리에게 해당하는 것이고 그들을 위하여 우리가 행해야 하는 것입니다. 그러나 요한복음 17장에서는 조금 다르게 이야기합니다.

아버지께서 나를 세상에 보내신 것 같이 나도 그들을 세상에 보내었고 또 그들을 위하여 내가 나를 거룩하게 하오니 이는 그들도 진리로 거룩함을 얻게 하려 함이니이다 내가 비옵는 것은 이 사람들만 위함이 아니요 또 그들의 말로 말미암아 나를 믿는 사람들도 위함이니 아버지여, 아버지께서 내 안에, 내가 아버지 안에 있는 것 같이 그들도 다 하나가 되어 우리 안에 있게 하사 세상으로 아버지께서 나를 보내신 것을 믿게 하옵소서 내게 주신 영광을 내가 그들에게 주었사오니 이는 우리가 하나가 된 것 같이 그들도 하나가 되게 하려 함이니이다 곧 내가 그들 안에 있고 아버지께서 내 안에 계시어 그들로 온전함을 이루어 하나가 되게 하려 함은 아버지께서 나를 보내신 것과 또 나를 사랑하심 같이 그들도 사랑하신 것을 세상으로 알게 하려 함이로소이다 (요 17:18-23)

요한복음 17장은 예수님의 기도문입니다. 이 기도에서 예수님은 우리를 구원하기 위해서 오셨다고 합니다. 성부 하나님과 성자 하나님이 '우리'가 되어 우리를 구원한 것같이 우리를 하나님의 자녀로 불러 우리를 포함시킨 '우리'가 되려 하신다는 것입니다. 즉, 성부 하나님과 성자 하나님이 서로 하나로 연합하셔서 죄의 용서가 필요한 자들 곧 하나님의 구원이 필요한 자들을 찾아와 구원하여 성부와 성자라는 '우리' 속에 우리를 포함시키려 하신다는 것입니다. 우리가 아직 하나님과 화목하기 전에 예수님이 우리 안에 오사 당신을 우리와 하나로 묶기 위해 성부 하나님과 하나가 되어 '우리'로 찾아오신 것입니다. 이것이 주기도문 속에 나타난 일용할 양식과 용서가 필요한 현실을 살라는 말씀의 배경입니다.

예수 믿는 자는 구름 위에 있고 안 믿는 자는 진흙탕 속에 빠져 있는 것이 아닙니다. 우리가 위에서 고함을 치고 밧줄을 내려 구덩이에 빠진 자를 구해 내는 것이 아닙니다. 우리는 세상으로 들어가 저들과 하나가 되도록 묶여야 합니다. 예수님이 오셔서 우리를 껴안음으로 우리가 성부 하나님과 성자 하나님의 연합 속에 들어갈 수 있었듯이 우리도 세상으로 들어가 그렇게 하라는 것입니다.

우리는 세상에 나가면, 나는 믿는 자요 너는 믿는 자가 아니라는 구별을 더 앞세우는 때가 많습니다. 내가 예수 안에 있는 자로서 예수와 분리될 수 없는 구원의 은혜로 저들 속에 들어가 그들을 껴안아 그들과 하나가 되도록 보냄을 받는다는 개념이 없습니다. 그래서 사사건건, 믿는다는 이름으로 우월감과 구별과 차별과 배타성을 드러냅니다.

제가 잘 아는 믿음의 선배가 있습니다. 진실한 분이며 평생 예수를 믿은 사람으로서 거의 독보적인 행보를 보인 분입니다. 세상은 그런 사람을 가리켜 뭐라고 이야기합니까? 기독교 신앙에 대해 무지한 사람들은 "저 사람은 예수 안 믿어도 천당 갈 사람이야"라고 이야기합니다. 이 얼마나 무식한 발언입니까. 믿지 않는 사람들을 괄시하려고 하는 말이 아닙니다. 믿는 사람들도 그렇게 말하기 때문입니다. 믿는 사람들도 그렇게 말합니다. 정말 무식한 말입니다. 우리는 윤리로 구원 얻는 것이 아닙니다.

어느 날 그분과 같이 식당에 갈 일이 있었습니다. 식당에서 식사 기도를 하는데 종업원이 딸각딸각 소리를 내며 음식을 차리고 있었습니다. 기도를 마치고 나자 이 선배가 일어나서 그 종업원을 불렀습니다. "자네는 우리가 기도하고 있는 게 안 보이는가? 기도하고 있는데 그 무슨 경거망동한 짓인가?" 이 말에 저는 창피해서 집으로 도망 왔습니다.

그것이 믿는 사람들이 가지는 기독교 신앙에 대한 본성적 이해입니다. "나는 믿고 너는 안 믿는 놈인데, 내가 다른 때는 용서하겠지만 기도를 하는데 방해를 해? 그렇지 않아도 짓밟아 버리고 싶었는데 잘됐다. 넌 예의도 없냐!" 이것이 우리를 잡아 죽이는 것입니다. 우리는 일용할 양식을 구하고 용서해야 하는 자입니다.

보냄을 받은 감당 못할 현실

주기도문 다음에는 간청에 관한 비유가 나옵니다. 누가복음 11장 5절입니다.

또 이르시되 너희 중에 누가 벗이 있는데 밤중에 그에게 가서 말하기를 벗이여 떡 세 덩이를 내게 꾸어 달라 내 벗이 여행중에 내게 왔으나 내가 먹일 것이 없노라 하면 그가 안에서 대답하여 이르되 나를 괴롭게 하지 말라 문이 이미 닫혔고 아이들이 나와 함께 침실에 누웠으니 일어나 네게 줄 수가 없노라 하겠느냐 내가 너희에게 말하노니 비록 벗 됨으로 인하여서는 일어나서 주지 아니할지라도 그 간청함을 인하여 일어나 그 요구대로 주리라 (눅 11:5-8)

이 내용은 어려워서 해석에 대한 합의가 쉽게 도출되지 않지만 중요한 비유입니다. 한 마을에 이웃하여 사는 두 친구가 있는데, 어느 날 밤에 갑자기 한 친구에게 손님이 찾아왔습니다. 하지만 그에게는 준비된 음식이 없어서 친구네 집에 가서 밥 세 그릇을 달라고 한 것입니다. 그랬더니 '난 자려고 잠자리에 누웠으니 귀찮게 하지 마라' 합니다. 그런데 자꾸 떼를 쓰면 안 줄 수 없는 법입니다. 그러니 이런 간청은 수치심을 모르는 요구라는 뜻에서 '생떼'라는 말과 통합니다. 우리는 이 생떼를 쓰는 현장에 보냄을 받습니다. 일용할 양식이 필요하고 용서가 필요한 현장이란 예컨대 이런 경우입니다. 우리가 몸이 아프다고 해 봅시다. 그러면 거기다 대고 무슨 말을 하겠습니까? '야, 난 지금 바쁘다. 조금만 있다가 아파다오' 이렇게 말할 수 있겠습니까? 아프면 참을 만큼 참다가 어떻게 처치하든지, 수술을 하든지 할 때까지 고통이 멈추지 않는 법입니다.

자녀가 그렇습니다. 자녀는 언제부터 밉습니까? 떼를 쓰는 나이부터 밉습니다. 대책이 없습니다. 미우면 어떻게 합니까? 때립니다. 그리고 "너도 커서 너 닮은 애 하나 낳아서 길러 봐. 난 모른다. 네 인생은 네가 살고 내 인생은 내가 살겠다" 하고 말합니다. 왜 그렇게 합니까? 도망갈 수가 없기 때문입니다.

비유에서 잠들려던 친구는 왜 떡을 주게 됩니까? 친구가 생떼를 쓰니 잘 수가 없기 때문입니다. 떡을 줘야 잘 수 있지 않겠습니까. 그런 곳으로 보냄을 받는 존재가 바로 우리라는 것입니다. 거반 죽게 된 강도를 만난 사람에게 내가 선행을 베풂으로 그가 감사해서 동네방네 다니면서 '예수 믿는 사람은 정말 다릅니다'라고 말하는 현실로 보냄을 받는 게 아닙니다. 내가 지금 길을 지나가고 있는데 누가 날강도처럼 달라붙어 "떡 하나 주면 안 잡아먹지" 하는 현장이더라는 것입니다. 날강도와 불쌍한 사람을 모두 다 합해서 '우리'입니다. "우리 하나님 아버지, 우리에게 일용할 양식을 주시고 우리가 우리에게 죄지은 자를 용서한 것같이 우리를 용서하옵소서." 왜 그렇습니까? 떼쓰는 것도 다 들을 수 없이 저주를 퍼붓는 자리에 우리가 보냄을 받는 까닭입니다. 누가 구원을 하러 온 자고, 누가 구원을 받아야 할 자인지를 모르는 혼재와 정신이 없는 현실에서 부름을 받고 있기 때문입니다.

예수 한번 멋있게 믿어 보려고 각오했는데 초를 쳐서 죄송합니다. 이해가 안 되고 힘들면 초급반, 중급반을 거쳐서 오십시오. 여기는 고급반입니다. 우리가 고급반에 있다고 스스로 위로라도 안 하면 너무 어려워서 이 설교를 못하겠습니다. 내용이 뭐가 어렵겠습니까. 이렇게 살려니까 어려운 것입니다. 정신이 하나도 없습니다. 날강도와 생떼를 쓰는 사람과 물귀신과 방금 진흙 밭에서 빠져나온 강아지와 살아야 하니 정신이 하나도 없습니다. 그러나 그것이 성육신의 신비입니다.

왜 하나님이 그리하시는지 우리는 이해가 가지 않습니다. 그러나 하나님은 그렇게 하십니다. 사랑하기 때문이라고 하십니다. 그 말에 할 말이 없습니다. 사랑은 무엇입니까? 상대방의 가치를 존중하는 것입니다. 주기도문의 중요한 핵심이란, 하나님은 창조주요, 모든 존재의 생사여탈권을 쥐고 계시는 분으로서 우리를 인격적으로 대접하신다는 사실입니다. 구원의 방법과 과정에 있어서 하나님은 우리를 강제하지 않으십니다. 그렇다고 타협이나 포기를 하는 것도 아닙니다. 우리 생각에는 아, 그러지 말고 쉽게 해 주시죠, 하고 싶지만 '나는 너희를 그렇게 만들지 않았다'라고 하십니다. 이것이 성육신으로 대표되는 기독교입니다. 이러한 예수님을 빼고서는 우리가 믿는 기독교를 설명할 수 없습니다. 요한복음 14장 8절입니다.

빌립이 이르되 주여 아버지를 우리에게 보여 주옵소서 그리하면 족하겠나이다 예수께서 이르시되 빌립아 내가 이렇게 오래 너희와 함께 있으되 네가 나를 알지 못하느냐 나를 본 자는 아버지를 보았거늘 어찌하여 아버지를 보이라 하느냐 내가 아버지 안에 거하고 아버지는 내 안에 계신 것을 네가 믿지 아니하느냐 내가 너희에게 이르는 말은 스스로 하는 것이 아니라 아버지께서 내 안에 계셔서 그의 일을 하시는 것이라 내가 아버지 안에 거하고 아버지께서 내 안에 계심을 믿으라 그렇지 못하겠거든 행하는 그 일로 말미암아 나를 믿으라 내가 진실로 진실로 너희에게 이르노니 나를 믿는 자는 내가 하는 일을 그도 할 것이요 또한 그보다 큰 일도 하리니 이는 내가 아버지께로 감이라 (요 14:8-12)

빌립이 아버지를 보여 달라고 한 것은, 예수님이 그들이 기대하는 하나님 같지 않았기 때문입니다. 성육신한 예수님을 보내는 하나님이 실망스러운 것입니다. 번쩍번쩍하는 영광과 위엄과 권력을 가지고 등장해야 되는 것 아니겠습니까. 그러나 예수는 너무 평범합니다. 목수의 아들입니다. 자신들의 형편과 모양보다 더 나은 데가 없습니다. 아버지를 보여 달라는 것에 대한 예수님의 답은 무엇입니까? 9절에서 '나를 본 자는 아버지를 본 자'라고 하십니다. 이 말 앞에 또 하시는 말씀은 '빌립아 내가 이렇게 오래 너희와 함께 있으되'라는 표현인데 '이렇게 오래'라는 말이 아주 중요합니다. 왜냐하면 한 번 오셔서 선언하시고 문을 열어 놓고 가신 것이 아니라, 오셔서 33년 동안 우리의 삶을 사셨기 때문입니다. 지극한 은혜입니다. 우리는 이러한 삶을 살아 내지 못합니다. 예수님을 믿는다는 것이 갖는 진정한 힘과 하나님의 뜻, 그리고 하나님의 거룩하심이 무엇인지를 모르는 것입니다. 성육신의 뒤를 잇는 신자 된 인생을 걷는 것이 무엇인지 모르는 것입니다. 그것은 윤리적이고 권력적인 차원의 구별을 말하는 것이 아닙니다.

우리의 선택과 구별, 우리의 판단보다 우선하는 하나님의 보내심이 있습니다. 그것이 현실이라는 것입니다. 그 현실은 우리가 정하는 것이 아닙니다.

악에서 구하옵소서

시대, 나라, 아들, 딸, 아버지와 어머니, 친척, 동창은 우리가 정하는 것이 아닙니다. 하나님이 정하시고 나를 그리로 보내어 그들과 묶이게 하십니다. 이렇게 내가 묶인 관계가 바로 '우리'입니다.

예수께서 아버지와 내가 하나인 것같이 너희로 우리와 하나 되게 하려고 내가 왔다고 하셨습니다. 우리가 예수님을 요청하거나 선택하기 전에 먼저 오셨습니다. 그의 부르심과 은혜로 '우리' 안에 들어갔듯이 우리와 묶인 자들을 불러내시기 위하여 우리를 억울한 현장, 감당 못할 현장에 보내십니다. 나의 선행으로 멋을 내고 확인하게 하려고 보내는 것이 아니라 '우리'로 묶기 위해서 생떼거리들 속으로 보내십니다. 우리를 할퀴고 잡아먹으려고 붙든 손들과 묶으시려고 우리를 그들 속으로 보냅니다. 그것이 신앙생활이라면 정말 정신없을 것입니다.

그래서 누가복음에 나오는 주기도문의 마지막은 희한한 내용으로 끝납니다. '우리를 시험에 들게 하지 마시옵소서'라고 끝맺습니다. 이와 달리 마태복음 6장에서는 '우리를 시험에 들게 하지 마시옵고 다만 악에서 구하시옵소서'라는 말로 끝납니다. 그것이 왜 주기도문의 말미에 나옵니까? 보내진 현장 속에서, 도대체 누가 누구를 위하여 왔는지 모를 형편에 이를 수 있다는 것입니다. 우리가 저들을 꺼내기 위하여 보냄을 받았는데도 우리가 저들에게 삼켜져서 우리의 본분과 임무를 잊고 이 현실에 지고 말 수도 있다는 이야기입니다. 그래서 '악에서 구하옵소서'라고 합니다. '최후의 승리를 하나님이 그 손으로 붙잡아 주시옵소서. 시험에 들게 하지 마옵소서. 우리가 보냄을 받아 거기서 이전투구를 하고 막막하고 내일이 보이지 않을지라도 우리의 실력과 우리의 의지와 우리의 조건 속에서 끝나는 싸움이 아니

라는 것을 기억하게 하여 주옵소서.' 이런 내용이 주기도문의 말미를
장식하고 있습니다.

그래서 마태복음에는 괄호 속에 '나라와 권세와 영광이 아버지께
영원히 있사옵니다 아멘'이라는 표현이 있는 것입니다. 그렇습니다.
우리는 도대체 누가 누구를 위하여 갔는지, 또 우리가 보냄을 받은 곳
에서 우리의 임무가 무엇이었는지 놓칠 수 있습니다. 실패할 수 있습
니다. 넘어질 수 있습니다. 예수께서 겟세마네 동산에서 하신 기도에
서도 그런 점을 볼 수 있습니다. "아버지여 만일 할 만하시거든 이 잔
을 내게서 지나가게 하옵소서." 못 이길 것 같고 지는 것 같고 끝난 것
같은 자리까지 가지 않는 한, 우리는 신앙생활이 무엇인지 모를 것입
니다.

막막한 현실을 신앙인으로 살라

앞에서 이 문제를 다루면서 섀클턴 이야기를 했습니다. 섀클턴은 유
명하고 진정한 탐험가지만 아무런 업적도 없었습니다. 섀클턴 이야기
의 백미는 결론에 있습니다. 그는 탐험 기간에 선택의 여지가 없는 길
을 걷습니다. 그는 선택의 여지없이 자폭할 것인가 말 것인가 하는 것
밖에 선택할 수 없는 길을 간 것입니다. 유빙에 갇히고 얼음판 위에서
표류하고 무인도에 상륙하여 막막한 세월을 보내고 구조를 요청하러
사우스조지아섬으로 가는 동안은 전부 외길뿐이었습니다. 앉아서 죽
을래, 가다 죽을래 하는 것은 선택의 문제가 아닙니다.

우리가 현실을 살아 보면, 이런 인생이 더 살 가치가 있겠는가 하고
맞닥뜨리는 것이 옳은 현장입니다. 아프리카로 갈까, 아랍으로 갈까
하는 문제는 특별한 소명을 가진 자 곧 하나님이 그 일로 부른 자만이
가지는 고민입니다. 대부분의 성도에게 떨어지는 고민과 결정은 이
막막한 인생을 오늘도 살 것인가 아니면 확 나가서 고함지르고 뛰어
내릴 것인가 하는 것밖에 없습니다. 오늘 죽을래, 내일 죽을래, 그것뿐
입니다. 그러나 이것이 위대한 길입니다. 섀클턴이 자기 부하들을 포
기하지 않고 대장의 임무를 끝까지 수행한 것이 위대함입니다. 할 수
있는 데까지 참고 참고 참아서 애가 타서 죽는 자리까지 간 것이 위대
한 길이었듯이 이러한 신앙 인생길이 위대한 것입니다.

예수님이 그 길을 사셨고 이것이 모든 신자가 부름을 받는 길입니
다. 주께서 친히 가르쳐 주신 기도로 확인되는, 신자 된 자의 길이요
제자의 길입니다. 위대한 길입니다. 기적의 길입니다. 그래서 로마서 5
장에 나오는 말씀이 가지는 뜻을 비로소 제대로 이해할 수 있습니다.

> 그러므로 우리가 믿음으로 의롭다 하심을 받았으니 우리 주 예수 그
> 리스도로 말미암아 하나님과 화평을 누리자 또한 그로 말미암아 우
> 리가 믿음으로 서 있는 이 은혜에 들어감을 얻었으며 하나님의 영광
> 을 바라고 즐거워하느니라 (롬 5:1-2)

구원받으셨습니까? 우리의 운명, 우리의 궁극적인 결말은 하나님의
영광입니다. 그런데 이어서 이렇게 나옵니다.

다만 이뿐 아니라 우리가 환난 중에도 즐거워하나니 이는 환난은 인
내를, 인내는 연단을, 연단은 소망을 이루는 줄 앎이로다 (롬 5:3-4)

그 영광을 위하여 준비된 과정은 환난과 인내와 연단의 현실입니다.
그것이 소망을 이룹니다. 하나님의 영광을 이룹니다. 예수 그리스도
에게서 본 부활의 영광입니다. 죽음 한복판을 꿰뚫어 문을 내신, 부활
의 문을 여신 예수 그리스도의 길을 따르는 길입니다. 여기를 벗어나
서 이야기를 하는 것은 신자 된 본분에서 벗어나는 것입니다. 신자가
져야 할 일차적 책임을 기피하는 것입니다.
　우리가 그 현장에 있습니다. 우리의 막막한 현실을 신앙인으로 사
십시오. 떼쓰는 세상, 떼쓰는 현실, 도무지 선택의 폭이 없는, 묶여 있
고 갈려 있고 숨죽이고, 아니 숨통이 막힌 현실이 예수 그리스도 안에
서 하나님이 이루신 기적의 길인 것을 기억하십시오. 우리를 깔고 안
고 붙들고 늘어지고 할퀴는 손들을 우리 아버지께서 함께 붙들어 매
시기 위하여, 우리의 인생에 맡기고 있다는 것을 기억하십시오. 거기
에 믿음의 승리가 있음을 기억하기 바랍니다.

기도

하나님 아버지, 은혜를 감사합니다. 하나님의 자녀로 사는 일은 놀라운 일입
니다. 하나님이 우리를 우리 이웃에게 보내어 저들과 우리를 묶으십니다. 마
치 우리는 이전투구를 하는 것 같습니다. 우리가 누구를 꺼내려고 한 것이
아니라 우리가 오히려 붙잡혀 구렁텅이를 못 빠져나오는 것 같은 현실을 삽

니다. 그러나 주께서 가르쳐 주신 것같이 용서하며 일용할 양식을 구하며 사는 하루하루의 현실을 감내함으로 우리 하나님의 기적과 은혜와 약속하신 결과가 있을 줄 믿습니다. 이 믿음을 가지고 우리의 현실을 살아 내며, 감내하는 충성스러운 우리가 되게 하시고, 우리에게 이 길의 명예와 기적을 깨우치사 세상에 빛으로 보냄을 받은 우리의 삶을 주 안에서 지켜 내게 하여 주시옵소서. 예수님 이름으로 기도합니다. 아멘.

25
요나의 표적

29 무리가 모였을 때에 예수께서 말씀하시되 이 세대는 악한 세대라 표
적을 구하되 요나의 표적 밖에는 보일 표적이 없나니 30 요나가 니느웨
사람들에게 표적이 됨과 같이 인자도 이 세대에 그러하리라 31 심판 때
에 남방 여왕이 일어나 이 세대 사람을 정죄하리니 이는 그가 솔로몬의
지혜로운 말을 들으려고 땅 끝에서 왔음이거니와 솔로몬보다 더 큰 이
가 여기 있으며 32 심판 때에 니느웨 사람들이 일어나 이 세대 사람을
정죄하리니 이는 그들이요 나의 전도를 듣고 회개하였음이거니와 요
나보다 더 큰 이가 여기 있느니라 (눅 11:29-32)

표적을 구하는 유대인

예수님이 귀신을 쫓아내셨는데 그 일을 본 당시 유대인들이 그것을 하나님의 일로 인정하지 않고 귀신의 왕 바알세불을 힘입어 하는 것이라고 비난합니다. 그 사건이 누가복음 11장 14절 이하에 기록되어 있습니다. 유대인들은 예수님이 하시는 일이 하늘로부터 비롯된 것이며 하나님이 허락하시고 주도하신 일인지 확인해 달라고 표적을 구합니다. 거기에 대한 답으로 예수님이 '이 세대는 악한 세대라 표적을 구하되 요나의 표적 밖에는 보일 표적이 없나니'라고 말씀하십니다.

당시 유대인들은 예수님이 행하시는 기적들을 부인할 수 없었을 것입니다. 죽은 자를 살리시고 불치병을 고치시고 바다를 잠잠케 하시고 귀신을 쫓아내는 일은 너무나 분명한 사건이기 때문입니다. 이런 일들은 유대 사회에서는 전통적으로 하나님의 종들만이 하는 일이었고 그것이 선지자직의 공인된 증거로 인정되었습니다.

그러나 지금 예수님이 하시는 일들은 어느 선지자가 한 것보다 큰 일임에도 불구하고 당시 유대인들이 거부합니다. 메시아가 온다면 역사적으로 선지자나 사사들이 등장하여 이스라엘 백성을 하나님의 백성으로서 견고케 하고 위로하고 구원했듯이, 하나님의 종이라면 유대인들을 편들고 그들의 정치적, 사회적 문제들을 해결하고 저들의 믿음과 인내와 고통에 대해 보상해 줄 것으로 생각했는데 그 기대와 다르기 때문입니다. 또한 예수님은 당시 사회에서 율법의 기준이나 전통 종교 시각에서 볼 때 죄인들과 미흡한 자들의 편을 들고 당시의 종교 지도자들에 대해서는 도리어 칼을 들이대셨습니다. 그래서 예수님이 하시는 일에 대치하는 국면이 늘 이어지고 사사건건 그 권위와 정체성에 도전했습니다. 거기에 대한 답이 요나의 표적입니다. 그래서 우리는 요나를 잠시 생각해 보아야 합니다.

우월감으로 정체성을 확인하려 한 요나

구약 성경 소선지서에 가면 요나서가 있습니다. 요나는 기원전 8세기 즉, 700년대 북 왕조 이스라엘 여로보암 2세 때에 활동한 선지자입니다. 그때에는 남북 왕조가 갈라진 때이며 당시 이스라엘은 북 왕조 이스라엘과 남 왕조 유다로 나뉜 상태라서 정치 세력과 군사력에서 전부 약화되어 있었습니다.

이 시기에 가장 위협적인 세력은 애굽과 앗수르였습니다. 그중에도 앗수르는 북 왕조 이스라엘과 접하고 있는 나라로 늘 전쟁이 계속되었고 결국 기원전 722년에 북쪽 이스라엘이 앗수르에 의해 멸망하는 일이 벌어지는 등 당시에 가장 위협적인 왕국이었습니다. 이스라엘은 어쨌든 신앙생활은 잘하지 못했지만 하나님의 선민이었고 앗수르는 하나님의 통치와 전혀 상관없는 이방 국가였습니다.

그런데 하나님이 요나를 불러 앗수르에 심판을 경고하고 회개를 촉구하게 하십니다. 요나는 니느웨로 보내지는데 니느웨는 앗수르 제국의 수도였습니다. 그래서 요나는 가기를 거부합니다. 하나님이 요나에게 니느웨로 가서 회개를 촉구하며 임박한 심판을 경고하라고 하자 요나는 가기 싫어서 욥바에서 다시스로 가는 배를 타고 도망을 갑니다.

　니느웨까지는 약 800킬로미터의 거리이고, 이스라엘 북쪽의 지중해 연안에 있는 다시스는 지금의 스페인입니다. 3,200킬로미터 떨어져 있는 지중해 서쪽 끝에 있는 곳까지 도망을 갈 작정으로 요나는 배를 탔습니다. 그런데 풍랑을 만나 다 죽게 됩니다. 선원들이 모여서 이것은 필시 우리 중에 누가 신을 진노케 한 탓에 형벌이 주어진 것이니 제비뽑기를 해서 누가 범인인지 찾자고 합니다. 선객들까지 다 불러내어 제비를 뽑자 요나가 당첨됩니다. 그래서 요나에게 왜 이런 일이 생겼는지 묻자 요나는 자기가 하나님의 명을 어기고 도망가서 이 일이 생겼다고 고백합니다. 이제 선원들은 요나를 물에 던져 죽입니다. 그런데 하나님이 큰 물고기를 보내어 요나를 삼키게 했고 그는 물고기 배 속에서 사흘 동안 갇혀 죽지 않고 험난한 고통 속에서 회개합니다. 그것이 요나서 2장 5절에 나옵니다.

　물이 나를 영혼까지 둘렀사오며 깊음이 나를 에워싸고 바다 풀이 내 머리를 감쌌나이다 내가 산의 뿌리까지 내려갔사오며 땅이 그 빗장으로 나를 오래도록 막았사오나 나의 하나님 여호와여 주께서 내 생명을 구덩이에서 건지셨나이다 내 영혼이 내 속에서 피곤할 때에 내가 여호와를 생각하였더니 내 기도가 주께 이르렀사오며 주의 성전에 미쳤나이다 (욘 2:5-7)

요나는 회개 기도를 합니다. 말하자면 그는 자기가 이스라엘 백성인 것을, 이방 민족과 다른 차별적 선민이라는 우월감으로 확인했던 사람입니다. 그런 경우에 하나님은, 자신의 옳음과 우월감을 확인하게 해 주는 매개에 불과하게 됩니다. 자신의 정체성을 긍정적으로 확인하지 않고 누군가를 부정하고 정죄하여 차별적으로 확인하는 자는 결국 하나님이 모두를 받아들이는 하나님이라는 사실을 거부할 수밖에 없습니다. 그런 증거로 요나가 여기 서 있습니다. 우리가 경험하듯이 세상 속에서 한 사람의 가치는 대부분 남이 가지지 못한 것, 남이 하지 못하는 것으로 확인하는 것이 전부입니다.

요나가 고백하듯이 그는 앗수르 사람과 자신을 구별하여 하나님을 모르는 자와 하나님을 아는 자로 차별하고 있다가 앗수르 사람을 구원하는 것도 하나님의 뜻이라는 사실에 반발합니다. 왜냐하면 차별하고 비난하고 정죄하고 부정할 상대가 없어지면 자신의 존재를 확인할 수 없기 때문입니다. 하나님의 뜻을 거부하고 도망갔다가 결국, 누군가를 부정함으로써는 영혼의 답을 찾을 수 없다는 사실을 발견합니다. 그것이 물고기 배 속에서의 회개입니다.

내가 비난하는 자가 죽었다고 생각해 보십시오. 긍정적으로 자기를 확인해야 할 내용이 있어야 하는데 비난하고 비교할 자가 없으면 자기가 존재한다는 것을 확인할 방법이 없습니다. 이것이 요나입니다. 요나는 자신이 니느웨 사람과 차별되는 것으로 자기의 정체성을 삼다가 하나님이 니느웨 사람도 구원하겠다고 하자 그 차별을 철폐할 수 없다고 도망가서 하나님과의 관계가 끊기자 비로소 그 영혼의 공급이 하나님에게만 있다는 것을 알게 됩니다.

차별이 사라진 현실에 선 요나

하나님에게서 공급이 끊기자 요나는 니느웨와의 차별성을 잃고 맙니다. 그래서 니느웨를 찾아가는 것이 아니라 자신이 니느웨 사람들과 동일하다는 것을 깨닫게 됩니다. 정죄를 받아 사망의 자리에 앉은 니느웨 사람들과 같은 처지에 놓임으로써 요나는 그가 고집하던 차별성의 근거를 잃게 됩니다. 니느웨 사람들은 하나님을 자기의 하나님이 아니라고 하는 사람들이었고 요나는 하나님을 자기의 하나님이라고 하는 사람이었습니다.

그런데 하나님이 자기의 하나님이라는 것을 긍정적인 신앙의 내용으로 확인했던 것이 아닙니다. 하나님을 모르는 자와 하나님을 아는 자라는 차별성으로 확인한 것이었습니다. 다시 말해 신적 인증을 받는 것으로 만족하는 차별성을 전부로 여겼던 것입니다. 그런 이스라엘 백성으로서의 요나가 이제 그 차별성을 무너뜨리게 됩니다. 하나님의 자비와 구원 앞에서 차별성을 고집하다가 자신의 필요를 만들어 내는 것은 그 차별성이 아니라는 것을 깨닫고 하나님이 아니고서는 그 무엇도 만들어 낼 수 없다고 여기는 처지에 이르게 됩니다. 요나 자신과 니느웨 사람 간의 차별이 사라져 둘이 동일시되는 것입니다. 그래서 요나는 하나님 없는 자리에서 물이 자기 영혼까지 들어왔고 바다풀이 자기 머리를 덮고 산의 뿌리까지 내려갔고 땅이 그 빗장으로 자신을 오랫동안 막고 있었다고 말합니다. 이런 처지에서 그는 자신이 하나님을 모르는 니느웨 사람들의 형편과 다를 바 없었다고 증언하는 자리에 서게 됩니다.

요나는 우리가 아는 선지자의 모습과 많이 다릅니다. 요나가 니느웨로 가는 것은 회개하여 갔다기보다, 니느웨 사람이나 요나나 구별이 없다는 의미로 니느웨성에 갔고 거기서 회개를 촉구합니다. 요나가 가서 심판을 명했더니 그 사람들이 회개하자 하나님이 심판을 거두십니다.

요나가 매우 싫어하고 성내며 여호와께 기도하여 이르되 여호와여 내가 고국에 있을 때에 이러하겠다고 말씀하지 아니하였나이까 그러므로 내가 빨리 다시스로 도망하였사오니 주께서는 은혜로우시며 자비로우시며 노하기를 더디하시며 인애가 크시사 뜻을 돌이켜 재앙을 내리지 아니하시는 하나님이신 줄을 내가 알았음이니이다 여호와여 원하건대 이제 내 생명을 거두어 가소서 사는 것보다 죽는 것이 내게 나음이니이다 하니 (욘 4:1-3)

요나는 '나, 이 꼴 못 보겠습니다' 하게 됐습니다. 그래서 성 밖에 나가서 성 동편 언덕에 앉아 니느웨가 언제 망하나 보고 있었습니다. 그때 날이 더워 해는 내리쬐고 피할 그늘이 없자 요나가 쩔쩔매고 있는데 하나님이 박 넝쿨 하나를 자라게 하셔서 그늘로 덮어 주자 시원해졌습니다. 요나가 마음에 만족하고 있는데 하나님이 벌레를 보내 박 넝쿨을 씹어서 시들게 하여 그늘을 없애자 요나는 펄펄 뜁니다.

하나님이 벌레를 예비하사 이튿날 새벽에 그 박넝쿨을 갉아먹게 하시매 시드니라 해가 뜰 때에 하나님이 뜨거운 동풍을 예비하셨고 해

는 요나의 머리에 쪼이매 요나가 혼미하여 스스로 죽기를 구하여 이
르되 사는 것보다 죽는 것이 내게 나으니이다 하니라 (욘 4:7-8)

앞에서도 죽는다고 하고 지금도 죽는다고 하고, 우리 모습과 비슷합
니다.

하나님이 요나에게 이르시되 네가 이 박넝쿨로 말미암아 성내는 것
이 어찌 옳으냐 하시니 그가 대답하되 내가 성내어 죽기까지 할지라
도 옳으니이다 하니라 여호와께서 이르시되 네가 수고도 아니하였고
재배도 아니하였고 하룻밤에 났다가 하룻밤에 말라 버린 이 박넝쿨
을 아꼈거든 하물며 이 큰 성읍 니느웨에는 좌우를 분변하지 못하는
자가 십이만여 명이요 가축도 많이 있나니 내가 어찌 아끼지 아니하
겠느냐 하시니라 (욘 4:9-11)

요나서에 요나 자체에 대한 교훈은 하나도 없습니다. 그가 얼마나 진
실했고 얼마나 헌신했는지 그가 무엇을 깨달았는지에 대한 내용은
없습니다. 요나는 바보로 시작해서 끝까지 바보일 뿐입니다. 요나는
자신의 정체성을 이웃과 분리하여 확인하려는 까닭에 모두를 끌어안
으시려는 하나님의 뜻을 거스를 수밖에 없었습니다. 요나는 하나님
과 분리되자 이웃과의 분리에서도 근거를 잃게 됩니다. 요나가 생각
한 이웃과의 분리는, 나는 하나님을 믿는다, 너는 하나님을 모른다, 라
는 것이었습니다. 하나님을 모를지라도 하나님은 그들의 하나님이 되
시겠다고 하는 바람에 요나는 하나님과 분리됩니다. 이처럼 하나님을

모르는 자와 하나님을 거부하는 자가 동일시되는 처지에 놓이게 됩니다.

복된 자리도 자랑스러운 자리도 아니지만, 예수님은 그런 자리에 오셨습니다. 그는 버림받은 자로 오셨습니다. 멸시받는 자로 오셨고 죽음으로 끝나는 인생으로 오셨습니다. 본문 말씀에서 예수님에게 하늘로부터 오는 표적을 구하는 자들은 하나님에게 자신들과 저들을 구별하는 신이 되어 달라는 것이고, 하나님은 그 둘을 구별하지 않기 위해서 그의 아들을 보냈다고 합니다. 그래서 그의 아들을 죽음의 자리에 보냈다고 성경은 이야기합니다.

보냄을 받는 우리의 현실

우리는 예수 그리스도로 말미암는 구원을, 하나님의 은혜와 사랑이라는 말과 너무 쉽게 연결해서 기꺼이 죽으러 오신 예수님, 우리를 구원하러 오신 예수님의 희생과 각오를 너무 미화합니다. 물론 미화해도 좋습니다. 그러나 예수님은 버림받은 자로 오신 것입니다. 버림받은 자들에게 찾아오기 위해 버림받은 자로 오셨습니다. 버림받은 자리로 오신 것은 예수님이 십자가에서 외치신 "나의 하나님, 나의 하나님, 어찌하여 나를 버리셨나이까"라는 말에 분명히 들어 있습니다. 버림받은 자리에 놓인 자들을 위하여 하나님이 그들 속에 예수를 보냄으로 그들을 찾아갈 수 있도록 하신 것입니다.

우리는 예수를 믿고 하나님의 자녀가 되었습니다. 우리는 구원이라는 기준으로 믿는 자와 믿지 않는 자를 쉽게 이분화합니다. 믿는 우리가 믿지 않는 자들과 함께하는 것은 저들도 나와 같은 구원에 동참하도록 하기 위한 것입니다. 선행을 베풀고 긍휼을 베풀고 참아야 합니다. 그런데 이상하게도 기독교 신자들의 신앙에서는 우월감이 크게 부각됩니다.

이런 의미에서 우리의 현실은 요나가 분노하는 현실과 매우 흡사합니다. 자기가 화내는 것을 당연하게 생각합니다. 나는 선민이고 저들은 하나님을 모르는 자들이다, 내가 왜 불이익을 당해야 하며 왜 고난을 당해야 하는가? 왜 내가 저들 앞에 가서 빌어야 하는가? 이것이 요나의 불만이고 분노이며 교회사 속에서 매번 나타나는 성도들의 오해입니다.

우리가 예수님을 증거하려면, 하나님이 우리에게 형통한 길을 주셔야 하고 우리가 우월하다는 것을 보여 주셔야 한다고 생각합니다. 이것은 하늘로부터 오는 표적을 구하는 당시의 유대인과 방불한 고집이며 분노로서 상당수의 성도가 가지고 있는 생각입니다. 물론 우리도 십자가의 길을 따라가지만, 이 십자가의 길은 마지막 강도 하나까지 구하는 길로 이해되어야 합니다. 예수님이 회개한 강도에게 "오늘 네가 나와 함께 낙원에 있으리라" 하셨습니다.

우리는 이 강도의 회개는 기억하지만 '네가 만일 하나님의 아들이어든 뛰어내리라'고 한 말이나 '아버지 저들을 사하여 주옵소서 자기들이 하는 것을 알지 못함이니이다'라고 한 예수님의 기도는 기억하지 않습니다. 물론 저들이 믿었는지는 성경 기록에도 없고 모릅니다. 결과는 하나님의 몫입니다. 그러나 우리는 이런 차원에서 우리의 현

실을 살아 내야 합니다. 요나의 표적에서 우리는 예수님이 하늘로부
터 온 종이라는 것을 읽어 내야 합니다. 고린도후서 4장 10절을 보겠
습니다.

> 우리가 항상 예수의 죽음을 몸에 짊어짐은 예수의 생명이 또한 우리
> 몸에 나타나게 하려 함이라 우리 살아 있는 자가 항상 예수를 위하
> 여 죽음에 넘겨짐은 예수의 생명이 또한 우리 죽을 육체에 나타나게
> 하려 함이라 그런즉 사망은 우리 안에서 역사하고 생명은 너희 안에
> 서 역사하느니라 (고후 4:10-12)

우리는 하나님이 우리를 죽이기로 한 자처럼 버려지듯이 사망 속에
보내집니다. 하나님이 아무런 보호도 해 주지 않고 아무런 증거도 주
지 않고 아무런 관여도 하지 않는 것처럼 보내집니다. 매일 죽음 앞에
놓입니다. 세상과 현실이 휘두르는 칼을 맞고 피를 흘리면서 그들을
껴안도록 보냄을 받습니다. 신파조가 되는 것이 아닙니다. 우리는 저
들의 적대 행위와 분노와 외로움과 고통을 다르게 이해하고 다르게
해결하고 다르게 여긴다는 것을 보여야 하는 자리에 서 있는 것입니
다. 죽여야 간신히 직성이 풀리는 현실, 답이 없는 인생, 고단한 현실,
분통이 터지는 삶에 대하여 우리는 예수 안에 답이 있고, 모든 일을 기
꺼이 감수할 수 있고, 질 수 있고 죽을 수 있는 자리에 서 있습니다. 눈
물을 흘리고 목소리를 높여 설명하고 설득하고 강요하는 자리에 서
있거나 결과를 목표로 삼는 자리에 서 있지 않습니다. '그거 봐라. 내
가 진작 예수 믿으라고 그랬지' 하는 눈으로 쳐다보지 않습니다.

우리는 우리를 구원하신 예수 안에 있는 하나님의 무한하신 은혜를 소유한 자입니다. 우리는 그 은혜가 우리를 넘어 모두에게 주어지는 하나님의 뜻임을 아는 자로, 묵묵히 우리 인생을 살며 자리를 지키는 것입니다. 거기에 우월감이나 공격적인 고함은 들어설 수 없습니다. 가졌다거나 못 가졌다는 문제도 아무런 영향을 미치지 않습니다. 부하면 답이 있고 가난하면 억울하다는 것이 여기에는 없습니다. 하나님이 우리를 보낸 자리가 세상 기준으로 볼 때 부요한 자리라 할지라도 답이 없고 영혼이 갈급하기는 마찬가지입니다. 반대로 어떠한 핍절한 자리라 할지라도 하나님의 손길과 하나님으로만 답이 있다는 것입니다. 하나님이 우리를 보낸 자리가 이런 자리인 것을 이해해야 합니다.

세상에서 싸우듯이, 가진 자와 못 가진 자 사이의 적대 행위와 전쟁은 없습니다. 기독교 신앙에서는 가진 것이나 못 가진 것이 문제가 되지 않습니다. 우리가 그런 자리로 보냄을 받기 때문입니다. 예수는 가난하셨고 고단하셨고 죽임당하셨습니다. 우리는 성경의 기록 앞에서, 예수의 생애 앞에서, 기독교를 다른 것으로 바꾸려는 모든 시험을 걸러 내야 합니다. 우리는 그 은혜를 입은 자입니다. 하나님의 은혜가 얼마나 큰 것인가를 세상의 모든 유혹과 시험 앞에서 답해야 하는 자입니다. 자신이 부름받은 현실 속에서 그것을 극복하기 위해 실천하는 자로서 그 자리에 서 있습니다.

하나님의 영광에 참여함

우리는 나라를 구하고 가난을 구하고 병을 낫게 하는 일들을 본질로 삼지 않습니다. 그런 일에 쓰임을 받을 수 있지만 신앙의 본질은 그 것과 다릅니다. 예수님은 죽은 자를 살리시고 병자를 고치시고 귀신을 쫓아내시는 능력을 가지셨음에도 죽임을 당하셨습니다. 예수님이 죽음의 한복판에서 생명의 문을 여신 것같이 죽은 자 같은 우리의 인생과 삶의 자리에서 비로소 십자가가 부활의 문을 여는 것입니다. 성경은 이 문제를 에베소서 1장에서 이렇게 영광스럽게 표현합니다.

> 찬송하리로다 하나님 곧 우리 주 예수 그리스도의 아버지께서 그리스도 안에서 하늘에 속한 모든 신령한 복을 우리에게 주시되 곧 창세 전에 그리스도 안에서 우리를 택하사 우리로 사랑 안에서 그 앞에 거룩하고 흠이 없게 하시려고 그 기쁘신 뜻대로 우리를 예정하사 예수 그리스도로 말미암아 자기의 아들들이 되게 하셨으니 이는 그가 사랑하시는 자 안에서 우리에게 거저 주시는 바 그의 은혜의 영광을 찬송하게 하려는 것이라 (엡 1:3-6)

우리 모두를 그분의 자녀로 부르십니다. 자녀란 독특한 자리입니다. 어느 부모의 자식이 된다는 것은 그 부모의 영광을 나누는 자리에 있는 것입니다. 부모와 같은 존재가 되는 것입니다. 그것은 기능적이지 않습니다. 하나님은 우리를 예수 안에서 당신의 자녀로 부릅니다. 그의 영광의 특징이 무엇입니까? 은혜의 영광입니다. 하나님은 용서하시는 분이며 복을 주시는 분이며 선하신 분이며 편드시는 분입니다.

그러므로 우리는 이 은혜의 영광의 아버지가 나를 찾아오신 것을 아는 자로, 우리의 현실에서 만나는 이웃들을 향하여 하나님이 무엇을 제일 큰 영광으로 나타내시는가에 참여하는 자로 섭니다. 우리는 정죄하고 비난하고 차별하고 자랑하여 우리 자리를 증명하지 않습니다. 우리는 섬깁니다. 우리는 저들의 무지와 미련함과 오해를 기꺼이 감수할 것입니다. 그것이 십자가의 길입니다. 우리가 얼마나 쓸모 있는지는 다음 문제입니다. 우리는 현실적인 쓸모가 아니라 인간 존재의 가장 중요한 본질에 있어서 그 영혼과 운명을 하나님의 자녀로 증언하며 경험하고 그 일을 이루시는 하나님의 손길로 쓰임받는 자리를 복되고 명예로 여기는 신자로 살아야 할 것입니다.

삶은 만만치 않을 것입니다. 세상은 이 일을 두려워하고 반대하기 때문입니다. 십자가를 벗어 놓고 이 길을 갈 수 있는 사람은 아무도 없습니다. 세상은 이 길에 대한 대안을 가질 수 없습니다. 또 이 길이 가장 영광된 길인 것을 우리 모두가 알고 있습니다. 이 길을 걸으십시오. 인생의 고단함이 기적이 되는 것을 경험하는 삶이 되기를 바랍니다.

기도

하나님 아버지, 은혜를 감사합니다. 하나님을 아버지로 모신다는 것이 어떤 것인지 배웁니다. 이 세상의 위협, 고난, 고통, 오해, 불이익, 그 무엇도 우리를 그리스도 예수 안에서 부르신, 그래서 우리에게 허락하신 하나님을 향한 우리의 믿음과 고백을 꺾을 수 없습니다. 우리는 하나님을 아버지로 모시게 되었고 영광된 운명을 부여받았습니다. 우리 인생에 펼쳐지는 도전과 모험 앞에서 하나님의 사람으로 살 기회를 얻었습니다. 울어야 할 날과 한숨 쉬어야 할 날이 많을 것임을 각오합니다. 그러나 결단코 하나님의 사람으로 사는 일을 포기하지 않을 것을 약속합니다. 저희를 찾아오신 하나님의 손길이 모두를 찾아가고 있다는 사실을 기억하는 믿음과 소망과 겸손과 인내를 가지고 우리의 삶을 주 앞에 바칩니다. 예수님 이름으로 기도합니다. 아멘.

26
바리새인을 책망하심

42 화 있을진저 너희 바리새인이여 너희가 박하와 운향과 모든 채소의 십일조는 드리되 공의와 하나님께 대한 사랑은 버리는도다 그러나 이것도 행하고 저것도 버리지 말아야 할지니라 43 화 있을진저 너희 바리새인이여 너희가 회당의 높은 자리와 시장에서 문안 받는 것을 기뻐하는도다 44 화 있을진저 너희여 너희는 평토장한 무덤 같아서 그 위를 밟는 사람이 알지 못하느니라 (눅 11:42-44)

율법 중심으로 이동한 유대 사회

본문 말씀은 복음서 어디에나 나오는 당시 유대 사회의 지도자들인
바리새인과 율법 교사로 불리는 종교적 기득권층에 대한 예수님의
꾸중입니다. 누가복음 11장 37-52절에 나오는 긴 내용이지만 본문은
간략하게 42절부터 44절까지만 택하였습니다. 37-44절에는 바리새
인이 나오고, 45-52절에는 율법 교사가 나옵니다. 이들은 다 같은 부
류이지만 설명이 조금 더 필요합니다.

　하나님이 모세를 통해 애굽에서 노예로 있던 이스라엘 백성을 선
민으로 불러내어 약속한 땅에 한 나라를 세웁니다. 하나님은 출애굽
한 그들에게 성막을 짓게 하시고 제사 제도와 율법도 주셨습니다. 다
윗 시대에 대제사장이었던 사독을 중심으로 성전을 짓기 시작해서
솔로몬 왕 때 성전이 완성됩니다. 이렇게 완성되면서 제사 제도가 이
스라엘 신앙 활동의 중심이 되었습니다. 그래서 사독의 대제사장직을
잇는 것을 더 중시하는 이들을 '사독'이라는 이름에서 파생한 이름을
붙여 사두개인이라 불렀습니다.

　이스라엘이 남북 왕조로 갈리고 북 왕조도 멸망하고 남 왕조 유다
도 기원전 586년에 멸망하며 성전도 파괴됩니다. 그들은 바벨론의 포
로가 되어 그곳에서 70년을 보냅니다. 성전도 없고 남의 나라의 포로
로 사는 동안 이스라엘 백성은 회당을 지어서 공공 모임을 위한 장소
를 만들고 율법을 중심으로 한 신앙 교육과 실천을 계속해 나갔습니
다. 이렇게 되자 포로 생활 이후부터는 제사 중심의 신앙 행위에서 율
법 중심의 사회로 이스라엘의 종교적 중심이 이동합니다.

예수님이 오셨을 때는, 바로 이 율법주의의 중추적 지도자였던 율법 교사들이 중심 세력이었습니다. 그리고 이 문제를 종교적, 정치적 엄격함으로 구별했던 당파가 있었는데 이들이 바리새인들입니다. 이 바리새인과 율법 교사가 한 무리를 이루어 율법주의를 통해 민족혼을 지키고 신앙을 지켜 나가려고 했습니다. 예수님은 이들을 향하여 '화 있을진저'라고 반복적으로 꾸중하십니다.

예수님이 모두를 용서하시면서도 유독 율법주의자들을 공격하는 데에는 중요한 이유가 있습니다. 조금 피상적으로 보게 되면 저들은 외식과 교만이라는 잘못 때문에 꾸중을 듣는 것으로 오해할 수 있습니다. 실제로는 정결하지 않으면서 정결한 척하는 위선과 가장을 공격하는 것 같고 스스로 잘난 체하는 교만을 나무라는 것 같지만 본질은 그런 문제가 아닙니다.

독자적 가치를 가질 수 없는 선과 의와 진리

우리가 알고 있는 기독교 신앙에서 의나 진리나 선은 하나님에게만 속한 것입니다. 하나님 없이는 선이나 의라는 것이 독립하여 가치를 갖지 않습니다. 예수님이 길이요 진리요 생명입니다. 어떤 율법 교사가 예수님에게 묻기를 "선한 선생님이여"라고 부르자 "네가 어찌하여 나를 선하다 일컫느냐 하나님 한 분 외에는 선한 이가 없느니라"라고 답하십니다. 선, 의, 자랑, 가치, 덕목 등 하나님과 상관없이 그것 자체로 존재하는 것은 없습니다. 이것이 바리새인들을 저주하시는 핵심 내용입니다. 요한복음 15장에 가면 예수님이 포도나무 비유에서 이 문제를 분명하게 가르치십니다.

> 나는 포도나무요 너희는 가지라 그가 내 안에, 내가 그 안에 거하면 사람이 열매를 많이 맺나니 나를 떠나서는 너희가 아무 것도 할 수 없음이라 사람이 내 안에 거하지 아니하면 가지처럼 밖에 버려져 마르나니 사람들이 그것을 모아다가 불에 던져 사르느니라 너희가 내 안에 거하고 내 말이 너희 안에 거하면 무엇이든지 원하는 대로 구하라 그리하면 이루리라 (요 15:5-7)

가지가 가지 된 정체성을 확인하는 것은 열매입니다. 열매는 가지가 맺는 것이 아니라 나무가 맺는 것입니다. 열매는 그 나무의 정체성입니다. 열매는 가지에 달립니다. 그러나 가지가 나무에 붙어 있지 않으면 가지가 정체성을 확인하는 방법은 굉장히 애매해질 수밖에 없습니다. 그것이 바리새인들에게 하시는 예수님의 꾸중입니다. 가지가 나무에 붙어 있지 않으면 우리 인간이 정체성을 확인할 수 있는 잣대로는 도덕성과 능률밖에 없습니다. 그러면 어느 가지가 더 길고 어느 가지가 더 튼튼한가, 하는 비교밖에 할 수 없고 어느 가지가 더 곧은가, 하는 말밖에 할 말이 없습니다. 예수님이 바리새인들을 향하여 하는 공격이 그것입니다. 하나님과 상관없이 독자적인 가치를 가질 수 있는 선과 의와 생명과 진리는 없다는 것입니다. 그런데 그들은 마치 그것이 가능하다는 것처럼 천국 문을 막고 있으니 공격을 받는 것입니다.

예수 안에 거한다는 것은, 성령의 열매로 드러난다는 성경 말씀으로 분명해집니다. 사랑과 희락과 화평으로 이어지는 성령의 아홉 가지 열매는 다 능률적이지 않습니다. 도덕적이지도 않습니다. 그것과 사뭇 다릅니다. 그것은 예수 안에서만 허락되는 것이지 인간이 만들어 낼 수 없는 것들입니다. 성령의 열매란 상대방을 위한 것인데 그것이 율법주의나 도덕이나 정의라는 이념에 불과하다면, 그것은 상처를 주는 일밖에 하지 못합니다.

예수를 믿는다는 것이 예수 안에 있는 것이며 그 가지가 나무에 붙어 있는 것일 때, 우리는 정의와 진리가 예수 안에 있음을 발견합니다. 예수께서 내가 곧 길이요 진리요 생명이라고 말씀하셨는데 그것은 그의 십자가로 대표되는 근거 위에서 허락된 것입니다. 예수님과 상관없는 정의와 진리가 등장한다면 그것은 사람을 잡는 것 외에 아무런 기능도 하지 못합니다. 틀렸다 맞다 하는 것밖에 없습니다. 정죄밖에 할 수 없습니다. 그것이 필요 없다는 이야기가 아니라 정죄와 공격과 상처로는 무엇을 채울 수 없다는 것입니다. 공격과 정죄를 하는 자도 자신의 선이나 의로써는 자신을 부요하게 하지 못합니다.

예수 없이, 옳다고 주장할 때는 언제나 인상을 쓰게 됩니다. 넉넉함에서 나오는 것이 아니라 끝장을 보자는 데서 나오기 때문입니다. 저도 많이 연습하고 이 말을 할 수 있게 됐습니다. 거의 분노가 느껴질 정도입니다. 왜냐하면 이런 말을 할 때는 맞다, 틀리다가 앞서서 예수님을 이야기하는데도 인상을 쓰게 됩니다. 그러나 그렇지 않습니다. 맞다, 틀리다가 아닙니다. 예수 안에서의 싸움입니다. 그래서 요한복음 15장 8절부터 이렇게 나옵니다.

너희가 열매를 많이 맺으면 내 아버지께서 영광을 받으실 것이요 너
희는 내 제자가 되리라 아버지께서 나를 사랑하신 것 같이 나도 너
희를 사랑하였으니 나의 사랑 안에 거하라 내가 아버지의 계명을 지
켜 그의 사랑 안에 거하는 것 같이 너희도 내 계명을 지키면 내 사랑
안에 거하리라 (요 15:8-10)

율법과 계명은 하나님 안에 있는 법입니다. 그것은 하나님의 뜻에 자
신이 굴복해야 하는 법이지 그 의미와 명분을 독립시켜 사람을 잡는
데 쓰는 것이 아닙니다. 옳음을 이야기하고 진리를 이야기하려면 예
수를 꼭 먼저 초청하십시오. 예수 없이 그 말을 하게 되면 나도 죽고
상대방도 죽이는 일밖에 할 수 없습니다. 마태복음 9장은 이런 상황
속에서 예수님이 하신 말씀입니다.

예수께서 그 곳을 떠나 지나가시다가 마태라 하는 사람이 세관에 앉
아 있는 것을 보시고 이르시되 나를 따르라 하시니 일어나 따르니라
예수께서 마태의 집에서 앉아 음식을 잡수실 때에 많은 세리와 죄인
들이 와서 예수와 그의 제자들과 함께 앉았더니 바리새인들이 보고
그의 제자들에게 이르되 어찌하여 너희 선생은 세리와 죄인들과 함
께 잡수시느냐 예수께서 들으시고 이르시되 건강한 자에게는 의사
가 쓸 데 없고 병든 자에게라야 쓸 데 있느니라 너희는 가서 내가 긍
휼을 원하고 제사를 원하지 아니하노라 하신 뜻이 무엇인지 배우라
나는 의인을 부르러 온 것이 아니요 죄인을 부르러 왔노라 하시니라
(마 9:9-13)

바리새인들과 충돌하는 장면이 여기에도 나옵니다. 충돌한 이유는 예수님이 죄인들과 가까이하셨다는 것 때문입니다. 죄인들을 심판해야 의인인데 왜 용납하느냐는 것이었습니다. 예수님의 대답은 예상과 다릅니다. 예수님은 "나는 죄인을 부르러 왔노라"라고 하십니다. 여기서 첨예하게 부딪히는 문제는 바리새인들은 스스로를 의인이라 생각했고 자신들은 구원이 필요한 지위에 있지 않다고 생각한 것에 반해 예수님은 그들도 구원이 필요한 죄인이라고 지적했다는 사실입니다.

요한복음 15장에서 보았듯이 죄인은 어떤 존재입니까? 줄기에서 독립해 나가 분리된 마른 가지입니다. 그 가지를 다른 것으로는 제대로 진단할 수 없습니다. 가지가 아직도 썩지 않았느냐, 아직도 충분히 길며 단단하지 않느냐, 하는 것으로는 진단을 내릴 수 없습니다. 생명에서 끊겨 있고 줄기에 붙어 있지 않으면 생명의 공급을 받지 못해서 싹이 날 수도 없고 꽃을 피울 수도 없고 열매를 맺을 수도 없습니다.

그래서 마태복음 9장에서 이야기하는 것과 같이 "나는 긍휼을 원하고 제사를 원하지 아니하노라"라고 합니다. 제사란 무엇입니까? 긍휼이 없다면 가치 있는 헌신을 요구하지 않으십니다. 우리는 예수를 믿어야 하고 예수를 믿은 다음에 순종해야 합니다. 그에게 붙어 있어야 합니다. 가지가 줄기에게 생명을 공급하는 법은 없습니다. 그 가지가 많은 잎을 내고 열매를 맺어 풍성해지면 아버지께서 영광을 받으실 것입니다. "저 가지 봐라. 훌륭하지?" 이렇게는 이야기하지 않고 "저 나무를 봐라" 이렇게 이야기하는 것과 같습니다.

요한복음 13장에 가면 예수님이 우리 모두에게 이 문제를 가장 중요한 내용으로 지적한 것을 보게 됩니다. "새 계명을 너희에게 주노니 서로 사랑하라 내가 너희를 사랑한 것 같이 너희도 서로 사랑하라 너희가 서로 사랑하면 이로써 모든 사람이 너희가 내 제자인 줄 알리라"(요 13:34-35). 예수님은 제자들에게 내가 너희를 사랑한 것같이 너희도 서로 사랑하라고 하셨습니다. 한 인격으로 오셔서 현실 가운데 과정을 통하며 만나고 그 시간을 함께하여 저들을 설득하십니다.

진리는 설명한다고 받아들여지는 것이 아니라 인격으로 찾아와 여러 과정과 관계를 통하여 이입되고 설득되고 자라남으로 단단해집니다. 기독교 신앙 내에서도 진리에 대한 이해가 사람마다 다 같은 것이 아닙니다. 특징도 다 다릅니다. 진리라는 보편타당한 이론이 있는 것이 아니라 예수님을 알게 되는 것이 진리입니다. 예수님을 아는 과정은 모두 다르게 경험합니다.

자신과 이 시대를 용서하고 믿음으로 끌어안으라

저는 구원 문제에 있어 뚜렷한 시기가 없는 사람입니다. 어느 날 보니 이만큼 차 있었습니다. 어떤 사람에게는 그 시기가 너무나 분명합니다. 예수를 몰랐던 시기와 예수를 알게 된 시기 사이에 분명한 경계선이 있습니다. 그 경계선이 뚜렷한 사람들은 그 내용과 관련된 것들을 가장 중요한 이유와 조건으로 인식합니다.

이런 예화가 있습니다. 한 모태 신앙인이 아무리 해도 구원의 확신이 생기지 않아 쩔쩔매고 있으니까 어느 훌륭한 목사가 이렇게 물었답니다. "예수를 믿긴 믿는가?" "믿긴 믿습니다." "그런데 확인이 안

되는가?" 그렇다고 대답했습니다. 그래서 그 사람에게 나가서 20킬로
그램짜리 감자를 가져오라고 했답니다. "20킬로그램짜리 감자가 어디
있습니까?" "찾아보게." 그래서 나갔더니 정말 20킬로그램짜리 감자
가 있더랍니다. 그래서 감자를 가져오니 그것을 다시 제자리에 갖다
놓으라고 해서 갖다 놓았더랍니다. 그다음에는 아주 조그만 돼지감
자 20킬로그램을 구해 오라고 했더니 여기저기에서 모아 한 부대를
갖고 왔습니다. "이것을 다시 제자리에 갖다 놔라" 했더니 "갖다 놓
을 수가 없습니다" 그러더랍니다. 그러자 목사는 이렇게 말했습니다.
"당신이 이 돼지감자 20킬로그램이다. 조금조금씩 쌓여 20킬로그램
이 됐기 때문에 어디서 주워 왔는지 모를 뿐이다."

우리 각자가 진리를 어떻게 알았고 이해하고 설명하는지는 모두
다릅니다. 내가 아는 식으로 알지 못하면 저 사람은 진리를 모르고 정
의를 모르고 신앙을 모른다고 이야기하는 것은 예수 믿는 자들이라
면 삼가야 하는 판단 중 하나입니다.

기독교 신앙에서 가장 중요한 것은 언제나 예수님입니다. 예수님
안에 있는 보화를 얼마큼 아는지를 말할 수는 있겠지만, 어떤 개념이
나 덕목을 꺼내 들고 누구의 신앙을 점검하려고 하면 난처해집니다.
예수를 아는 것과 그 속에 담긴 보화들을 어떤 덕목과 실천 사항들로
이해하는지는 모두 다르기 때문입니다. 이것이 율법 교사들의 실수입
니다.

하나님의 뜻을 따르는 순종의 내용과 실천 덕목들을 앞세우자 하
나님마저도 배제한 독립된 의가 탄생한 것입니다. 하나님과 아무 관
계가 없는 서슬 퍼런 심판만 남게 되었습니다. 이것이 본문 말씀에 나

온 예수님의 가르침입니다. 마태복음 11장에 가면 예수님이 이런 말씀을 하십니다.

예수께서 권능을 가장 많이 행하신 고을들이 회개하지 아니하므로 그 때에 책망하시되 화 있을진저 고라신아 화 있을진저 벳새다야 너희에게 행한 모든 권능을 두로와 시돈에서 행하였더라면 그들이 벌써 베옷을 입고 재에 앉아 회개하였으리라 내가 너희에게 이르노니 심판 날에 두로와 시돈이 너희보다 견디기 쉬우리라 가버나움아 네가 하늘에까지 높아지겠느냐 음부에까지 낮아지리라 네게 행한 모든 권능을 소돔에서 행하였더라면 그 성이 오늘까지 있었으리라 내가 너희에게 이르노니 심판 날에 소돔 땅이 너보다 견디기 쉬우리라 하시니라 (마 11:20-24)

권능을 많이 행했지만 결코 회개하지 않은 고라신과 벳새다와 가버나움에 대한 예수님의 꾸중입니다.

그 때에 예수께서 대답하여 이르시되 천지의 주재이신 아버지여 이것을 지혜롭고 슬기 있는 자들에게는 숨기시고 어린 아이들에게는 나타내심을 감사하나이다 옳소이다 이렇게 된 것이 아버지의 뜻이니이다 내 아버지께서 모든 것을 내게 주셨으니 아버지 외에는 아들을 아는 자가 없고 아들과 또 아들의 소원대로 계시를 받는 자 외에는 아버지를 아는 자가 없느니라 수고하고 무거운 짐 진 자들아 다 내게로 오라 내가 너희를 쉬게 하리라 (마 11:25-28)

우리 마음속에는 이런 장면이 그려집니다. 예수님이 이쪽을 쳐다보면서 "화 있을진저 고라신아 벳새다야 가버나움아 너희는 심판을 감당치 못할 것이니라"라고 하시고 고개를 돌려 저쪽을 보면서 "하나님 아버지, 이것이 아버지의 뜻입니다. 하나님이 어린아이들에게 주셨습니다. 수고하고 무거운 짐 진 자들아 다 내게로 오라"라고 하는 식입니다. 그렇지 않습니다. "화 있을진저 벳새다야 고라신아 가버나움아, 그러나 내게로 오라. 내가 너희를 쉬게 하리라"입니다. 그렇지 않다면 십자가가 설 자리를 잃습니다. 예수님은 당신을 십자가에 못 박은 자들을 위해서도 "아버지여 저들을 사하소서"라고 기도하십니다.

이것이 바로 우리가 신앙생활과 삶 속에서 기억해야 하는 기독교의 중요한 본질입니다. 사랑, 아니 신앙 실천, 정의, 진리, 하나님의 뜻을 어떻게 이해하고 있는지가 중요합니다. 그것이 정죄용으로 쓰이면 우리는 영적 가난을 면할 수가 없습니다. 예수님을 믿는 것은 고단합니다. 모든 사람에게 "왜 이따위로 사는가, 교회는 왜 다 이 모양 이 꼴인가"라며 정죄하고 분노하는 것 외에 할 것이 없습니다.

그래서 예수님이 오셨습니다. 우리가 의롭고 능력 있는 것보다 훨씬 다행한 일입니다. 우리는 우리가 잘하면, 최소한 잘하는 사람과 못하는 사람을 나눴을 것입니다. 이것이 우리의 본성입니다. 우리는 나누고 정죄하고 분노하는 것 외에 우리의 정체성을 확인할 다른 방법이 없습니다. 우리는 나무가 아니기 때문입니다. 우리는 생명을 생산하지 못합니다.

분노하지 마십시오. 우리와 이 시대를 용서하고 믿음으로 끌어안으십시오. 우리 삶의 중요성을 아십시오. 세상 사람들은 한숨과 절망으로 사는데 동일한 현실 속에서 우리는 왜 견딜 수 있는지를 보이십시오. 이렇게 말하면 모든 것이 엉망이 되지 않을까요, 라고 묻습니다. 엉망이 되지 않습니다. 예수님이 죽은 자를 살리시고 문둥병을 고치시고 바다를 잠잠케 하셨어도 안 된 일을, 죽음으로써 하셨습니다. 그렇게 한 것이 부활의 승리입니다.

우리는 그 부활 생명을 힘입어 사는 자들입니다. 우리의 낙담과 체념 속에서 하나님이 어떻게 기적을 이루시는지 기다려 보십시오. 그것이 바리새인들을 향한 꾸중 속에 드러나는 예수 그리스도의 존재의 중요성입니다. 이런 기적의 생애를 사는 신앙인이 되기를 권합니다.

기도

하나님 아버지, 은혜를 감사합니다. 우리의 분노가 예수 안에서 용서와 사랑으로 바뀌게 하옵소서. 책임을 세상에 떠밀지 말게 하옵소서. 누구에게도 책임을 묻지 말고 우리가 믿는 예수 앞에 무릎 꿇게 하사 우리의 존재와 삶이 십자가가 되게 하시옵소서. 그리하여 우리를 부르신 하나님의 능력과 은혜와 그 기적이 열매 맺는 것을 보는 참다운 순종과 사랑을 허락하옵소서. 예수님 이름으로 기도합니다. 아멘.

27
염려와 걱정

22 또 제자들에게 이르시되 그러므로 내가 너희에게 이르노니 너희 목숨을 위하여 무엇을 먹을까 몸을 위하여 무엇을 입을까 염려하지 말라 23 목숨이 음식보다 중하고 몸이 의복보다 중하니라 24 까마귀를 생각하라 심지도 아니하고 거두지도 아니하며 골방도 없고 창고도 없으되 하나님이 기르시나니 너희는 새보다 얼마나 더 귀하냐 25 또 너희 중에 누가 염려함으로 그 키를 한 자라도 더할 수 있느냐 26 그런즉 가장 작은 일도 하지 못하면서 어찌 다른 일들을 염려하느냐 27 백합화를 생각하여 보라 실도 만들지 않고 짜지도 아니하느니라 그러나 내가 너희에게 말하노니 솔로몬의 모든 영광으로도 입은 것이 이 꽃 하나만큼 훌륭하지 못하였느니라 28 오늘 있다가 내일 아궁이에 던져지는 들풀도 하나님이 이렇게 입히시거든 하물며 너희일까보냐 믿음이 작은 자들아

29 너희는 무엇을 먹을까 무엇을 마실까 하여 구하지 말며 근심하지도 말라 30 이 모든 것은 세상 백성들이 구하는 것이라 너희 아버지께서는 이런 것이 너희에게 있어야 할 것을 아시느니라 31 다만 너희는 그의 나라를 구하라 그리하면 이런 것들을 너희에게 더하시리라 32 적은 무리여 무서워 말라 너희 아버지께서 그 나라를 너희에게 주시기를 기뻐하시느니라 (눅 12:22-32)

충성의 보상

본문으로 택한 누가복음 12장의 내용과 그 앞에 있는 내용은 다른 복음서에서는 교훈과 결론으로 등장합니다. 그러나 누가복음의 저자인 누가는 이 내용을, 예수를 믿고 하나님의 백성으로 사는 자의 신앙생활의 교훈과 모범으로 모아 놓았습니다. 누가복음 12장 1-12절은 신앙인으로 살 때에 직면하게 되는 외적 위협에 대한 경고입니다. 그 위협을 이겨 내는 것이 신앙생활의 올바른 길이라고 합니다. 그리고 22절 이하에서는 내적 안전에 관한 문제를 다루고 있습니다. 먹고 마시는 일에 대한 염려와 걱정을 신앙생활에서 극복해야 한다는 것입니다. 그것이 예수를 따르는 자들이 믿음으로 이겨 내야 하는 또 하나의 문제라는 것을 여기에서 보이고 있습니다.

본문에 나오는 대로 "다만 너희는 그의 나라를 구하라 그리하면 이런 것들을 너희에게 더하시리라"(31절)라는 중요한 결론의 말씀은 '이 모든 것은 세상 백성들이 구하는 것이라'(30절)라는 바로 앞 절과

날카롭게 대조를 이루는데 제자도의 가장 중요한 내용입니다. 하나님 나라를 구한다는 것은 우리가 기대하듯이 외적 위협이 해소되고 내적 안전을 보상받는 것으로 소개되지 않습니다. 제자의 길을 걸으면 즉, 신앙생활을 하면 가중되는 위협이나 내적 불안의 문제가 해결된다는 뜻이 아닙니다. 세상이 줄 수 있는 답과는 다른 하나님의 통치와 부르심의 궁극적인 자랑과 승리의 답이 주어질 것이라는 뜻에서 '너희는 그의 나라를 구하라 그리하면 이런 것들을 너희에게 더하시리라'가 붙어 있습니다.

우리는 대개 마태복음 6장 33절을 잘 외웁니다. "그런즉 너희는 먼저 그의 나라와 그의 의를 구하라 그리하면 이 모든 것을 너희에게 더하시리라." 우리는 이 말씀을 가볍게 받아들여서, 신앙생활을 하면 필요한 모든 것이 주어진다는 식으로 이해하곤 합니다. 그 말씀을 묶일 수 없는 내용과 묶어서 이해합니다. 현실적인 위협을 해결하고 안전을 보상해 줄 수 있는 것과 신앙생활을 연결합니다. 그러나 예수님의 가르침은 그것과 다릅니다. 그것과 다른 보상이 있다는 것입니다.

제자도, 즉 예수를 믿고 사는 신앙생활에 대한 복음서의 가르침 가운데 대표적인 구절이 세 군데 있습니다. 첫 번째는 마태복음 16장 24절입니다. "이에 예수께서 제자들에게 이르시되 누구든지 나를 따라오려거든 자기를 부인하고 자기 십자가를 지고 나를 따를 것이니라." 여기서 '자기를 부인하고'라는 것은 본문 31절에 나온 '그의 나라를 구하라'와 같은 말입니다. 자기의 왕국, 즉 자기가 주인인 구조와 질서를 벗어 버리고 하나님의 통치에 순종하는 자가 되어야 한다는 것입니다. 자기가 왕국의 주인으로 있으면서 필요에 따라 하나님을 부를 수는 없습니다. 하나님을 수단으로 이용할 수 없습니다. 그것이 자기 부인과 자기 십자가로 표현됩니다.

우리는 보편적 진리나 권위를 거부하는 현대 사회 풍조 속에 살고 있습니다. 강요받지 않겠다는 것이 현대 사회의 두드러진 특징입니다. 나는 나의 것이니 내가 결정하고 내가 선택하겠다는 자기중심적인 시대입니다. 그런데 내가 왕 노릇을 하려고 보니 왕이 되기 위한 권력, 왕으로서의 보상, 왕으로서의 책임에 있어서 나의 필요와 욕심을 다 채울 수 없다는 것을 발견하게 된 시대이기도 합니다.

자기가 자신의 주인이라고 선언하자 자신을 책임져야 하는 일에 전혀 능력이 없다는 것을 인식할 수밖에 없고 해결할 다른 방법이 없다는 것을 알게 됩니다. 그래서 이 시대의 특징은 분노입니다. 왕이 될 자유는 가졌지만 왕이 될 실력은 없다는 것을 모두가 확인할 수밖에 없기 때문입니다.

성경이 제시하는 것은 바로 이 문제입니다. 하나님이 그의 통치에 우리를 부르는 것은, 우리는 우리 자신을 왕으로 유지할 수 없기 때문입니다. 우리를 부인하고 하나님의 나라를 구하여 그에게 충성하면 어떤 보상이 있는지 물을 때 성경은 권력이나 정치적 보상은 없다고 말씀합니다. 이것이 바로 '그의 나라를 구하면 이런 것들을 받는다'에 대한 성경적 이해입니다.

십자가와 섬김으로 세워지는 나라

마태복음 16장 24절에 나오는 '나를 따라오려거든 자기를 부인하고' 라는 말씀은 이런 배경 속에서 나옵니다. "너희는 나를 누구라 하느 냐?" "주는 그리스도시요 살아 계신 하나님의 아들이시니이다." 예수 님은 "옳도다. 이를 네게 알게 한 이는 혈육이 아니요 하늘에 계신 내 아버지시니라"라고 하신 다음 "나는 이제 죽어야 한다"라고 제자들 에게 밝히십니다. 그러자 베드로가 펄쩍 뛰고 말립니다. "주여 그런 일이 일어나면 제가 가만히 있지 않겠습니다." 그러자 예수님이 "사 탄아 뒤로 물러가라 너는 나를 넘어지게 하는 자로다 네가 하나님의 일은 생각하지 아니하고 도리어 사람의 일을 생각하는 도다" 이런 말 씀을 하십니다.

이는 세상 권력과 다릅니다. 그가 메시아이고, 하나님의 아들이면 그의 아들 된 또 그를 따르는 자들에게 허락할 보상을 위하여 그가 무 한의 권력을 가져야 할 것이라고 베드로도 생각했습니다. 그리고 예 수 믿는 사람들 대부분도 그런 기대를 합니다. 그러나 성경은 그런 약 속을 한 적이 없습니다. 예수를 따르려면 십자가를 져야 한다고 합니 다. 예수님은 공생애를 시작하기 직전에 광야에 나가서 준비하시고 세 번이나 시험을 받습니다. 권력에 관한 시험입니다. '이 돌들을 명 하여 떡이 되게 하라. 성전에서 뛰어내리라. 하나님이 천사들을 보내 어 받아 줄 것이다. 내게 절하라. 그리하면 이 세상 만국을 네게 주리 라.' 이것들을 주께서 단호히 거절하셨습니다. 하나님 나라는 정치적 권력 위에 세워지는 나라가 아니라 십자가로 세워지는 나라라고 합

니다. 십자가로 세워진다는 것은 무슨 뜻일까요? 한 걸음 더 나아가
이 문제에 대한 이해를 위해 누가복음 22장에 등장하는 제자도를 살
펴볼 필요가 있습니다.

> 또 그들 사이에 그 중 누가 크냐 하는 다툼이 난지라 예수께서 이르
> 시되 이방인의 임금들은 그들을 주관하며 그 집권자들은 은인이라
> 칭함을 받으나 너희는 그렇지 않을지니 너희 중에 큰 자는 젊은 자와
> 같고 다스리는 자는 섬기는 자와 같을지니라 앉아서 먹는 자가 크냐
> 섬기는 자가 크냐 앉아서 먹는 자가 아니냐 그러나 나는 섬기는 자로
> 너희 중에 있노라 (눅 22:24-27)

자기를 섬긴다는 것은 무엇입니까? 자기 왕국을 갖지 않은 사람은 자
기가 왕이 아닙니다. 자기가 왕이면 상대가 왕일 수 없습니다. 왕국이
란 통치자가 단 하나뿐인 나라입니다. 상대도 왕이고 나도 왕일 수는
없습니다. 자기 왕국 안에 갇혀 사는 사람에게 타인은 다 신하여야 합
니다. 권력으로 사람들을 무릎 꿇려야 합니다. 힘으로 복종하게 해야
합니다. 그러나 예수님은 당신을 따라야 할 백성 가운데 섬기는 자로
오셨습니다. 이것이 당신이 보인 삶이고 하나님의 뜻이라고 가르칩니
다. 우리에게는 선뜻 납득되지 않는 것입니다.

　누가복음 22장 28절을 보면 이 일에 '너희는 나의 모든 시험 중에
항상 나와 함께 한 자들인즉'이라고 하십니다. 어떤 시험입니까? 위
에서 언급한 그 시험입니다. 정치적 권력으로 하나님의 나라를 세우
고 증거하고 보상하라는 시험입니다. 예수님은 그렇게 안 하셨습니

다. 당신이 안 하신 것같이 '너희는 나의 모든 시험 중에 항상 나와 함께 한 자들인즉 내 아버지께서 나라를 내게 맡기신 것 같이 나도 너희에게 맡'(눅 22 : 28-29)겠다고 하십니다. 우리는 이 길을 호통치며 가지 않습니다. 섬기는 자로 가는 것입니다.

우리는 세상이 가지는 힘이 얼마나 헛된 것인지를 우리의 현실 속에서, 모두의 인생 속에서 확인합니다. 우리는 모두 본능적으로 자신을 보호하기 위하여 상대를 쳐서 항복시키는 방법을 갖고 있습니다. 그러나 살면서 경험했듯이 힘으로 상대방을 꺾으면 영혼과 인격에 해롭습니다. 옛날에는 자주 썼는데 요즘에는 안 쓰는 말 중에 '맞은 놈은 발 뻗고 자는데 때린 놈은 발 자르고 잔다'라는 말이 있습니다. 때린 놈은 마음이 편치 못하다는 이야기입니다. 공격적으로 살지 말라는 말인데 요즘에는 이런 말이 없어졌습니다.

우리가 이겼다고 생각하는 것, 세상에서 힘이라고 생각하는 것으로 상대방을 꺾고 자신의 자존심을 세운다고 그것으로 인하여 인격과 영혼이 깊어지는 사람은 없습니다. 세상의 힘으로 자신을 방어한 자의 심성은 결단코 유익을 얻지 못합니다. 힘을 가진 자, 힘으로 승리한 자들은 잔혹함과 냉엄함이 얼굴에 새겨져 있습니다. "봤지? 가까이 오지 마! 옆에 오면 물 거야" 그렇게 씌어 있습니다. 자신의 영혼이 메말라지고 더 냉담해질 수밖에 없는 결과를 초래합니다. 주변에서 얼마든지 봅니다. 인류 역사상 지금까지 이어져 온 현실입니다.

섬긴다는 것은 그 싸움을 넘어서는 것입니다. 그럴 필요가 없는 나라에 속하는 것입니다. 상대방을 힘으로 꺾어서 자기를 보전하거나 자기를 책임질 필요가 없는 나라입니다. 세상에서는 귀한 것이라고 하며 싸우는 문제들로, 본인의 영혼과 인격과 성품을 손상할 필요가 없는 자가 되는 것입니다.

우리는 얼마든지 질 수 있습니다. 우리는 자라면서 경쟁적이고 사나운 훈련을 받은 사람들입니다. 나라도 빼앗겼고, 전쟁의 피해도 보았고, 후진국의 여러 피해를 보면서 컸습니다. 그래서 어떻게 해서든지 빨리 선진화되고 더 수준을 높여야 인간에게 필요한 평화나 정의나 행복이 온다고 믿었습니다.

그러나 그런 것들은 많은 부작용을 남겼습니다. 우리가 가장 못하는 일은 감싸안는 것입니다. 항복하는 발언을 하는 것입니다. "야, 그거 참 재밌다. 넌 어떻게 그런 생각을 했니. 넌 늘 참 표정이 좋구나. 넌 늘 참 신사야." 물론 이런 말을 들을 만한 사람도 없거니와 할 줄도 모릅니다. "어쭈, 제법인데. 나도 네가 그 말을 할 줄 알았어." 이것이 우리 입에 붙은 말들입니다. 참으로 비열한 것입니다.

섬기라는 말 속에는 하나님의 통치의 특징이 있습니다. "너희는 먼저 그의 나라와 그의 의를 구하라 그리하면 이 모든 것을 너희에게 더하시리라." 이 가르침 앞에 무엇이 있습니까? '부자의 비유'가 있습니다. 어떤 부자가 소출이 너무 많아서 걱정이 됐습니다. '소출이 너무 많은데 어떡할까?' 무릎을 치면서 '창고를 더 지으면 되지, 창고를 더 지어서 소출을 채우자' 했습니다. 하나님은 "오늘 밤 내가 너를 데려가면 그건 누구 것이 되겠느냐"라고 비유하십니다.

부자가 열심히 산 것을 비난하는 것도 아니고 그의 도덕성을 들추는 것도 아닙니다. 그의 어리석음을 지적하고 있습니다. 어리석음에 대한 복음서의 가장 특별한 비유는 무엇입니까? 반석 위에 지은 집과 모래 위에 지은 집입니다. 반석 위에 집을 지은 자는 지혜로운 사람이고 모래 위에 집을 지은 자는 어리석은 사람입니다.

자기 왕국 위에 진리, 생명, 명예라는 말들은 세울 수가 없습니다. 그것은 하나님만이 주실 수 있는 것입니다. 그것을 기독교만이 줄 수 있고 신앙만이 가질 수 있다고 이야기하는 것을 배타적이라고 생각하는 것은 인간에 대한 이해가 부족하기 때문입니다. 서두에서 말한 것 같이 하나님의 통치에 순종하는 것에 대한 자랑, 즉 자기를 부인하고 자기 십자가를 지는 것은 희생이나 헌신이라는 종교적 덕목이나 정성에 관한 개념이 아니라 내가 만들어 낼 수 있는 것과 하나님이 만들어 낼 수 있는 것의 근본적인 차이에 대한 이해에서 나오는 것입니다.

우리가 만들 수 있는 것은 개인주의 외에 아무것도 없습니다. 이기심 이외에 정의, 평화는 존재하지 않습니다. 그 모든 단어는 다 자신의 이기심과 자신의 욕심을 치장하는 속임수입니다. 우리는 압니다. 우리 안에는 올바른 개념이 들어와도 썩는 것을 스스로 알지 않습니까? 그것이 우정이든 사랑이든 무엇이든지 그렇습니다. 진리, 신념, 이상, 모든 것이 썩습니다. 나를 증명하고 내가 만족하는 것이 우선이 되도록 하기 위하여 필요에 따라 그것들을 동원할 뿐입니다. 우리는 우리 하나도 제대로 지킬 실력이 없습니다.

사랑의 자리로 부르시는 하나님

복음은 구원을 주시는 하나님의 능력이라고 합니다. 이것이 복음에

대한 로마서 1장의 정의입니다. 그것이 왜 능력입니까? 반석이기 때
문입니다. 반석 위에서만 비로소 무엇을 지을 수가 있습니다. 우리는
다 모래 같아서 그 위에 무엇을 지어도 홍수가 나면 무너집니다. 집을
잘못 지어서가 아니라 모래 위에 지었기 때문입니다. 그것이 섬김에
서 드러나는 기독교 신앙의 근본적인 자랑입니다. 인간이 만들어 낼
수 없고 하나님만이 주실 수 있는 것에 참여하는 것, 그 참여가 가지
는 부요함, 넉넉함, 상대방을 감싸안을 수 있는 것, 떠받들 수 있는 것,
그런 것들을 지칭하는 것입니다.

이것을 요한복음 13장에서 제자도의 가르침과 함께 더 깊은 차원
에서 소개합니다. "새 계명을 너희에게 주노니 서로 사랑하라 내가 너
희를 사랑한 것 같이 너희도 서로 사랑하라 너희가 서로 사랑하면 이
로써 모든 사람이 너희가 내 제자인 줄 알리라"(요 13:34-35). 사랑은
예수를 떠나서 홀로 독립할 수 없습니다. 우리의 사랑은 예수의 사랑
이라는 근거 위에서만 성립하며 의미를 가집니다. 우리가 섬김과 희
생이라는 요청에 대하여 감격하는 이유는 그것이 우리가 만들 수 있
는 것과 근본적으로 차이가 있고, 그것은 하나님만이 주실 수 있고,
하나님만이 허락하시는 진정한 가치의 근거와 능력이라는 사실을 이
해했기 때문입니다.

바로 그 하나님이 우리를 사랑하셔서 예수를 보내신 분입니다. 이
것이 무슨 뜻입니까? 사랑이라는 단어로 사랑의 가치를 이해하자는
것이 아닙니다. 우리가 이해하는 사랑으로 하나님을 이해하자는 것이
아니라 하나님은 천지를 지으시고 우리의 생사여탈권을 갖고 계시며
역사와 세상과 존재들, 인간을 포함한 모든 존재의 운명을 쥐고 있는

분이며 하나님의 하나님 되심을 다른 권력으로 증명하지 않고 당신의 영광을 욕되게 한 죄인들을 죄 가운데서 구원하기 위하여 스스로 인간이 되어 찾아오시고 용서하는 것으로 당신을 증명하기를 기뻐하는 신이라는 차원에서, 이 사랑을 이해해야 합니다. 이것이 기독교 신앙에서 매우 중요합니다.

하나님은 행복을 주실 수도 있고 성공을 주실 수도 있고 누구를 넘어뜨릴 수도 있고 처벌할 수도 있는 그런 힘으로써 당신을 증명하는 신이 아닙니다. 그런 모든 능력과 권위에도 불구하고 우리를 용서하시고 구원하시고 허리를 굽혀 찾아오시는 분으로 우리에게 당신을 내주셨습니다. 그 사랑으로 우리를 부르는 것입니다.

하나님은 우리로 하여금 할 수 없이 당신에게 굴복하게 하는 분이 아닙니다. 필요 때문에 타협하시는 것이 아니라 우리 같은 것들을 사랑하시는 신이라는 차원에서 우리의 마음을 녹아내리게 하여 그 영광의 자리로 우리를 부르는 것입니다. 이것이 제자도입니다. 우리더러 하나님 앞에 쓸모 있게 되라거나 필요나 도움이 되라는 것이 아닙니다. 또 하나님은 우리가 하는 일로 덕을 보시거나 우리로 말미암아 더 빛이 난다는 차원에서 요구하시지 않고 오히려 우리가 그의 영광을 가리며 그의 마음을 아프게 하며 그의 뜻을 거스르고 늘 못난 짓을 반복함에도, 하나님이 우리를 찾아오신 그 사랑으로 우리의 존재와 가치와 운명과 현실과 인생을 살도록 부르십니다. 영광되고 명예롭고 위대한 길입니다. 우리를 거짓됨과 비열함에서 구원하시는 것입니다.

우리가 큰소리치고 목소리에 힘을 싣고 누구를 굴복시키고 남들이 가지지 못하는 것을 가질 수 있고 영향을 끼칠 수 있는 것이 우리의 가치를 증명해 주지 않습니다. 자세를 낮추고 작은 자가 되어 마치 상대방이 상전이고 주인이고 나는 그의 하인인 것같이, 그에게 빚진 자 같이 섬기며 사랑하는 길이 우리를 비겁함에서 구하는 것입니다. 두려움과 공포에서 우리를 구원하는 것입니다. 늘 두려움에 떨며 삶과 존재를 지키고, 오해받고 욕먹고 비난받고 무능하다는 말 속에서 덜덜 떨던 우리를 사랑받고 사랑할 수 있는 자로 바꾸는 것입니다.

"점심 먹으러 가자." "그래, 돈은 네가 내." "넌 왜 매일 얻어 먹냐?" "네가 좋은 친구잖아." 이렇게 하십시오. "너는 능력이 있잖아. 그래서 내가 널 좋아하잖아." "나는 모자라니까 너같이 훌륭한 친구를 좋아하잖아." 이 말을 하십시오. "나는 모자라서 너같이 훌륭한 친구가 필요해." 왜 우리는 이 말을 못하게 되었습니까?

초대 교회도 그랬고 교회사 내내 그랬고 현대에도 예수 믿는 사람은 바보라는 소리를 듣습니다. 그것을 감수하십시오. 바보라는 비난을 받을 때 그들이 어떤 기대와 분노를 품고 그 말을 하는지 이해하십시오. "너희만은 답이 있는 줄 알았다. 너희가 신앙이라는 이름으로 우리보다 더 비열하다는 사실에 나는 분노한다. 차라리 우리같이 노골적으로 대 놓고 이기주의자가 되라. 현실주의자가 되라." 이 도전에 우리는 답을 해야 합니다.

그들의 오해와 도전을 극복하고 싸안을 수 있는 신자의 자리로 부름받은 것을 예수 그리스도의 성육신과 십자가에서 발견할 수 없다면 우리는 이 부르심 앞에 비겁하게 됩니다. 부르심을 외면하고 있는 것입니다. 신자의 영광된 삶의 직무와 구원의 특권을 삶에서 누리지 못한다면 비겁한 자가 될 것입니다. 신앙인으로 사는 기쁨과 위대함을 누리는, 그래서 그 감사와 보상을 예수 안에서 확인하는 말씀이 되길 바랍니다.

기도

하나님 아버지, 은혜를 감사합니다. 예수를 보내셔서 우리를 이 위선과 비겁함과 부끄러움에서 구원하셨습니다. 위대한 인생으로, 신비로운 삶으로, 기적과 영광의 자리로 부르셨습니다. 이 신앙을 지켜 내게 하옵소서. 예수 안에 있는 하나님의 지극하심과 거룩하심과 영광됨으로 말미암아 그리 살게 하옵소서. 그리하여 신자의 인생 속에서 일하시는 하나님의 기적을 함께 확인하며 만들어 내는 그런 복된 인생들이 되게 하시옵소서. 예수님 이름으로 기도합니다. 아멘.

28
깨어 준비하라

35 허리에 띠를 띠고 등불을 켜고 서 있으라 36 너희는 마치 그 주인이 혼인 집에서 돌아와 문을 두드리면 곧 열어 주려고 기다리는 사람과 같이 되라 37 주인이 와서 깨어 있는 것을 보면 그 종들은 복이 있으리로다 내가 진실로 너희에게 이르노니 주인이 띠를 띠고 그 종들을 자리에 앉히고 나아와 수종들리라 38 주인이 혹 이경에나 혹 삼경에 이르러서도 종들이 그같이 하고 있는 것을 보면 그 종들은 복이 있으리로다 39 너희도 아는 바니 집 주인이 만일 도둑이 어느 때에 이를 줄 알았더라면 그 집을 뚫지 못하게 하였으리라 40 그러므로 너희도 준비하고 있으라 생각하지 않은 때에 인자가 오리라 하시니라 41 베드로가 여짜오되 주께서 이 비유를 우리에게 하심이니이까 모든 사람에게 하심이니이까 42 주께서 이르시되 지혜 있고 진실한 청지기가 되어 주인에게 그

집 종들을 맡아 때를 따라 양식을 나누어 줄 자가 누구냐 43 주인이 이를 때에 그 종이 그렇게 하는 것을 보면 그 종은 복이 있으리로다 44 내가 참으로 너희에게 이르노니 주인이 그 모든 소유를 그에게 맡기리라 45 만일 그 종이 마음에 생각하기를 주인이 더디 오리라 하여 남녀 종들을 때리며 먹고 마시고 취하게 되면 46 생각하지 않은 날 알지 못하는 시각에 그 종의 주인이 이르러 엄히 때리고 신실하지 아니한 자의 받는 벌에 처하리니 47 주인의 뜻을 알고도 준비하지 아니하고 그 뜻대로 행하지 아니한 종은 많이 맞을 것이요 48 알지 못하고 맞을 일을 행한 종은 적게 맞으리라 무릇 많이 받은 자에게는 많이 요구할 것이요 많이 맡은 자에게는 많이 달라 할 것이니라 (눅 12:35-48)

깨어 있으라

본문은 예수님이 청지기의 책임을 가르치는 부분입니다. 예수를 믿고 사는 지도자들에게 주는 말씀이라고도 할 수 있습니다. 그러나 우리도 세상 앞에서는 제사장처럼 하나님의 말씀과 은혜를 증언하는 자로 서 있는 청지기입니다. 본문 말씀은 우리가 교회 안에서나 다른 곳에서 직분으로 감당할 책임으로 이해하든지 세상 앞에 신자로서 살아야 하는 책임으로 이해하든지 간에 그 내용은 동일합니다. 그것은 깨어 있는 것이며 지혜로워야 하는 문제라고 성경이 가르치고 있습니다. 깨어 있다는 것은 40절에 보듯이 준비하고 있어야 하며, 42절에 보듯이 지혜 있고 진실해야 하는 문제와 연결됩니다.

우리가 성경을 읽으면서 늘 조심해야 할 것이 있습니다. 그것은 성경에 나오는 권면과 교훈이 그 표현 자체로도 세상에서는 이미 가치 있는 것들이기 때문에 성경이 그 단어들을 말할 때 더 깊은 내용을 놓칠 수 있다는 사실입니다. 본문도 그렇습니다. '깨어 있다'는 것, 다시 말해 준비하고 있어야 한다는 것은 어찌 보면 대단히 쉬운 것일 수 있습니다. 그것은 시험을 준비하듯이 닥쳐올 일들을 약속하고 있거나 알고 있으면 누구나 가지는 마음의 자세입니다.

겨울이 오는데 준비하지 않을 수 없고 봄에 씨를 뿌려야 하는데 준비하지 않을 사람은 없습니다. 너무나 당연한 이해입니다. 그런데 여기서 깨어 있고 준비하는 문제는 예수님이 친히 가르쳐야 했듯이 더 깊은 내용을 소개합니다. 골로새서 3장으로 가겠습니다.

너희가 서로 거짓말을 하지 말라 옛 사람과 그 행위를 벗어 버리고 새 사람을 입었으니 이는 자기를 창조하신 이의 형상을 따라 지식에까지 새롭게 하심을 입은 자니라 거기에는 헬라인이나 유대인이나 할례파나 무할례파나 야만인이나 스구디아인이나 종이나 자유인이 차별이 있을 수 없나니 오직 그리스도는 만유시요 만유 안에 계시니라 (골 3:9-11)

예수를 믿는다는 것은 무엇입니까? 하나님의 자녀가 되는 것이며 구원을 얻는 것이며 예수 그리스도로 말미암아 새사람이 되는 것입니다. 이것이 신약 성경을 종합적으로 말한 표현입니다. 예수로 말미암아 변화된, 예수를 모델로 하는 정체성을 가진 존재, 이것이 예수 믿

는 사람에 대한 성경의 정의와 설명입니다. 그래서 12절 이하에 이런
요구가 나옵니다.

> 그러므로 너희는 하나님이 택하사 거룩하고 사랑 받는 자처럼 긍휼
> 과 자비와 겸손과 온유와 오래 참음을 옷 입고 누가 누구에게 불만
> 이 있거든 서로 용납하여 피차 용서하되 주께서 너희를 용서하신 것
> 같이 너희도 그리하고 이 모든 것 위에 사랑을 더하라 이는 온전하게
> 매는 띠니라 (골 3:12-14)

긍휼, 자비, 겸손, 오래 참음, 용납, 용서 같은 것들은 신앙의 본질적인
내용입니다. 그것은 예수 그리스도께서 우리에게 주신 새로운 인간성
이고 새로운 성품입니다. 예수 그리스도의 속성과 성품에서 가장 우
선합니다. 이것을 우리에게 지키라는 것입니다. 깨어 있으라는 것은
우리의 정체성을 늘 곧추세우고 있으라는 뜻입니다. 땅에 내려놓지
말라는 뜻입니다. 왜냐하면 우리가 얻은 구원은 예수로 말미암은 것
이며 하나님의 새로운 통치로 부름받아 사랑과 새로운 통치 속에 사
는 것이기 때문입니다. 그럼에도 불구하고 그 영원한 완성은 예수님
이 다시 오실 때에 주어질 것입니다. 이미 주어진 구원이지만 완성된
현실로는 아직 주어지지 않은, 약속 사이에 있습니다. 그 긴장 속에
있기 때문에 우리의 정체성을 지켜, 우리가 가진 구원과 믿음의 정체
성이 우리가 기대하는 소망과 약속과 연속성 속에 있음을 보이는 것
입니다. 이를 '깨어 있고 준비하고 있으라'라는 말로 요구받습니다.

신자의 정체성과 은혜

우리는 자신의 신앙 고백의 내용, 예수로 모범을 보이신 변화된 새사
람, 부활 생명, 우리가 가진 약속들을 완성의 날까지 현실 속에서 매
일매일 지키고 붙잡고 세우고 살아가야 합니다. 그러나 이렇게 요구
하는 정체성은 아주 깊은 의미에서 우리에게 책임을 가르치고 있습
니다. 그 깊은 의미의 책임이란 우리 자신이 누구인가, 우리가 무엇을
믿고 있는가, 우리가 무엇을 기다리는가, 이런 것만은 아닙니다. 세상
사람들이 가지는 정체성과 확연히 구별되는 것들은 예수로 인하여
주어진 것이어서 우리가 지키는 정체성은 우리의 변화뿐 아니라 그
변화가 예수로 인하여 주어졌다는 것을 증언할 책임이 있다는 것입
니다.

로마서 1장 16절입니다. "내가 복음을 부끄러워하지 아니하노니
이 복음은 모든 믿는 자에게 구원을 주시는 하나님의 능력이 됨이라
먼저는 유대인에게요 그리고 헬라인에게로다 복음에는 하나님의 의
가 나타나서 믿음으로 믿음에 이르게 하나니 기록된 바 오직 의인은
믿음으로 말미암아 살리라 함과 같으니라"(롬 1:16-17). 복음은 구원
을 주시는 하나님의 능력입니다. 복음을 정의할 때 놀라운 부분은 그
것이 하나님의 능력이라는 사실입니다. 인간이 만들어 낼 수 없는 것,
은혜에 속한 것, 하나님의 영광에 속한 것, 우리가 해낼 수 없는 것, 우
리가 상상하는 것보다 더 큰 것이 16절에 나온 하나님의 능력이라는
말이 가지는 뜻입니다.

우리는 신앙 현실 속에서 우리의 정체성을 지키는 일에 매일 곤란

함을 느낍니다. 우리가 믿고 스스로 고백한 것임에도 불구하고 신앙을 지키는 일은 만만치 않습니다. 한국 사회 속에서 교회는 이런저런 일로 비난받고 있습니다. 그런데 정상적인 신자들이라면 누구나 자기 신앙에 만족하는 이가 없는 것도 사실입니다. 우리를 괴롭히는 것은 남이 나보고 "예수 믿는다는 사람이 왜 그 꼴이야"라는 비난에 앞서 우리 스스로 '나는 예수를 믿는데 열심히 살고 더 거룩하고 싶은데 왜 안 되나' 하는 것입니다. 이것이 큰 고민거리입니다.

그러나 이 정체성에 대해 성경이 우리에게 하고 싶은 이야기는, 이것은 우리가 책임으로 져야 할 짐일 뿐 아니라 이것이 또한 우리의 정체성을 확인하여 준다는 것입니다. 우리가 긍휼과 자비와 온유와 겸손과 오래 참음과 용서라는 정체성을 지킨다는 것은, 복음이 우리의 생각을 매일 새롭게 하며 우리의 부족함에도 불구하고 우리의 정체성을 지킬 힘을 준다는 것입니다.

우리는 우리 자신에 대해서 얼마나 겁이 많이 납니까? 우리가 우리의 정체성을 지키는 일은 어렵습니다. 저도 그랬고 열심히 신앙생활 하는 이들이 늘 겪는 시험 중 하나가 '이 정도로 믿을 바에는 교회를 잠시 떠나서 일정 수준이 된 다음에 돌아오자'라는 생각을 한 번씩 해 보곤 한다는 것입니다. 신앙인이라면 적어도 이 정도는 되어야 한다는 마음의 기준이 있고 자기가 그 기준에 늘 부족하니까 이런 모습으로 교회에 나가는 것이 위선인 것처럼 느껴져 하나님 앞에 부끄러워서 잠시 쉬었다가 어느 수준이 되면 돌아오고 싶어 합니다.

그런데 이 생각은 모순입니다. 교회 안에서 채워질 수 없는 것이 세상에서 채워져 다시 교회로 돌아올 수 있다고 생각하기 때문입니다.

모순된 생각인데도 자책감이 너무 커서 그 시험에 넘어갑니다. '내가 이 모양 이 꼴로 교회에 가는 것은 교회에 대한 예의가 아니다. 목사님을 볼 면목이 없다.' 그러나 그것은 우리를 속이는 것입니다.

우리의 정체성은 윤리와 도덕이 아닙니다. 윤리성과 도덕성을 가지고 있지만 그것은 예수의 부르심과 은혜 위에 서 있습니다. 사실 한 인격이 한 인격을 부를 때는 절대적인 기준이 없습니다. 공부를 얼마나 잘해야 하는지, 키는 얼마나 커야 하는지, 같은 잣대가 없습니다. 그것은 한 인격이 가지는 묘한 특권입니다. '난 이 사람이 좋다. 이 사람이 맘에 든다' 이것은 대단히 사적입니다.

한 인격이 한 인격을 부를 때는 만족스러운 것 외에 불만스러운 것도 감수하고 부르는 법입니다. 성경이 말하는 구원은 죄인인 우리를 사랑하신 하나님이 그 아들을 보내어 우리를 부르셨다는 데에 그 의미가 있습니다. 우리는 부족한 자들입니다. 그러나 하나님의 사랑은 흠이 없습니다. 우리가 받은 사랑은 흠 없는 사랑인데 우리는 흠이 많고 많은 사람입니다. 이 둘을 어떻게 해서든 엮어 자격을 갖고 싶어하고 스스로 만족하고 싶어서, 예수로 인한 기독교 신앙의 가장 큰 근거인 은혜까지도 제거하고 싶어합니다. 떳떳하고 싶은 것이 큰 이유입니다. 성경은 구원을 하나님의 능력이라고 합니다. 로마서 4장 13절 이하에는 신약에 등장한 예수 그리스도로 말미암는 구원이 어떻게 구약에서부터 이미 선포되고 약속되어 실현되었는지에 대한 이야기를 아브라함에서부터 출발합니다.

아브라함이나 그 후손에게 세상의 상속자가 되리라고 하신 언약은 율법으로 말미암은 것이 아니요 오직 믿음의 의로 말미암은 것이니라 만일 율법에 속한 자들이 상속자이면 믿음은 헛것이 되고 약속은 파기되었느니라 율법은 진노를 이루게 하나니 율법이 없는 곳에는 범법도 없느니라 그러므로 상속자가 되는 그것이 은혜에 속하기 위하여 믿음으로 되나니 이는 그 약속을 그 모든 후손에게 굳게 하려 하심이라 율법에 속한 자에게뿐만 아니라 아브라함의 믿음에 속한 자에게도 그러하니 아브라함은 우리 모든 사람의 조상이라 (롬 4:13-16)

아브라함을 부르실 때 믿음으로 불렀다고 합니다. 믿음이란 원인 없이 주어지는 결과입니다. 다른 단어로는 은혜입니다. 아브라함이 우리의 조상이라는 말은 혈연관계로 연결되었다는 것이 아닙니다. 하나님이 아브라함을 자기 백성으로 부르신 방법으로 우리를 불렀다는 의미에서 아브라함은 우리 모두의 조상입니다. 하나님의 구원은 은혜에 속한 것입니다. 성경이 우리에게 요구하는 신자 된 정체성과 연결하여 우리에게 용서와 사랑을 요구합니다. 그것은 우리의 책임일 뿐 아니라 우리가 은혜 아래 있음을 증언하는 일로 부름받은 것을 의미합니다. 그것을 안다면 우리가 하나님의 자녀로서 교회에 오는 것보다 더 큰 책임은 없습니다. "저 꼴을 하고 어떻게 교회에 가나" 이렇게 세상이 받을 수 없는 자를 교회는 받아 준다고 인정하고 와야 합니다. 그래서 교회에서 큰소리치면 안 됩니다. 눈에 힘주면 안 됩니다.

하나님의 일하심의 신비

세상 사람들 가운데 우리의 정체성은 은혜에 속합니다. 하나님이 우리를 구원하셨듯이 세상 모두를 은혜 아래 열어 놓고 있는 기간입니다. 우리는 이미 하나님의 자녀가 되었으나 그 완성을 아직 현실로 부여받지 못하고 고난 속에 삽니다. 이것이 우리가 가진 정체성입니다. 그리고 연속성으로 가지는 은혜의 증언입니다. '왜 이 고단한 인생을 살게 하시는가. 왜 빨리 주님이 안 오시는가.' '너 같은 죄인이 아직 더 많기 때문이다.' 하나님이 예수 재림의 심판을 요구하는 것을 안 들어주시는 이유는 구원의 문을 더 넓히시고 더 오래 기다리시기 때문입니다. 그래서 우리의 고통과 우리의 실패에도 불구하고 하나님이 은혜를 연장하고 계심이 신자의 충성을 비롯하여 신자의 실패에서도 드러나는 것이 기독교 신앙의 핵심입니다. 그렇다고 마음 놓고 실패하지는 마십시오.

우리는 무시무시한 증언과 내용을 담고 사는 사람입니다. 마치 금괴를 나르는 트럭 같습니다. 금괴를 잔뜩 싣고 목적지까지 가야 하는데 트럭이 길 한복판에서 뒤집어지면 어떻게 되겠습니까? 금괴가 도로 위에 산더미같이 쏟아져 넘쳐 나면 지나가던 사람들이 얼마나 행복하겠습니까. 하나씩 들고 빨리 튀는 것입니다. 제가 이해하는 신자의 생애와 존재는 그의 실패마저도 아스팔트를 덮은 금처럼 되는 것입니다. 하나님의 일하심의 신비는 우리의 이해를 벗어납니다. 그 은혜의 무한함은 모든 불가능을 몰아내는 은혜입니다. 이것이 한 신자로 하여금 자기 인생에서 배우는 책임 있고 영광된 신자로서의 정체성을 지키게 하며 또 그의 실패에서도 드러나는 하나님의 신비입니다. 이 문제를 지혜와 연결하라고 요구하며 분별하라고 합니다. 왜 그럴까요? 에베소서 5장 8절 이하에 보면 그 이해를 위한 성경의 가르침이 있습니다.

> 너희가 전에는 어둠이더니 이제는 주 안에서 빛이라 빛의 자녀들처럼 행하라 빛의 열매는 모든 착함과 의로움과 진실함에 있느니라 주를 기쁘시게 할 것이 무엇인가 시험하여 보라 너희는 열매 없는 어둠의 일에 참여하지 말고 도리어 책망하라 그들이 은밀히 행하는 것들은 말하기도 부끄러운 것들이라 그러나 책망을 받는 모든 것은 빛으로 말미암아 드러나나니 드러나는 것마다 빛이니라 그러므로 이르시기를 잠자는 자여 깨어서 죽은 자들 가운데서 일어나라 그리스도께서 너에게 비추이시리라 하셨느니라 (엡 5:8-14)

우리가 가진 것은 우리의 정체성일 뿐 아니라 이웃에게 비추는 빛입니다. 지금까지 설명한 것이 이렇게 반복되어 나타납니다. 그다음에 지혜를 덧붙입니다. "그런즉 너희가 어떻게 행할지를 자세히 주의하여 지혜 없는 자 같이 하지 말고 오직 지혜 있는 자 같이 하여 세월을 아끼라 때가 악하니라"(엡 5:15-16). '세월을 아끼라'는 것이 지혜의 가장 중요한 목적입니다. 분별을 가져야 할 이유입니다. "세월을 아끼라 때가 악하니라." 세월을 아껴야 하고, 때가 악한 까닭에 우리는 지혜로워야 합니다.

17절 이하를 좀 더 보겠습니다. "그러므로 어리석은 자가 되지 말

고 오직 주의 뜻이 무엇인가 이해하라 술 취하지 말라 이는 방탕한 것
이니 오직 성령으로 충만함을 받으라"(엡 5:17- 18). 어떤 분별이 필요
합니까? 주께서 언제 오실지 모릅니다. 우리에게 주어진 신앙의 내용
을 지켜야 하고 우리의 정체성을 유지해야 합니다. 이것이 '깨어 있
음'입니다. 세상의 빛이 되는 우리의 정체성이 발하는 증언, 이것을
매일매일 해야 한다는 것입니다. 이것이 지혜와 분별입니다. 때가 악
하기 때문에 우리는 우리의 책임을 지키는 일에 하루를 허덕입니다.
내일로 미루고 싶습니다. 그것이 여기 나오는 '술 취하지 말라'입니
다. '성령 충만을 받으라'라는 신약 성경의 가장 중요한 요청 혹은 축
복된 약속과 대비하여 술 취하는 것을 등장시키는 이유가 무엇이겠
습니까? 성령 충만은 모든 신자가 바라고 원하는 축복이고 소원이며
무슨 수를 써서라도 이 축복만은 꼭 받아야 할 영광된 경험이라고 할
수 있습니다.

그러나 여기서 술 취함과 비교된 말씀은 그런 이해와는 다릅니다.
지금까지 다룬 것은 다 깨어 있음에 관한 것입니다. 분별에 관한 것입
니다. 술에 취하면 깨어 있지 못하고 분별도 할 수 없습니다. 여기서
술 취한다는 것은 의식이 없는 상태입니다. 술을 먹으면 필름이 끊깁
니다. 분별이 없어집니다. 용기가 없어서 술 먹고 처갓집에 쳐들어가
발길로 문을 차고 딸을 달라고 해서 얻었다는 무용담이 여기저기에
서 떠돌아다니지만 술 취하면 담대해지는 것이 아니라 평소의 분별
로는 할 수 없었던 것을 술을 먹어 하게 된 입니다. 자기가 무엇을 하
는지도 모르는 것입니다. 그러나 영웅담에는 성공한 것만 떠돌아다닐
뿐이지 매 맞고 쫓겨난 이야기도 무수히 많다는 것을 알아야 합니다.

이처럼 성령 충만과 대비되는 술 취함이란 우리에게서 어떤 식으로 나타납니까? 빛의 자녀가 되고 성령 충만하고 의롭고 거룩한 것을 정체성으로 가진다는 것이 어떤 은혜를 반영하고 있는지를 놓치면 그것이 전부 자책감으로 작용하게 됩니다. 그것이 자책감으로 작용하면 본질적인 문제가 아닌 데로 갑니다. 그리고 책임을 면하는 핑계로 삼습니다. "우리 교회는 이상하게 사랑이 없어. 그래서 난 교회에 안 가." 이렇게 도망가기 시작합니다. "이렇게 믿을 바에는 차라리 잠시 교회를 떠났다가 마음을 깨끗이 해서 돌아오는 게 낫지." 이것이 술을 먹고 취해 있다는 증거가 아니겠습니까. 그런 무수한 핑계들 속에 살고 있습니다. 사소한 것에 다 떠넘기고 맙니다. 그래서 매일 핑계를 대고 마음은 세상을 향해 날아가고 맙니다. 결국은 세상으로 잡혀가서 신자로서 울며 정체성을 지킬 책임을 다하지 않고 구실을 답니다.

그러나 내가 예수로 말미암은 구원을 얻었기 때문에 부끄럽기 한이 없지만 사랑과 용서와 겸손을 외친다, 세상은 주지 못하는 것을 난 알고 있다, 아직 실천하고 있지 못하지만 나를 보지 말고 예수를 보라고 아우성을 치는 것이 신자들의 하루의 몫이라는 것입니다. 이 자리에서 도망가서는 안 됩니다. 그것이 분별입니다. 지혜 있는 자가 되라, 성실하게 살라, 오늘 네가 지킬 수 있는 은혜의 자락을 붙잡으라, 이렇게 말하는 것이 청지기론입니다. 그런데 우리는 여기서 도망갑니다.

성령 충만이란 무엇입니까? 에베소서 5장 1절부터 21절에 이르기까지 가르치는 바입니다. 생각하라, 깨어 있어라, 네 자리를 지켜라, 도망가지 마라, 무엇으로 핑계 대지 마라, 이것이 에베소서 5장 전반부의 이야기들입니다. 우리는 우리의 공동체를 잘 돌보고 신앙이 높고 깊어지기를 원합니다. 그것은 다만 도덕도 법칙도 아닙니다. 그것은 예수님이 누구인가에 대한 깊은 이해며 그에게서만 나오는 은혜와 영광 됨에 참여하는 것입니다. 우리는 이 일을 울면서, 부끄러워하면서 맡는 경우도 있습니다. 이 일을 맡는다는 것은 능력에 관한 문제가 아닙니다. 우리 자신을 은혜에 맡기는 것입니다. 우리를 버리시지 않는 하나님을 예수 안에서 확인하는 행위가 책임 있는 청지기의 일입니다. 책임이란 결단코 자격을 논하는 것이 아니라 은혜의 무한함, 거기서 도망갈 수 없음을 말하는 것입니다. 그것이 예수님이 우리에게 가르치신 청기지론입니다. 우리의 존재와 우리가 알게 되어 고백하는 기독교 신앙은 놀라운 것입니다. 그 사실을 기억하고 깨어 있고 승리하고 울고 웃고 위대하게 살아가는 인생이 되기를 바랍니다.

기도

하나님 아버지, 은혜를 감사합니다. 하나님의 자녀로 산다는 것은 놀라운 것입니다. 우리의 성공뿐 아니라 실패를 통해서도 예수 안에 있는 기독교 신앙의 놀라움이 증언된다는 사실에 우리는 감사할 뿐입니다. 우리의 실패는 우리를 절망으로 끌고 가지 않고 더 많은 은혜와 더 많은 겸손과 더 많은 용서로 우리를 인도할 것입니다. 우리의 생애가, 하나님의 자녀인 것을 더 깊고 넓게 증언하는 복된 인생이 되도록 우리에게 믿음을 주시옵소서. 예수님 이름으로 기도합니다. 아멘.

29

철없는 신자

49 내가 불을 땅에 던지러 왔노니 이 불이 이미 붙었으면 내가 무엇을 원하리요 50 나는 받을 세례가 있으니 그것이 이루어지기까지 나의 답답함이 어떠하겠느냐 51 내가 세상에 화평을 주려고 온 줄로 아느냐 내가 너희에게 이르노니 아니라 도리어 분쟁하게 하려 함이로라 52 이후부터 한 집에 다섯 사람이 있어 분쟁하되 셋이 둘과, 둘이 셋과 하리니 53 아버지가 아들과, 아들이 아버지와, 어머니가 딸과, 딸이 어머니와, 시어머니가 며느리와, 며느리가 시어머니와 분쟁하리라 하시니라 54 또 무리에게 이르시되 너희가 구름이 서쪽에서 이는 것을 보면 곧 말하기를 소나기가 오리라 하나니 과연 그러하고 55 남풍이 부는 것을 보면 말하기를 심히 더우리라 하나니 과연 그러하니라 56 외식하는 자여 너희가 천지의 기상은 분간할 줄 알면서 어찌 이 시대는 분간하지

못하느냐 57 또 어찌하여 옳은 것을 스스로 판단하지 아니하느냐 58 네가 너를 고발하는 자와 함께 법관에게 갈 때에 길에서 화해하기를 힘쓰라 그가 너를 재판장에게 끌어 가고 재판장이 너를 옥졸에게 넘겨 주어 옥졸이 옥에 가둘까 염려하라 59 네게 이르노니 한 푼이라도 남김이 없이 갚지 아니하고서는 결코 거기서 나오지 못하리라 하시니라 13:1 그 때 마침 두어 사람이 와서 빌라도가 어떤 갈릴리 사람들의 피를 그들의 제물에 섞은 일로 예수께 아뢰니 2 대답하여 이르시되 너희는 이 갈릴리 사람들이 이같이 해 받으므로 다른 모든 갈릴리 사람보다 죄가 더 있는 줄 아느냐 3 너희에게 이르노니 아니라 너희도 만일 회개하지 아니하면 다 이와 같이 망하리라 4 또 실로암에서 망대가 무너져 치어 죽은 열여덟 사람이 예루살렘에 거한 다른 모든 사람보다 죄가 더 있는 줄 아느냐 5 너희에게 이르노니 아니라 너희도 만일 회개하지 아니하면 다 이와 같이 망하리라 6 이에 비유로 말씀하시되 한 사람이 포도원에 무화과나무를 심은 것이 있더니 와서 그 열매를 구하였으나 얻지 못한지라 7 포도원지기에게 이르되 내가 삼 년을 와서 이 무화과나무에서 열매를 구하되 얻지 못하니 찍어버리라 어찌 땅만 버리게 하겠느냐 8 대답하여 이르되 주인이여 금년에도 그대로 두소서 내가 두루 파고 거름을 주리니 9 이 후에 만일 열매가 열면 좋거니와 그렇지 않으면 찍어버리소서 하였다 하시니라 (눅 12:49-13:9)

불을 던지러 이 땅에 오신 예수

본문은 네 가지 다른 이야기들로 구성되어 있습니다. 예수님이 불을
땅에 던지러 왔다, 왜 날씨는 분별하면서 하나님의 계절이 오는 것은
분간을 못하느냐, 어떤 이유로든 모든 인간은 결국 다 죽을 수밖에 없
는 존재다, 그리고 마지막으로 무화과나무에 열매가 없다는 것을 꾸
중하시는 이야기가 이어집니다.

물론 예수님이 네 가지 내용을 한 번에 말씀하신 것 같지는 않습니
다. 다른 복음서에서 보다시피 다른 상황과 다른 현장에서 한 것들을
누가가 모아 놓은 것입니다. 누가가 이렇게 모아 놓은 이유는 여기에
중요한 교훈의 일관성이 있다고 보았기 때문일 것입니다.

본문은 '내가 불을 땅에 던지러 왔노니'라고 시작합니다. 가족 간
에도 분쟁을 일으키게 하여 그들을 적대적인 관계로 뒤집기 위해 왔
다고 이야기합니다. 이런 과격한 말씀을 하시는 이유는 하나님의 백
성이 되는 것과 세상에 속하는 것 사이에는 타협할 수 없는 분리, 타
협할 수 없는 선택이 있음을 강조하기 위함입니다.

누가복음 12장과 13장에 등장하는 이야기들은 대부분 12장 41절
이하에서 "베드로가 여짜오되 주께서 이 비유를 우리에게 하심이니
이까 모든 사람에게 하심이니이까 주께서 이르시되 지혜 있고 진실
한 청지기가 되어 주인에게 그 집 종들을 맡아 때를 따라 양식을 나누
어 줄 자가 누구냐"라고 한 것같이 아마 제자들이 일차 목표였던 것
으로 보입니다. 12장 22절도 '또 제자들에게 이르시되'라고 되어 있
습니다.

그러나 본문 54절에는 '또 무리에게 이르시되'라고 되어 있습니다. 이 무리는 지나가는 사람들이 아니라 예수를 찾아 나온 사람들입니다. 그 기준이 어쨌든 예수에게 관심을 가지고 그 가르침을 듣기 위해 자원하여 모여든 사람입니다. 오늘날로 치면 예수를 믿겠다고 결심한 사람들을 최소한의 기준으로 놓고 이 말씀이 주어지고 있다고 보면 됩니다. 그 사람들에게 무엇을 촉구했습니까? 예수를 믿는 것은 세상을 따르는 것과 분리될 수밖에 없다는 것에서 출발합니다.

예수님이 세상에 불을 던지러 왔다는 것은 세상의 질서와 가치, 세상의 힘이 얼마나 취약하고 부족하고 결함이 있는가 보라는 뜻입니다. 불을 지른다는 의미는 불에 견디는 것은 무엇이고, 소멸하는 것은 무엇인지 보자는 뜻입니다. 그래서 불을 지르자 세상에서 가장 든든하고 가까운 관계성도 깨지더라는 것입니다. 부부 관계, 부모와 자식 관계는 이 세상에서 가장 깊고 단단한 관계임에도 불구하고 사실은 별게 아니라는 것을 살면서 얼마든지 봅니다. 우리는 우리가 얼마나 사소한 욕심을 위하여 소중한 것들을 희생시키는지 스스로 알고 있습니다. 동양 사상에서 가장 중요한 윤리와 효라는 것이 얼마나 간단하게 무너질 수 있는지 살면서 많이 봅니다.

예수님이 세상의 정체, 세상의 거짓된 것을 드러내는 '불 지르심'에 대한 성경의 가장 큰 증언은 요한복음 16장에 나옵니다.

지금 내가 나를 보내신 이에게로 가는데 너희 중에서 나더러 어디로 가는지 묻는 자가 없고 도리어 내가 이 말을 하므로 너희 마음에 근심이 가득하였도다 그러나 내가 너희에게 실상을 말하노니 내

가 떠나가는 것이 너희에게 유익이라 내가 떠나가지 아니하면 보혜
사가 너희에게로 오시지 아니할 것이요 가면 내가 그를 너희에게로
보내리니 그가 와서 죄에 대하여, 의에 대하여, 심판에 대하여 세상
을 책망하시리라 죄에 대하여라 함은 그들이 나를 믿지 아니함이요
의에 대하여라 함은 내가 아버지께로 가니 너희가 다시 나를 보지
못함이요 심판에 대하여라 함은 이 세상 임금이 심판을 받았음이
라 (요 16:5-11)

성령의 오심은 예수님의 부재 증명

사도행전은 예수 그리스도의 승천으로 이 세상을 떠난 예수님의 부
재를 성령이 오셔서 대신하는 것으로 시작합니다. 이것이 마가의 다
락방에 임했던 오순절 성령 강림입니다. 성령의 오심은 이 빈자리를
증언하기 위해서입니다. 예수님의 부재를 증명하는 것이 일차적인 이
유이고 그 빈자리를 보충하는 것이 이차적인 이유입니다. 일차적인
증언인 예수님의 부재 증명은 예수님이 가시지 않으면 다른 보혜사
가 오실 필요가 없었는데 예수님이 가셔서 다른 보혜사를 보낼 필요
가 생겼다는 것입니다. 예수님은 이제 죽을 것입니다. 이 세상이 예수
님을 쫓아낼 것입니다. 예수님은 희생당할 것입니다. 희생당했지만
진 것이 아니라 부활하여 아버지께로 갈 것이라고 합니다. 그리고 다
른 보혜사를 보낼 것입니다.

그 보혜사가 와서 세상을 책망할 것인데, 예수님이 이 땅에 보냄을

받았지만 세상이 그를 정죄하여 죽였기 때문에 고발할 것입니다. 죄에 대하여, 의에 대하여, 심판에 대하여 책망할 것입니다. 죄에 대해서는 세상이 예수를 믿지 않은 것을 말합니다. 예수로 인하여 하나님 나라에 종속되고 순종할 것을 거부했습니다. 의에 대해서는 세상은 스스로 의를 만들어 내지 못하고 의를 거부하였는데 이것을 예수 그리스도의 부재로, 예수 그리스도께서 아버지께로 가신 것으로 책망하실 것입니다. 심판에 대해서는 세상이 가진 최고의 권력은 죽음이지만 더 이상 그것이 궁극적인 권력이 아니라는 것을 예수 그리스도의 부활로 증언하여 세상이 궁극적인 나라가 아니요, 하나님 나라가 궁극적인 나라임을 저들에게 증언하여 저들의 한계와 저들의 잘못된 것을 명명백백하게 드러낼 것과 관련됩니다. 이것이 예수님이 오셔서 지르신 불입니다.

이 세상은 아무것도 만들어 내지 못합니다. 오직 죽음만을 가져옵니다. 세상은 무엇을 만드는 것이 아니라 이미 있는 것도 망하게 하는 나라입니다. 가치 있는 모든 것들을 유지할 수도 존속시킬 수도 만들어 낼 수도 없고 다 멸망밖에 가져올 수 없는 이 세상에 예수님이 오셔서 하나님의 나라를 소개하십니다. 예수 그리스도의 사역은 누가복음 4장에서도 이렇게 소개합니다.

예수께서 그 자라나신 곳 나사렛에 이르사 안식일에 늘 하시던 대로 회당에 들어가사 성경을 읽으려고 서시매 선지자 이사야의 글을 드리거늘 책을 펴서 이렇게 기록된 데를 찾으시니 곧 주의 성령이 내게 임하셨으니 이는 가난한 자에게 복음을 전하게 하시려고 내게 기름을 부으시고 나를 보내사 포로 된 자에게 자유를, 눈 먼 자에게 다시 보게 함을 전파하며 눌린 자를 자유롭게 하고 주의 은혜의 해를 전파하게 하려 하심이라 하였더라 책을 덮어 그 맡은 자에게 주시고 앉으시니 회당에 있는 자들이 다 주목하여 보더라 이에 예수께서 그들에게 말씀하시되 이 글이 오늘 너희 귀에 응하였느니라 하시니 (눅 4:16-21)

마지막에 나오는 '이 글이 오늘 너희 귀에 응하였느니라'라는 말씀은 내가 바로 이 약속을 성취하러 온 메시아다, 하나님이 보내신, 하나님의 통치와 구원을 이루기 위한 그의 종이라는 말씀입니다. 가난한 자에게 복음을, 억눌린 자에게 자유를 주기 위하여 오십니다. 누가 억눌렀습니까? 세상입니다.

하나님 나라와 세상을 분별하라

하나님 나라의 특징은 대표적으로 십계명에 잘 나와 있습니다. 하나님만을 섬길 것과 이웃을 사랑하는 것입니다. 이웃을 사랑하고 오직하나님만을 섬기라는 것은 우리에게 필요한 전부가 하나님에게 충분히 있고 다른 데는 없다는 뜻입니다. 이웃을 사랑하는 것은, 내 필요를 위해 이웃의 것을 빼앗아 보충할 필요가 없다는 뜻입니다. 여기에 등장하는 가난한 자, 포로 된 자는 전부 다 세상이 만드는 것입니다. 세상은 스스로 가치 있는 것을 만들어 낼 수 없기 때문에 우리는 우리

의 필요를 이웃의 것에서 빼앗아 채울 수밖에 없습니다. 세상의 승리
는 다른 이의 실패 위에 서는 것이며, 무엇을 가진다는 것은 다른 사
람이 가진 것을 착취해야 얻을 수 있는 것입니다.

하나님 나라에서는 그렇지 않습니다. 그것이 대표적으로 십계명에
율법으로 요구되어 있고 예수 그리스도의 오심으로 증언되었습니다.
그는 모든 병을 고치시며 귀신을 쫓아내시며 죽은 자를 살리십니다.
생명과 회복과 부활의 주인이십니다. 세상은 있는 것도 죽이는데, 하
나님은 죽은 것도 살려 내시고 잘못된 것을 고쳐 내시며, 누구의 것을
빼앗아 누구를 보충하는 것이 아니라 하나님의 창조와 부활의 권능
으로 모든 이에게 값없이 자비하심과 긍휼을 근거로 하여 우리를 채
우십니다. 이것이 그분의 사랑의 통치입니다.

그러므로 분별하라고 합니다. 너희가 나를 따라오고 나의 제자가
되었다는 것이 무엇인지 이해하라는 것입니다. 세상의 것들로 보상받
고 세상의 조건들을 개선하고 보충하여 받는 그런 기대와 요구로서
하나님의 나라를 선택할 수 없습니다. 이 세상과 저 세상 중 하나를 선
택할 수밖에 없습니다. 그래서 세 번째 내용인 갈릴리 사람들이 빌라
도에게 박해를 받아 종교적 이유로 희생을 당한 것이 누구 잘못 때문
이냐, 무엇 때문이냐, 실로암 망대가 무너져서 우연히 사고로 죽은 열
여덟 사람의 죽음은 무엇인지가 예수님의 답변에 묻어나고 있습니다.

사람은 다 죽습니다. 억울하게도 죽고 대의를 위해서도 죽지만 결
국은 죽습니다. 어떤 사람은 성공하고 건강하고 행복하고 천수를 다
하지만 결국 죽습니다. 이 세상 나라는 결국 죽음으로밖에 몰고 갈 수
없고, 세상이 줄 수 있는 것이 굉장한 것인양 거짓된 것으로 우리를

기만하고 실상을 외면하게 하는 것 외에 아무것도 없습니다. 너희가 누구인지 생각하라, 하나님의 나라가 어떤 나라인가 생각해 보라, 그것이 핵심입니다. 그래서 누가복음 본문으로 돌아와 보면 계속 '회개하라'는 말씀이 나옵니다.

> 또 실로암에서 망대가 무너져 치어 죽은 열여덟 사람이 예루살렘에 거한 다른 모든 사람보다 죄가 더 있는 줄 아느냐 너희에게 이르노니 아니라 너희도 만일 회개하지 아니하면 다 이와 같이 망하리라
> (눅 13:4-5)

여기서 회개는 둘 중 하나의 결단을 말하는 것입니다. 양다리를 걸칠수는 없습니다. 그것이 무화과나무로 옵니다. 무화과나무의 비유는 얼핏 보기에 매우 간단하고 분명해 보입니다. 나무가 열매를 맺지 못한 것입니다. 열매를 맺지 못하는 과일 나무는 쓸모가 없습니다. "찍어 버려라." "주인님, 1년만 기다려 주십시오. 제가 더 잘 돌보아 열매를 맺게 해 보겠습니다. 그때도 못 맺으면 찍어 버립시다." 그러나 이 이야기는 간단하지 않습니다.

무화과나무와 성령의 열매

우리가 본문으로 택하여 연결한 이 네 가지 주제의 일관성은 하나님 나라와 세상 나라를 분리할 줄 모르는 자들, 세상의 보상과 세상의 가

치를 유지하면서 영생과 진리에 속한 것, 예수님만이 하신 것들을 얼버무리는 것에 대한 분명한 분리와 선택을 요구하는 말씀들입니다. 그것이 마지막에 무화과나무로 비유되는 것은 성경에서 나무는 언제나 정체성에 대한 문제로 많이 등장하는 까닭입니다. 마태복음 7장에서 보는 바와 같은 좋은 나무가 아름다운 열매를 맺고 못된 나무가 나쁜 열매를 맺기 때문에 열매로 그 나무를 알라는 것입니다. 물론 나무는 열매를 맺어야 합니다. 이것은 열매를 많이 맺어야 한다는 비유에도 쓰이지만, 성경에 나오는 나무의 비유는 그 나무가 무슨 나무인가 하는 정체성에 대한 문제입니다. 감나무에는 감이 달려야 한다는 이야기입니다.

그런데 초대 교회 누구나 처음에 그렇게 이해했듯이 지금 이 무리와 제자들은 예수 그리스도를 저들이 갖고 있는 세계관과 이해 위에서 뭔가 비상한 종교적 특혜를 줄 분으로 생각했지 세상 나라와 하나님 나라의 근본적인 분리와 구별을 가져올 분으로 이해하지 못했습니다. 즉 그들은 부활 생명으로 시작하는 하나님의 통치의 기적과 신비와 거룩함에 대한 이해가 부족했습니다. 다만 자신들이 가졌던 종교성을 더 극대화하고 도덕과 윤리를 더 강화하는 정도로밖에 이해하지 못했습니다. 그러나 부활 이후에 모든 것이 바뀝니다. 지금도 마찬가지입니다. 창조와 부활의 주인이신 하나님 나라는 죽음으로 끝나는 세상과는 근본적으로 달리 무화과나무면 무화과 열매를 맺어야 한다고 요구합니다.

갈라디아서 5장 22절 이하를 봅시다. "오직 성령의 열매는 사랑과 희락과 화평과 오래 참음과 자비와 양선과 충성과 온유와 절제니 이

같은 것을 금지할 법이 없느니라"(갈 5:22-23). 사랑하자, 오래 참자, 하는 것은 신자들에게는 익숙한 요구입니다. 예수를 믿는다면 성령의 열매를 맺는 것은 너무나 당연합니다. 그러나 이것은 갈라디아서 5장 마저도 권고형으로 되어 있지 않습니다. 23절에 어떻게 되어 있습니까? "온유와 절제니 이 같은 것을 금지할 법이 없느니라"라고 되어 있습니다. 그 나무가 되면 그 나무에 당연한 모든 것들이 거기에 포함됩니다. 사과나무이면 사과가 열리는 법입니다. 금지할 법이 없습니다. 지금 갈라디아서에서 하고 싶은 이야기는, 마태복음 7장에서 본 열매 이야기가 그 나무의 나무 된 필연적 결과라는 것입니다.

그러나 본문에서 예수님의 가르침의 대상들, 그 말씀을 들어야 했던 자들은 지금 하나님 나라에 종속되겠다고 고백하지만 지금 우리 모든 신자들이 하는 것처럼 그것이 어떻게 세상 나라와 근본적으로 분리되는 것인지 아직 잘 모르고 있습니다. 어느 시대에나 기독교 신앙인들이 했던 오해들 중 하나입니다. 세상적 보상이나 세상적 확인이 기독교 신앙 즉 우리의 올바른 구원과 참된 신앙의 보상과 증거라는 식으로 적당히 절충되어 있습니다.

내 안에 무엇이 자라고 있는지, 맺히는 열매들을 열매인 줄 모르고 있습니다. 신앙생활 하면서 겪는 막막함, 기다리는 것, 포기할 수 없는 것들이 사실 여기에도 등장합니다. 오래 참음, 이것은 중요한 성령의 열매입니다. 오래 참음은 오랫 동안 막막한 것이며 오랫동안 모호한 것이며 오랫동안 고통스러운 것입니다. 이런 것들이 성령의 열매입니다.

그러나 우리는 성령의 열매란 세상에서 주는 보상들을 세상적 방법이 아니라 신앙적 방법으로 비상하고 영원하게 주어지는 어떤 것으로 생각합니다. 성공, 행복, 평안, 자랑, 영광 같은 것들입니다. 그러나 대부분의 경우 이런 것은 없습니다. 성령의 열매 중에 오래 참음만 유일한 열매로 달랑 달려 있는데 그것이 열매 같지가 않은 것입니다. 열심히 믿어서 막막해야 하고 고통스러워야 한다면 그것을 무슨 열매라고 하겠습니까? 그러나 성경은 그렇게 이야기하지 않습니다. 하나님의 통치와 나라에 속하자 우리의 정체성을 열매로 확인하지 않으면 우리가 무슨 나무인지 확인할 다른 방법이 없다고 이야기합니다.

우리는 반대로 생각해서 '예수를 믿었는데 이게 뭐냐'라고 합니다. 성경이 이야기하는 것은 "네가 무화과나무인데 네 열매가 무엇인지 네가 외면하기 때문에 스스로 무화과나무인 것을 놓치고 있다"라고 꾸중하는 것입니다. 그게 본문 이야기와 정말 같냐고요? 주인이 와서 왜 이 나무에 열매가 없냐고 그러지 않았습니까. "주인님, 1년만 기다려 주십시오. 제가 잘해서 열매가 맺히도록 하겠습니다." 저에게는 이렇게 보입니다. "주인님, 이 나무가 철이 없어서 무슨 나무인지 모릅니다. 1년만 기다려 주시오." 일관성이 있지 않습니까? 갈라디아서 5장 24절은 이어서 이렇게 이야기합니다.

그리스도 예수의 사람들은 육체와 함께 그 정욕과 탐심을 십자가에 못 박았느니라 만일 우리가 성령으로 살면 또한 성령으로 행할지니 헛된 영광을 구하여 서로 노엽게 하거나 서로 투기하지 말지니라 (갈 5:24-26)

우리는 신자임에도 불구하고 신자의 정체성을 거부하고 있습니다. 자기가 무슨 나무인 줄 모르니까 열매 맺지 못하고 열매를 사러 돌아다 닙니다. 나무가 뿌리가 닳도록 세상 도매상들을 찾아다니면서 열매를 사서 주렁주렁 달고 다닌다는 말입니다.

따지고 보면 우리의 신앙은 예수를 보낸 하나님의 부르심이며 붙잡으심입니다. 우리는 그 나라에 붙들렸습니다. 거부할 수 없는 은혜와 믿음을 가지게 되었습니다. 그러나 우리 마음 깊은 곳으로부터 이 두 나라에 대한 분리, 구별, 선택, 그 영광을 제대로 이해하지 못하자 운명과 현실 사이에서 구걸하러 돌아다니는 무화과나무가 된 것입니다.

본문 말씀의 제목을 '철없는 신자'라고 붙일 수 있습니다. 하나님이 우리의 진정한 영광과 승리를 확인하여 우리의 자랑과 근거와 소망과 힘이 세상에 있지 않고 하나님에게 있음을, 하나님이 그 복과 능력을 예수님으로 인하여 베푸시는 줄 아는 믿음을 주셔서 우리 인생과 존재에서 승리하게 하시기를 원합니다. 그래서 우리가 마음 깊은 곳으로부터의 항복과 영광스러운 충성을 삶으로 누리기를 소원합니다.

기도

하나님 아버지, 은혜를 감사합니다. 우리의 믿음 맨 밑바닥을 차지하고 있는 근거는 언제나 현실이고 세상입니다. 하나님이 우리 아버지시고 그 아들을 보내셨다는 사실을 고백하지만 믿고 있지는 않습니다. 오늘 그 사실을 지적받습니다. 생각해 보면 세상은 언제나 거짓되고 언제나 우리를 망하게 했을 뿐입니다. 왜 아직도 여기에 매달려 있어야 하는지 우리 스스로 부끄럽습니다. 신자된 구별, 우리의 힘을 가지고 우리가 부름받고 걸어야 하는 길에 성령의 열매들을 기억하게 하시옵소서. 사랑하고 용서하고 기다리고 이해하고 넉넉하게 사는 자 되게 하여 주시옵소서. 빼앗아 채울 필요가 없는 우리의 자랑을 누리며 넉넉하게 살아 내는 우리의 인생 되게 하여 주시옵소서. 예수님 이름으로 기도합니다. 아멘.

30
율법과 자유 그리고 책임

10 예수께서 안식일에 한 회당에서 가르치실 때에 11 열여덟 해 동안이나 귀신 들려 앓으며 꼬부라져 조금도 펴지 못하는 한 여자가 있더라 12 예수께서 보시고 불러 이르시되 여자여 네가 네 병에서 놓였다 하시고 13 안수하시니 여자가 곧 펴고 하나님께 영광을 돌리는지라 14 회당장이 예수께서 안식일에 병 고치시는 것을 분 내어 무리에게 이르되 일할 날이 엿새가 있으니 그 동안에 와서 고침을 받을 것이요 안식일에는 하지 말 것이니라 하거늘 15 주께서 대답하여 이르시되 외식하는 자들아 너희가 각각 안식일에 자기의 소나 나귀를 외양간에서 풀어내어 이끌고 가서 물을 먹이지 아니하느냐 16 그러면 열여덟 해 동안 사탄에게 매인 바 된 이 아브라함의 딸을 안식일에 이 매임에서 푸는 것이 합당하지 아니하냐 17 예수께서 이 말씀을 하시매 모든 반대하는 자

들은 부끄러워하고 온 무리는 그가 하시는 모든 영광스러운 일을 기뻐
하니라 (눅 13:10-17)

자유를 주러 오신 예수님

본문 말씀에는 예수님이 열여덟 해 동안 귀신 들리고 병들어 꼬부라
져 있던 여인을 예수님이 고쳐 주신 사건이 나옵니다. 그런데 그것이
하필 안식일에 일어난 일이라서 회당장이 분노합니다. 왜 안식일에
이런 일을 하는가, 안식일은 아무 일도 하지 않고 오직 거룩하게 쉬며
신앙적 마음과 생각에 집중해야 하는 날인데 이런 중요한 날에 왜 병
고치는 일을 했는지 분노하자 예수님은 사단에게 매인 바 된 딸을 안
식일에 풀어 주는 것이 안식일의 뜻에 합당한 것이라고 답하십니다.
　맨 먼저 우리에게 생각나는 것은 율법주의와 예수님의 일하심 사
이에 등장하는 어떤 충돌입니다. 우리가 이해하기 좋게 예를 들자면
형식과 내용의 충돌 같은 것입니다. 회당장으로 대표되는 유대인들에
게 율법에 대한 이해는 거의 외적인 형식과 규칙이었습니다. 그러나
예수님은 이미 우리에게 율법의 가장 중요한 내용과 본질은 하나님
사랑과 이웃 사랑이라고 요약하셨습니다. 율법주의가 그 율법을 부정
적이고 소극적으로 지킬 수 밖에 없는 것에 비해서 예수님은 긍정적
이고 적극적으로 펼쳐 보이십니다. 그것이 오늘의 싸움입니다.
　사실 형식은 내용을 담기 위한 그릇입니다. 형식이 없으면 내용을
담아 보전할 수가 없습니다. 그러나 형식의 무서움은 내용 없이도 형

식이 존재한다는 사실에 있습니다. 예수님이 지금 가르치시는 것과 같이 그 형식이 무엇을 담기 위한 것이었는지를 놓치면, 내용 없는 그릇에 불과해지고 그 형식이 내용을 대신하게 됩니다. 그 내용이 가지는 생명과 진리, 용서, 회복, 충만을 다 합친 것이 사랑인데 형식으로는 도저히 다 증명될 수 없다고 말씀하시는 것입니다. 누가복음 4장에 가면 예수님이 자신의 사역을 이사야 선지자의 예언의 성취로 소개하신 적이 있는데 본문의 내용과 연결됩니다.

> 예수께서 그 자라나신 곳 나사렛에 이르사 안식일에 늘 하시던 대로 회당에 들어가사 성경을 읽으려고 서시매 선지자 이사야의 글을 드리거늘 책을 펴서 이렇게 기록된 데를 찾으시니 곧 주의 성령이 내게 임하셨으니 이는 가난한 자에게 복음을 전하게 하시려고 내게 기름을 부으시고 나를 보내사 포로 된 자에게 자유를, 눈 먼 자에게 다시 보게 함을 전파하며 눌린 자를 자유롭게 하고 주의 은혜의 해를 전파하게 하려 하심이라 하였더라 (눅 4:16-19)

예수님은 이사야 선지자의 말씀을 읽으시고 그 약속을 이루러 오셨다고 자신의 사역을 선포하십니다. 18절에 인용된 이사야 선지자의 예언은 한마디로 자유를 주러 오신 예수님입니다. 자유란 말 그대로 억압과 갇힌 것으로부터의 해방입니다. 그러나 여기 등장하는 자유는 그렇게 만만하지 않습니다. 만일 우리가 율법과 자유를 대조해서 넣는다면 율법의 반대말로 자유가 있다면 그 자유는 분명히 무법한 것이 될 것입니다.

율법을 온전케 하러 오신 예수님

우리는 예수 그리스도로 말미암는 은혜의 구원을 논할 때마다 율법과 자주 충돌합니다. 방금 본 바와 같이 형식이 내용을 담는 그릇, 혹은 내용을 담는 방법이었다면 그 내용을 보기 위해서는 형식을 해체해야 하는가 하는 문제가 생깁니다. 그러나 예수님은 '나는 율법을 폐하러 온 것이 아니라 율법을 온전케 하러 왔다'라고 선언하셨습니다.

율법의 가치와 기능은 무엇일까요? 물론 은혜와 자유를 담는 것이었습니다. 율법이 묶고 가두는 역할로 우리에게 강하게 이해된다면, 풀고 놓아주는 것과는 서로 충돌하는 것처럼 보이는데 어떻게 예수님이 은혜를 선포하며 사랑을 말씀하시면서도 율법을 온전케 하실수 있을까요? 이것이 본문의 안식일 논쟁에 있어서 가장 문제가 됩니다. 갈라디아서 4장을 보겠습니다.

내게 말하라 율법 아래에 있고자 하는 자들아 율법을 듣지 못하였느냐 기록된 바 아브라함에게 두 아들이 있으니 하나는 여종에게서, 하나는 자유 있는 여자에게서 났다 하였으며 여종에게서는 육체를 따라 났고 자유 있는 여자에게서는 약속으로 말미암았느니라 이것은 비유니 이 여자들은 두 언약이라 하나는 시내 산으로부터 종을 낳은 자니 곧 하갈이라 이 하갈은 아라비아에 있는 시내 산으로서 지금 있는 예루살렘과 같은 곳이니 그가 그 자녀들과 더불어 종 노릇하고 오직 위에 있는 예루살렘은 자유자니 곧 우리 어머니라 기록된 바 잉태하지 못한 자여 즐거워하라 산고를 모르는 자여 소리 질러 외

치라 이는 홀로 사는 자의 자녀가 남편 있는 자의 자녀보다 많음이
라 하였으니 형제들아 너희는 이삭과 같이 약속의 자녀라 그러나 그
때에 육체를 따라 난 자가 성령을 따라 난 자를 박해한 것 같이 이제
도 그러하도다 그러나 성경이 무엇을 말하느냐 여종과 그 아들을 내
쫓으라 여종의 아들이 자유 있는 여자의 아들과 더불어 유업을 얻지
못하리라 하였느니라 그런즉 형제들아 우리는 여종의 자녀가 아니요
자유 있는 여자의 자녀니라 그리스도께서 우리를 자유롭게 하려고
자유를 주셨으니 그러므로 굳건하게 서서 다시는 종의 멍에를 메지
마라 (갈 4:21-5:1)

아브라함에게는 두 아들이 있습니다. 첫째 아들은 이스마엘이고 둘
째가 이삭입니다. 이스마엘은 여기서 설명하는 대로 육체를 따라 태
어납니다. 육체를 따라 났다는 것은 자기가 자식을 만들었다는 것입
니다. 그러나 이삭은 약속을 따라 났다고 합니다. 하나님이 그 자식을
만들었다는 말입니다. 둘은 이렇게 대비됩니다. 하나님이 아브라함에
게 사라와의 사이에 아이를 주기로 했는데 사라는 아이를 낳을 나이
가 지났습니다. 사라도 자기가 애를 못 낳을 줄 알고 자기 여종을 아
브라함에게 들여보내 아이를 낳게 했습니다. 이렇게 해서 난 아들이
이스마엘입니다. 이 일로 하나님이 노하시고 아브라함에게 거듭 확인
하십니다. 아브라함이 사라와의 사이에서 날 자가 내가 약속한 자라
고 말씀합니다. 그래서 하나는 육체를 따라 낳아 종일 수밖에 없고 하
나는 약속을 따라 낳아 하나님이 주신 약속의 자녀인 것입니다. 약속
의 자녀는 법적으로도 사라에게서 태어났기 때문에 아브라함의 자식

으로 그 유업을 이을 법적 지위를 가지고 있지만, 이스마엘은 여종에게서 태어났기 때문에 종의 신분이므로 아버지의 유업을 잇지 못합니다.

여기서 자유라는 개념이 우리에게 새롭게 다가옵니다. 그것은 어떤 억압과 갇힘 속에서의 해방이나 놓아줌과는 다른 더 깊은 의미를 가집니다.

율법과 규칙

조금 전에 형식은 내용을 담는 그릇이라고 했습니다. 내용을 담는 법칙이라고도 했습니다. 이 비유를 약간 바꿔서 운동 경기장을 생각해 보십시오. 축구 경기장을 만들면 경기장과 경기장이 아닌 것을 구별하기 위하여 선을 긋습니다. 그것을 규격이라고 합니다. 그리고 축구를 하는 규칙이 있습니다. 발로만 차야 한다, 물론 머리로도 할 수 있다, 손으로 만지면 안 된다는 것입니다. 그것은 어떻게 보면 제한인 것 같습니다. 금 밖에 나가는 것은 안 됩니다. 금 안에서 해야 하고 손으로 공을 만지면 안 되고 붙잡으면 안 됩니다. 그러나 우리는 그것을 '제한'이라고 이야기하지 않습니다. 그것이 경기를 가능하게 하는 것입니다.

예전에도 많이 사용했지만 요즘에는 안 쓰는 농담 중에 이런 것이 있습니다. 강릉에 있는 어느 초등학교 학생 열두 명이 어제 아침에 갑자기 죽었다고 합니다. "아니, 얘들이 왜 죽어?" "여섯 명은 금 밟아서 죽고 여섯 명은 공 맞아서 죽었답니다." 피구를 한 것입니다. 우리는 그렇게 표현합니다. 금을 밟으면 죽고 공에 맞으면 죽습니다. 영어로는 아웃(out)인데 우리는 죽었다고 표현합니다. 금을 밟는다는 것은 규칙을 깨는 것으로 경기에 속할 수 없는 것입니다. 그러나 금과 규칙이 경기 자체는 아닙니다. 경기는 경기자, 인격적 존재가 하는 것입니다. 그래서 그것은 다만 금을 밟는지 안 밟는지, 규칙을 지키는지 안 지키는지가 아니라 어느 수준의 경기를 하는지 보는 것입니다.

최근에 본 가장 놀라웠던 축구 경기는 바르셀로나와 맨체스터 유나이티드의 축구였습니다. 거의 환상적인 축구였습니다. 축구를 어떻게 저렇게 잘하는가, 놀라웠습니다. 메시(Lionel Messi)는 공이 발에 달려 있는 것 같았습니다. 뛰다가 아무 때나 골에 발길질하면 발목 아래 있던 공이 분리되어 들어가는 것같이 공이 발에 붙어 있는 게 아니라 발이 곧 공인 사람 같았습니다.

경기는 규칙을 전제로 하는 것이지 규칙이 전면에 등장하지는 않습니다. 그런데 이 경기를 하려면 최소한 경기장의 소유주여야 합니다. 그것을 할 수 있는 자유인, 어떤 의미에서 경기장을 보존하고 유지하는 관리인 자격보다 높아야 합니다. 이것이 종과 자유인의 차이입니다.

경기장, 규격, 규칙, 관리라는 것은 경기가 가능한 무대와 여건을 준비하는 것이지만 경기 자체일 수는 없습니다. 경기는 경기자가 하는 것이고 경기를 할 수 있도록 경기장을 관리하고 유지하는 종들, 오늘날로 이야기하면 관리자가 있는 것입니다. 이처럼 관리자가 하는 일과 경기자가 하는 일은 서로 다릅니다.

말하자면 우리 집에 경기장이 있는데 내가 주인 아들이면 가서 경기할 것이고, 관리인의 아들이면 가서 풀을 뽑아야 할 것입니다. 신분의 차이나 처지를 비교하자는 것이 아니라 역할이 다르다는 것을 말하는 것입니다. 그것이 성경이 말하는 자유입니다. 예수님을 통하여 하나님이 우리에게 은혜를 베푸시는 것입니다.

율법을 주신 이유가 드디어 드러나는 것입니다. 율법을 폐하러 온 것이 아니고 온전케 하러 오셨다는 말씀의 뜻이 비로소 살아나는 것입니다. 마태복음 16장에 이 문제에 대해 예수님이 이미 선언하신 내용이 있습니다.

시몬 베드로가 대답하여 이르되 주는 그리스도시요 살아 계신 하나님의 아들이시니이다 예수께서 대답하여 이르시되 바요나 시몬아 네가 복이 있도다 이를 네게 알게 한 이는 혈육이 아니요 하늘에 계신 내 아버지시니라 또 내가 네게 이르노니 너는 베드로라 내가 이 반석 위에 내 교회를 세우리니 음부의 권세가 이기지 못하리라 내가 천국 열쇠를 네게 주리니 네가 땅에서 무엇이든지 매면 하늘에서도 매일 것이요 네가 땅에서 무엇이든지 풀면 하늘에서도 풀리리라 하시고 (마 16:16-19)

무엇을 매고 무엇을 풉니까? 율법과 같은 무대와 조건은 늘 있어야 합니다. 그 선을 벗어나 그 내용을 담은 그릇이 깨지면 안 됩니다. 그러나 이것은 그저 지키고 묶기 위한 것만이 아니라 그 안에서 경기가 가능하도록 하기 위해서 요구되는 것입니다. 그래서 교회에는 매는 일과 푸는 일, 두 가지 일이 주어지는 것입니다.

책임을 요구하는 자유

당연히 기독교 신앙은 하나님의 거룩하심 때문에 윤리와 도덕이 먼저 요구될 수밖에 없습니다. 그러나 다만 옳고 능력 있는 것이 전부가 아닙니다. 그런 조건과 무대 위에서 예수 믿는 자의 영광과 명예가 펼쳐져야 합니다. 하나님의 자비하심과 거룩하심의 부름을 받은 그의 자녀, 하나님을 아버지라 부르는 그의 자녀의 특별한 명예를 드러내야 합니다. 여기에 바로 자유가 책임을 조건으로 가질 수밖에 없는 이유가 있습니다.

우리는 은혜가 아무 책임도 없는 것이라고 생각합니다. 늘 잘못하고 잘못하고 또 잘못해도 은혜라는 이름으로 무한의 면죄부를 소유하는 것, 자유라는 이름으로 아무의 방해도 제한도 책임도 없이 끝없이 자기 마음대로 하는 것은 자유가 아닙니다. 그것은 인간이라는 존재를 과소평가하는 것입니다. 그것은 하나님이 우리에게 신성을 부여하기 위하여 우리의 제한된 조건 속에서 지혜와 능력으로 허락한 것이지 질서와 근거를 무시하라는 것은 아닙니다.

은혜는 우리를 책임으로 이끕니다. 자유도 우리에게 책임을 요구합니다. 그때의 책임은 강요가 아니라 명예입니다. 훌륭하려면 성실해야 합니다. 가만히 앉아서 훌륭해질 수는 없습니다. 실력이 있으려면 노력해야 합니다. 소원만 한다고 되는 것이 아닙니다.

회당장이 예수님으로부터 받는 꾸지람인 "외식하는 자여"라는 말은 무엇을 의미합니까? 그릇이 전부인 줄로 아는 까닭에 내용이 살아 움직일 수가 없습니다. 내용을 가질 수 없는 자는 자기 정체성을 증명할 적극적인 방법이 없는 사람입니다. 그러한 자는 정죄하는 방법밖에 모릅니다. 자신이 가진 내용의 빈약함을 감추는 방법으로 화를 내는 방법밖에 없습니다. 가난하기 때문입니다. 적극적으로 보일 것이 없으면 남이 하는 것을 흠잡을 수밖에 없기 때문입니다. 분노가 바로 그런 일입니다. 그리하여 자신의 가난함과 내용 없음을 슬쩍 변명하고 외면하는 것입니다.

그러나 진정한 자유와 하나님의 은혜에 따른 내용을 허락받은 우리는 이런 경계선에서의 싸움보다 더 중요한 싸움을 싸워야 합니다. 곧 자유 자체가 부르는 끝없는, 하나님이 당신을 아버지라 부르라고 하시는 부르심을 쫓아가는 싸움이 필요합니다. 노력하고 소원하고 애쓰고 간절해지는 것 말입니다. 그것이 기도입니다. 기도란 할 일을 안하고 주문을 외워 때우는 것이 아닙니다. 기도란 열심을 내어 최선을 다하여 진심을 담아 노력하는 자의 당연한 표현입니다.

자유로 부름받은 영광

우리는 간절함이나 진심이라는 것에 우리의 책임을 떠넘길 것이 아니라 우리가 가지는 명예와 영광을 소원하지만 욕심만큼 되지 않는 까닭에 하나님 앞에 늘 다가가 "소원합니다. 포기하지 않겠습니다"라고 외치는 것입니다. 우리의 진심은 분노일 수 없습니다. 명예를 깨달은, 영광을 깨달은 자의 포기할 수 없는 소원이어야 합니다. 간절하고 진실하고 끈기 있을 수밖에 없습니다. 그곳에 가기까지는 만족할 수 없기 때문입니다.

우리는 삶 속에서 이 싸움을 늘 경험합니다. 회당장의 분노와 예수님의 선언, 사단에게 매인 자를 풀어 주는 것, 자유롭게 하는 것, 이것이 아버지의 뜻이며 예수님이 온 이유라고 선언합니다. 이 선언이 갖는 특권과 영광으로 부름을 받은 자로서 우리를 이해하고 우리의 삶을 이해할 뿐 아니라 힘을 다하여 그 삶을 명예롭게 책임지는 자로 서 있어야 합니다. 이것이 예수 믿는 모든 자의 현재입니다.

우리가 바라는 명예와 우리가 바라는 영광, 우리가 바라는 승리들은 예수 안에서 너무나 분명합니다. 우리는 천국 열쇠를 쥐고 있습니다. 예수 안에서 하나님의 영광을 본 자, 그 사랑을 입은 자, 그를 언제 어디서나 아버지로 부를 수 있는 자들입니다. 우리 자신이 아직도 형편없다고 생각하고 끊임없이 경기장을 이탈해서 밖에 있을 것이 아니라 경기장 안으로 들어와서 공을 가지고 계속 연습을 해야 합니다. 나 홀로 경기를 할 수 있는 것이 아니라 상대방이 있다는 것을 알고 더 많은 실력을 배양해야 합니다. 다만 육체적인 것뿐 아니라 정신적인 요소가 얼마나 필요한가를 계속 배워야 합니다. 이처럼 정신적인 것으로 평계를 댈 수 없는 육체적인 실천과 구체화가 요구되는 것이고 거기에 따른 큰 보상이 있다는 것을 배우는 것이 인생입니다.

이 자유로 부름받은 영광을 누리는 삶이 되십시오. 쫓아다니면서 싸우자고 하지 마십시오. 이런 유명한 말이 있습니다. "비평이 자기가 파괴한 작품 위에 깃발을 흔드는 짓일랑 하지 마라." 작품을 만드십시오. 쫓아다니면서 정죄하지 말고 우리를 지켜보는 자들에게 우리가 질서와 근거 속에 무엇을 만들고 있는지를 보이십시오. 마태복음 16장에서는 예수 그리스도가 그 모든 일에 근거가 됩니다. '주는 그리스도시요 살아 계신 하나님의 아들'이 반석이 되어 우리를 그 위에 세워 이 경기를 허락합니다. 그는 우리의 주인이시며 우리에게 은혜를 주시는 분이시며, 우리의 규칙이시며, 우리의 소원이십니다.

우리의 삶이 귀한 무대라는 것, 명예라는 것을 기억하며 우리의 삶은 예수 안에서 기쁨으로, 그리고 모든 어려움에서 기도하는 기적으로 메워질 것입니다.

기도

하나님 아버지, 은혜를 감사합니다. 하나님의 자녀로 사는 것이 무엇인지, 우리가 어떤 인생을 사는 것인지 어떤 책임과 어떤 명예와 어떤 약속과 어떤 자랑 속에 놓여 있는지 알게 하셔서 부디 이 영광을 지키게 하여 주시옵소서. 우리 자신과 우리를 지켜보는 세상이 우리의 다른 것, 진리와 생명과 자유와 명예와 승리와 영광을 보게 하사 하나님께서 영광 받으시옵소서. 예수님 이름으로 기도합니다. 아멘.

31
삼켜지는 자리로 부르심

22 예수께서 각 성 각 마을로 다니사 가르치시며 예루살렘으로 여행하
시더니 23 어떤 사람이 여짜오되 주여 구원을 받는 자가 적으니이까
그들에게 이르시되 24 좁은 문으로 들어가기를 힘쓰라 내가 너희에게
이르노니 들어가기를 구하여도 못하는 자가 많으리라 25 집 주인이 일
어나 문을 한 번 닫은 후에 너희가 밖에 서서 문을 두드리며 주여 열어
주소서 하면 그가 대답하여 이르되 나는 너희가 어디에서 온 자인지
알지 못하노라 하리니 26 그 때에 너희가 말하되 우리는 주 앞에서 먹
고 마셨으며 주는 또한 우리의 길거리에서 가르치셨나이다 하나 27 그
가 너희에게 말하여 이르되 나는 너희가 어디에서 왔는지 알지 못하노
라 행악하는 모든 자들아 나를 떠나 가라 하리라 28 너희가 아브라함
과 이삭과 야곱과 모든 선지자는 하나님 나라에 있고 오직 너희는 밖

에 쫓겨난 것을 볼 때에 거기서 슬피 울며 이를 갈리라 29 사람들이 동
서남북으로부터 와서 하나님의 나라 잔치에 참여하리니 30 보라 나중
된 자로서 먼저 될 자도 있고 먼저 된 자로서 나중 될 자도 있느니라 하
시더라 (눅 13:22-30)

신자의 길은 감춰지는 부르심이다

앞에서 확인한 것같이 예수님은 열여덟 해 동안 귀신 들려 꼬부라져
있던 여인을 고쳐 주셨습니다. 이 세상의 어떤 세력이나 힘도 하나님
의 권세 아래 있다는 것을 선포하시고 증거하셨습니다. 그리고 본문
의 내용은 18절에서 35절까지 이어지는 긴 내용이지만 편의상 22절
에서 30절까지만 보겠습니다. 처음에 나오는 이야기는 이 권세가 어
떻게 우리에게 행사되고 요청되는지를 보여 줍니다. 그것은 과시하거
나 억압하는 권력과 보이는 증거로 다가오지 않고 심기우고 감추어
지고 삼켜지는 모습으로 온다고 가르칩니다. 그것이 좁은 문으로 설
명되는 것처럼 길 아닌 길로 인도된다고 합니다. 이것은 우리 신앙에
서 확인되는 무서운 현실입니다. 그다음 마지막 31절에서 35절에 있
는 바와 같이 그것은 권력으로 강요하거나 억압하지 않는다고 가르
칩니다. 왜 그런지 살펴보겠습니다.

우리는 성경의 가르침들, 예수 안에서 하나님의 부르심과 구원이
가지는 은혜와 복과 영원한 약속에 대하여 아멘으로 응답한 사람들
입니다. 그러나 창조주 하나님이 그 아들을 보내어 말로 다 못할 사랑

과 능력으로 구원한 자신의 백성을 왜 이런 현실로 인도하느냐에 대
해서는 여전히 납득하기가 만만치 않습니다. 왜 삼켜지는 이런 길을
요구하시는지 알 수 없지만 성경에서 이 길을 분명하게 요구하고 있
다는 것은 확실합니다. 고린도후서 4장입니다.

> 우리는 우리를 전파하는 것이 아니라 오직 그리스도 예수의 주 되
> 신 것과 또 예수를 위하여 우리가 너희의 종 된 것을 전파함이라 어
> 두운 데에 빛이 비치라 말씀하셨던 그 하나님께서 예수 그리스도의
> 얼굴에 있는 하나님의 영광을 아는 빛을 우리 마음에 비추셨느니라
> (고후 4:5-6)

가장 중요한 핵심은 그것을 보이는 자랑으로 증거하는 것이 아니라
는 것입니다. 예수를 믿는다는 것이 나에게 보이는 보상으로 나타나
서 증거되는 것이 아니라, 사람들이 예수님께 눈을 돌리도록 우리는
감춰지는 부르심이라고 이야기합니다. 그래서 그것은 하나씩 하나씩
올라가서 얻게 되는 세상의 결과와는 다르게 창조의 능력에 의해서
만 얻어지는 것이라고 합니다. "어두운 데 빛이 있으라" 하신 말씀이
그리스도 예수 안에 있는 하나님의 영광을 아는 빛을 우리 안에 비추
신 것입니다. 하나씩 쌓아 나가서 도달하는 인과 법칙에 익숙한 우리
에게는 낯설기 짝이 없는 요구입니다. 그렇게 해서는 우리의 신앙 고
백과 부르심이 도저히 이해될 수 없는 길로 인도됩니다. 예수를 믿은
것으로 인하여 보상이 있기보다 오히려 장애와 어려움을 각오해야
하고 그것을 당할 수밖에 없는 길로 인도될 것이라고 이야기합니다.

왜 그런지는 결론에서 이야기하겠지만 어디까지 요구되는지 고린
도후서 4장 7절을 보겠습니다. "우리가 이 보배를 질그릇에 가졌으니
이는 심히 큰 능력은 하나님께 있고 우리에게 있지 아니함을 알게 하
려 함이라"(고후 4:7). 우리가 하나님을 보충한다고 생각하지 말라는
것입니다. 우리가 깨어지고 망하는 것으로 오히려 하나님의 영광이
드러난다고 가르칩니다. 우리에게는 사실 이해하기 어려운 것입니다.
계속 더 보겠습니다. 8절입니다.

> 우리가 사방으로 욱여쌈을 당하여도 싸이지 아니하며 답답한 일을
> 당하여도 낙심하지 아니하며 박해를 받아도 버린 바 되지 아니하며
> 거꾸러뜨림을 당하여도 망하지 아니하고 우리가 항상 예수의 죽음
> 을 몸에 짊어짐은 예수의 생명이 또한 우리 몸에 나타나게 하려 함이
> 라 (고후 4:8-10)

질그릇에 담긴 보배는 질그릇이 깨져야 나타납니다. 그러면 자학적이
고 자폭적으로 살아야 하는가, 매일 몸을 깨뜨려야 속이 드러나는가,
물론 그렇게 간단한 이야기는 아닙니다. 분명한 것은 세상이 증거하
는 방식과는 아주 다르다는 것입니다.

> 우리가 항상 예수의 죽음을 몸에 짊어짐은 예수의 생명이 또한 우리
> 몸에 나타나게 하려 함이라 우리 살아 있는 자가 항상 예수를 위하
> 여 죽음에 넘겨짐은 예수의 생명이 또한 우리 죽을 육체에 나타나게
> 하려 함이라 그런즉 사망은 우리 안에서 역사하고 생명은 너희 안에

서 역사하느니라 (고후 4:10-12)

처음에 이야기한 대로 이것은 분명히 삼켜지는 것으로 요구됩니다. 땅에 씨를 심으면 무엇을 심었다고 생각하지 않고 씨가 파묻혔다, 없어졌다, 죽었다고 생각할 것입니다. 그래야 싹이 나고 꽃이 피고 열매를 맺습니다. 가지고 있던 씨를 심음으로 우리는 씨를 없앤 것 같고 소비한 것 같지만 그렇게 인도함을 받습니다. 그것이 하나님이 우리에게 요구하는 하나님의 통치에 순종하는 길이라고 합니다. 그래서 신자의 신앙 현실은 죽음으로 인도됩니다. 그러나 아직 결론은 아닙니다. 빌립보서 1장을 보겠습니다.

형제들아 내가 당한 일이 도리어 복음 전파에 진전이 된 줄을 너희가 알기를 원하노라 이러므로 나의 매임이 그리스도 안에서 모든 시위대 안과 그 밖의 모든 사람에게 나타났으니 형제 중 다수가 나의 매임으로 말미암아 주 안에서 신뢰함으로 겁 없이 하나님의 말씀을 더욱 담대히 전하게 되었느니라 어떤 이들은 투기와 분쟁으로, 어떤 이들은 착한 뜻으로 그리스도를 전파하나니 이들은 내가 복음을 변증하기 위하여 세우심을 받은 줄 알고 사랑으로 하나 그들은 나의 매임에 괴로움을 더하게 할 줄로 생각하여 순수하지 못하게 다툼으로 그리스도를 전파하느니라 그러면 무엇이냐 겉치레로 하나 참으로 하나 무슨 방도로 하든지 전파되는 것은 그리스도니 이로써 나는 기뻐하고 또한 기뻐하리라 이것이 너희의 간구와 예수 그리스도의 성령의 도우심으로 나를 구원에 이르게 할 줄 아는 고로 나의 간절한

기대와 소망을 따라 아무 일에든지 부끄러워하지 아니하고 지금도
전과 같이 온전히 담대하여 살든지 죽든지 내 몸에서 그리스도가 존
귀하게 되게 하려 하나니 이는 내게 사는 것이 그리스도니 죽는 것
도 유익함이라 (빌 1:12-21)

갇히지 않는 복음

이것이 도대체 무슨 소리입니까? 지금 사도 바울은 로마 옥중에 갇혀
있으면서 자신이 세운 빌립보교회에 편지를 쓰고 있습니다. 왜 편지
를 쓰게 되었을까요? 빌립보교회는 사도 바울로 말미암아 복음을 접
하게 되었고 예수를 믿게 되어 설립된 교회입니다. 로마 시대의 그 많
은 우상들, 그리스가 가졌던 많은 신들을 물려받은 로마 사회는 예수
로 말미암아 하나님의 유일하심을 알고 믿게 되었고 교회를 세워 하
나님의 백성이 되었습니다. 그런데 그것을 전해 준 바울이 옥에 갇혔
습니다. 이럴 수는 없는 것입니다. 온 천하를 만드신 유일한 신이 세
상 권력보다 약하다는 것은 저들이 하나님을 믿어도 좋은지, 그 믿는
것이 옳은 것인지에 대하여 심각한 질문을 제기하게 했습니다.

　바울도 스스로 그랬습니다. 그가 감옥에 갇힌 일로 말미암아 자신
의 사명과 복음을 전하는 내용과 방법에 대하여 본인도 해결해야 할
질문과 접하게 되었습니다. 그가 받은 답은 이것입니다. 복음은 바울
의 형통하고 초월적인 지원 속에서 증거되는 것이 아니라, 방해와 어
려움 속에서 더 잘 증거된다는 사실이었습니다. 바울이 로마 옥중에

갇히자 많은 사람이 "저 사람은 왜 잡혀 왔어?"라고 묻습니다. 그가 잡혀 왔다는 사실은 저들로서는 상상할 수 없는 것입니다. 정치적, 사회적 이해관계나 명성 때문에 잡혀 온 것이 아닙니다. 예수가 누구이고 하나님이 누구신가를 증거하는 것으로 인해 그가 어떤 고생을 했고 지금 어떤 형편에 붙잡혔는지를 알자 그 이야기를 듣는 모두가 복음이 무엇인지, 예수가 누구인지에 깊은 관심을 나타냈고 많은 이들이 예수를 믿는 복음의 진전이 있었습니다.

바울은 깨닫습니다. 하나님의 복음이 증거되는 일에 내가 살아서 돕고 헌신하는 것 이상으로 나 같은 것이 죽어 없어지는 것을 통해서도 하나님이 그 이상의 일을 하신다는 것을 깨닫습니다. 자신을 편든 사람들도 열심을 내고 자신을 시기하는 사람들도 열심을 내는 결과를 봅니다. 사람 사이의 경쟁과 시비의 문제를 떠나 하나님의 일하심의 신비를 깨우칩니다. 그래서 그는 고백합니다.

> 나의 간절한 기대와 소망을 따라 아무 일에든지 부끄러워하지 아니하고 지금도 전과 같이 온전히 담대하여 살든지 죽든지 내 몸에서 그리스도가 존귀하게 되게 하려 하나니 이는 내게 사는 것이 그리스도니 죽는 것도 유익함이라 (빌 1:20-21)

주를 위하여 해야 할 일이 무엇입니까? 주께서 더 잘 아실 것입니다. 그래서 보이는 증거를 떠나 하나님이 인도하시는 모든 일에 순종하겠다는 결론에 이릅니다. 20절에 나오는 바와 같이 '아무 일에든지 부끄러워하지 아니하고'라는 것은 인간적 시각으로 이해되는 최선의 길과 최악의 길에 대한 판단을 주께 넘기겠다는 뜻입니다. 22절에 이렇게 이어집니다.

> 그러나 만일 육신으로 사는 이것이 내 일의 열매일진대 무엇을 택해야 할는지 나는 알지 못하노라 내가 그 둘 사이에 끼었으니 차라리 세상을 떠나서 그리스도와 함께 있는 것이 훨씬 더 좋은 일이라 그렇게 하고 싶으나 내가 육신으로 있는 것이 너희를 위하여 더 유익하리라 내가 살 것과 너희 믿음의 진보와 기쁨을 위하여 너희 무리와 함께 거할 이것을 확실히 아노니 내가 다시 너희와 같이 있음으로 그리스도 예수 안에서 너희 자랑이 나로 말미암아 풍성하게 하려 함이라 (빌 1:22-26)

빌립보 교인들을 위하여 바울은 살아서 도움이 되겠다고 합니다. 어떤 도움입니까? 감옥에 갇히는 것 같은 인생을 계속 살아가고, 하나님의 부르심이 길 아닌 길로 가는 것이지만 그것이 더 풍성한 하나님의 능력이라는 것을 보이겠다는 것입니다. 죽어서 그리스도와 함께 사는 것이 당연히 쉽고 편한 길이지만 길 아닌 길을 가야 하는 신자된 영광을 알리기 위하여 살아서 이 고생을 더 연장하겠다고 합니다.

우리는 사도 바울의 이 고백을 듣고 하나님이 그것을 요구하셨다는 것을 지금 확인하며 옳은 길임을 알지만, 아직 항복하고 싶지는 않습니다. 하나 더 봅시다. 그것이 권력이 아니라는 것이 빌립보서 2장 5절 이하에 이렇게 소개됩니다.

너희 안에 이 마음을 품으라 곧 그리스도 예수의 마음이니 그는 근
본 하나님의 본체시나 하나님과 동등됨을 취할 것으로 여기지 아니
하시고 오히려 자기를 비워 종의 형체를 가지사 사람들과 같이 되셨
고 사람의 모양으로 나타나사 자기를 낮추시고 죽기까지 복종하셨으
니 곧 십자가에 죽으심이라 (빌 2:5-8)

예수의 마음을 품는다는 것은 분명히 예수를 믿는 성도들의 삶의 모
범이며 정도입니다. 그것은 권력을 행사하는 것이 아닙니다. 권력을
행사한다는 것은 무슨 뜻입니까? 힘으로 굴복시키는 것입니다. 그러
나 예수님은 그렇게 하지 않으십니다. 예수님의 성육신이 그렇습니
다. 그는 근본 하나님의 본체입니다. 그는 성자 하나님입니다. 그는 창
조주며 섭리자며 심판자입니다. 그러나 그는 하나님과 동등됨을 취할
것으로 여기지 아니하시고 자기를 비웁니다. 영광의 본체가 가지는
권세와 권력을 비우시고 종의 형체를 가져 사람의 모양으로 나타나
십니다.

우리에게 찾아오시고 설득하시는 하나님

성경이 하고 싶은 이야기는 이렇습니다. 기독교 신앙의 가장 중요한
핵심은 우리가 가진 믿음이 하나님이 누구신지와 제일 먼저 연결되
어 있다는 것입니다. 전능하신 하나님, 창조주며 섭리자며 심판자인
하나님이 어떤 하나님인지가 가장 강조됩니다. 그 하나님은 어떤 하

나님입니까? 그 영광을 권력과 두려움으로 행사하시는 하나님이 아니라, 당신의 영광을 높은 자리에서 행사하는 분이 아니라, 우리를 위하여 당신의 권력을 비우시고, 우리를 섬기는 분으로 찾아오시는 하나님이십니다. 권력을 행사하지 않는 이유가 여기 있습니다.

기독교 신앙의 놀라움은 강요하지 않는다는 것입니다. 공포로 우리를 굴복시키지 않습니다. 시간을 주며 기회를 주며 설득합니다. 어떤 종교도 이런 종교는 없습니다. 대부분의 다른 신들은 그저 하나의 법칙으로 모호한 경지에 있습니다. 정신, 관념, 이상에 불과합니다.

그러나 기독교의 하나님은 인격이십니다. 인격이란 개념은 능력이나 행복 같은 말들로 대체될 수 없는, 융통성이 있고 교제할 수 있고 대화가 되고 이해가 되는 존재라는 뜻입니다. 이것이 기독교입니다. 그래서 하나님은 당신의 목적을 힘으로 이루지 않고 자기를 낮추어 찾아오셔서 신앙을 가지기에 가장 나쁜 환경과 조건의 현실 속에서 우리를 설득하기로 하신 것입니다.

우리는 '이 문제를 해결해 주시면, 이 일을 바꿔 주시면' 하는 이런 조건들로 만족하려 하지만 하나님은 우리가 그런 것들로 만족하지 않게끔 하셔서 그 아들을 인간으로 보내어 우리 손으로 그를 십자가에 못 박게 하셨습니다. 그런 우리를 부르시고 우리의 모든 비명과 소원과 반발과 원한과 불평을 감수하신 채 우리의 전 생애와 더불어 씨름하십니다.

불만입니까? 하나님이 우리를 찾아와 우리를 다루는 방식만큼 우리를 놀라게 하는 것은 없습니다. 하나님에게 우리가 그렇게 소중하단 말이냐, 라는 말을 할 수밖에 없습니다. 요한복음 15장에서 예수님이 친히 말씀하신, 신자들을 향한 가장 중요한 요구를 살펴보겠습니다.

아버지께서 나를 사랑하신 것 같이 나도 너희를 사랑하였으니 나의 사랑 안에 거하라 내가 아버지의 계명을 지켜 그의 사랑 안에 거하는 것 같이 너희도 내 계명을 지키면 내 사랑 안에 거하리라 내가 이것을 너희에게 이름은 내 기쁨이 너희 안에 있어 너희 기쁨을 충만하게 하려 함이라 내 계명은 곧 내가 너희를 사랑한 것 같이 너희도 서로 사랑하라 하는 이것이니라 사람이 친구를 위하여 자기 목숨을 버리면 이보다 더 큰 사랑이 없나니 너희는 내가 명하는 대로 행하면 곧 나의 친구라 이제부터는 너희를 종이라 하지 아니하리니 종은 주인이 하는 것을 알지 못함이라 너희를 친구라 하였노니 내가 내 아버지께 들은 것을 다 너희에게 알게 하였음이라 (요 15:9-15)

놀라운 요구입니다. 성부 하나님과 성자 하나님의 긴밀한 연합과 긴밀한 관계 속으로 우리를 부르십니다. 하나님 앞에 성자 하나님이 가지시는 교제와 관계의 지위, 곧 영광의 자리로 우리를 부르십니다. 우리를 친구라고 하십니다. 친구란 무엇입니까? 기능으로 관계하는 것이 아니고 기계적으로 관계하는 것도 아닙니다. 이해관계로 되어 있는 것을 친구라고 하지 않습니다. 인격적으로 관계되는 사이입니다. 많은 부족과 결함에도 불구하고 친구가 될 수 있습니다. 친구를 가진다는 것은 명예로운 일입니다. 인격만이 할 수 있는 것입니다. 많은 허물에도 불구하고 친구가 됩니다. 그것은 명예롭고 영광된 것입니다. 하나님이 당신의 형상으로 지으신 인간에게 허락한 하나님의 성품입니다. 친구를 위하여 죽을 수 있다는 것은 복된 것입니다. 그럴 수 있습니다. 이해관계를 위하여 죽는 것이 아니라 친구를 위하여 손해를 보는 것은 영광이기 때문입니다.

부부가 되는 것은 영광입니다. 아무나 여자하고 살 수 있는 것이 아닙니다. 아무나 남편과 살 수 있는 것이 아닙니다. 둘은 평생을 상대방과 함께 살기로 결심한 것입니다. 얼마나 큰 영예를 안은 것인지 기억하십시오. 그 한번의 실수 때문에 평생을 망쳤다고 하는 것은 자꾸 세상이 우리에게 이야기하는 방식입니다. 그런 것과 상관없이 우리가 한 인격의 항복을 받아 낼 수 있다는 것은 진실로 명예로운 것입니다. 우리가 자녀를 기를 수 있다는 것은 진실로 복된 것입니다. 누구를 사랑하고 누구를 위해 희생하고 걱정할 수 있다는 것은 복입니다. 하나님이 우리를 이 자리로 부르셔서 우리에게 묻습니다. 우리가 자녀를 기를 때도 아이가 아프거나 어려움을 당하는 것 때문에 '괜히 낳았다' 하지는 않습니다. 끝까지 같이하는 것입니다. 그것이 부모의 권리입니다. 놓아 버리는 것은 무책임한 정도가 아니라 부모된 영광을 모르는 것입니다. 아무나 자식을 기를 수 있는 것이 아닙니다. 속이 탑니다. 그것을 하나님이 우리에게 허락하십니다. 당신이 할 수 있는 최선을 다하십니다. 하나님은 위대하십니다. 우리는 귀한 존재입니다.

성경이 가장 많이 이야기하는 것이 무엇입니까? 기독교의 핵심 된 본질을 대표하는 세 가지 언어가 있습니다. 믿음과 사랑과 은혜입니다. 이것이 다 인격적이라는 것을 기억합니까? 하나님이 그리하셨듯이 우리에게도 그것을 요구하십니다. 삼켜지고 사는 것, 길 아닌 길을 가는 것, 권력적 면제를 받지 않는 것, 이런 것들이 없으면 우리는 진정한 믿음과 사랑이라는 것을 만들어 낼 수도 확인할 수도 없습니다. 기회도 없습니다.

하나님이 그 아들을 보내신 것같이 우리가 우리의 삶을 믿음 안에 놓을 때만 우리는 비로소 세상이 우리를 삼키고 길 아닌 길로 내몰고 우리가 마치 죄지은 자처럼 밟힐지라도 이 믿음과 사랑은 방해를 받을 수 없다는 것을 확인하게 됩니다.

우리는 하나님에게 기계적인 관계를 더 많이 요구합니다. '하나님, 다른 소원은 없습니다. 이것만 이뤄 주시면 제 평생을 바치겠습니다.' 이런 것은 믿음도 사랑도 아닙니다. 잘 생각해 보십시오. 친구가 찾아와서 이런 이야기를 한다고 생각해 보십시오. "이번에 이천만 원만 한 번 딱 꿔 줘. 평생 네가 하라는 대로 다 할 테니까." 그러면 상대방이 너무 놀라서 "너는 진짜 내 친구다"라고 합니까? 그럴 리 없습니다. 친구 관계에서 돈을 빌릴 수 없다는 이야기가 아닙니다. 그것은 친구 된 조건일 수도 내용일 수도 없습니다. 매우 부수적인 것입니다.

하나님이 우리를 이 자리로 부르십니다. 예수를 믿고서 우리 인생이 고달프다는 것은 사실, 우리가 놀라운 길로 하나님의 부름을 받고 위대한 길을 걷고 있다는 것이며 그것은 명예로운 인생이 되었다는 뜻입니다. 이 길을 가는 신자가 되십시오. 만만치 않습니다. 그러나 영광된 길입니다. 살면 살수록 다른 것으로 유혹하는 세상은 참 불쌍해 보이고 예수를 믿는다는 것은 점점 더 확실해지고 감사해질 것입니다.

기도

하나님 아버지, 은혜를 감사합니다. 우리는 하나님의 자녀로 부름을 받습니다. 하나님과 믿음과 사랑으로 묶입니다. 거기는 은혜가 있고 충성이 있으며 감사가 있고 놀라운 간증거리가 있는 기적의 자리입니다. 이 인생으로 부름받았으니 자신의 영광을 아는 신앙으로 충성하게 하시옵소서. 세상의 시험과 유혹과 위협 앞에 우리가 가진 진정한 신앙의 힘과 자랑을 보여 주는 인생 되게 하여 주시옵소서. 예수님 이름으로 기도합니다. 아멘.

32

긍휼과 겸손

1 안식일에 예수께서 한 바리새인 지도자의 집에 떡 잡수시러 들어가시니 그들이 엿보고 있더라 2 주의 앞에 수종병 든 한 사람이 있는지라 3 예수께서 대답하여 율법교사들과 바리새인들에게 이르시되 안식일에 병 고쳐 주는 것이 합당하냐 아니하냐 4 그들이 잠잠하거늘 예수께서 그 사람을 데려다가 고쳐 보내시고 5 또 그들에게 이르시되 너희 중에 누가 그 아들이나 소가 우물에 빠졌으면 안식일에라도 곧 끌어내지 않겠느냐 하시니 6 그들이 이에 대하여 대답하지 못하니라 7 청함을 받은 사람들이 높은 자리 택함을 보시고 그들에게 비유로 말씀하여 이르시되 8 네가 누구에게나 혼인 잔치에 청함을 받았을 때에 높은 자리에 앉지 말라 그렇지 않으면 너보다 더 높은 사람이 청함을 받은 경우에 9 너와 그를 청한 자가 와서 너더러 이 사람에게 자리를 내주라

하리니 그 때에 네가 부끄러워 끝자리로 가게 되리라 10 청함을 받았을 때에 차라리 가서 끝자리에 앉으라 그러면 너를 청한 자가 와서 너더러 벗이여 올라 앉으라 하리니 그 때에야 함께 앉은 모든 사람 앞에서 영광이 있으리라 11 무릇 자기를 높이는 자는 낮아지고 자기를 낮추는 자는 높아지리라 12 또 자기를 청한 자에게 이르시되 네가 점심이나 저녁이나 베풀거든 벗이나 형제나 친척이나 부한 이웃을 청하지 말라 두렵건대 그 사람들이 너를 도로 청하여 네게 갚음이 될까 하노라 13 잔치를 베풀거든 차라리 가난한 자들과 몸 불편한 자들과 저는 자들과 맹인들을 청하라 14 그리하면 그들이 갚을 것이 없으므로 네게 복이 되리니 이는 의인들의 부활시에 네가 갚음을 받겠음이라 하시더라 (눅 14:1-14)

안식일 논쟁

본문은 예수님이 안식일에 병든 사람을 고쳐 주고 그 일로 인하여 논쟁이 벌어지는 장면입니다. 1-6절에서는 안식일 논쟁이 나오고 7절 이하에서는 겸손하라는 말씀이 이어지고 있습니다. 앞의 내용은 긍휼에 관한 것이고 뒷부분은 겸손에 관한 것이라고 주제를 잡을 수 있습니다. 그것이 기독교 신앙의 어떤 근거에 의해서 연속성을 가지는지 확인하려고 합니다.

안식일 논쟁은 복음서에 자주 등장합니다. 앞에서 누가복음 13장을 다룰 때 율법은 내용을 담는 그릇이라는 면에서 안식일 논쟁을 다루었습니다. 본문에서 다루려는 것은 예수님이 하시는 일을 당시 종교 지도자들이 법을 가지고 또는 종교적 의식이나 명분을 가지고 반대했다는 사실입니다. 예수님이 "나는 안식일에 주인이라" 하고 말씀하셨지만 그들은 율법을 들고 와서 시비를 걸었다는 것에 초점이 있습니다.

이것은 율법을 지키기 위하여 긍휼마저도 베풀지 못하게 하는 것입니다. 재미있습니다. 예수님이 긍휼을 베풀었지만 바리새인들이 안식일을 지키기 위하여 다른 날에 하라고 합니다. 예수님의 답은 안식일에 긍휼을 베풀고 하나님의 뜻을 표현하고 증거하는 것은 당연할 뿐 아니라 더 해야 한다고 하시면서 안식일의 개념을 말씀하십니다.

이것은 죄라는 것이 도덕성의 문제가 아니라, 도덕성을 가지고 계시는 하나님에 관한 문제라는 점을 지적하고 있습니다. 우리는 기독교인이 된 이후에도, 모든 존재와 가치의 주인이 하나님이라는 것을 놓치면 어떤 법칙이나 명분으로 하나님과 충돌할 수 있습니다. 옳을수록 그렇습니다. 옳을 때는 참 무섭습니다. 옳을 때 더 자비로워야 합니다. 그것이 근거입니다. 그러니까 근거를 펼치는 방법이 내용을 갖고 있는지 살펴봐야 합니다. 사무엘상 15장을 보겠습니다.

사울이 사무엘에게 이르되 나는 실로 여호와의 목소리를 청종하여 여호와께서 보내신 길로 가서 아말렉 왕 아각을 끌어 왔고 아말렉 사람들을 진멸하였으나 다만 백성이 그 마땅히 멸할 것 중에서 가장 좋은 것으로 길갈에서 당신의 하나님 여호와께 제사하려고 양과 소를 끌어 왔나이다 하는지라 사무엘이 이르되 여호와께서 번제와 다른 제사를 그의 목소리를 청종하는 것을 좋아하심 같이 좋아하시겠

나이까 순종이 제사보다 낫고 듣는 것이 숫양의 기름보다 나으니 이
는 거역하는 것은 점치는 죄와 같고 완고한 것은 사신 우상에게 절
하는 죄와 같음이라 왕이 여호와의 말씀을 버렸으므로 여호와께서
도 왕을 버려 왕이 되지 못하게 하셨나이다 하니 (삼상 15:20-23)

사울이 왕이 된 후에 사울에게 사무엘 선지자가 와서, 아말렉을 치되
어떤 전리품도 가져오지 말고 다 진멸하라고 합니다. 그런데 전쟁을
하고 전리품을 어떻게 안 가져오겠습니까. 사울이 시험을 받아, 좋은
전리품을 남겨 옵니다. 그리고 사무엘이 가서 꾸짖자 사울은 '하나님
께 제사하려고 소와 양을 남겨 왔습니다'라고 핑계를 댑니다. 그래서
그 유명한 '하나님은 번제보다 그의 말씀을 순종하는 것을 더 좋아한
다'라는 질책이 나옵니다.

번제로 하나님이 누구신지를 덮어 버림

이것은 무슨 뜻입니까? 우리에게 요구되는 모든 신앙적인 명령이나
혹은 더 넓게 상식과 양심과 도덕에 관한 모든 것들을 지켜야 하는 이
유는 하나님이 그런 분이시기 때문입니다. 온 우주와 역사의 주인이
신 하나님은 도덕성을 가지고 계십니다. 통치의 중요한 본질로 질서
와 공의를 갖고 계십니다. 그러나 더 중요한 것은 하나님이 그런 것들
을 줄 때 누구를 비난하기 위해 주는 것이 아니라 모두의 유익을 위하
여 은혜와 자비로, 의로우심과 선하심과 자비하심으로 질서와 규칙과

형식을 베풀었다는 것을 잊지 말라는 것입니다. 번제를 드리는 것으로 하나님이 누구신지를 덮어 버리고, 옳은 것이 하나님의 은혜와 자비를 막는 것이 된다면 그것은 틀렸다는 이야기입니다. 만만치 않습니다.

우리는 모두 하나님의 긍휼을 필요로 한다는 것을 알아야 합니다. 양심에 거리낌 없는 일을 하거나 옳은 일을 하거나 도덕적이 되거나 어떤 일에 헌신할 때는 그것 자체가 보상인 줄 알아야 합니다. 정직하게 사는 것, 성실하게 사는 것, 효도하며 사는 것이 복입니다. 그것을 하는 것과 못하는 것을 대비하는 데 목적이 있지 않고 그렇게 하는 것이 인간다운 것이며 하나님의 통치의 가장 중요한 특징을 누리는 것입니다. 그것을 하지 못하는 것은 그 자체로 이미 벌을 받은 것입니다. 사람이 정직하지 않고, 성실하지 않고, 명예로운 일에 헌신할 기회나 능력이나 마음을 가지지 못한다는 것은 그것 자체로 벌입니다.

우리는 바로 이 옳은 일에 부름을 받는, 하나님의 의로우신 통치, 선하신 통치를 따라 사는 것을 보상으로 여기지 않고, 이것을 마치 하고 싶은 것을 사양한 희생이나 잘난 선택으로 생각하는 순간, 그 보상을 그 자체로 갖는 명예에서 구하지 않게 됩니다. 또 그렇게 살지 않는 자들을 정죄하여 확인하려 합니다. 참으로 무서운 죄성입니다. 옳은 길을 가는데 그것이 하나님의 통치에 순종하여 가는 명예임을 깨닫지 못하여 잘잘못만 따지고 시비를 걸려고 나서는 것이 죄입니다. 모두를 경멸하여 우월감을 가지는 것으로 자신의 신앙을 확인하려는 것은 비겁하고 죄스러운 것입니다.

긍휼을 막는 차별화

하나님의 자녀가 되어 하나님을 알게 된 것은 영광스러운 것입니다. 은혜를 입은 것입니다. 긍휼을 입은 자입니다. 그 은혜와 긍휼이 참다운 복과 명예와 영광으로 우리를 불렀습니다. 그것으로 충분한 보상을 삼지 못하면, 우리는 안 믿는 자를 향해 차별화와 경멸과 동정으로 자신의 신앙을 점검하게 됩니다. 그러면 아주 멋없는 표정이 나옵니다. 예수를 믿긴 하지만, 가까이하고 싶지 않은 그런 얼굴이 드러납니다. 한국 교회에서 늘 경험하는 바입니다. 흠을 잡을 수는 없지만 옆에 가기가 싫습니다. 서릿발이 서려 있습니다. 옳고 진실하고 거룩하지만 재수가 없습니다. 큰 문제입니다.

예수 믿는 사람은 만족하는 사람이며 감사하는 사람입니다. 신앙을 막연하게 추상적으로 개념화하면 안 됩니다. 하나님의 통치의 명예로움과 영광으로 부름을 받아 신실하게 살 수 있게 되었습니다. 도덕적으로 얼마큼 신실한지를 따지자는 것이 아니라 부름 자체가 그렇습니다. 그 부름을 내가 얼마나 잘 좇아가는지는 다음 문제입니다. 기회와 가능성이 없던 자리에서 이 자리로 부름을 받았습니다. 그로 인해 무엇을 더 요구할 필요성이 없을 만큼 아주 넘치는, 넉넉한 영광의 자리에 와 있습니다.

그러나 우리는 이것이 긍휼로 말미암았다는 사실을 놓치기 때문에 자신과 다른 사람을 차별하여 자기를 확인합니다. 잘잘못을 따지고 우열을 가리며 하나님 앞으로 나아가는 길을 막는 자가 됩니다. 이것이 안식일 논쟁입니다. 예수님이 베푸시는 긍휼을 그들이 가로막고 선 이유가 무엇입니까? 자기들의 정당함을 밝히고 그 정당함으로 보상받는 방법이 이것밖에 없다는 사실 때문에 그렇습니다. 예수를 정죄해서라도 확인해야 하는 자신들의 정당성이라는 것은 얼마나 가난한 내용입니까. 얼마나 무지한 것입니까. 성경이 지적하고 싶은 것은 이것입니다.

그런 차원에서 종교적 예식, 종교적 헌신, 종교적 규칙, 종교적 명분을 내세우게 되면 순종이 제사보다 낫다는 가르침은 손상을 입게됩니다. 다시 말해서 신앙의 대상이신 하나님과 나와의 관계가 약화되거나 무효화될 수 있습니다. 이것은 말이 되지 않습니다.

긍휼의 필요성을 이해하는 것이 겸손이다

기독교 신앙의 가난함은 바로 여기에 있습니다. 이 문제가 뒤에 나오는 겸손의 문제와 어떻게 연결되는지 생각해 봅시다. 이는 사람이 어느 잔칫집에 청함을 받아 가면 자꾸 위에 앉으려고 하지 말라는 참으로 원색적이고 유치한 비유처럼 제시되곤 합니다. 예수님 시대나 우리 시대나 늘 있는 바이지만 청함을 받으면 누가 더 상좌에 앉는지가 마음의 중요한 시험거리가 됩니다. 낮은 데 앉아 있는데 주인이 "왜 거기 앉았냐. 올라오라" 하면 영광이지만 괜히 잘난 척하고 위에 앉았다가 "거기는 당신 자리가 아니다"라고 하면 얼마나 망신입니까. 그러나 이 문제는 이렇게 간단한 이야기가 아닙니다. 예수님이 삶의 지혜나 인간관계의 기술을 이야기했겠습니까. 이 이야기는 누가복음 14장

12절 이하의 말씀과 관계가 있습니다. 우리에게 벗이나 형제나 친척이나 부한 이웃을 청하지 말고 우리에게 갚을 수 없는 자를 부르라는 말씀과 연결됩니다. 차라리 몸 불편한 자와 저는 자와 맹인들을 청하여 갚을 수 없게 하라고 권면하십니다. 이것과 연결해야만 이 말씀이 이해가 됩니다.

겸손이란 자기 자신이 긍휼을 필요로 하는 자임을 이해하는 데서부터 오는 것입니다. 내가 긍휼을 입어야 한다는 사실을 이해하는 자라면 갚을 수 없는 자들을 갚을 수 있는 자들과 차별할 수 없습니다. 겸손이란 세상에서 이야기하는 대인 관계의 기술도 사회적 몸치장도 아닙니다. 그것은 삶의 기술도 아니고 인생을 사는 비법도 아닙니다. 사람들에게 좋게 보이는 문제를 다루는 것이 아닙니다. 가난한 자와 병든 자를 구제하는 것이 기독교 신앙의 기본적인 이해가 아닙니다. 이 내용은 그들을, 우리가 보다 낫다고 생각하는 자들과 대등한 관계로 교제할 수 있어야 된다고 이야기하는 것입니다. 대등한 관계의 교제라는 것은 구제할 대상, 동정의 대상, 도와줘야 할 대상으로 여기지 말고 내가 하나님 앞에 긍휼이 필요하듯이 우리 모두가 하나님 앞에 긍휼을 필요로 하는 자라는 것을 이해하는 삶을 살라는 것입니다. 가난을 해결하고, 불편을 도와주는 것이 아니라 우리가 기꺼이 부르고 싶은 자들과 그들을 동등하게 대접하라는 것입니다. 어려운 일입니다.

이렇게 살아간 분들이 기독교 역사상 여럿이 있습니다. 우리가 잘 아는 사람은 테레사 수녀입니다. 그가 인도의 빈민촌에 방문하여 가난한 사람들을 돕는 이유는 저들이 하나님의 형상으로 지음을 받은 자로서 인간 대접을 받을 자격이 있음을 실천하려는 데 있습니다. 가난을 해결하고 병을 고쳐 주러 가는 것이 아니라 아무도 돌보지 않고 자기 몸을 관리할 수 없어 버려진 자들을 찾아가 마치 그들이 자신에게 가장 귀한 사람인 것처럼 목욕을 시켜 주고 정갈한 음식을 준비해 주고 집을 치워 주고 사람 대접을 하고 오는 것입니다. 경제적 도움이나 말동무나 신체적 협력을 떠나서 말입니다. 이것이 귀합니다.

대부분의 경우 우리가 누구에게 도움을 주다가 발견하는 사실은 내가 누구에게 도움이 된다는 것으로 인한 자존심의 만족입니다. 나도 쓸모 있는 사람이구나, 나도 누군가에게 도움을 줄 수 있구나 하는 것에 감격합니다.

갚을 수 없는 자들을 부르라

예수님의 행적을 보면, 예수님은 자신이 누구를 고쳐 줌으로써 다른 사람에게 도움이 되었다고 만족한 경우가 없습니다. 결국은 죽으셔야 하는 길로 오십니다. 세상과 사람이 만들어 내는 것으로는 답을 얻을 수 없는 곤경에 우리가 처했다는 것을 보여 주고 계십니다. 당신이 구세주인 것을 보이시는데 그는 당신이 하시는 일, 곧 이 엄청난 긍휼을 베푸는 일을 위하여 섬기러 오셨다고 누누이 강조하십니다. 즉 하나님이, 우리에게 말하신 '갚을 수 없는 자들'을 부르시기 위해 우리를 찾아오셨다는 것입니다. 이사야 58장을 보겠습니다.

크게 외치라 목소리를 아끼지 말라 네 목소리를 나팔 같이 높여 내

백성에게 그들의 허물을, 야곱의 집에 그들의 죄를 알리라 그들이 날
마다 나를 찾아 나의 길 알기를 즐거워함이 마치 공의를 행하여 그
의 하나님의 규례를 저버리지 아니하는 나라 같아서 의로운 판단을
내게 구하며 하나님과 가까이 하기를 즐거워하는도다 우리가 금식하
되 어찌하여 주께서 보지 아니하시오며 우리가 마음을 괴롭게 하되
어찌하여 주께서 알아 주지 아니하시나이까 보라 너희가 금식하는
날에 오락을 구하며 온갖 일을 시키는도다 보라 너희가 금식하면서
논쟁하며 다투며 악한 주먹으로 치는도다 너희가 오늘 금식하는 것
은 너희의 목소리를 상달하게 하려는 것이 아니니라 이것이 어찌 내
가 기뻐하는 금식이 되겠으며 이것이 어찌 사람이 자기의 마음을 괴
롭게 하는 날이 되겠느냐 그의 머리를 갈대 같이 숙이고 굵은 베와
재를 펴는 것을 어찌 금식이라 하겠으며 여호와께 열납될 날이라 하
겠느냐 내가 기뻐하는 금식은 흉악의 결박을 풀어 주며 멍에의 줄을
끌러 주며 압제 당하는 자를 자유하게 하며 모든 멍에를 꺾는 것이
아니겠느냐 또 주린 자에게 네 양식을 나누어 주며 유리하는 빈민
을 집에 들이며 헐벗은 자를 보면 입히며 또 네 골육을 피하여 스스
로 숨지 아니하는 것이 아니겠느냐 그리하면 네 빛이 새벽 같이 비칠
것이며 네 치유가 급속할 것이며 네 공의가 네 앞에 행하고 여호와의
영광이 네 뒤에 호위하리니 네가 부를 때에는 나 여호와가 응답하겠
고 네가 부르짖을 때에는 내가 여기 있다 하리라 만일 네가 너희 중
에서 멍에와 손가락질과 허망한 말을 제하여 버리고 주린 자에게 네
심정이 동하며 괴로워하는 자의 심정을 만족하게 하면 네 빛이 흑암
중에서 떠올라 네 어둠이 낮과 같이 될 것이며 여호와가 너를 항상

인도하여 메마른 곳에서도 네 영혼을 만족하게 하며 네 뼈를 견고하
게 하리니 너는 물 댄 동산 같겠고 물이 끊어지지 아니하는 샘 같을
것이라 네게서 날 자들이 오래 황폐된 곳들을 다시 세울 것이며 너
는 역대의 파괴된 기초를 쌓으리니 너를 일컬어 무너진 데를 보수하
는 자라 할 것이며 길을 수축하여 거할 곳이 되게 하는 자라 하리라
(사 58:1-12)

금식하는데 왜 하나님이 응답하시지 않냐는 무시무시한 말씀입니다.
그들의 금식은 우월감의 확인에 불과하고 종교적인 행사로써 자신의
고급함을 증거하는 데 급급하기 때문이라고 합니다. 우리는 훌륭한
사람이다, 그러니 내 말을 들으라, 우리는 옳은 사람이다, 그러니 내
판단은 언제나 옳다, 라는 것으로 너희는 모든 사람을 잡지 않느냐,
너 잘났다는 것을 증명하기 위하여 네가 얼마나 많은 사람을 잡고 있
는가 봐라, 내 금식은 그런 게 아니다, 내 금식은 멍에의 줄을 끊고 종
을 풀어 주고 얽매인 것을 해방하는 것이다, 놀랍지 않습니까?
　여기서 무질서를 상상한다면 그건 죄성 때문입니다. 옳은 것을 깨
면 혼돈이 옵니다. 그런데 성경이 말하는 옳은 것과 정의는 법으로 강
제되는 것이 아니라 그 아들을 보내신 하나님의 긍휼과 자비로 요구
되는 통치입니다. 우리가 지키는 정의와 도덕이, 우리가 믿고 책임져
야 할 신앙과 종교가 하나님의 통치라는 근본적인 차원에서 이해되
지 않고 다만 옳고 잘난 것에 불과하면 하나님 통치의 가장 중요한 긍
휼과 자비는 온데간데없고 그 옳음이 모두를 잡아먹을 것입니다.
　종교라는 이름으로 모두가 쉽게 항복할 것이라고 생각해서 하는

말이 아닙니다. 끊임없이 용서하고 이해하고 기다려야 하는 것을 하나님의 통치로 이해하지 못한 자들의 신앙은 사람을 잡는 것에 지나지 않을 것이기 때문입니다.

우리의 자기 이해를 확인해 보십시오. 예수를 믿는다는 것은 무엇을 의미합니까? 보상이 어디 있습니까? 만족이 어디 있습니까? 예수 안에서 하나님의 자녀가 됐다는 것으로 충분하다면 우리는 누구를 잡아서 우리의 가난함을 메울 필요가 없습니다. 나를 긍휼로 부르신 하나님의 은혜를 예수 안에서 확인한다면 분노할 필요가 없습니다. 우리가 누구를 정죄하고 누구에게 분노하는 이유는 우리가 가진 것이 옳은데 그것만으로는 만족할 수 없어서 터져 나오는 결핍의 비명입니다.

예수를 믿고 사는 것이 쉽지 않다는 것을 우리는 압니다. 그러나 이 길에 들어선 것으로 답을 얻은 것입니다. 영광됨과 부요함을 채워 나가는 것입니다. 높은 산을 오를 때 정상은 멀지만, 올라온 것만큼 온 것입니다. 정상까지 가려면 얼마나 힘든지와 올라갈 산이 없다는 것은 다른 이야기입니다. 정상이 어디인지를 모르면 올라온 높이에서 밑에 있는 사람들에게 고함지르는 일밖에 남지 않는다는 뜻입니다.

하나님이 경배와 복종의 대상인 것을 기억하십시오. 우리가 그를 경배하며 그에게 복종하는 것은 그의 의로우심과 선하심과 복되심과 전능하심과 긍휼과 자비와 사랑이 있다는 사실 때문입니다. 그 부르심과 허락하신 복을 소유한 자들로서 그 넉넉함을 보이십시오. 다른 것으로 자신을 채우려는 시험에 지지 말고 세상이 다른 것으로, 힘으로 우리를 공격할 때에도 우리가 가진 힘이 무엇인가를 보여 주는 기회로 삼는 인생을 살아 우리의 자기 이해와 삶에 대한 책임을 확인하는 본문 말씀이기를 바랍니다.

기도

하나님 아버지, 하나님을 아버지로 부른다는 것은 얼마나 놀라운 것입니까. 왜 그것 하나에 모든 답이 있다는 것을 우리는 놓치고 살까요? 우리의 믿음과 헌신은 왜 불평과 비난으로만 나올까요? 하나님의 통치의 놀라움을 이해하게 하옵소서. 예수를 믿는 믿음의 귀함, 그 신비와 기적을 깨닫게 하시고 그 기적의 삶으로 부름받은 것을 아는 우리 모두의 신앙이 되게 하셔서 우리의 삶과 가정과 이웃과 세상 앞에 무너진 곳을 수축하는 하나님의 영광이 다시 빛을 발하여 교회와 신자와 가정의 책임을 감당하고 누리도록 우리를 인도하여 주시옵소서. 예수님 이름으로 기도합니다. 아멘.

33
너는 바리새인이다

15 함께 먹는 사람 중의 하나가 이 말을 듣고 이르되 무릇 하나님의 나라에서 떡을 먹는 자는 복되도다 하니 16 이르시되 어떤 사람이 큰 잔치를 베풀고 많은 사람을 청하였더니 17 잔치할 시각에 그 청하였던 자들에게 종을 보내어 이르되 오소서 모든 것이 준비되었나이다 하매 18 다 일치하게 사양하여 한 사람은 이르되 나는 밭을 샀으매 아무래도 나가 보아야 하겠으니 청컨대 나를 양해하도록 하라 하고 19 또 한 사람은 이르되 나는 소 다섯 겨리를 샀으매 시험하러 가니 청컨대 나를 양해하도록 하라 하고 20 또 한 사람은 이르되 나는 장가 들었으니 그러므로 가지 못하겠노라 하는지라 21 종이 돌아와 주인에게 그대로 고하니 이에 집 주인이 노하여 그 종에게 이르되 빨리 시내의 거리와 골목으로 나가서 가난한 자들과 몸 불편한 자들과 맹인들과 저는 자들을

데려오라 하니라 **22** 종이 이르되 주인이여 명하신 대로 하였으되 아직
도 자리가 있나이다 **23** 주인이 종에게 이르되 길과 산울타리 가로 나가
서 사람을 강권하여 데려다가 내 집을 채우라 **24** 내가 너희에게 말하노
니 전에 청하였던 그 사람들은 하나도 내 잔치를 맛보지 못하리라 하였
다 하시니라 (눅 14:15-24)

예수님의 큰 잔치 비유

예수님이 잔치 비유를 베푸셨습니다. 한 사람이 잔치를 베풀고 여러
친구를 초대했습니다. 초청 당일이 되어 하인들이 모시러 갔더니 다
바쁜 일을 핑계 대고 오지 않자 주인이 길에 나가 손님들을 청해 오고
그래도 자리가 남아서 길 너머 산울타리까지 가서 손님들을 강권하
여 잔치 자리를 채웠다는 비유입니다.

　이 비유가 등장하는 배경은 '안식일에 예수께서 한 바리새인 지도
자의 집에 떡 잡수시러 들어가시니'(눅 14:1)라고 하는 장면입니다. 이
자리에는 여러 사람이 있었습니다. 그들이 어떤 우월감 속에서 교제
하며 자신만만해하는 것을 보고 예수님이 여러 가지로 꾸중하십니다.
안식일에 병을 고쳐 주신 것, 높은 자리에 앉지 말라고 하는 것, 대가
를 바라지 말고 긍휼을 베풀어 어려운 사람들과 진실한 교제를 하라
는 데까지 이릅니다. 그러자 본문 15절에 있듯이 '함께 먹는 사람 중
의 하나가' 예수님이 자꾸 뭐라고 하니까 심기가 불편해져서 아주 분
명하게 자신들의 처지를 변명하고 예수님의 꾸중을 반박합니다. "하

나님의 나라에서 잔치를 베풀 때 우리는 어차피 거기 있을 것 아닙니까? 왜 우리에게 부족함이 있고 잘못된 것이 있다고 자꾸 그러십니까?" 그냥 읽으면 별 내용이 아닌 것 같지 않지만, 예수님의 답이자 이 비유의 끝인 24절을 보면 '내가 너희에게 말하노니 전에 청하였던 그 사람들은 하나도 내 잔치를 맛보지 못하리라'라고 함으로써 불꽃 튀는 대화였음을 짐작할 수 있습니다.

예수님이 공생애를 사시던 당시의 바리새인들은 이스라엘에서 정치적으로나 종교적으로 지도자급에 있고 또 모범적이고 존경받는 사람들이었습니다. 그들 스스로 이것이 하나님의 통치에 대한 올바른 순종의 길이라고 생각하고 모범을 보였습니다. 이것이 바리새인들의 삶이며 가르침이었습니다. 그러나 예수님은 바리새인들과 사사건건 부딪혔습니다. 그 대목 중에서 확신에 관한 문제를 다루고 있습니다. 바리새인들의 확신의 근거인 '우리는 당연히 하나님 나라에서 떡을 먹을 것입니다'에 대해서 예수님은 "전에 청함을 받은 자들은 하나도 들어오지 못한다"라고 답하심으로 정면충돌해 버립니다.

기독교 신앙의 확신과 근거

이 문제를 이해하기 위해 오늘날 우리 이야기를 해 보겠습니다. 예수 믿는 사람들은 기독교 신앙에 대한 확신이 있습니다. 그렇지 않고는 기독교 신앙을 가질 수 없습니다. 그 확신은 사람마다 조금씩 경우도 다르고 핵심도 약간 달라서 자신이 예수를 믿는 기독교 신앙을 가지게 된 것을 다양하게 경험하고 설명할 수 있습니다. 그러나 그것이 지식일 때는 충돌을 일으킬 수 있습니다. 내가 가진 지식과 다른 확신으로 가진 지식은 서로 합의하기가 어렵기 때문입니다. 그 지식이 각 개인에게 어떻게 이해됐는지는 각 개인의 도덕성이나 지성과 연결되어 있고 그렇게 해서 갖는 확신의 근거이기 때문입니다. 그 확신은 사실보다는 사실을 이해한 자기 자신과 직결되므로 거기에는 서로 간에 묘하게 자존심이 걸리게 됩니다. 실제로 기독교 신앙을 가진 이들이 확신하는 것은 그와는 약간 다릅니다. 로마서 8장 31절을 보겠습니다.

> 그런즉 이 일에 대하여 우리가 무슨 말 하리요 만일 하나님이 우리를 위하시면 누가 우리를 대적하리요 자기 아들을 아끼지 아니하시고 우리 모든 사람을 위하여 내주신 이가 어찌 그 아들과 함께 모든 것을 우리에게 주시지 아니하겠느냐 누가 능히 하나님께서 택하신 자들을 고발하리요 의롭다 하신 이는 하나님이시니 누가 정죄하리요 죽으실 뿐 아니라 다시 살아나신 이는 그리스도 예수시니 그는 하나님 우편에 계신 자요 우리를 위하여 간구하시는 자시니라 (롬 8:31-34)

이 구절들에 따르면, 우리가 가진 기독교 신앙의 진정성과 낙관적 운명을 확신하는 근거는 분명 하나님에게 있습니다. 기독교 신앙의 주인이신 하나님은 우리를 깨우치시고 우리에게 어느 수준을 요구하시는 것이 아니라, 그분이 우리를 원하시고 위하시기 때문입니다. 그 원하심과 위하심의 크기와 진정성이 예수 그리스도의 성육신과 십자가로 말미암아 역사적으로 증명되었습니다.

예수 그리스도로 말미암은 구원의 확신은 하나님의 은혜와 신실하심과 전능하심을 근거로 가능합니다. 그 확신을 깨달음의 정도와 실천의 수준으로 가지는 것이라면, 우리의 확신은 매우 다르고 어려울 것입니다. 그것이 바로 본문에 나온 잔치 비유의 핵심입니다. 바리새인들은 틀림없이 자기들이 하나님 나라의 잔치에 참여할 것으로 생각했으나 예수님이 그것을 반박해야 할 이유가 바로 거기에 있었던 것입니다. 바리새인들이 가졌던 확신은 하나님의 율법에 대한 이해와 실천이라는 개인적이고 종교적인 헌신과 자격과 조건에 근거를 둔 것이었습니다. 예수님의 비유에 의하면 주인이 잔치를 베풀고 사람을 초대했는데 그들이 오지 않자 잔치를 포기해 버리는 주인이 아니라 원래 목적대로 잔치를 열고 자격 없는 자들과 원치 않는 자들을 붙들어 오겠다는 것입니다. 신약식으로 이야기하면 하나님은 당신이 인류에게 베푸시려는 사랑과 복을 기어코 주시고야 만다는 것입니다. 거기에서 초대받는 자들의 자격이나 조건은 주인의 의지에 달렸지, 손님의 자격에 달린 것이 아니라고 이 비유는 가르칩니다.

은혜로 받은 것 아니냐

우리는 이 문제가 신앙에 대한 이해와 실천에 미치는 영향이 너무 커서 이 점을 분명하게 이해할 필요가 있습니다. 우리가 가지고 있는 예수에 집중되어 있는, 아니 예수에만 전적으로 의존하고 있는 기독교

신앙의 근거는 예수로 말미암아 증거된 하나님의 은혜를 배타적으로
표현하는 것입니다. 이것이 우리 본성상 얼마나 어려운 문제인지를
고린도전서 1장에서 이렇게 이야기합니다.

> 십자가의 도가 멸망하는 자들에게는 미련한 것이요 구원을 받는 우
> 리에게는 하나님의 능력이라 기록된 바 내가 지혜 있는 자들의 지혜
> 를 멸하고 총명한 자들의 총명을 폐하리라 하였으니 지혜 있는 자가
> 어디 있느냐 선비가 어디 있느냐 이 세대에 변론가가 어디 있느냐 하
> 나님께서 이 세상의 지혜를 미련하게 하신 것이 아니냐 하나님의 지
> 혜에 있어서는 이 세상이 자기 지혜로 하나님을 알지 못하므로 하나
> 님께서 전도의 미련한 것으로 믿는 자들을 구원하시기를 기뻐하셨
> 도다 유대인은 표적을 구하고 헬라인은 지혜를 찾으나 우리는 십자
> 가에 못 박힌 그리스도를 전하니 유대인에게는 거리끼는 것이요 이
> 방인에게는 미련한 것이로되 오직 부르심을 받은 자들에게는 유대인
> 이나 헬라인이나 그리스도는 하나님의 능력이요 하나님의 지혜니라
> (고전 1:18-24)

복음을 설명하는 데 있어서 가장 크게 오해하는 것, 또는 이해하기 힘
든 것을 이렇게 예로 듭니다. 이 복음은 유대인에게는 거리끼는 것이
며 헬라인에게는 미련한 것이라고 합니다. 유대인에게 거리끼는 이유
는 유대인들에게는 율법을 지켜야 얻는 것이 구원인데, 복음은 은혜
를 선포하기 때문입니다. 헬라인에게는 그것이 지혜여야 합니다. 합
리성이 있어야 하는데, 복음은 은혜에 속하기 때문에 합리성이 없습

니다. 그러나 구원을 얻은 이들은 동일하게 하나님의 능력이라는 것을 인정하게 됩니다. 인간의 자격과 조건의 문제가 아니라 하나님이 하셨다는 것을 알게 되기 때문입니다.

바로 여기에서 우리 교회가 속해 있는 한국 교회 보수 진영에 대하여 밖에서 갖는 이해와 우리의 이해를 한 번 더 짚어 볼 필요가 있습니다. 우리 교회가 속한 교단, 크게 한국 교회 보수 교단은 그냥 보수가 아니라 보수 꼴통이라고 부릅니다.

꼴통이라는 것은 말이 안 되고 통하지 않는다는 표현으로서 약간 놀리는 말입니다. 어떻게 아무 자격 없이 구원을 얻을 수 있으며 또 무책임하게 살면서 은혜라는 이름으로 자기 변명을 하냐고 하면서 꼴통이라는 말을 듣습니다. 그런데 여기에 또 하나의 문제가 있습니다. 이것이 은혜임을 말하기 위하여 우리가 배타성을 가지는데 은혜의 배타성은 대화를 거부하며 이해를 거부하며 관용과 포용을 거부하는 것에 대한 표현이기도 합니다. 이 점은 우리가 짚고 넘어가야 합니다. 우리가 가지는 은혜는 예수로만 가능한 은혜이기 때문에 배타적 진리를 선포해야 합니다. 그래서 우리는 꼴통이 됩니다. 그런데 그 배타적 진리이며 근거인 예수님만이 은혜의 근원자이십니다. 예수를 배타적인 구원의 근거와 구세주로 믿으면 오직 그분만이 은혜의 샘이라는 것을 인정해야 합니다. 고린도전서 4장 1절 이하를 보면 이런 말씀이 나옵니다.

사람이 마땅히 우리를 그리스도의 일꾼이요 하나님의 비밀을 맡은 자로 여길지어다 그리고 맡은 자들에게 구할 것은 충성이니라 너희에게나 다른 사람에게나 판단 받는 것이 내게는 매우 작은 일이라 나도 나를 판단하지 아니하노니 내가 자책할 아무 것도 깨닫지 못하나 이로 말미암아 의롭다 함을 얻지 못하노라 다만 나를 심판하실 이는 주시니라 그러므로 때가 이르기 전 곧 주께서 오시기까지 아무 것도 판단하지 말라 그가 어둠에 감추인 것들을 드러내고 마음의 뜻을 나타내시리니 그 때에 각 사람에게 하나님으로부터 칭찬이 있으리라 형제들아 내가 너희를 위하여 이 일에 나와 아볼로를 들어서 본을 보였으니 이는 너희로 하여금 기록된 말씀 밖으로 넘어가지 말라 한 것을 우리에게서 배워 서로 대적하여 교만한 마음을 가지지 말게 하려 함이라 누가 너를 남달리 구별하였느냐 네게 있는 것 중에 받지 아니한 것이 무엇이냐 네가 받았은즉 어찌하여 받지 아니한 것 같이 자랑하느냐 (고전 4:1-7)

고린도교회는 지식과 은사가 풍성한 교회였다고 고린도서에 기록되어 있습니다. 그것이 그들로 하여금 기독교 신앙의 중요한 근거를 자격에 두도록 만들었습니다. 그래서 사도 바울이 이 문제 때문에 고린도전후서를 쓰게 됩니다. 그래서 바울은 너희가 가진 기독교 신앙의 내용 중에 너희가 만든 것이 어디 있느냐, 은혜로 받은 것 아니냐, 그런데 어찌하여 받지 아니한 것같이 스스로 만들어 낸 것같이 자랑하느냐는 뜻으로 말하고 있습니다. 그래서 판단하지 말라고 하는데 판단이라는 말은 분별하지 말라든가 지혜가 필요 없다는 말이 아니라 비판과 정죄를 삼가라는 것입니다. 은혜에 속한 것이므로 자격과 조건 없이 부르시는 하나님이 어느 곳에서든지 부르실 수 있다는 것을 기억해야 한다고 말합니다.

은혜와 고린도교회

우리는 기독교 신앙의 분명함을 예수님으로 확인하고 있습니다. 예수님을 보내어 우리에게 구원을 베푸신 하나님은 그 아들을 십자가에 죽일 만큼 당신의 구원을 은혜에 근거하고 있습니다. 이 예수님은 은혜를 베푸시는 분이라서 우리는 그 경계를 알 수 없습니다. 매우 분명하면서 모호한 것입니다.

은혜에 근거하고 그것이 예수로 증명되었다는 점에서 우리는 너무나 분명한 기독교 신앙의 근거를 가집니다. 그래서 내가 구원을 받았다는 것과 나의 능력을 벗어나는 하나님의 은혜로 말미암아 결국 승리할 것이라고 확신하는 것입니다. 바로 그런 이유 때문에 이 확신은 누구를 정죄함으로써 보충해서는 안 됩니다.

우리가 예수님을 믿어야 하고 예수님 외에는 구원의 길이 없다고 이야기하는 것은 넓은 데 하나의 길을 낸 것이 아니라, 없는 전체를 싸안으려고 예수님이 오셨다는 것입니다. 이 점을 아주 분명히 해야 합니다. 예수님을 만나지 않는 길로 가면 길이 다 막혀 있고, 또 예수님을 만나지 않고는 영원과 영생으로 연결될 수 있는 다른 입구가 없습니다. 그것이 예수입니다. 예수님을 믿지 않고 다른 길을 걷고 있다는 것이 결국 헛수고임을 알게 됩니다. 예수님이 모두를 어떻게 끌어안으실지 우리는 모릅니다. 지금 말하고자 하는 것은 우리가 받은 은혜와 기독교 신앙을 확실하게 증거하는 일에 지금 나와 다른 길에 서 있고 나와 다른 말을 하는 자를 비판하고 정죄함으로써 내 확신을 증거할 필요는 없다는 것입니다.

그들이 가는 길과 예수님 없이 사는 것이 예수님을 믿고 예수님으로 말미암아 사는 것과 어떻게 다른 것입니까? 우리 자신의 구원과 정체성과 예수의 배타성을 증명하는 것은 오직 하나의 길이어야 합니다. 그러나 우리는 이것이 무엇과 다른지를 존재와 삶에서 증언하기보다는 그 배타성으로만 구별하려고 합니다. 예수님을 만난 사람이 은혜를 얻어 그 은혜 안에 있는 하나님의 거룩하심과 의로우심과 생명 됨을 증언하기보다 배타성으로만 구별하여 자신의 정체성을 채우려고 하는 바람에 꼴통이 되고 만 것입니다. 만나면 그저 "예수 믿어? 안 믿어? 믿을 거야, 말 거야? 안 믿으면 지옥 가!" 오직 이 이야기밖에 할 것이 없습니다. 그 배타성을 은혜의 무한한 경계를 좁히고 있는 것으로 이해한다면 너는 바리새인이다, 그렇게 이야기하는 것이 본문 말씀의 내용입니다. 바리새인은 신약 시대 교회에서는 가장 싫어하는 인물인데 맨날 바리새인들을 욕하면서 우리가 바리새인처럼 되어 버렸습니다. 로마서 12장에 가면 무시무시한 이야기가 나옵니다.

너희를 박해하는 자를 축복하라 축복하고 저주하지 말라 즐거워하는 자들과 함께 즐거워하고 우는 자들과 함께 울라 서로 마음을 같이하며 높은 데 마음을 두지 말고 도리어 낮은 데 처하며 스스로 지혜 있는 체 하지 말라 아무에게도 악을 악으로 갚지 말고 모든 사람 앞에서 선한 일을 도모하라 할 수 있거든 너희로서는 모든 사람과 더

불어 화목하라 내 사랑하는 자들아 너희가 친히 원수를 갚지 말고 하나님의 진노하심에 맡기라 기록되었으되 원수 갚는 것이 내게 있으니 내가 갚으리라고 주께서 말씀하시니라 네 원수가 주리거든 먹이고 목마르거든 마시게 하라 그리함으로 네가 숯불을 그 머리에 쌓아 놓으리라 악에게 지지 말고 선으로 악을 이기라 (롬 12:14-21)

이 모든 말씀은 기독교 신앙의 실천적 덕목처럼 보입니다. 그러나 그렇게 간단한 문제가 아닙니다. 여기에 나오는 원수를 사랑하고, 저주하는 자를 축복하고, 모든 것을 참고 기다리는 일들은 일차적으로 진심과 겸손으로 상대방을 항복시키라는 의미에서 요구되고 있지 않습니다. 예수 그리스도를 본받는 신앙인의 덕성들로 상대방을 항복시키라는 것이 아니라 상대방을 강요하거나 설득하려 하지 말고 경멸을 감수하라는 말입니다.

고린도전서 1장에서 본 바와 같이 십자가의 도가 유대인에게는 거리끼는 것이요, 헬라인에게는 미련한 것이어서 저들이 계속 공격을 받습니다. 그래서 예수님이 십자가에 죽으시는 죄목은 '참람죄'였습니다. 자칭 하나님의 아들이라고 한 죄로 처형을 받으신 것입니다.

기독교의 신비

세상 사람들 입장에서 보면 예수 믿는 사람들은 말이 안 되는 사람입니다. 예수 안에 있는 무한한 은혜를 말하기 때문입니다. 우리는 우리

가 신자가 됐다는 것을 남에게 납득시켜 자신을 증명하려 하지 말고
이 세상에 없는 생명, 진리, 은혜를 전해야 합니다. 그것을 얻은 자의
다름은 예수께서 말씀하셨듯이 이 세상에서 오해받고 십자가를 지고
가는 것입니다. 정죄하면서 "하나님은 아실 거야" 그런 말하지 마십시
오. 그 말은 변명이며 저주입니다. "하나님은 아실 거야"는 "네가 나한
테 이러는 것은 네가 하나님을 몰라서 그러는 거야. 무식한 놈이랑 내
가 왜 더 싸우겠어"라는 말의 준말입니다. 이 말을 해서는 안 되는 것
입니다. 하나님이 아시니까 감수하고 살라는 것입니다.

우리는 바로 이 지점에서 기독교 신앙이 대단히 어렵다는 것을 압
니다. 자기를 죽이지 않고서는 십자가의 길을 걸을 수 없습니다. 그렇
게 해서 도대체 예수 믿는 것에 무슨 의미가 있는가, 무슨 재미가 있
고 보람이 있는가, 성경이 끊임없이 하는 이야기입니다. 그러나 십자
가의 도가 멸망하는 자에게는 미련한 것이지만 구원을 얻는 자에게
는 하나님의 능력입니다.

예수님이 죽으셔서 우리가 생겼다는 것은 본인들이 확인해야 할
문제입니다. 예수님이 나를 가르쳐서 내가 된 게 아니라, 예수님이 죽
으셔서 내가 생겼다는 것을 인정한다면 우리는 죽는 방식이 결단코
작은 방법이 아니라는 것을 인정할 수밖에 없습니다.

종교가 성립하기 위해서는 신비의 요소가 있어야 합니다. 신비의
요소도 없이 다 이해된다면 그것은 철학이거나 과학이거나 상식입니
다. 종교가 되려면 신비가 있어야 하는데 기독교의 신비는 우리의 주
인이신 하나님이 우리를 위하여 당신이 져 주신다는 사실입니다. 이
것이 은혜입니다. 이것을 안다면 우리는 마땅히 지는 삶을 살아야 합

니다. 우리가 최선의 신앙생활을 하고 모범을 보임으로써 이해되는 것보다 더 나아가는, 죽어 버려야만 하는, 그래서 아무것도 일어날 수 없는, 세상 차원에서는 끝인 자리까지 가면 부활 생명이 거기서 싹튼 다는 것입니다. 이것은 세상과 이웃을 위해서만 필요한 길이 아니라 우리 자신을 위해서 필요한 길이라는 것을 기억해야 합니다.

자신의 신앙 현실에 대하여 만족하는 이들은 없을 것입니다. 늘 경성하고 각오하고 사는데도 잘되지 않는 우리의 신앙 현실이 마치 이대로 그만인 것 같아 좌절과 포기와 체념이 매일 속에서 들끓어 올라옵니다. 그러나 우리의 존재가 죽음으로 끝나지 않고 실패가 실패로 끝나지 않는 은혜 속에 있다는 것을 안다면 우리는 견딜 수 있습니다. 그리고 소망할 수 있습니다. 우리의 운명에 대하여 낙관할 수 있습니다.

이것이 기독교 신앙의 신비입니다. 이것이 우리를 무책임으로 몰고 간다면 그것은 우리가 나쁘게 생각하는 탓입니다. 하나님의 무한하심과 신실하심을 모독하지 말고 자신을 향한 하나님의 사랑과 신실하심에 대하여 올바르게 응답하여 명예롭고 영광된 신자의 삶을 살기 바랍니다.

기도

하나님 아버지, 은혜를 감사합니다. 예수로 말미암아 우리 인생에 절망이 없다는 사실에 감사드립니다. 우리 자신과 우리가 사는 사회 앞에 하나님이 우리를 통하여 일하신다는 사실에 감사합니다. 은혜가 갖는 무한한 하나님의 일하심을 인정합니다. 그러니 우리의 무지, 한계, 무력함, 게으름, 비열함에도 신앙인으로 사는 일로 말미암아 감사합니다. 은혜에 근거하고 있다는 사실 때문에 주 앞에 더 열심을 약속합니다. 책임 있게 살 것을 약속합니다. 도와주시옵소서. 예수님 이름으로 기도합니다. 아멘.

34

제자가 되는 길

25 수많은 무리가 함께 갈새 예수께서 돌이키사 이르시되 26 무릇 내게 오는 자가 자기 부모와 처자와 형제와 자매와 더욱이 자기 목숨까지 미워하지 아니하면 능히 내 제자가 되지 못하고 27 누구든지 자기 십자가를 지고 나를 따르지 않는 자도 능히 내 제자가 되지 못하리라 28 너희 중의 누가 망대를 세우고자 할진대 자기의 가진 것이 준공하기까지에 족할는지 먼저 앉아 그 비용을 계산하지 아니하겠느냐 29 그렇게 아니하여 그 기초만 쌓고 능히 이루지 못하면 보는 자가 다 비웃어 30 이르되 이 사람이 공사를 시작하고 능히 이루지 못하였다 하리라 31 또 어떤 임금이 다른 임금과 싸우러 갈 때에 먼저 앉아 일만 명으로써 저 이만 명을 거느리고 오는 자를 대적할 수 있을까 헤아리지 아니하겠느냐 32 만일 못할 터이면 그가 아직 멀리 있을 때에 사신을 보내어 화친을

청할지니라 33 이와 같이 너희 중의 누구든지 자기의 모든 소유를 버리
지 아니하면 능히 내 제자가 되지 못하리라 34 소금이 좋은 것이나 소
금도 만일 그 맛을 잃으면 무엇으로 짜게 하리요 35 땅에도, 거름에도
쓸 데 없어 내버리느니라 들을 귀가 있는 자는 들을지어다 하시니라
(눅 14:25-35)

예수를 믿는 준비와 비용

예수님이 자기를 따르는 무리에게 '나를 따르려면 목숨을 걸어야 한
다'고 말씀하시는 대목입니다. 목숨을 건다는 것은 치열함이나 지극
함의 문제가 아니고 전부를 건다는 의미입니다. 전부를 건다는 것은
도박을 하듯이 목적하는 것을 얻기 위하여 조건으로 거는 것이 아니
라 모든 것을 예수님의 목적과 뜻에 맡겨 예수 그리스도께서 목적하
시는 내용으로 채우는 자가 된다는 뜻입니다. 그래서 본문 28절 이하
에 나오는 두 가지 비유인 '망대를 짓는 공사'와 '다른 나라와 싸움을
하게 되는 전쟁'은 둘 다 무슨 이야기입니까? 자기가 하려는 것이 어
떤 비용과 준비를 요구하는지 알라는 것입니다. 망대를 세우는 일과
전쟁하는 일이 그렇다면 예수를 믿는 것도 그렇다는 말씀입니다. 우
리가 예수를 믿는다면 그에게 나를 맡겨 그의 목표와 약속과 내용과
궁극적인 보상에 이르기 위하여 나를 맡긴다는 것이 어떤 비용을 감
수하는 것인지 알아야 합니다. 고린도후서 4장에 가면 이 문제를 놓
고 성경은 뜻밖의 말씀을 합니다.

그러므로 우리가 낙심하지 아니하노니 우리의 겉사람은 낡아지나 우리의 속사람은 날로 새로워지도다 우리가 잠시 받는 환난의 경한 것이 지극히 크고 영원한 영광의 중한 것을 우리에게 이루게 함이니 우리가 주목하는 것은 보이는 것이 아니요 보이지 않는 것이니 보이는 것은 잠깐이요 보이지 않는 것은 영원함이라 (고후 4:16-18)

예수 믿다가 어려움을 당할 때 우리가 위로를 받는 성경 말씀입니다. 우리가 바라는 것은 보이는 것이 아니라고 합니다. 우리는 이 구절을 내세의 보상, 내세의 구원이라는 위안으로 삼습니다. 그러나 성경이 설명하는 보상 목표를 조금 더 현실적으로 적용할 수 있어야 합니다.

고통이 없으면 책임도 없다

우리가 예수를 믿으면서 가장 크게 부딪치는 현실은 하나님이 우리의 행복과 소원에 응답하지 않으신다는 사실입니다. 다시 말해서 고통을 면케 하는 것이 성경의 일차적인 약속이 아니라는 것입니다. 만일 성경이 고통을 면하는 것을 목표하고 있지 않다면 왜인지를 물어야 합니다. 망대를 세우는 일도 계산해야 하고, 전쟁하려면 승산이 있는지 면밀히 따져 봐야 하듯이 성경이 고통을 면하는 것으로 신앙을 보상해 주지 않는다면 왜 그런가 물어야 합니다. 이것이 가장 중요한 질문이어야 합니다. 그것은 고린도후서 4장 6절 이하에서 우리의 바라는 것은 보이지 않는 것이기 때문이라고 말합니다. 보이는 보상은 없다는 것입니다.

그래서 고통의 문제를 어떻게 이해할 것이냐, 하나님이 왜 고통을 면하게 하시지 않느냐, 여러 가지 생각을 하게 만드는데 이 문제에 있어서 제가 도움을 받은 말이 있어 소개합니다. "고통이 없는 세계는 인간이 서로에 대하여 또는 다른 존재에 대하여 아무 책임도 질 필요가 없는 세계"라고 합니다. 그렇습니다. 아무도 고통스러워하지 않는데 무슨 책임이 있겠습니까? 정치든 경제든 교육이든 국방이든 세상의 고통이 아무런 약이 되지 않는다면 어디에서든 불평할 일이 없고 책임질 일도 없습니다. 스스로에 대해서도 그렇습니다. 우리가 자신의 어떤 일에 대해서도 고통을 당할 일이 없다면 우리는 책임을 질 필요나 책임을 의식할 필요가 없습니다.

그런데 진리보다 고통을 면하는 일에 급급하면 유물론적 세계관이 매력 있어 보입니다. 왜냐하면 유물론은 한정된 책임만 지우기 때문입니다. 유물론적 세계는 엄격하고 무한한 책임이 요구되지 않기 때문에 죽어 버리면 끝입니다. 죽어 버리면 끝이고 거기서 책임이 끝납니다. 누구에게 "자살해 보셨습니까"라고 물을 수는 없습니다. 자살해 봤다면 살아 있을 리가 없기 때문입니다. 그러나 생각은 해 봤을 것입니다. 만약 자살을 생각할 필요가 없는 기독교 신앙을 가지고 있다면 그것은 기독교 신앙인이 아닙니다. 기독교 신앙이 요구하는 것과 우리가 기대하는 것 사이에는 처음부터 충돌이 있고 그것이 너무 커서 자살을 생각할 수밖에 없습니다. 자살을 해 봤는데 살아났다고 해서 확인되지 않습니다. 해결되지 않습니다. 이리저리 도망간다고 해서 면할 수도 없습니다.

이 글을 쓴 사람이 기독교 세계를 이렇게 설명했습니다. "기독교 세계의 공포는 도망갈 출구가 없다는 것이다." 이것이 도대체 예수를 믿자는 것입니까? 격려하자는 것입니까? 아니면, 어떡하자는 것입니까?

정신 세계로 도망가는 것이 답이 아니라는 것을 육체가 압니다. 육체가 동일한 평안에 가지 않는 한, 정신의 위로로 해답이 되지 않는다는 것은 당연한 사실입니다. 상상으로 도망갈 수 없습니다. 현실은 상상이 아닙니다. 공상이 아니고 소원과 다릅니다. 내세로 도망갈 수 없습니다. 지금을 살고 있기 때문입니다. 지금과 성경이 약속한 내세는 일관성을 가집니다. 예수를 믿는다는 믿음은 지금이나 그때나 일관성을 가지는 것입니다.

이 모든 것을 하나로 묶는 일에 기독교 신앙은 우리의 기대와 너무나 다릅니다. 더 열심히, 더 철저히 하고 더 구별하는 것으로 답이 되지 않는다는 것을 많이 경험했을 겁니다. 고통의 문제가 하나님이 목적하시는 것이 아니라면 고통은 왜 필요한지 생각해야 하고 고통이 책임을 요구한다는 사실까지 좇아 들어와야 합니다. 책임은 고통을 요구하고 고통은 책임을 요구합니다. 고통을 어떻게 해결할 것인지를 생각하게 하고 해결해야 한다는 책임을 가지게 합니다. 이 책임을 지려면 자유를 가져야 합니다. 그것이 선택이나 결정이 아니라 정당한 결과를 기계적으로 요구하는 것이라면 거기에는 책임이 들어설 여지가 없게 됩니다. 기계가 고장 났는데 기계보고 무책임하다고 할 사람은 없습니다. 자유가 없이는 책임이 존재할 수가 없기 때문입니다. 자유가 주어지자 비로소 우리는 갈등하고 선택해야 합니다. 선택의 기준을 요구할 수밖에 없습니다. 시험해 볼 수밖에 없게 됩니다. 거기서 비로소 '선'의 필요를 이해하고 요구하게 됩니다.

바울의 갇힘과 복음의 진보

하나님의 선하심은 뜻밖에 형통과 평안에서 발견되지 않고 고통 속에서 발견됩니다. 하나님이 누구신가를 알면 우리는 자유롭게 선에 근거한 결정을 선택해야 합니다. 그렇지 않고 그것을 하나님에게 미루는 것은 믿음이란 말에 대한 모순입니다. 그 선택은 자유로운 인격만이 가질 수 있는 명예이기 때문입니다. 빌립보서 1장 20절 이하에는 이런 말씀이 나옵니다.

> 나의 간절한 기대와 소망을 따라 아무 일에든지 부끄러워하지 아니하고 지금도 전과 같이 온전히 담대하여 살든지 죽든지 내 몸에서 그리스도가 존귀하게 되게 하려 하나니 이는 내게 사는 것이 그리스도니 죽는 것도 유익함이라 그러나 만일 육신으로 사는 이것이 내 일의 열매일진대 무엇을 택해야 할는지 나는 알지 못하노라 내가 그 둘 사이에 끼었으니 차라리 세상을 떠나서 그리스도와 함께 있는 것이 훨씬 더 좋은 일이라 그렇게 하고 싶으나 내가 육신으로 있는 것이 너희를 위하여 더 유익하리라 (빌 1:20-24)

이 편지는 사도 바울이 로마 옥중에서 빌립보교회에 보낸 편지입니다. 빌립보교회는 사도 바울이 성령의 부르심을 받아 소아시아 선교에서 유럽을 향하여 방향을 틀어서 빌립보라는 마게도냐의 도시에 첫 번째로 세운 교회입니다. 그 빌립보교회에 보낸 편지인데, 편지를 보내게 된 것은 바울이 가서 복음을 전하여 예수 믿는 사람들이 생겼는데 교회를 세워 놓고 그가 감옥에 갇혔기 때문입니다.

그러니 감옥에 갇힌 사도 바울에게 빌립보교회를 향하여 가지는 간절함과 애타는 마음과 걱정이 있었습니다. 빌립보교회는 로마가 믿었던 그 많은 신들과 달리 유일하신 하나님, 전능하신 하나님, 창조주 하나님, 심판자 하나님에 대한 복음을 듣고 예수로 말미암은 구원을 믿어 이제 하나님의 백성들이 되었는데 그 종이 감옥에 갇혔으니 교인들에게는 복음에 대한 의심이 생기게 되었습니다. '어찌하여 세상 나라의 창조주이시고 심판자이신 하나님의 권세가 지는가'라는 교인들의 의문과 걱정에 대하여 사도 바울이 서신을 쓸 필요를 느끼게 된 것입니다.

자신의 처지와 빌립보교회의 처지에 대하여 하나님은 어떤 생각을 하시는가를 바울이 깨우치고, 본문 말씀을 씁니다. 바울은 병영 감옥에 붙잡혀 있는데 자기가 갇힌 것으로 복음이 손해를 본 것이 아니라 오히려 복음의 진보가 있었다는 것입니다. 자기가 돌아다녀서 복음을 전해야 맞는데 붙잡혀 꼼짝할 수 없는데도 그 시위대 안에 복음의 진보가 생겼다는 것입니다. 어떻게 된 것입니까? 누가 잡혀 오면 그 죄목이 무엇인지가 관심거리인데 바울이 잡혀 온 죄목은 애매합니다. "예수라는 사람을 믿어서 잡혀 왔대." "예수가 누구기에 그를 믿는 게 그토록 중죄가 되냐?" "우리가 믿는 이 많은 신들은 진짜 신이 아니래." 바울이 직접 말하지 않아도 이처럼 전혀 모르는 자들을 통하여 자세한 설명이 아닌 궁금증을 더 많이 유발하는 증언들이 나오게 되었습니다. 더 많은 사람에게 복음이 무엇이냐, 그 종교를 믿는 것에 과연 자신을 바칠 수 있을 만하냐, 이런 식으로 복음의 진보가 있었다는 것입니다.

결국 바울은, 하나님의 일하심은 우리의 생각과 너무나 다르고 높고 깊다는 자신감을 가지게 됩니다. 그래서 빌립보교회에 대하여 '걱정하지 마라. 내가 잡힌 것으로 인하여 시위대 안에 복음의 진보가 있었을 뿐만 아니라 믿는 자들 중에도 담대함이 생겼다'라고 합니다. 바울을 시기하던 자들은 사도 바울을 더 곤란하게 하려고 열심을 내서 복음을 전하는 기이한 현상이 일어났고 바울을 편들던 자들은 분하여 소극적인 자세에서 적극적인 자세로 전도하게 되었다는 것입니다. 20절 말씀을 다시 보면 '나의 간절한 기대와 소망을 따라 아무 일에든지 부끄러워하지 아니하고 지금도 전과 같이 온전히 담대하여'라고 하는데 부끄러움과 담대함이 왜 들어왔겠습니까? 우리가 복음을 전하면 세상 사람이 보기에도 분명한 위대함과 권세가 드러나고 우리의 신앙이 가지는 정당함과 고귀함이 보상받는 것으로 일이 이루어질 줄 알았더니 반대로 일이 이루어졌다는 것입니다. 무슨 잡범같이, 정치범같이 누명을 쓰고 흉악한 도덕적 범죄를 지은 자들과 같은 취급을 당하는 수모와 오해와 고난과 고통 속에 잡혀 있게 되었지만 이 모든 것을 겁내지 않는 것입니다.

그래서 바울은 지금 살게 될지 죽게 될지 모르는 형편에 처했는데 살든지 죽든지 상관없다는 것입니다. 진심을 이야기하자면 죽는 게 더 좋다고 합니다. 죽으면 예수와 함께 살고 고통의 인생을 끝낼 수 있기 때문이라는 것입니다. 23절입니다. "내가 그 둘 사이에 끼었으니 차라리 세상을 떠나서 그리스도와 함께 있는 것이 훨씬 더 좋은 일이라 그렇게 하고 싶으나 내가 육신으로 있는 것이 너희를 위하여 더 유익하리라"(빌 1:23-24). 왜 살아 있겠다고 합니까? 살아서 도움이 되고 쓸모 있는 사람이 되고 싶은 것입니다. '잡혀 있는 것 같고 오해받고 지는 것 같은 이 인생을 연장할 마음이 있고 내가 기꺼이 이 선택을 하여 오해받는 길을 책임 있게 가려는 자유로운 소원이 있다. 그래서 아마 난 살아날 것이다.' 이렇게 이야기하는 것입니다.

기독교 복음의 진정한 가치가 어디 있는가 보십시오. 인간이 자신을 위하여 살지 않고 남을 위하여 사는 것으로 자기를 증명하거나 보상받는 것을 넘어서 오해와 고통 속에서 기꺼이 주를 본받아 자유로운 선택으로 자신의 인생을 내어 주고 기쁨으로 그 길을 가겠다는 것입니다.

하나님의 자녀라는 이름이 갖는 명예로움

지금 예수 믿는 현실이 불만입니까? 어물어물 살고 있습니까? 하나님께 분노하고 있습니까? 조금 더 깊이 생각해야 할 문제입니다. 고통을 책임 있게 이해하고 지는 것은 기독교에만 있는 것입니다. 다른 종교는 그런 것을 강요하지 않습니다. 그럼 왜 빨리 형통한 길을 주지 않는가 생각해 봐야 합니다. 생각해 보고 결정하십시오. 빌립보서 4장

10절 이하에 가면 유명한 말씀이 바로 이런 맥락 속에서 선언됩니다.

> 내가 주 안에서 크게 기뻐함은 너희가 나를 생각하던 것이 이제 다시 싹이 남이니 너희가 또한 이를 위하여 생각은 하였으나 기회가 없었느니라 내가 궁핍하므로 말하는 것이 아니니라 어떠한 형편에든지 나는 자족하기를 배웠노니 나는 비천에 처할 줄도 알고 풍부에 처할 줄도 알아 모든 일 곧 배부름과 배고픔과 풍부와 궁핍에도 처할 줄 아는 일체의 비결을 배웠노라 내게 능력 주시는 자 안에서 내가 모든 것을 할 수 있느니라 (빌 4:10-13)

여기서 '모든 것'은 해결이 아닙니다. 보상은 더더욱 아닙니다. 감수입니다. '내게 능력 주시는 자 안에서' 즉, '예수 안에서'입니다. '예수 안에서'가 갖는 뜻이 무엇입니까? 하나님이 우리를 사랑하시고 구원하시기 위하여, 자기의 백성과 자녀로 삼기 위하여, 하나님이 그 아들을 보내신 그 길, 하나님이 기꺼이 우리를 찾아오기 위하여 당신을 낮추시고 죽음을 감수하신 그 길, 그 복음, 그 하나님의 통치와 찾아오심이라는 복음과 신앙 안에서 나는 하나님이 요구하시는 모든 고난의 길을 기꺼이 따르겠다고, 내가 당하지 못할 일은 없다고 이야기하는 것입니다.

이런 일들을 치열함으로 미화하면 안 됩니다. 아무도 모르고 아무도 알아 주지 않는, 혼자 겪고 넘어가야 하는 잡다하고 사소하고 끈질긴 현실의 고통 속에서의 이야기입니다. 순국, 순교, 순직이라는 명예가 주어지지 않는, 숨 막히고 끝이 없는 현실을 살아야 합니다. 그러나 이 길은 하나님이 그 아들 안에서 당신이 우리에게 어떤 하나님인가를 보이신 당신의 선택이었습니다.

우리를 향한 하나님의 명예에 관한 증언입니다. 우리는 기꺼이 이 길을 갈 것입니다. 부끄러움과 고난을 기꺼이 감수하여 참된 하나님의 자녀라는 이름이 갖는 명예를 선택할 것입니다.

생각해 보십시오. 이 길에서 단 하나의 장애물은 세상입니다. 무엇 때문에 손해를 보는가? 무엇 때문에 고통을 당하는가? 이기라, 젖히라, 짓밟으라, 하지만 그렇게 해서 얻는 것에는 명예가 없습니다. 그렇게 해서 얻는 것에는 진정한 해답이 없습니다.

그러나 우리는 치사하고 비겁한 인생을 연장하라는 유혹에 지고 있습니다. 그렇게 사는 인생은 연장되는 것 자체가 부끄러운 인생입니다. 믿음으로 산다는 것은 세상이 요구하는 모든 비참함과 더러움과 비열함의 연장, 부끄러움의 연장에서 우리를 구원하는 것입니다. 노랫말에도 있는데 '하루를 살아도 행복할 수 있다면'입니다. 그런 행복은 신앙 외에 없습니다. 세상은 행복을 논할 실력이 없습니다. 예수 안에만 있는 것입니다. 진정한 행복은 피상적일 수 없습니다. 우리의 영혼과 우리의 운명을 담보하는 것이어야 합니다.

이 복된 길로 부름을 받은 줄 알고 믿음을 가지십시오. 책임을 지십시오. 우리의 길을 변명하지 말고 옆 사람과 싸우지 마십시오. 하나님이 함께하시는 길에 기적을 경험하는 인생이 될 것입니다.

기도

하나님 아버지, 은혜를 감사합니다. 예수를 믿고 사는 인생의 위대함이 무엇인지 그 명예와 자랑이 무엇인지 확인하였습니다. 연약하여 자꾸만 지고 자꾸만 타협하고 자꾸만 속는 우리의 믿음을 고백합니다. 짧은 인생인데 이 귀한 것을 해 보지 못하고 있습니다. 우리 하나님, 은혜 위에 은혜를 더하사 믿음이 갖는 이 능력과 명예를 우리 삶에 누리게 하여 주시옵소서. 예수님 이름으로 기도합니다. 아멘.